20世纪学术发展丛书

20世纪的管理科学

谭力文　包玉泽　著

WUHAN UNIVERSITY PRESS
武汉大学出版社

图书在版编目(CIP)数据

20世纪的管理科学/谭力文,包玉泽著.—武汉:武汉大学出版社,2009.5
20世纪学术发展丛书
ISBN 978-7-307-06916-9

Ⅰ.2… Ⅱ.①谭… ②包… Ⅲ.管理学—历史—世界 Ⅳ.C93-091

中国版本图书馆CIP数据核字(2009)第033053号

责任编辑:陶佳珞　杨春艳　　责任校对:黄添生　　版式设计:马　佳

出版发行:**武汉大学出版社**　(430072　武昌　珞珈山)
(电子邮件:cbs22@whu.edu.cn　网址:www.wdp.com.cn)
印刷:湖北恒泰印务有限公司
开本:720×1000　1/16　印张:26　字数:370千字　插页:2
版次:2009年5月第1版　2009年5月第1次印刷
ISBN 978-7-307-06916-9/C·221　定价:52.00元

目　录

前　　言

撰写《20世纪的管理科学》相对于其他学科来讲似乎更为容易一些，因为按照经典的管理理论来讲，20世纪正是管理科学兴起、发展的一个时期，理论演化的时间不长，但我们也深深地感到撰写也并非易事，因为管理科学体系之庞杂、之混沌又是其他学科难以比拟的。苏轼所写下的脍炙人口的诗句“横看成岭侧成峰，远近高低各不同，不识庐山真面目，只缘身在此山中”好像就是对管理学科当今发展的形象写照。思考过来，我们还是准备按照管理理论已经基本形成共识的科学体系来撰写此书，也就是说，从20世纪初期的泰罗、法约尔等人写起，虽然这会引起众多的歧义，但其科学性和现实性是不容置疑的。

这是为什么呢？

著名的管理学家约翰·科特（John P. Kotter）曾说过：“管理与处理复杂的情况有关。管理的实践和程序主要是对20世纪最重要的发展之一——大型组织的出现——所作出的一个反应。如果没有好的管理，复杂的企业可能会杂乱无章，面临生存危机。”① 管理大师彼得·德鲁克也曾说过：“任何讨论管理问题的书籍，都必须以工商管理为中心。”② “管理学研究真正开始于20世纪30年代，自那时起，大多数学者、作家和管理实践者都认同两套关于管理事实的假设。第一套假设构成管理原则的基础：1. 管理是企业

---

① 约翰·科特：《领导者应该做什么》，《哈佛商务评论》，2004年1月号，第17页。

② 彼得·德鲁克：《管理：使命、责任、实务（使命篇）》，机械工业出版社2006年版，第9页。

管理……"① 德鲁克在后来的研究中根据他对美国社会的观察，提出了他新的见解："管理是所有组织所特有的和独具特色的工具。"② 当然，德鲁克的认识是不为错的，但从管理科学发展的起源和内在的研究规律来看，将管理理论的发展脉络集成在企业管理之中是正确和便于研究的，这对于中国来讲可能更有实际的意义。

我们应该承认和看到，"工商企业是最先出现的现代机构。……在 19 世纪晚期作为大型企业的出现时起，工商企业就毫无疑问地成为一种新的、全然不同的机构，而不是从旧机构演变而来的机构。这一点与政府机构、大学、医院和军队明显不同"。③ 工商企业是现代社会中社会财富的来源，是现代社会科学技术发展、社会进步的重要动力源。对于这一看法，美国著名的战略管理大家迈克尔·波特在研究各国竞争优势时也曾鲜明地指出："市场竞争实际上不是发生在国与国之间，而是在公司与公司之间进行。迄今为止，我不曾看到哪个国家未拥有强大的公司就能在全球经济中占先的。没有强大的公司，也就不会有持续的发展。"④ 所以，按照以企业这类组织的管理活动，以及从中抽象的理论来编著本书是完全符合管理科学理论发展的历史脉络，是符合当今管理科学理论研究的主干脉络的。这也就是以西方研究企业为主线的管理学作为 20 世纪管理科学理论上篇的原因。

作为研究管理学理论的我们在撰写构思时，时时不敢忘怀的是如何总结中国 20 世纪 100 年的管理思想变化。虽然在日常的研究、教学中，我们写的、讲的多是西方的管理理论和思想，但毕竟是位卑不敢忘忧国，总想为中国的管理理论做点贡献。因此我们尝试回

① 彼得·德鲁克：《21 世纪的管理挑战》，机械工业出版社 2006 年版，第 3—4 页。

② 彼得·德鲁克：《21 世纪的管理挑战》，机械工业出版社 2006 年版，第 8 页。

③ 彼得·德鲁克：《管理：使命、责任、实务（使命篇）》，机械工业出版社 2006 年版，第 9 页。

④ 转引自陈有良：《对西方跨国公司全球扩张的几点思考》，《世界经济与政治》，2001 年第 5 期，第 17 页。

顾、概括了这100年中国管理思想的演变过程，这也就构成了这本书的下篇。但是由于众人所知的原因，没有将“文化大革命”这10年的历史概括进去。我们认为，到目前为止，中国的科学管理（是否应该建立中国的科学管理理论尚在争论之中）体系尚未形成，因此我们在回顾中国20世纪管理历程时，只用上了一个经过小心试探性的语句：20世纪中国的管理变迁。仅从历史变迁的角度概括了涉及企业管理过程的变化，甚至就是事实的列举。我们仅希望提供一些线索，给有兴趣者一些思索的路径，希望他们在今后的研究探讨中逐步将其完善并让其科学化。从篇幅看，下篇的内容大大少于上篇，熟知中国经济史的人们是容易理解的。但在我们写完后也深深感到总结不够，挖掘不力，在这一方面还需与读者、同行共同努力，继续前进。

上 篇
20世纪西方的管理科学

第一部分　科学管理理论的形成

科学管理阶段，也被称为古典管理阶段，是管理科学发展的第一阶段，开始于20世纪初期。在这一阶段最为明显的特征就是，经过这一时期人们的努力，企业里的管理工作从经验逐渐上升为一门科学，有了其基本的概念、定义、原则和实施的方法。特别重要的是，与其他科学一样，管理作为一门科学开始被人们认识到可以通过教育进行传授。

一、科学管理的前夜——早期的管理思想

与任何科学发展的过程一样，管理科学的发展也有一个从实践到理论再到实践这样的回归反复过程。值得注意的是，虽然人们的管理活动可追溯至很远很远，但管理科学理论的确立却仅仅只是近百年的事。

（一）管理活动的出现与管理思想的形成

物竞天择，适者生存，达尔文的进化论思想充分诠释了人类能够统治地球万物的潜在规则。在荀子《王制篇》的论述中就淋漓尽致地说明了这一道理，荀子说道："水火有气而无生，草木有生而无知，禽兽有知而无义；人有气、有生、有知亦且有义，故最为天下贵也。力不若牛，走不若马，而牛马为用，何也？曰：人能群，彼不能群也。"可以想象，当我们的祖先刚从树上跳下，开始行走之时，就面临着禽兽的攻击、自然的磨砺，为抗击禽兽的攻击、经历自然的磨砺，唯一的方法就是利用人类的智慧进行群聚，

以共同的智慧和力量来抵御可能伤害他们的一切。也可以想象，就是在这群聚的过程中，必然就会产生人们群聚的首领，首领的安排、组织、分工和分配，这些后来被人们视为基本的管理职能也就出现了。所以可以认为，管理活动是人类社会活动的特有现象，它的产生与人类的出现同步。人类有组织的活动和与此有关的管理活动有着悠久的历史，但传统的管理活动、思想与现代的管理科学理论出现的重大历史分野在于产业革命的出现，因为正如前言中所提到的，产业革命创造了适应它自身发展需要的企业这一组织形式，而正是这类组织的出现创造了适应其发展需要的科学管理。因为在产业革命之前的人类有组织的活动和管理活动主要体现在宗教活动、军队管理和治国施政上。

例如，在古老的中国，军事管理、治国施政都有着极为丰富的实践活动和抽象的思想。“夫未战而庙算胜者，得算多也；未战而庙算不胜者，得算少也。多算胜，少算不胜，而况于无算夫？吾以此观之，胜算见矣。”我们都知道这段话出之于军事名著《孙子兵法》。而充满着管理分层思想，强调制度建设的“臣光曰：臣闻天子之职莫大于礼，礼莫大于分，分莫大于名。何谓礼？纪纲是也；何谓分？君臣是也；何谓名？公、侯、卿、大夫是也。夫以四海之广，兆民之众，受制于一人，虽有绝伦之力，高世之智，莫敢不奔走而服役者，岂非以礼为之纲纪哉！是故天子统三公，三公率诸侯，诸侯制卿大夫，卿大夫治士庶人。贵以临贱，贱以承贵。上之使下，犹心腹之运手足，根本之制支叶；下之事上，犹手足之卫心腹，支叶之庇本根。然后能上下相保而国家治安。故曰：天子之职莫大于礼也……”，我们也都知道这段话出之于司马光的《资治通鉴》。这些都是中华民族治国、治军的瑰宝。

又如，可以在圣经中看到这样的一段故事，摩西的岳父耶罗斯对他讲：“你这种做事的方式不对头，你会累垮的。你承担的事情太繁重，光靠你个人是完不成的。现在你听我说，我要给你一个建议……你应当从百姓中挑选出能干的人，封他们为千夫长、百夫长、五十夫长和十夫长，让他们审理百姓的各种案件。凡是大事呈报到你这里，所有的小事由他们去裁决，这样他们会替你分担许多容易处理的琐事。如果你能够这样做事，这是上帝的旨意，那么你就能在位长久，所有的百姓将安居乐业。”这一经典的故事就充分地表述了在管理工作中必须注意的分权、授权、层级和权限划分的问题。

在古老的埃及建立了以法老为最高统治者的金字塔式的管理机构来管理国家。为了加强国家的行政管理，法老设立了宰相，由法老掌管宗教，社会事务交给宰相管理。这明显具有分权的含义。宰相是当时社会的指导者、组织者、协调者和决策者。在宰相下面设有复杂的官僚机构，由它来衡量尼罗河水位上涨的情况，由它来预测农业收成和国家总收入，将这些收入分配给各政府部门，管理全国的工商业。古埃及人凭借先进的国家行政管理体系，卓越的管理才能，创造了金字塔、尼罗河水利工程修建的人间奇迹。

古罗马从一个小城市发展成为一个历史上显耀世界的国家，其统治延续了几个世纪。而罗马帝国的巩固，主要依靠的是严格的体制与权力层次，以及与各军政机构之间的具体分工。罗马帝国在法制和分权制方面的卓越贡献，为现代社会的法律体系建设，立法与司法的分权制都树立了典范。

由此可见，在人类开始出现在自己的家园——地球时，管理的思想和方法就开始萌芽了。为了克服稀缺资源和敌对自然环境给自身带来的威胁，我们的祖先就萌发了建立经济、政治、社会组织的需求。而有组织的活动能有效地帮助当时相对弱小的人类战胜严峻的自然环境，促进有限资源的分配、使用，管理活动也就自然地随之而产生和发展了。

当人类进入 18 世纪 60 年代，凭借天然屏障英吉利海峡，可以悠然自得地发展本国经济的英国率先开始了工业革命。科学作为生产力，迅猛地推动着各行业的发展。特别是蒸汽机、内燃机、电动机的广泛使用，出现了机器取代人工的重大生产形式变革。机器的广泛使用，不仅大大地提高了生产效率，而且使传统的工业生产作坊形式一跃成为适应大规模生产的工厂，从根本上改变了工业的生产模式和生产组织形式。以现代工业生产为特征的工厂的出现，对传统的管理方法提出了挑战。如在以机器运转为特征的高速生产过程中，如何保证生产的连续性、节奏性和均衡性？在产量越来越大的情况下，如何保证产品的质量、标准化，保证产品的市场销售？如何在生产的过程、技术的标准、产品的质量都实现了标准化后，实现人与工作的规范统一？又如何在需要大量投资购置机器时避免由此而产生的经营风险？特别是工厂这类以追求自身经济利益和市场竞争为主要特征的新型社会组织形式，就根本难以和不可能简单地套用人类在几千年自我发展过程中建立起来的宗教、国家行政和军队的管理思想和方法，这一问题正如美国学者丹尼尔·雷恩（Daniel Wren）所揭示的："正在兴起的工厂制度所提出的管理问题同以前所碰到的问题完全不同。天主教会能够按照教义和信徒的虔诚来组织和管理它的财产；军队能够通过严格的等级纪律和权力结构管理大批的官兵；政府机构可以不必对付竞争或获取利润而展开工作。可是，新工厂制度下的管理人员却不能使用上述任何一种办法来确保各种资源的合理使用。"① 对这段话的含义我们是需要深刻理解和体会的。当我们满足于数千年沉淀下来的中国管理思想时，我们是否想到它可能与现代企业运作的冲突和不适应，是否考虑了这种盲目的借鉴和无意识的延伸会影响到我们对现代企业管理科学性的理解和把握。

社会发展的现实向人类提出了挑战，人类也为回答现实的问题，开始了对适应新型社会组织工厂管理工作的研究。这是人类历史上第一次从科学的高度、理论的深度对管理进行总结和研究，管理作为一种理论、一种思想、一整套科学的方法开始诞生了。由于企业这类组织在严峻的市场竞争中显得更难实施有效的管理把握自己，企业这类社会组织也不可能凭借如同军队的"权力结构"、"命令"和宗教的"教义"、"虔诚"来统帅企业的成员，因此，可以这样认为，虽然人们自发地运用了一些管理的思想、方法，以帮助自我的生存和发展，人们也在国家政权建设、军队训练与战斗和宗教发展的过程中广泛地使用了管理的思想和方法，并结合各类

① 雷恩：《管理思想的演变》，中国社会科学出版社 1986 年版，第 47 页。

组织的特点，建立了一些理论和适应组织工作特点的管理制度和体系，但把管理作为一门科学进行系统的研究，从理论的高度进行概括和抽象管理的一般性原则却是近一百多年的事情。对管理思想的这一演变过程进行如此的深入了解和认识，是学习管理知识的我们应该特别注意的问题。

随着资本义社会的发展，随着企业组织形态的变化，以及随着其他科学技术的发展，西方管理理论也在不断地发展，出现种种不同的理论流派。图 1-1 就概括地反映了西方管理思想的发展过程和各个阶段包含的流派情况。

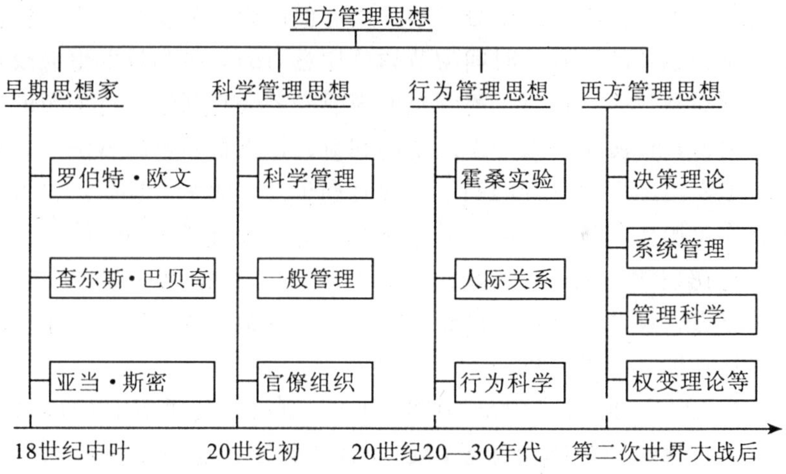

图 1-1　西方管理思想发展过程图

（二）西方早期的管理思想家

为了解决工业革命带来的诸多管理问题，从产业革命出现的 18 世纪中下叶起，就有许多人开始关注产业革命带来的工厂管理问题。其中影响较大的是英国人罗伯特·欧文（Robert Owen）、查尔斯·巴贝奇（Charles Babbage）和亚当·斯密（Adam Smith）。

1. 罗伯特·欧文（1771—1858 年）：欧文被人们称为“一位自相矛盾的人物”。他本人既是一位颇有成就的企业家，又是一位试图阻止资本主义社会罪恶扩散的空想社会主义者。他在当企业家时，十分了解认真、仔细工作的重要性，并就在这认真的工作中学会了管理。在工厂的现场，他用不同的四种颜色作为对职工评价的标志，并把它们分别挂在工人工作的机器上，用以鼓励先进，批评落后。他也懂得理解人的重要性，认为把钱用于改善劳动的话，会得到更大的回报。他曾猛烈地抨击过教会，提出过禁止雇用 10 岁以下儿童的法案，还在美国创办合作社以实现自己设计的变革方案，但这种种做法都不同程度地遭到了失败。

2. 查尔斯·巴贝奇（1792—1871 年）：巴贝奇是英国剑桥大学著名的数学家，也是在人类管理思想演变过程中出现的一位重要人物。他十分推崇工厂中分工的作用。他认为，劳动分工会因操作简单化、原料的节省、时间的节约、注意力的集中和技术更易改进而大大提高效率，他也了解到企业规模变大会有利于经济资源的利用，大力宣传协调工人与工厂主的利益，提供新的刺激方法，会有利于工人与工厂主双方的利益，并有利于工厂效率的提高。巴贝奇还在作业操作、技术选择、工序成本上进行运筹学的分析与研究。巴贝奇在数学上也极有天赋，在 1822 年，30 岁的巴贝奇就通过 10 年的努力，设计、制造了世界上第一台运算精度达到了 6 位小数的机械计算器——差分机。

3. 亚当·斯密（1723—1790 年）：斯密是英国著名的经济学家，是古典经济学理论体系的创立者。斯密在经济学研究的过程中，对管理思想产生重要影响的主要观点是，把人类利己主义本性作为经济研究的前提，把经济现象看成是具有利己主义本性的经济人活动的结果，从而创立了对科学管理思想有着重要影响的经济人假设。而这一假设就直接影响了管理科学初期理论的基础。他曾关注过英国工厂中带来的积极成果，推崇工厂中的分工。他指出："劳动生产力上最大的增进，以及运用劳动时所表现的更大的熟练、技巧和判断力，似乎都是分工的结果。"①并举例说，扣针的制

① 亚当·斯密：《国民财富的性质和原因的研究》（上卷），商务印书馆 1972 年版，第 5 页。

作工艺可分为 18 道工序，若生产扣针的 10 个工人进行严密的分工，一天能做 48 000 枚扣针；而由一个工人操作，完成整个加工过程，有时则一枚也生产不出来。斯密的分工（后他又引申到社会的分工）理论，对企业的现场管理，产生过重要的影响。

尽管这些先驱者都从不同的角度明确地陈述了管理的原则，但他们共同的特点是缺乏系统的研究和完整的理论。产生问题的主要原因是，当时人们关注的重点是技术，而不是管理工作的本身。当时研究人员多为具有天赋的技术人才、发明家，当时的管理部门主要关心的是财务、生产过程、销售活动和职工的招聘、培训，而未能顾及管理普遍原则和概念的理论抽象，还未能认识到科学管理的重要性，加上当时教育存在的某些不足和书籍极其昂贵，也妨碍了似乎还没有引起人们高度重视的企业管理科学思想的传播。

二、科学管理的诞生

在 15 世纪哥伦布发现美洲大陆以后，从英国和其他欧洲大陆的清教徒、冒险家就源源不断地来到了这一新大陆，开始了他们新生活的追求和探险活动。美洲原为印第安人聚居地，15 世纪末，西班牙、荷兰、法国、英国等开始向北美移民，英国后来居上，到 1773 年，英国已建立了 13 个殖民地。1775 年爆发了北美人民反对英国殖民者的独立战争，并于 1776 年 7 月 4 日成立了美利坚合众国。远离纷争的欧洲大陆，资源丰富的宽阔疆土，远涉大西洋迁徙到美洲大陆具有反叛思想的人群，开明的政治家，完善的法律体系，仿制欧洲大陆已经成熟的种种生产技术等等的优势使得美国得到了迅速的发展。如在 1870 年，托马斯·爱迪生就创办了爱迪生公司，1882 年美国就成为电力工业的故乡；1876 年亚历山大·贝尔在波士顿研制成功世界第一部实用电话机，1880 年贝尔电话公司成立，通信技术推进了美国企业集中和垄断的形成；1886 年乔治·维斯汀豪斯改进了交直流变电和高低压变电等技术，为电力的长距离输送奠定了基础，电力技术的突破和电的广泛使用迅速推进了美国的工业化进程。1893 年杜里埃兄弟研制成功美国第一辆单缸内燃机汽车，1896 年亨利 · 福特研制了时速 25 英里的汽车，1903 年福特汽车公司成立。就是这些斐然的业绩推动着美国社会的迅猛发展。1860 年，美国的工业产值还不到英国的一半，在主要的工业国家中排列第四，而到了 1890 年，美国的工业产值就排列世界第一。1884 年美国的工业产值超过农业，成为了一个工业国。全国的铁路从 1870 年的 5.3 万英里增长到 1900 年的近 20 万公里。此数字约为当时世界的 1/3，超过了欧洲铁路的总和。

在 20 世纪初叶，美国完成了它的工业革命，此时的美国已经成为世界上的第一大强国。如美国在 1899 年的生铁产量就达到了世界总产量的 1/3，钢产量占全世界的 43%。1900 年美国的石油产量达到了 6362 万桶。1910 年美国的电话保有量为 700 万部，1920 年仅福特汽车公司的产量就达到了 125 万辆，这些都标志着美国已经成为世界上机械化程度最高的国家。生产的迅猛发展和扩大带来美国企业组织形式的变化。如美国研究企业史的著名学者艾尔弗雷德 · D. 钱德勒在其著作中描述了美国企业发生的变化。他说道，美国大型企业历史上可分为四个阶段：1. 资金的初步扩大和积累；2. 合理使用资金；3. 发展新的市场和行业，以帮助保证继续充分利用资金；4. 与成长的恢复相适应的“新型结构的发展”。例如，到了 1900 年，美国的大企业生产的工业品的数量已占美国的 2/3，美孚石油公司掌握了全美 90% 的石油。1904 年，7 家最大的托拉斯控制了全美 1/3 的资金，仅占美国制造业 2.2% 的大型企业的产值就占了行业总产值的 49%，雇佣了行业内 1/3 的职工。在 20 世纪初期，著名的美国摩根、洛克菲勒、库恩-罗比、梅隆、杜邦、芝加哥、克里夫兰和波士顿 8 大财团形成，美国开始进入垄断资本主义的时代。

“许多小的、单一单位的、家族或个人拥有的公司合并成一大型全国性的企业。新合并的企业把生产管理加以集中，然后再向前和向后实行结合。……到了 1917 年，结合的工业企业已经成为美国生意界最有力的机构，事实上，也是整个美国经济中最有力的机构。”①

① 钱德勒：《看得见的手》，商务印书馆 1987 年版，第 329 页。

企业规模的迅速扩大，组织体系的复杂，劳资关系的紧张，带来的是企业运作效率的下降，这些企业家们不曾想到的问题摆在了美国管理学界的面前。

应运而生的科学管理时代来临了。

（一）科学管理之父——弗雷德里克·温·泰罗

1. 弗雷德里克·温·泰罗

在科学管理最先突破传统的经验管理桎梏、创立科学管理理论的代表人物是美国的弗雷德里克·温·泰罗（Frederick W. Taylor，1856—1915 年）。泰罗出生在美国宾夕法尼亚州一个十分富裕的律师家庭。具有强烈宗教色彩的家庭教育，使泰罗很早就具备了寻求真理的强烈精神，观察核对事实的强烈欲望和清教徒式的根除浪费和懒散弊病的热忱。富裕的家庭和注意教育的父母在他接受早期教育时就学习了多门语言，安排去欧洲旅行。他“迷恋于科学调查、研究和实验……强烈地希望按照事实改进和改革事物”① 的精神，为他通过大量的调查、研究提出一系列提高工人劳动效率的基本理论和方法，并最终成为西方管理学界誉称的“科学管理之父”提供了重要的基础和条件。

泰罗 1874 年因眼疾而离开了哈佛大学的法学院（也有人认为这是泰罗反抗父母为其安排人生道路的自我选择），到费城特普里斯水压工厂当了一名学徒，1878 年学徒期满在费城米德维尔钢铁厂当了一名普通工人。由于他的勤奋和努力工作，在以后 6 年的时间中就从一名工人升为职员、机工、机工班长、车间工人、总技师和总工程师，并在这期间获取了机械工程的学位。泰罗特殊的个人经历使他非常了解当时美国工厂生产效率低下的根本原因，他认为工厂效率低的原因可分为“无意的磨洋工”和“有意的磨洋工”两种情况。无意的磨洋工是因为“人的懒散的天性”，而有意的磨洋工却是“由于工人同别人的关系所引起的更为复杂的再次思维

① 雷恩：《管理思想的演变》，中国社会科学出版社 1986 年版，第 119 页。

和推理而引起的”，即落后的管理造成的。泰罗相信，实施科学的管理能有效地克服磨洋工的现象，从而大大地提高工厂的生产效率，从根本上解决困扰经济发展的问题。

泰罗还是一位发明家，他一生获得了 40 多项专利，如泰罗—怀特工艺流程、动力气锤、磨滚珠的设备和多用途的葡萄园温室和玻璃暖房等，为他带来了不少的财富。泰罗还是一位体育运动的爱好者，1881 年曾获得过美国网球冠军赛的双打冠军，而且也曾热衷于高尔夫的运动，并在网球拍和高尔夫球杆上有创新贡献。他的多才多艺使得人们称：“泰罗不仅是一位发明家、运动健将，更重要的是，他是一个典型的解决问题专家。”① 他思想的一位信奉者曾经说道：“他并不像某些想代表他的人那样喜欢高压生活，但他的确认为紧张的生活才有价值。这样的生活不仅可以带来更多的金钱补偿，而且可以为人们增加效用和欢乐。”② 可能就是这多才多艺的能力和挑战人生的思想造就了这位管理之父。

1915 年当他刚满 59 岁的第二天就因肺炎而病逝在医院中。他被埋葬可以俯瞰他花费了几乎毕生精力工作和研究过的费城钢铁厂的小山上，墓碑上镶刻着“科学管理之父弗雷德里克·温·泰罗”的字样。这就是盖棺定论吧，科学管理的开创者就获得了“科学管理之父”无比崇高的荣誉。

2. 泰罗的主要管理思想

正如前述，由于泰罗有丰富的基层工作经验，熟悉工人的行为，并善于积极思考，因此他的主要贡献在于现场的管理。他把他在管理工作上的努力及其成果称为科学管理，亦称泰罗制。

1）管理与科学管理

虽然管理的定义颇多，但在泰罗的眼里，管理却有特殊的含义。他认为，“管理的主要目的应该使雇主实现最大限度的富裕，同时也使每个雇员实现最大限度的富裕。”“‘最大限度的富裕’这个词，从它广义的意义上去使用，不仅意味着为公司或老板取得巨

---

① 克雷纳：《管理百年》，海南出版社 2003 年版，第 8 页。

② 克雷纳：《管理百年》，海南出版社 2003 年版，第 7 页。

额的红利，而且还意味着把各行各业的经营引向最佳状态，这样才能使富裕永存。”“同样的道理，最大限度的富裕对每个雇员来说，不仅意味着他能比其他同级别的人取得更高的工资，更重要的是，还意味着能使每个人充分发挥他的最佳才能，一般说来，这样他就能以他的天赋和聪明才智去干出最佳的活计来——如果条件许可给他这类活计去干的话。”“这些人的绝大多数都相信雇主和雇员的根本利益必然是对立的。科学管理则恰恰相反，它的真正基础在于相信两者的利益是一致的；除非雇员也一样富裕起来，雇主的富裕是不会长久的，反之亦然；给工人以他最需要的高工资和给雇主以他所需要的产品的低劳动费用，也是完全可能的。”①

科学管理这个词组是泰罗在其开创性的文章《工厂管理》、《科学管理原理》中经常提到的。据说，关于“科学管理”一词来自于协助泰罗推行管理工作改革的布兰代斯、吉尔布雷思、甘特等人。当时泰罗的管理方法受到了一些责难，在一次听证会前，为便于应对，经布兰代斯提议，就将泰罗推行的管理方法取名为“科学管理”。泰罗当时是勉强接受的，因他担心这个词组听起来似乎过于科学化。而后来在《在美国国会的证词》中泰罗面对国会议员的种种责难，他开篇就作了如下的解释：“最好不要把他的工厂管理制称为泰罗制度。他认为应当用一个全国都能够接受的普通名词比较好。许多自尊心强又能干的经理往往反对在任何用个人的名字命名的制度下工作。反之，如果采用‘科学管理’这个名词就不会引起管理人员的反对。”② 这应该是泰罗在公开场所正式地为其管理的方法定名。但在泰罗的心中，他却是将自己推行的管理方法严格地与传统的管理措施进行了区分。他认为，“科学管理的实质是在一切企业或机构中的工人们的一次完全的思想革命——也就是这些工人，在对待他们的工作责任，对待他们的同事，对待他们

① 泰罗：《科学管理原理》，中国社会科学出版社 1984 年版，第 157 页。

② 泰罗：《科学管理原理》，中国社会科学出版社 1984 年版，第 227 页。

的雇主的一次完全的思想革命。同时，也是管理方面的工长、厂长、雇主、董事会，在对他们的同事、他们的工人和对所有的日常工作问题责任上的一次完全的思想革命。没有工人与管理是人员双方在思想上的一次完全的革命，科学管理就不会存在。”并指出：“这个伟大的思想革命就是科学管理的实质。”① 泰罗还更为具体地解释了他一再强调的“伟大的思想革命”：“在科学管理中，劳资双方在思想上要发生的大革命就是：双方不再把注意力放在盈余分配上，不再把盈余分配看作是最重要的事情。他们将注意力转向增加盈余的数量上，使盈余增加到使如何分配盈余的争论成为不必要。他们将会明白，当他们停止互相对抗，转为向一个方向并肩前进时，他们的共同努力所创造出来的盈利会大得惊人。”“这里，另一个思想转变对科学管理的存在是绝对重要的。那就是：无论工人还是工长，双方都必须承认，对工厂内的一切事情，要用准确的科学研究和知识来代替旧式的个人判断或个人意见。这包括每项工作所采用的方法和完成每项工作所需要的时间。因此，在一切企业中，劳资双方必须实现这样的思想态度的改变：双方合作尽到生产最大盈利的责任；必须用科学知识来代替个人的见解或个人的知识经验。否则，就谈不上科学管理。这就是科学管理的两个绝对需要具备的要素。”② 对于我们来说，深刻地体会和理解泰罗在 20 世纪初讲到“两个绝对需要具备的要素”有着极其重要的意义。这不仅可以让我们知晓究竟什么是科学的管理，更为重要的是，我们必须懂得，只有在推行现代管理的工作时注意到管理层与被管理层目标的一致，双方思想的共同变革和用科学来代替工作的经验、个人的见解，真正的科学管理才能得以实施，得以推行，得以成功。

为让人们理解他推行的科学管理方法与传统管理措施的区别，泰罗还将他的管理方法与传统的措施进行了比较。泰罗认为，传统

① 泰罗：《科学管理原理》，中国社会科学出版社 1984 年版，第 228 页。

② 泰罗：《科学管理原理》，中国社会科学出版社 1984 年版，第 239—240 页。

的管理措施过多地强调了雇员的责任，而简单地用“积极性加刺激性”的方法是难以获得可以长期需要的雇员积极性的。他认为：“广义地讲，对通常所采用的最佳管理模式可以这样下定义：在这种管理体制下，工人们发挥最大程度的积极性；作为回报，则从他们的雇主那里取得某些特殊的刺激。这种管理模式被称为‘积极性加刺激性’的管理……”① 而在新的科学管理工作中，管理人员将承担重要的责任，要给管理人员安排更重的工作担子。“在老的管理模式下，要取得什么成就几乎完全有赖于赢得工人的‘积极性’，而真正赢得这种积极性的情况却是很罕见的。科学管理比起老的制度来，有可能在更大的范围内以绝对的一致性去争得工人的‘积极性’（这就是他们艰苦的工作、好意和聪明才智）；除了工人方面的这种改进之外，经理们也承担了新的重负、新的责任和职责，这是在过去是想也没想过的。”② “总起来说，在‘积极性加刺激性’的管理下，实际上全部问题是‘由工人决定’，而在科学管理下，问题的一般是由资方决定的。”③ “科学管理超过‘积极性加刺激性’管理的第一个优点是能不断地取得工人的主动性——工人的勤奋工作、诚意和才能，而在采用最好的旧式管理方法时，只能偶然地不大经常地得到工人们的积极性，不过，能够取得工人们的积极性，只是科学管理优于旧式管理方式的两个理由中比较次要的一个。科学管理更大的优点是企业中巨大的、非常繁重的新责任与负担，都由管理方面自觉地承担起来。”④

对于自己所做的一切，泰罗曾指出：“诸种要素——不是个别要素——的结合，构成了科学管理，它可以概括如下：科学，不是

① 泰罗：《科学管理原理》，中国社会科学出版社1984年版，第168—169页。

② 泰罗：《科学管理原理》，中国社会科学出版社1984年版，第169页。

③ 泰罗：《科学管理原理》，中国社会科学出版社1984年版，第171页。

④ 泰罗：《科学管理原理》，中国社会科学出版社1984年版，第245页。

单凭经验的方法；协调，不是不和；合作，不是个人主义；最高的产量，取代有限的产量；发挥每个人最高的效率，实现最大的富裕。”① 这应该就是泰罗所追求的科学管理的目标，推行的科学管理的实质，实现的科学管理的境界。

2）科学管理原理

如此神奇的科学管理究竟是什么呢？它为什么能发挥如此之大的作用呢？其核心的理念又是什么呢？

为了清楚地阐述科学管理模式与传统“积极性加刺激性”管理模式的重大差别，泰罗总结了管理方应该承担的四项责任，并称为“科学管理原理”。这四个原理是：

第一，对工人操作的每个动作进行科学研究，用以替代老的单凭经验的办法。泰罗认为，这是管理人员的第一项责任。管理人员要把过去工人们自己通过长期实践积累的大量的传统知识、技能和诀窍集中起来。在收集以后，要记录、整理，编成表格，甚至数学公式，并概括为规律和守则，然后在工人中推行、实施。“这一条原理可以看作是，使工人建立一种用科学来代替过去习惯的工作方式。”②

第二，科学地挑选工人，并进行培训和教育，使之成长。在科学管理中，管理人员一方面要细致地研究每一个工人的性格、脾气和工作表现，找出他们的能力。另一方面，更为重要的是发现每一个工人发展的可能性，逐步地、系统地培训，帮助和指导每一个工人，为工人们的上进提供机会。使工人们在受雇佣的公司里能够担任最高的、最有兴趣的、最有利、最适合他的能力的工作。这是“管理人员要不断加以探讨的问题”。③

第三，与工人们亲密地协作，以保证一切工作都按已发展起来

① 泰罗：《科学管理原理》，中国社会科学出版社 1984 年版，第 221 页。

② 泰罗：《科学管理原理》，中国社会科学出版社 1984 年版，第 245 页。

③ 泰罗：《科学管理原理》，中国社会科学出版社 1984 年版，第 246 页。

的科学原则办。这里泰罗强调的是，将科学与工人相结合，并十分强调地指出，除非有人将科学与工人联结在一起，否则所做的一切将会前功尽弃。泰罗还着重提醒道："在我们设法将人们从旧的管理方法转到新的管理方法即科学管理的过程中，阻力是来自管理人员方面。有 90% 的阻力来自'将'管理人员转过来承担他们应当承担的工作方面。只有 10% 的阻力来自工人方面。我们一定会遇到管理人员对承担新的责任的强烈反对。"①

第四，管理人员和工人们之间在工作责任和职责上几乎是均分的，管理人员把自己比工人更胜任的那部分工作承揽下来；而在过去，几乎所有的工作和大部分的职责都推到了工人们身上。泰罗认为，关于这一点是人们最难理解的，因为这个原理要求在新的管理制度之下将整个机构的工作平分为两部分，其中一部分转到管理人员方面。

对这样四条科学管理原理是否会引起纷争和矛盾，泰罗解释道："我认为可以公正地、忠实地表明，科学管理的常规特征是协调而不是不和。"②

3）有趣的故事

对"磨洋工"的解释与观察

"磨洋工"是当时美国企业中存在的普遍现象，也是迄今仍让管理人员十分头痛的问题，因为它十分隐蔽，甚至是雇员中的团体消极行为。对于这种现象的解释，作为当过工人的泰罗来讲似乎特别的熟悉。泰罗认为："'磨洋工'的原因有二。第一，由于人的天性趋向于轻松随便，这可称为'本性磨洋工'。第二，由于人与人的关系而造成的错综复杂的思想和重重顾虑而引起的，这可称之为'故意磨洋工'。"③

---

① 泰罗：《科学管理原理》，中国社会科学出版社 1984 年版，第 246—247 页。

② 泰罗：《科学管理原理》，中国社会科学出版社 1984 年版，第 248 页。

③ 泰罗：《科学管理原理》，中国社会科学出版社 1984 年版，第 39 页。

对这一问题的理论解释是，普通人一般都会趋向于慢慢腾腾、不慌不忙地干活，只有在自己经过深思熟虑和仔细观察之后，或者学习了榜样、良心发现、外来的压力才会加快自己的步伐。泰罗也认为，会有一些人具有异乎寻常的干劲、活力和雄心壮志，主动地选择最快的步伐，树立自己的标准而努力去工作——甚至违反自己的最高利益。但泰罗的解释却是："但是少数人不寻常的人所起到的作用，在对比之下，反而强调了一般人的倾向。"①

泰罗观察了一位较为优秀的工人。发现这位工人上下班步行的速度是每小时 3—4 英里，工作之后就快步回家。但这位工人到了工作场所马上就把速度降为每小时 1 英里。在工人推一辆载重的独轮车，在上坡时走得很快，可是在回程空车的时候就利用一切机会来拖延时间，慢到 1 小时 1 英里，只差没有坐下。工人的这种做法泰罗认为就是"本性磨洋工"。

而"故意磨洋工"对效率的损失更大，会造成更大的伤害。而且按照泰罗的认识，这种磨洋工"几乎存在于所有各种不同的管理制度之中。而且是工人们经过仔细考虑之后，认为是符合他们最高利益而得出的结果"。② 泰罗听到一个高尔夫球场上仅有 12 岁的球童在向新来的球童传授"经验"时就这样说道，在跟随主人走进高尔夫球场时必须在主人后面慢慢走，因为工资是按钟点计算的，如果跑得越快，所得的钱就越少。如果你一个人跑快了，还会挨其他球童的打。对于这种"故意磨洋工"的行为，泰罗认为产生于"几乎所有雇主都为各等级的工人确定一个最高数额的工资"。

解决的办法，泰罗认为应该是："在普通形式的最好的计日工资制之下，把每个工人所完成的工作和效率准确地记录下来，使工作有进步的人都能多得工资，而把不能达到一定标准的人予以解雇，并用经过精心挑选的新人来代替，那么，本性的和故意的两种

① 泰罗：《科学管理原理》，中国社会科学出版社 1984 年版，第 39 页。
② 泰罗：《科学管理原理》，中国社会科学出版社 1984 年版，第 40 页。

磨洋工，都会在很大程度上得到解决。”① 看来，泰罗在这里完全使用了他称的科学管理原理。

很值钱的工人——斯密特

这个故事发生在伯利恒钢铁公司。当时泰罗被请去观看一个被人们认为优秀的搬运队。这个队由 75 名工人组成，在一个出色的工长领导下进行搬运生铁的工作。当泰罗一行人观察了搬运队的工作后，发现按当时的工作条件与搬运的距离，工人们一天的搬运工作量应该是 47—48 吨，而此时搬运队平均的一天搬运量只有 12.5 吨。如此大的差距给了泰罗通过实施科学管理提高工作效率的机会。

应该如何科学地进行提高搬运量的工作呢？泰罗是这样设计和开展此项工作的。

首先是要科学地挑选工人。作为一项硬性规定，一次只能与一个人谈话和打交道，只有这样才能发现每个人的最大限度的效率和成就。在观察了 75 位工人后，选出了 4 位从体力上看可以搬运 47 吨生铁的工人。

然后尽可能地详细地了解这 4 位工人的历史、性格、习惯和抱负。

最后确定了认为最为合适的人选——一位身材矮小的工人施密特。

施密特的特征是：每天下班后能轻快地走回家，回家后还能在自己买的一块地上盖房子，垒院墙——体力充裕；工人们反映，斯密特还十分吝啬，往往把一分钱看得比磨盘还要大——容易刺激。

与斯密特的单独谈话就开始了。泰罗的助手首先对斯密特说，斯密特，你是一个具有价值的人吗？斯密特不置可否地说道，我不懂你们的意思。助手说，你是想一天挣 1.85 元成为有价值的人，还是像现在一天只挣 1.15 元，做一个没有价值的人呢？斯密特当然愿意一天挣 1.85 元，并成为有价值的人。在第二天上班时，一

① 泰罗：《科学管理原理》，中国社会科学出版社 1984 年版，第 41—42 页。

位拿着马表的人开始指挥斯密特搬运生铁。在科学的安排下，到了下午 5 点半钟，斯密特顺利地将 47.5 吨生铁搬完了，也就拿到了 1.85 元的工资。这样，搬运队能够留下来的将是一天搬运 47—48 吨生铁的工人了。泰罗事后总结到，“在构成科学管理中心环节的四个方面，作者在以上就其中的三个方面作了简单的叙述：第一是精心挑选工人，第二和第三是先诱导工人，之后对其进行训练和帮助，使之按科学方法去干活。”①

这两个在泰罗推行科学管理工作过程中发生的小故事十分准确地反映出泰罗推行科学管理工作时对人的基本假设，实施的基本做法，以及推行后必然的结果。

4）遇到的问题和麻烦

在以上的阅读中读者可能会有这样的疑问：泰罗的这一套方法会得以顺利地实施吗？难道不会遇到传统势力的挑战？不会引起工人们的不满？简单地讲，当斯密特搬运的生铁重量是过去的 4 倍时，而拿到的工资却仅比过去多了 60% 时，而其他能力较弱的工人将面临解雇，斯密特和其他工人会没有想法？

确实，泰罗的思想和方法遇到了挑战。这些挑战不仅来自当时生产力发展水平的限制，该理论人性假设的缺陷，也来自传统势力的诋毁和人们的误解。

例如，在泰罗在一个兵工厂推行科学管理的工作时曾引发了工人的罢工，因此也被人将该问题提上了美国国会。在国会上，泰罗遇到极其不公正的待遇。会场充满着恐怖主义的气氛，问答中不时出现激烈的交锋、仇视和尖锐的词句。② 由于美国工会的抵制，泰罗推行的方法在美国国会遇到的一些麻烦。在美国国会通过的拨款法案中提出了附加条款，即在使用拨款法案提供的活动资金时不能采用泰罗制的任何方法，国会甚至通过了制止在军工企业和政府企

① 泰罗：《科学管理原理》，中国社会科学出版社 1984 年版，第 176 页。

② 雷恩：《管理思想的演变》，中国社会科学出版社 1986 年版，第 165 页。

业采用泰罗管理方法的法律。这项法律直到1949年才被撤销。这些做法使泰罗的科学管理在美国企业的推行过程中遇到了极大的挑战。

5）对泰罗科学管理的评价

显然，泰罗的科学管理的推行不会一帆风顺，也会有截然不同的评价。这可能就是一种规律，任何新生事物总有它毛糙的一面，需要时间推移过程中的完善和修正，它也需要人们逐渐地加以认识其内在的科学本质，在科学理论发展的过程中接受实践和历史的检验。

面对人们的种种责难，泰罗像许多科学的先驱一样十分坦然地在国会作证时发表了自己的看法，既慷慨激昂，也充满悲壮。他说道："如同其他节约劳动的手段一样，动力织布机终于被采用了。无论来自任何方面的反对，无论反对者的来历如何，我认为节约劳动的手段都将取得胜利。你们从工业界的历史中，就可以找到证据。先生们，科学管理也不过是一种节约劳动的手段而已。也就是说科学管理只是能使工人取得比现在高得多的效率的一种适当的、正确的手段而已。这种手段并不会大量增加比工人们现在的负担更大的负担。如果科学管理是一种提高工人效率的手段，则不管世界上的工人如何反对，科学管理还是要胜利的。无论在什么地方、有什么人、有哪一个阶级的人，采取什么方法来反对，科学管理总是要取胜的。我认为科学管理是正确的。如果它是正确的话，如果科学管理能使工人不用增加劳动而能增加工效的话，那么科学管理就一定会胜利。"① 社会科学远比自然科学复杂，因为自然科学是在寻求大自然运行中隐藏的自然规律真理的判断，而社会科学却在寻求人们深藏在自我心灵中的价值判断。

德鲁克的评价

德鲁克在1990年撰写了一篇十分重要的论文《从资本主义到知识社会》。在论文中，德鲁克第一次利用知识在社会发展中的独

① 泰罗：《科学管理原理》，中国社会科学出版社1984年版，第232页。

特作用将从产业革命开始的时代划分为了三个基本的阶段：第一个阶段是知识被用于工具、工艺和产品，创造了产业革命，但是也创造了马克思认为的"异化"和新的阶级和阶级斗争；第二个阶段知识在新的意义上开始用于劳动，带来了生产力革命，这场革命把无产阶级转变成接近上层阶级收入的中产阶级；第三个阶段知识开始应用于知识自身，这就是管理革命。①

德鲁克以称赞的口气评价道："泰罗的动机不是效率，不是为所有者创造利润。到他临死的时候，他仍然坚持生产率的主要收益人必须是工人，而不是所有者。他的主要动机是创造一个所有者和工人、资产阶级和无产阶级在生产率上有着共同利益的社会，能建立一种将知识应用于劳动的和谐关系。"②

德鲁克认为，泰罗认为劳动可以被研究、被分析，可以被分解为一系列简单的动作，而每一个动作就必须以正确的方式、以最恰当的时间和使用最好的工具，而最大的贡献就在于建立在此基础上的工人培训。德鲁克分析到，在泰罗将知识应用于劳动之后，美国的生产力几乎开始以每年 3.5%—4% 的速度上升，18 年左右就可以增长一倍。从泰罗推行科学管理到德鲁克写文章之际，生产效率在所有发达的先进国家增长了近 50 倍。相对于生产力的发展，人们购买力也增强了近 25 倍。社会的进步还体现在工作时间的缩短上。由于生产效率增加了 50 倍，发达国家工人一年的工作时间美国工人只有 1850 小时，德国工人只有 1600 小时，而在 1910 年，工人的工作时间不少于 3000 小时。与此同时，工人的收入却大幅度提高，到 1990 年，美国、德国、日本的工人，一周工作 40 个小时，一年的税后工资收入可达到 45000 美元，"这大约是今天美国便宜小汽车价格的 8 倍"③。再就是，随着知识的普及、生产效率的提高、先进设备的使用，大量的蓝领工人成为了白领工人。预计在 2010 年，美国从事体力劳动的蓝领工人将减少至整个就业人数

① 达尔·尼夫：《知识经济》，珠海出版社 1998 年版，第 36 页。
② 达尔·尼夫：《知识经济》，珠海出版社 1998 年版，第 50 页。
③ 达尔·尼夫：《知识经济》，珠海出版社 1998 年版，第 54 页。

的10%。

一个实例

迄今为止，美国依然是世界上生产效率最高的国家，这个成绩从第二次世界大战以后就没有被其他的国家所打破。究其原因，人们普遍的结论就是得益于泰罗的科学管理，以及普及过程中形成的美国企业的科学管理文化。在美国斯蒂芬·P. 罗宾斯的《管理学》教材中有一个讲述我们已经熟知的美国联合邮包服务公司（United Parcel Service，UPS）的案例①。联合邮包服务公司是美国的一家投递公司。它雇佣了15万职工，平均每天将900万个包裹发送到美国各地和世界近180个国家。为了实现公司的宗旨"在邮运业中办理最快捷的运送"，UPS的管理当局系统地培训了他们的员工，使他们以尽可能高的效率从事工作。

UPS的工业工程师对每一位司机的行驶路线都进行了时间研究，并对每个送货、暂停和取货活动都建立了标准。这些工程师记录了红灯、通行、按门铃、穿过院子、上楼梯、中间休息喝咖啡的时间，其中甚至包括上卫生间的时间，然后将这些数据输入计算机中，从而得到每一位司机每天中工作的详细工作标准。为了完成每天取送130件包裹的目标，投递的司机（注：美国的投递工作一般为开汽车递送，投递人员往往就是开车的司机）必须严格遵循工程师设定的工作程序：当司机到达投送的地点时，他们会松开安全带，按喇叭，将档位放置停车档，拉紧手刹，关发动机，为送货完毕后的启动离开作好准备。然后，司机从驾驶室下来，右臂夹着文件夹，左手拿着包裹。右手拿着车钥匙，看一眼包裹上的地址，以每秒钟3英尺的速度快步走到顾客的门前，敲门，不要去按门铃，以免在寻找门铃时浪费时间。送货完毕后，司机在回到汽车的路上完成登记工作。

这样十分刻板的工作时间表看起来十分烦琐，但效率专家们公认，UPS是世界上效率最高的公司之一。

显然，在UPS公司的现代运营管理中充满的就是被研究、被

---

① 罗宾斯：《管理学》，中国人民大学出版社1997年版，第29页。

分析，可以被分解的一系列简单的动作，以及动作科学的测定和严格的劳动纪律的规定，就是在贯彻、实施泰罗科学管理的主要精髓和要义。从中我们是否也有感悟，目前我们各个行业中的管理工作是不是就刚好缺乏严谨的科学管理呢？是不是会有所感觉，我们没有经过泰罗时代是我们的一大损失呢？我们是不是应该补上这一课，通过严格的管理去抵制具有农业社会生产特点的随意、散漫和缺乏严谨与规范呢？

结论

泰罗在管理科学上的巨大贡献是显然可见的，总的看来他对管理科学的贡献主要体现在以下方面：

1. 泰罗的科学管理思想顺应了当时生产力发展水平的要求，解决了当时资本主义发展中遇到的重大难题，提出了他界定的科学管理的精髓与思想。十分清楚，在 19 世纪末 20 世纪初，美国企业的发展正处在从较小规模的作坊式的生产方式向大规模生产方式过渡的阶段，生产模式的重大变化必然对长期形成的以经验传授为主要特征的管理模式产生冲击，必然要回答：既然在大规模的生产中设备、加工的零件、生产的图纸、工艺的过程都逐渐实现了标准化，那进行生产的人员的智力与体力状况、完成工作的动作、特别是对大规模生产特性的理解难道不需要标准化吗这样的问题。由此可见，泰罗的动作研究、工具改进、人员挑选、工资衡量等工作都是围绕他的科学管理 4 个原理展开的，其核心的思想就是要解决工业化的大生产与近似于传统农业生产思想、理念，以及由此而派生出来的管理模式之间的矛盾与冲突。这属于解决生产力矛盾的范畴。泰罗的另一思想，就是要在科学管理的推行和实现过程中要实现的“劳资双方在思想上要发生的大革命”，这个所谓的革命就是要管理方与被管理方都应懂得一个十分浅显但又十分难以实现的道理：“他们将会明白，当他们停止互相对抗，转为向一个方向并肩前进时，他们的共同努力所创造出来的盈利会大得惊人。”这一认识应该属于解决生产关系矛盾的范畴。德鲁克对此有他自己很深的体会：“那么，是什么克服了‘资本主义不可避免的矛盾’，克服了无产阶级的‘异化’和‘贫困’以及彻底的‘无产阶级’自身呢？答案是生产力革命。”① 理解这些十分重要，泰罗的科学管理作为管理科学的萌芽就将管理工作的基本内涵定义为就是要注意解决生产关系与生产力双重矛盾问题，是管理方与被管理方双方的共同革命。在我国，许多人将管理工作仅看成一种方法、一种工具，甚至是一种特权；看成是管理人员管理、制约，甚至惩治自己的下属，那就大错特错，这不仅违背了泰罗的思想，也违背了科学管理的基本要求。

2. 泰罗的科学管理思想和理论建筑在科学实验的基础上，泰罗所创造的种种管理方法都是经过大量的实验，都是力图建立在科学规范的基础上的，因此具有说服力和可操作性。例如，泰罗在研究切割钢铁应该选择的恰当速度、刀具的角度和形状所做的实验中，就整整花去了 26 年的时间，记录了 3 万—5 万次实验，将 80 万磅的钢铁切削成了碎屑，花费了 15 万—20 万美元。又如前述的斯密特搬运实验中，从工作量的核定、斯密特的挑选过程、斯密特的搬运测试、工资的发放等都充分体现了“科学”二字，基本没有个人的臆断和随意的决断。所以对泰罗方法十分看好的列宁曾评价到，（泰罗制）是一系列的最丰富的科学成就，即按科学来分析人在劳动中的机械动作，省去多余的笨拙的动作，制定最精确的工作方法，实行最完善的计算和监督制等。这种科学的精神，认真的态度是我国管理学理论界、实业界在自己的研究领域和工作范畴要充分注意和认真学习的。可以断定，如果我们缺少了这种精神和方法，将拖延我国现代化建设的进程，延缓我们追赶发达国家的时间，因为科学管理是大生产效率提高的正确途径。

3. 泰罗的科学管理思想和理论的延伸。随着企业组织规模的扩大，企业传统的直线管理体制（见图 1-2(a)）遇到了一些麻烦。主要的问题是，厂长已经不可能对工厂事无巨细地进行指挥和协调了。为改变这种状况，泰罗借助军队参谋设置的原则和相应的功能，开始设计诸如计划部这样的职能机构，对需要开展的工作进行谋划和安排，实现和落实管理方必须承担自己职责的要求。这种组

① 达尔·尼夫：《知识经济》，珠海出版社 1998 年版，第 48 页。

织体系后来被称为“职能制”(见图 1-2（b)）组织结构，这种组织结构将大量重复性的管理工作下放给了职能部门，减轻了企业主要负责人的日常管理工作，提高了管理的效率，适应了企业组织规模增大带来的问题。但是泰罗在组织体系的设置中，把职能部门的权限延伸至了下属部门，导致下属部门受到两个以上领导的指挥这一问题，受到了坚持“统一指挥”思想的法约尔的尖锐批评。

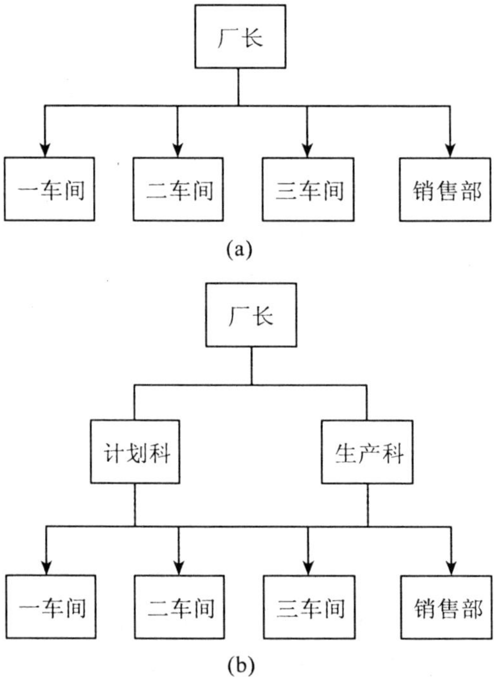

图 1-2　直线制与职能制

泰罗科学管理历来受到许多人的批评，甚至批判，也提出了许多改进的意见，概括起来，主要的批评意见反映在以下几个方面。

1. 对人性假设的错误。在上面的叙述中不难发现，泰罗科学管理理论的重要基础假设——人性的假设是建立在“经济人”的假设上的。所谓的经济人假设起源于斯密的研究，即认为，在问题的分析过程中，假设（或认定）人是自利的。如果按照管理理论中的人性假设理论，泰罗思想中对人性的看法趋向于“X”理论，即人是喜好偷懒，憎恶劳动的。所以，在这样的假设条件下，泰罗必然会提出人爱偷懒的“本性磨洋工”问题，也会在他提出的劳资双方重要的思想革命是“将注意力转向增加盈余的数量上”，也就会在他诸多的管理工作的改革中突出的是金钱赐予或分配。很多人认为这种基本的假设已经不能适应当今的发展趋势，因为目前的理论，特别是管理理论已早就将人视为“社会人”、“文化人”、“管理人”了，也就十分自然地提出泰罗的管理思想已经不适应当今时代的管理的需要，重则抛弃，轻则扬弃。

2. 对工人的残酷剥削问题。这个结论来自我们的直观效果，如当我们了解了斯密特的故事之后，我们的感觉就是——剥削，科学的剥削，400% 的搬运量的提高，60% 的工资收入涨幅，很难说清这是什么道理，感觉就是，更多的剩余价值进了资本家的口袋；更来源于列宁的评述，泰罗制——也同资本主义其他一切进步的东西一样，有两个方面：一方面是资产阶级剥削的最巧妙的残酷手段，另一方面是一系列的最丰富的科学成就。

对于第一个问题，较为科学的解释应该是，当时泰罗所处的阶段是资本主义的原始积累阶段，所以泰罗所看到的是“马克思、俾斯麦、亨利·詹姆斯（美国小说家、文学批评家、剧作家和散文家——作者注）所看到”的问题，当时理论界流行的就是亚当·斯密构建的经济人假设，所以泰罗作为那个时代的管理学家，是难以超越那个时代的历史背景和主流理论的，必定是存在决定意识，也是主流理论影响的结果。更为深层次的分析还应归于美国的社会文化。美国的社会文化基础是基督教文化，该文化对人看法的核心思想应归于“X”理论，因为根据基督教的教义，人生下来就是有罪的，只有在后来的人生中不断地洗刷自己的罪过，才有上天堂的可能。这里可以推演出的到是，泰罗的科学管理思想是建筑在现代大生产的基础上，也是建立在美国的国情、美国的文化和现代大生产初期的基础上的，因此我们，甚至全世界各国在研究、学习泰罗科学管理思想、理论和方法时都应注意到这些，注意到合理地结合本国的国情、本国的文化和行业的特色进行必要的修正。

对于第二个问题，很难作出过多的解释，尽管泰罗当时就认为，他的工资制度就是建立在科学的测定上，就是科学的结论和结果，但当时风起云涌的工人罢工对泰罗制的抵制和推行中的一系列困难，很能说明问题——泰罗的管理方法确实存在着一些问题和不足。还有就是，泰罗对斯密特问题的一次解释中作了如此的阐述："下面，更细致地深入研究一下：就科学地挑选工人来说，在这个有 75 人的生铁搬运班组中，大约 8 人中只有 1 人每天能搬运 47.5 吨，这是事实。这 8 个人中的另外 7 个人在体力上无法以这种速度干活。8 人中的这一能干的人决不是他比他班组里的其他工人更高明，他只是凑巧属于像头牛的这种类型的工人——这在人类中并不罕见的品种，并不因为难找而价值连城。正相反，他是这样一种愚蠢的人，甚至不适于干绝大多数种类的体力活。"① 显然，这样的描述是十分错误的，这也就解释了为什么泰罗科学管理的推行会遇到那么多的困难和麻烦，当工人们看到这样的有辱人格的字眼时会不拍案而起吗？

虽然泰罗的科学管理思想体系存在着这样或那样的问题，但从唯物史观，从辩证的角度看或检验，泰罗的科学管理思想总体上看是正确的，因为它不仅实现了管理从经验向科学的转变，使管理工作迈向了科学，开创了科学管理的新纪元，而且更为重要的是它推动了社会生产力的发展，创造出了"生产力革命"的奇迹。

（二）管理理论的全面构建——亨利·法约尔

产业革命发生在欧洲，英国、法国等老牌资本主义国家是首批崛起的国家。随着生产力的发展，欧洲出现了一大批著名的经济学家，如亚当·斯密、大卫·李嘉图、休谟、萨伊等，但相对来讲，出现在欧洲的著名管理学家却不多见。出生在法国的亨利·法约尔却是一个例外。

① 泰罗：《科学管理原理》，中国社会科学出版社 1984 年版，第 185 页。

如何来解释这个现象呢?

经济学、管理学都属于社会科学，社会科学的发展必定要伴随着社会的演进，研究、解释社会发展的诸多问题，推进社会的发展。在 18—19 世纪，欧洲的发展大大地高于美国，因而在当时欧洲出现了一批研究政府作为、市场运行，根据资源稀缺性的特点强调资源优化配置、提高国家经济实力的经济学家。但我们也可能注意到了，在第二次世界大战以后，随着美国经济的迅速发展，美国的经济学家几乎囊括了所有的诺贝尔经济学奖。这也是一个极好的例证，即社会科学的发达水平与社会进步的现实状况密切相关，社会科学本身就承担着这样的责任：既要回答、解决社会发展过程中的诸多问题，又要把握、引导社会发展进程中的发展方向。

关于为什么美国的管理理论几乎成为当今全球的经典，按上面的推理，必定是美国有其发达的工商企业，及其发达的市场竞争机制。关于这一点，美国的企业史专家钱德勒作了回答。钱德勒在探讨为什么美国会成为经理式资本主义策源地时进行了如下的分析：第一是国内市场的规模与同质性，美国的市场规模和同质性都大于、好于欧洲的各国；第二是文化方面与社会方面的差异，特别是建立在文化价值标准上的法律差异。例如，美国 20 世纪初制定的谢尔曼法就禁止了小型家族公司成为卡特尔，其结果就大大促进了美国大企业的迅速发展。相对来讲，欧洲的各国就没有做到。由此可以轻易地推导出，美国管理理论的发展就是来源于养育企业发展、促进企业竞争的美国国土、环境和社会文化的特殊性。

1. 亨利·法约尔

人们往往说，泰罗与法约尔有许多相近之处，如生活在同一时代，泰罗（1854—1915 年）与法约尔（1841—1926 年）都生活在 19 世纪的产业革命导致的社会大发展的时代；出生在富人的家庭，泰罗的父亲是个律师，法约尔的父亲是个实业家；都在企业从事过工程师与管理工作；都十分热衷于企业的管理工作。唯一不同的就是，两人的青年时代，人生成长的重要时间两人的机遇导致的发展道路有所不同。前面已经讲过，由于身体（或是反叛）的原因，泰罗没有直接读上大学，而是当了一名工人，是一位从工人成长起来的企业高层人员。法约尔却是十分顺利地读完了大学，开始从事的就是技术和管理工作，最后成为了公司的总经理、董事长。人生道路的差异就影响到了他们对事物观察的角度，也就使得他们虽出身在相似的家庭和个人经历、生活在同一时代、面对基本相同的问题，却在对管理思想、理论、方法的研究上存在明显的差异。

亨利·法约尔（Henri Fayor）1841 年出生在法国的一个实业家家庭。1856—1858 年在里昂公立中等学校学习，1858—1860 年在圣艾蒂安国立矿业学院读书。1860 年毕业后至 1888 年，他在科芒特里-富香博-德卡斯维尔公司担任工程师，并在工作中逐渐显示了他的管理才能。1888 年，当该公司的财务状况极为困难，公司几乎濒于破产时，法约尔被任命为总经理。而到 1918 年法约尔 77 岁退休时，公司的经营状况已非常好了。据说，法约尔管理过的公司迄今仍然是法国中部最大的采矿和冶炼联合公司——勒克勒佐-卢瓦尔公司的一个组成部分。

1918—1925 年法约尔在科芒特里-富香博-德卡斯维尔公司工作期间就开始了管理的研究工作。1900 年，他向“矿业和冶金协会”的会议提交了管理研究的论文，开始系统地阐述他的管理思想。在 1908 年的矿业学会五十周年大会上，他提交了论文《论管理的一般原则》；1916 年，他在矿业学会公报上，发表了著名的管理著作《工业管理与一般管理》。从 1918 年退休后到 1925 年去世这段时间里，法约尔致力于普及自己的管理理论。在这期间，法约尔主要从事了两项工作。第一项是创办一个管理学研究中心。这个中心每周都要举行一次由他主持，有作家、哲学家、社会活动家、工程师、政府官员和实业界人士参加的会议。法约尔的许多权威著述都是在较为宽松的讨论环境中逐步形成的。第二项工作是试图说服法国政府对管理原则进行关注。1921 年，他的《论邮电部门行政改革》的小册子出版，同年他在《政治与国会评论》上发表了一篇题为《国家在管理上的无能》的重要论文。1923 年在布鲁塞尔举行第二次国际管理科学会议，法约尔是这次会议的领导之一。在 1924 年国际联盟代表大会期间，他在日内瓦国际大学联合会发表了题为“管理要义的重要性”的演说。

但是，不仅是在美国，就是在法国，在法约尔生前的很长一段时间里，法约尔的管理思想并没有引起人们的足够重视。在美国，直到 1949 年伦敦皮特曼公司出版康斯坦斯·斯托尔斯的译本时，人们才比较全面地接触到法约尔的管理思想。在法国，法约尔思想没有受到重视的原因主要是：第一，当时法国对美国派往法国的军队在建造船坞、修路和建立通信线路等方面运用泰罗制所取得的成绩和效率感到极为惊异，所以当时的法国陆军部命令陆军所管辖的所有工作都必须研究和应用泰罗的科学管理原理；第二，当时在法国有两位学者即亨利·勒夏特利埃和夏尔·费雷曼维尔，他俩把泰罗的管理著作译成了法文并在法国建立了一个取名为勒夏特利埃-费雷曼维尔（即“泰罗主义”）的组织，在法国普及和推广泰罗的科学管理理论。上述两方面原因使得在法国，人们更多地接触了泰罗的科学管理理论，反而不了解法约尔的管理思想。一直到法约尔去世前不久，研究“泰罗主义”的勒夏特利埃-费雷曼维尔组织才与法约尔的管理学研究中心合并为法国组织全国委员会，使得法国的两大管理学的组织联合起来，法约尔的管理思想才逐渐被人们所认识。

法约尔在管理方面的著作主要有《工业管理和一般管理》、《国家在管理上的无能——邮政与电讯》、《公共精神的觉醒》。论文有：提交给“矿业和冶金协会”会议的有关管理的论文、《管理的一般原则》、《高等技术学校中的管理教育》、《管理职能在事业经营中的重要性》、《国家的工业化》、《邮电部门的管理改革》、《国家管理理论》等。

2. 法约尔的主要管理思想

法约尔与泰罗对管理研究的差异主要体现在研究的对象上，由于法约尔一开始在企业的工作就是从事较为高层次的工程技术工作和管理工作，而且较快地成为了大企业的高层管理人员，因而他把更多的注意力放在了对管理工作、活动的一般性描述和抽象上。

1） 企业的活动与管理的定义

法约尔对管理科学最大的贡献是他在 1916 年出版的《工业管

理与一般管理》中确立了管理的定义，构建了管理工作的基本职能，提出了管理工作的基本原则，得出了管理能力可以通过教育实现的结论。

根据自己的工作体会和经验，法约尔认为，企业的全部活动可分为六组，它们分别是：技术活动（生产、制造、加工），商业活动（购买、销售、交换），财务活动（筹集和最适当地利用资本）；安全活动（保护财产和人员），会计活动（财产清点、资产负债表、成本、统计等）和管理活动（计划、组织、指挥、协调和控制）。还认为，“不论企业的大小，复杂还是简单，这样的六组活动（或者说基本职能）总是存在的。”①

在法约尔的思考中，上述的六种企业必备基本活动（或职能）具体的内容还包含以下方面：

技术活动是指企业的生产、创造和加工等的企业职能。法约尔在充分肯定技术活动重要性的同时，也指出，技术职能并不是全部职能活动中最主要的，即使在大型工业企业里也有这样的情况，即其他的职能可以对企业的发展有比技术职能大得多的影响。

商业活动是指企业的购买、销售和交换等的企业职能。法约尔认为，懂得买与卖与懂得很好地生产同样重要。商业能力除了策略和决策，还应包括长远的预测能力，还包括一种长远的预测和在大型企业中日益发展的承包合同的运用。

财务活动是指企业筹集和最适当地利用资本等的企业职能。法约尔认为，没有财务职能企业什么事都做不成。为获得资本和最适当地利用可用的资金并避免轻率地承担义务，必须有完善的财务管理，企业成功的一个基本条件就是经常注意企业的财务情况。

安全活动是指企业保护企业财产和人员等的企业职能。法约尔认为，这项职能的任务是保护企业财产和人员，预防偷盗、火灾，消除罢工、行凶暴行。安全活动是指保证企业安全，为企业人员提供所需要的精神安宁的一切措施。

---

① 法约尔：《工业管理与一般管理》，中国社会科学出版社 1982 年版，第 2 页。

会计活动是指企业的财产清点、资产负债表、成本、统计等的企业职能。法约尔认为，会计职能是企业的视觉器官，它能使人随时了解企业处于什么状况，并向何处发展，可以对企业的经济形势提供真实，清楚而又准确的情况。一个好的会计制度应该简单明了，可以给人以企业状况的确切概念，是领导的一个有力工具。

管理活动包括企业的计划、组织、指挥、协调和控制活动的企业职能。法约尔认为："前五组活动我们很熟悉。几句话就足以区分各组的范畴，而管理活动需要更多地说明问题。"① 并指出，前述五项职能活动都不负责制定企业的总经营计划，不负责建立社会组织，也不负责协调和调和各方面的力量和行动。管理的活动不属于技术、商业、财务、安全以及会计职能的权限。它们组成了另一种职能——管理。法约尔说："因而，我选定下述定义：管理，就是实行计划、组织、指挥、协调和控制；计划，就是探索未来、制定行动计划；组织，就是建立企业的物质和社会的双重结构；指挥，就是使其人员发挥作用；协调，就是连接、联合、调和所有的活动及力量；控制，就是注意是否一切都按已制定的规章和下达的命令进行。"② 可以看出，在法约尔眼里，管理活动的基本特点是：它是负责企业总体经营、协调力量和资源的活动；它不像其他五类活动容易被人明察；它既不是一种独有的特权，也不是企业经理或企业领导人的个人责任。它同别的基本职能一样，是一种分配于领导人与整个组织成员之间的职能。

2）管理人员才能构成与能力结构

法约尔根据以上六种能力，发现和总结出"每一种能力都以下面简述的几个方面的素质与知识为基础：（1）身体——健康、体力旺盛、敏捷；（2）智力——理解和学习的能力、判断力、精

① 法约尔：《工业管理与一般管理》，中国社会科学出版社 1982 年版，第 2 页。

② 法约尔：《工业管理与一般管理》，中国社会科学出版社 1982 年版，第 5—6 页。

力充沛、头脑灵活；（3）道德——有毅力、坚强、勇于负责任、有首创精神、忠诚、有自知之明、自尊；（4）一般文化——具有不限于从事职能范围的各方面知识；（5）专业知识——技术，或商业，或财务；（6）经验——从业务实践中获得的知识，这是人们自己从行动中吸取的教训和记忆。"① 并认为，"以上是组成任何一种基本能力的全部素质和知识，它包括身体、智力和道德的素质，还包括一般文化、经验及完成职能的某些专业知识。"② 这一看法与泰罗十分相近，泰罗在论及工段长的工作时就谈道："要得到一个具备多种专门知识以及为完成其全部工作所必需的各方面的智力和道德品质的人极不容易，因为一个全才必须具有下列九种品德：脑力；教育；专门知识或技术知识，手艺或体力；机智；充沛的精力；毅力；诚实；判断力或常识；良好的健康情况。"③ 这可以清楚地看到，就在科学管理刚刚萌芽之时，泰罗和法约尔几乎不约而同地强调了作为一名管理者应具备一些基本的知识、能力和道德品质。这说明，在他们眼中，管理人员与其他工作人员相比，应该具备一些特殊的品质和能力，因为他们是领导和管理人们的，所以在人品和才能上应该稍高一筹。概括泰罗和法约尔罗列的管理人员素质，它们主要包括：一般的文化和专业知识、体力、智力与经验；坚强、毅力、责任心和首创精神。

更为有意义的是，法约尔总结了大型工业企业和各种类型的工业企业人员的必要能力相对重要性的比较表。这应该是第一份描述管理人员必要能力的表格，因而显得特别有意义（见表 1-1、表 1-2）。

① 法约尔：《工业管理与一般管理》，中国社会科学出版社 1982 年版，第 7 页。

② 法约尔：《工业管理与一般管理》，中国社会科学出版社 1982 年版，第 8 页。

③ 泰罗：《科学管理原理》，中国社会科学出版社 1984 年版，第 80—81 页。

表 1-1　大型工业企业技术职能人员必要能力的相对重要性比较表 ①

人员类别	能力						
	管理（%）	技术（%）	商业（%）	财务（%）	安全（%）	会计（%）	总值（%）
工　人	5	85	—	—	5	5	100
工　长	15	60	5	—	10	10	100
车间主任	25	45	5	—	10	15	100
部门领导	35	30	10	5	10	10	100
经　理	40	15	15	10	10	10	100
联合企业总经理	50	10	10	10	10	10	100
国家企业部长	50	10	10	10	10	10	100
总　裁	60	8	8	8	8	8	100

表 1-2　各种规模的工业企业领导人的必要能力的相对重要性比较表②

人员类别	能力						
	管理（%）	技术（%）	商业（%）	财务（%）	安全（%）	会计（%）	总值（%）
初级企业	15	40	20	10	5	10	100
小型企业	25	30	15	10	10	10	100
中型企业	30	25	15	10	10	10	100
大型企业	40	15	15	10	10	10	100
特大型企业	50	10	10	10	10	10	100
国家企业	60	8	8	8	8	8	100

① 法约尔：《工业管理与一般管理》，中国社会科学出版社 1982 年版，第 8 页。

② 法约尔：《工业管理与一般管理》，中国社会科学出版社 1982 年版，第 9 页。

从表 1-1 中可以看出以下规律：“在各类企业里，下层人员的主要能力是具有该类企业特点的职业能力，而较高层的领导人的主要能力则是管理能力。”① 法约尔还得出了以下结论：

（1）工人的主要能力是技术能力。

（2）随着人的地位在等级中提高，管理能力的相对重要性也增加，同时技术能力的重要性减少。

（3）经理的主要能力是管理能力，等级越升高，这种能力越起主导作用。

（4）商业能力、财务能力、安全能力在部门领导、经理等级的人中有其最大的相对重要性。随着人的地位升高。这些能力的相对重要性在每种人的评价中不断减少并趋势向平衡。②

法约尔的最后结论是：“不管哪一种职能，下属人员的主要能力是需要具有某种职能特点的能力（在工业职能里是技术能力，在商业职能里是商业能力，在财务职能里是财务能力，等等），而高级人员的主要能力是管理能力。”③

从表 1-2 中也可以总结出一些带有规律性的结论来。表 1-2 的数据表明，管理人员在不同规模的企业中，领导人员的必要能力的相对重要性也有很大的差异，法约尔得出的结论是：

（1）小型工业企业领导人的主要能力是技术能力。

（2）随着企业等级的上升，管理能力的相对重要性必然增加，同时技术能力的重要性相对减少，在中等企业里这两种能力相等。

（3）大型企业领导人的最重要能力是管理能力，企业越大，管理能力越起主导作用。

（4）商业和财务能力对中小型企业领导人比对技术职能的中下层工作人员起着重要得多的作用。

---

① 法约尔：《工业管理与一般管理》，中国社会科学出版社 1982 年版，第 8—11 页。

② 法约尔：《工业管理与一般管理》，中国社会科学出版社 1982 年版，第 8—11 页。

③ 法约尔：《工业管理与一般管理》，中国社会科学出版社 1982 年版，第 8—11 页。

(5) 随着企业等级上升，管理比率增大了，趋于平衡的其他大部分比率减少，接近于整个价值的十分之一。①

法约尔对于表 1-2 分析后的最后结论是："技术能力是大型企业下层人员和小型工业企业领导人的主要能力；管理能力是较高层领导人的主要能力。技术能力在工业阶层占主要的地位；而管理能力在上层占主要地位。"②

法约尔虽然承认，用数字来表示能力的相对重要性是不适宜的，但首次展现的数据却给了人们很大的启示。人们第一次知道了在不同的企业，在企业不同的层次管理人员应该有不同的能力组合。这不仅可以让企业在挑选管理人员时可以根据人们能力的状况进行较为理性的挑选和培养，也可以让人们进行理性的思考，例如，如果希望自己能成为优秀管理人员的人们就可以沿着法约尔所描绘的能力结构变化的轨迹构建、培养和发展自我。

3) 管理的基本原则

关于管理的原则，是法约尔在《工业管理与一般管理》一书中最为精彩的论述。法约尔在书中解释了他为什么要为管理工作制定基本原则的原因。他指出："乍一看来人们可能会惊奇：永久的道德原则、十诫法、教会的戒律……对于管理者来说，还不是足够的指南，他不需要一个专门的法规。应该这样解释，道德与宗教的高级法则一般只是为了个人或一些不属于这个世界的利益，而管理原则一般是为了团体的成功或经济利益的满足。"③ 这里法约尔挑明了一般组织管理工作最为重要的特点，即在一般的组织中，特别在谋求经济利益企业的管理工作中需要注意的是，当人们发觉自己在追求自我目标的个人能力有限而参加一个组织后，人们的个体目标往往并不会与组织的目标一致，如何将组织中个人分散的目标统

① 法约尔：《工业管理与一般管理》，中国社会科学出版社 1982 年版，第 12 页。

② 法约尔：《工业管理与一般管理》，中国社会科学出版社 1982 年版，第 12 页。

③ 法约尔：《工业管理与一般管理》，中国社会科学出版社 1982 年版，第 50 页。

一，实现组织的目标是管理工作最大的难题，这既不能简单地依靠个人的道德，也不能依靠上帝的旨意，唯一能产生和发挥作用的就是真正地实现科学管理。对于管理人员来讲就是要如何克服自我的不足，坚持基本的管理原则。法约尔为管理人员罗列了在工作中应遵循的 14 条基本原则。

（1）劳动分工。劳动分工属于自然规律。它表现在动物界，生物越是完美，越具有担负不同功能的高度分化的器官；表现在人类社会中，社会组织越是重要，职能和机构的关系就越是紧密。劳动分工的目的是用同样的努力却生产得更多更好。专业分工会使雇员们的工作更有效率，从而提高了工作的成果。劳动分工也有一定的限度，经验与尺度告诉人们不应超越这些限度。

（2）权力与责任。权力，就是指挥和要求别人服从的权利。在一个领导身上，人们应该把属于职能规定的权力，和由于自己的智慧、博学、经验、精神道德、指挥才能，所做的工作等决定的个人权力区分开来。作为一个出色的领导人，个人的权力是规定权力的补充。人们在想到权力时不会不想到责任，责任是权力的孪生物，是权力的当然结果和必要补充。凡权力行使的地方，就有责任。然而一般来说，人们像追求权力那样害怕承担责任。不敢负责会严重妨碍发挥主观能动性，使许多好品质受到破坏。一个出色的领导人应该具有承担责任的勇气，并使他周围的人也随之具有这种勇气。制止一个重要领导人滥用权力和其他缺点的最有效保证是个人的道德，特别是该领导人的高尚的精神道德。大家都知道这种好的品德无论是靠选举还是靠财产都是不能取得的。

（3）纪律。纪律实质上就是和企业同其下属人员之间的协定相一致的服从、勤勉、积极、举止及尊敬的表示，法约尔指出，他毫无保留地赞同“纪律是军队的主要力量”这句箴言。但同时也认为应补充一句，“纪律是领导人造就的”。无论哪个社会组织，其纪律状况都主要取决于其领导人的道德状况。高层的领导人和下属一样，必须接受纪律的约束。制定和维持纪律最有效的办法：A. 各级好的领导；B. 尽可能明确而又公平的协定；C. 合理执行惩罚。

(4) 统一指挥。无论对哪一件工作来说，一个下属人员只应接受一个领导人的命令。如果两个领导人同时对同一个人或同一件事行使他们的权力，就会出现混乱；如果事情持续下去，混乱便会加剧。在任何情况下，都不会有适应双重指挥的社会组织。在整个人类社会中，在工业、商业、军队、家庭、国家里，双重指挥经常是冲突的根源，这些冲突有时很严重，特别应该引起各级领导人注意。

(5) 统一领导。这项原则认为，对于力求达到同一目的全部活动，只能有一个领导人和一项计划。这是统一行动、协调力量和一致努力的必要条件。人类社会和动物界一样，一个身体有两个脑袋，就是个怪物，就难以生存。

(6) 个人利益服从整体利益。这条原则认为，在一个企业里，一个人或一些人的利益不能置于企业利益之上，一个家庭的利益应先于其一个成员的利益，国家利益高于一个公民或一些公民的利益。成功的办法是：A. 领导人的坚定性和好的榜样；B. 尽可能签订公平的协定；C. 认真的监督。法约尔还研究了通常用于工人、中级领导人和高级领导人的报酬方式。

(7) 人员的报酬。人员的报酬是其服务的价格，应该合理，并尽量使企业同其所属人员（雇主和雇员）都满意。报酬率首先应取决于不受雇主的意愿和所属人员的才能影响的一些情况。要对与雇主的意愿和人员才能有关的因素作出评价，就要求对事物有相当的了解，要求公正和无私。人员报酬的方式可以对企业的发展产生重大影响，选择其方式是一个重要的问题，同时也是一个困难的问题，实际上有多种完全不同的解决方法，但是直到现在，没有一种绝对令人满意的。对报酬方式通常希望：A. 它能保证报酬公平；B. 它能奖励有益的努力和激发热情；C. 它不应导致超过合理限度过多的报酬。

(8) 集中。集中是一种必然规律的现象，就是指在每个动物肌体或社会组织中，感觉集中于大脑或领导部门，从大脑或领导部门发出命令，使组织的各部分运动。集中不是按领导人或环境之意可以采纳或弃舍的一种好的或不好的管理模式，它或多或少总是存在着。集中或分散的问题是一个简单的尺度问题，问题在于找到适合于该企业的最适度。找到提供最高效率的方法，这就是集中与分散所要解决的问题。所有提高部下作用的重要性的做法就是分散，降低这种作用的重要性的做法则是集中。

(9) 等级制度。等级制度是从最高权力机构直至低层管理人员的领导体系。等级路线就是情报由最高权力机构向下发出或把情报上报给最高权力机构、中间经过等级制度每一级的传递路线。这条路线对于保证传达的需要和指挥的统一是很必要的。但它并不总是最迅速的途径，在一些大企业里，特别是对于政府机构来说，这种方法有时甚至需要很长时间。信息应当按等级传递，如果按等级链会导致信息传递的延误，则应允许横向交流，但应使所有当事人同意和通知各自的上级。

(10) 秩序。物品秩序的规则是："每件东西都有一个位置，每件东西都在它的位置上"；社会秩序的规则是："每个人都有一个位置，每个人都在他的位置上。"完善的秩序包括正确选择的位置；表面秩序只是一种假象或者只有真正的秩序的不完整的映像。完善的秩序还要求位置适合于人，人也适合于他的位置。应像格言中所说的："合适的人在合适的位置上。"社会秩序要求对企业的社会需求与资源有确切的了解，并保持二者之间经常的平衡。这种平衡是极难建立与维持的，而且企业越大就越难。

(11) 公平。为了鼓励其所属人员能全心全意和无限忠诚地执行自己的职责，应该以善意来对待他。公平就是由善意与公道产生的。在对待所属人员时，应该特别注意他们希望公平，希望平等的这些愿望。组织领导应经常把自己最大的能力发挥出来，努力使公平感深入各级人员。

(12) 人员的稳定。雇员的高流动率是低效率的。一般地看来，繁荣的企业的领导人员是稳定的，而那些运气不佳的企业的领导人员是经常变换的。这种不稳定的同时也是企业不景气的原因与结果。像其他所有的原则一样，稳定的原则也是一个尺度问题。

(13) 首创精神。想出一个计划并保证其成功是一个聪明人最大欢乐之一，也是人类活动最有力的刺激物之一。除了领导的首创精神外，还应加上全体人员的首创精神。这种全体人员的首创精神对于企业来说是一股巨大的力量，特别在困难的时刻更是这样。要尽可能地鼓励和发展这种能力。在由于对权力与纪律的尊重而造成的局限中，需要极有分寸地，并要有某种勇气来激发和支持大家的首创精神。应该使领导者能够牺牲自己的虚荣心来满足其下属的虚荣心。

(14) 人员的团结。组织的领导人要好好想想这句话：团结就是力量。一个组织中，全体人员的和谐和团结是组织的巨大力量。在所使用的众多的方法中，我特别强调一条需要注意的原则和两个要避免的危险。要注意的原则是统一指挥。要避免的危险是：①对格言“分而治之”的错误解释；②滥用书面联系。

读完以上 14 条管理原则以后，我们会深深地感受到法约尔先生对管理工作核心理念的熟悉与把握，也会从内心感到这些 20 世纪初就拟订出的管理原则就是在今天依然体现着它们的科学内涵。这里有管理人员需要自律的责任与权力、纪律的把握，也有管理工作中需要认真对待的统一领导、统一指挥、集中、公平、人员稳定、首创精神、人员团结等问题。从法约尔列举的这 14 条原则中，我们可以感受到，在管理很神圣、管理到处有、管理很简单、管理很深奥的诸多评说中，将管理工作做好是很难的，因为这里既有对管理工作的科学要求，更有对管理人员人格魅力的需要。前者不易，后者更难！

针对为什么要总结和提出管理的 14 条原则，法约尔回答说：“没有原则，人们就处在黑暗和混乱之中；没有经验与尺度，即使有最好的原则，人们就处在黑暗和混乱之中；没有经验与尺度，即使有最好的原则，人们仍将处于困惑不安之中。原则是灯塔，它能使人辨明方向：它只能为那些知道自己目的地道路的人所利用。”①

4) 对管理的一些特殊感悟

---

① 法约尔：《工业管理与一般管理》，中国社会科学出版社 1982 年版，第 45 页。

管理的内涵

作为一名管理工作的实践者，法约尔对管理工作的内涵和特色似乎理解得更为深刻，提出的一些看法更发人深省和值得回味。法约尔认为：

“‘管理’不是一种独有的特权，也不是企业经理或企业领导人的个人责任。它同别的基本职能一样，是一种分配于领导人与整个组织成员之间的职能。”①

“管理职能只是作为社会组织的手段和工具。其他职能涉及原料和机器，而管理职能只是对人起作用。”

“在管理方面，没有死板和绝对的东西，这里全部是尺度问题。我们在同样的条件下，几乎从不两次使用同一原则，因为应当注意到各种可变的条件，同样也应注意到人的不同和注意许多其他可变的因素。”

“原则是灵活的，是可以适应于一切需要的，问题在于懂得使用它。这是一门很难掌握的艺术，它要求智慧、判断和注意尺度。由机智和经验合成的掌握尺度的能力是一个管理人员的主要才能之一。”②

以上寥寥数语就将管理工作的基本特性，与企业其他职能活动的本质差异，管理工作的难处均一一入木三分地讲全了。

管理可以通过教育实现

众所周知，所谓科学，它需要满足两个基本的条件。这就是它能在相同的条件下进行重复的实验，并得出相同的结果；它还能作为知识的传授进入教室与课堂。管理究竟是科学还是艺术的纷争主要来自于第一个问题。由于任何管理工作都会受到管理人员自身价值取向和环境因素双重的影响，所以几乎不可能存在管理经验的重复使用和检验的可能，这也就是法约尔所说的“在管理方面，没

---

① 法约尔：《工业管理与一般管理》，中国社会科学出版社 1982 年版，第 6 页。

② 法约尔：《工业管理与一般管理》，中国社会科学出版社 1982 年版，第 22 页。

有死板和绝对的东西，这里全部是尺度问题。我们在同样的条件下，几乎从不两次使用同一原则，因为应当注意到各种可变的条件，同样也应注意到人的不同和注意许多其他可变的因素”的原因，但法约尔却没有因为他看到了这一普遍和深刻的问题而否定管理教育的重要性，他着重指出了：“是不是这是因为管理能力只能从业务实践中得到呢？我相信这是人们所提出的理由。但这是不成其为理由的。实际上，管理能力可以也应该像技术一样首先在学校里，然后在车间里得到。”①

法约尔也认识到，在学校里缺少管理教育的真正原因是由于缺乏有关管理的理论。没有理论就不可能有教育。然而，还没有从广泛的讨论中得出普遍承认的管理理论。他也认为，他之所以写《工业管理与一般管理》一书，就是希望能够启发大家，提出中肯、有价值的评论，涓涓细流汇成江河。他建议，管理教育应该普及：在小学里是初级的，在中学里稍广阔一些，在高等学校应是很发展的。

管理中的数学

好像不止一位伟人认为，一门学科如果不能用数学对它进行描述的话，就难以成为科学。这也是近来十分困扰管理学科研究人员的一个问题，甚至在管理学界产生了重大的纷争，并逐渐演绎成为了划分学术水平的一个标准。那法约尔是如何看待这样一个问题呢？

法约尔在《工业管理与一般管理》的第二章管理要素谈及组织问题时特别谈到了他对数学与管理知识之间关系的认识。法约尔认为：

“长期的个人经验使我懂得，高等数学对于管理企业是没有用的。”②

① 法约尔：《工业管理与一般管理》，中国社会科学出版社 1982 年版，第 18 页。

② 法约尔：《工业管理与一般管理》，中国社会科学出版社 1982 年版，第 105 页。

关于自己的看法，法约尔作了如下的解释，企业的领导与工程师，除少数外，都需要能说会写。他们不需要高等数学。大家不理解，简单的三率法①对企业人员与军队首领一直是够用的。管理知识——在一个大工业企业中，最持久最直接要求领导注意的首先是管理职能（行动计划、人员招募、组织与领导、协调、控制），其次是技术和商业职能，最后是在领导本人活动中占比重较少的财务职能、安全与会计职能。人们不用花费很大的气力就可以设想出一种比较符合既定目的的数学法。人们乱用数学，认为对数学知道得越多，管理事务的能力就越强。他们认为学习数学比学任何别的知识都更能提高或纠正判断力。在法国就是因为这样的看法而产生了偏见，法约尔认为与这些错误看法作斗争是有益的。他坚定不移地相信，基础数学的学习，如同其他基础知识一样有助于培养判断能力。但他认为，任何一种过分的科学教育都会有害于人的身心健康，学习数学也符合这条规律。法约尔甚至还说到，人们指出，有些卓越的数学家并不具有实用的理智，而许多有理智的人并不是数学家。

在这些分析后，法约尔给出了他的结论性的话："没有必要指出，大企业领导的基础科学——管理学，与高等数学没有任何联系。"②

90 年前的这些结论似乎已经有些过时，因为我们已经进入了计算机的时代，计算机的产生使人们可以借助这一外脑对数据进行历史上根本无法实现的数据挖掘工作；我们已经进入了希望更为科学和理性地探索管理问题的时代，大家都希望借用数学的方法使充满着"科学与艺术"的管理领域具有更多的学术气氛和科学精神。当然我们也应区分数学在管理问题的理论探讨与在实际工作中使用的差异。但我们似乎也应该注意这位管理先驱者的告诫，因为法国与中国都是十分偏好数学的国家，我们现在在自己的研究工作中会

① 即今天的比例算法，传入印度和西方后称为三率法。

② 法约尔：《工业管理与一般管理》，中国社会科学出版社 1982 年版，第 109 页。

不会出现一些偏向，是不是有些脱离了管理工作的现实，是值得我们思考的。

法约尔桥

“法约尔桥”是管理理论中的一个术语，这是法约尔在其管理原则的“等级制度”中介绍的一种管理方法。法约尔十分强调管理工作中必须高度统一的思想和行为，因此他在介绍等级制度时也十分强调逐级上报和下传情报与指令的重要性，当然，这样的结果往往就会失去效率，所以法约尔就认为：“有许多事情，其成功就在于执行得快。因此，就应该把尊重等级路线与保持行动迅速结合起来。”①

图 1-3 就是法约尔设计的一个图形，他借助这个图形讲述了如何“执行得快”的道理。这个图形表示着一个企业的组织结构。G-A-Q 是正常的命令链，如果 F 部门需要与 P 部门商量问题，这在管理中能行吗？

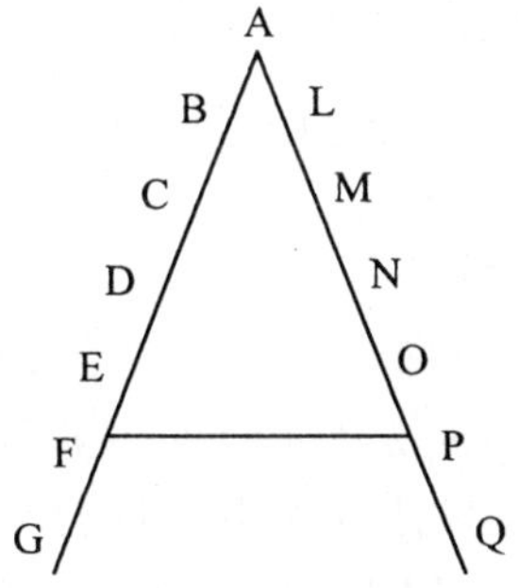

图 1-3　法约尔桥示意图

按照正常的程序，这项工作需要经过 F-E-D-C-B-A-L-M-N-O-P 这样一条等级路线，且每到一级都会因研究而停下来。其实按人们通常的做法是通过 F-P 天桥。法约尔认为，如果领导 E 与 O 允许

---

① 法约尔：《工业管理与一般管理》，中国社会科学出版社 1982 年版，第 40 页。

他们的下属 F 和 P 直接联系，就捍卫了等级制度。如果 F 和 P 立即向他们各自的领导汇报他们商量的事情，就完全合乎了规则。这里的“F-P”合乎规范的联系就是著名的“法约尔桥”。

显而易见，法约尔桥的利用可以达到简单、迅速、可靠的效果。但要很好地发挥法约尔桥的作用，法约尔认为，这需要提高负责任的勇气和提高领导的管理能力。

5）对法约尔管理理论的评价

法约尔是伟大的，他通过十分浅显和通俗的道理就概括了管理工作的基本概念、重要性、特点、要素与执行过程的基本原则。更为重要的是，法约尔完成了一门科学需要的抽象和上升为理论的过程，在他之后，虽然许多后继者还是在自己的努力之下推进着管理理论的构建，但可以肯定地说，迄今为止，还没有任何学者能突破 90 年前法约尔设计的基本理论框架，超越法约尔提出的基本概念和在管理工作中必须遵守的基本原则。

法约尔是不幸的，可能就是他出生在农业经济十分发达的法国，在很长的一段时间被泰罗的光环所笼罩，甚至连法国人也是在崇拜泰罗很长时间以后，才发现了自己国家的瑰宝——管理奇才法约尔。

皮埃尔·莫兰的评价

皮埃尔·莫兰是法国企业人力资源开发研究所的副所长。作为一位法国人，在 1979 年为法约尔《工业管理与一般管理》写了题为“亨利·法约尔的现实性或失去的机会”的序。由于这是一位法国人写的序，因此就可以在这其中看到一些别国人难以体会的东西。

这位法国人为法约尔的辉煌感到骄傲和鼓舞，他在序中写道，重读这本书，大家首先会为法约尔提出并论述的题目的现代性而感到吃惊。首先法约尔为进行管理而确定的预测、组织、指挥、协调、控制的程序在美国许许多多的管理著作中，在工商学院编辑的杂志的文章中都可以看到。并使用嘲讽的口气说到，某些写于 60 年代或 70 年代的文章毫不犹豫地拿着革新家的腔调，自认为是自己提出了一种触及问题的现代新方法。今天，还是让我们回归给法约尔吧。法约尔若不是第一个也是最早者之一，以直觉认识到以一定实践为基础的知识主体应该能够形成、改进提高并传播给那些应去管理一个无论什么样的组织的人。法约尔的谈话与今天成就辉煌的人的观念完全一致，强调在经济发展中“最基本的因素不是资本，而是知识，再加上本领、才干”这样一个事实。

这位法国人也为法约尔被长期埋没感到不平，他在序中写道，也许是法约尔的理论与泰罗的理论相比太过于超前，也许是泰罗主义的成功，还有就是法国人自己在法国大力推崇泰罗的思想，更是美国军队在法国修建码头、营地、铁路时高的效率归于推行了泰罗制的影响，就出现了令法国人汗颜的结局：“真是命运奇怪的嘲弄，二次大战后重建和执行马歇尔计划阶段，美国顾问来到法国帮助复兴工业，他们向法国的领导者教授法国人 30 年前在法国已出版的东西。”① 究其根本的原因，皮埃尔·莫兰认为是法国人的高傲，是法国的文化使法国人不善于推销、展示和传播自己发明的东西，也不会强加于人。

就是在这骄傲、鼓舞、郁闷和不平之中，皮埃尔·莫兰还是十分慎重地宣布：“可能最好的证明就是：管理的发明者是个法国人。他在 19 世纪后半叶构思并确定了的思想直到 20 世纪 60 年代才被美国工商管理学院重新采用得到承认。这种反常现象应当引起重视，而究竟谁是创始者也应得到纠正。”② “今天，他们承认他是第一位‘对管理理论进行综合性陈述’的人。如同他们所解释的，两位伟大的管理理论家差不多是在同一时期建立起他们的理论，一位是从上层建起，那是法约尔；另一位从基层，他是泰罗。”③

这应该是对法约尔科学、准确的定位。

---

① 法约尔：《工业管理与一般管理》，中国社会科学出版社 1982 年版，导言第 9 页。

② 法约尔：《工业管理与一般管理》，中国社会科学出版社 1982 年版，导言第 1 页。

③ 法约尔：《工业管理与一般管理》，中国社会科学出版社 1982 年版，导言第 9 页。

结论

可能是法约尔的研究领域不在基层，也不在管理实践的具体环节，手中也缺乏显示法约尔是否在他的管理工作实验或运用过他的一套理论的资料，所以法约尔的理论和思想没有遇到像泰罗的理论和思想遭遇到的那么多的抨击与挑战，也就自然缺少如同泰罗在激烈挑战中出现的奇闻趣事，但他的贡献，特别是对管理学科发展带来的深远影响却是十分伟大的，具体体现在：

1. 认识到了管理工作的普遍性原理，并依据这一思想完成了管理理论的基本架构。由于法约尔在这一方面的特殊贡献，所以人们称法约尔的管理理论为“一般理论”(这个词组翻译不够好，下有说明)。也就是说，法约尔完成的管理理论虽然多从企业的角度出发（如他理论中的 6 种基本职能)，但他一直在申明，对管理知识的需要是普遍的；一直在强调，管理职能只是作为社会组织的手段和工具。其他职能涉及原料和机器，而管理职能只是对人起作用。所以法约尔研究的重要特点是根据对他熟悉的企业管理工作的研究，然后推向一般的结论。如他所总结的管理人员职务高低对其能力结构的要求，管理工作的内涵，管理的一般原则，管理的要素，以及管理可以通过教育实现等都是放置任何组织而皆准的真理。特别是他根据管理工作流程总结的管理就是计划、组织、指挥、协调和控制一直是任何管理学教材必须尊崇的编写顺序，这也就是管理学流派中称之的“过程学派”。所以也可以称法约尔为过程学派的祖师爷。

2. 认识到了管理工作的普遍性原理，并依据这一思想提出了管理教育的必要性和可能性。在很长一段时间，人们就认识到了管理工作的重要性，比如经济学理论中就将企业家视为生产的第四要素，看成组合一般性生产要素的力量。但由于管理工作的差异性极大，管理的对象——组织也是复杂万分，所以人们一般将管理工作看成活动，看成技巧，看成艺术，也就自然地在管理的传授过程中看成经验的传授，也就无法实现管理教育的可能了。但经过法约尔的实践总结，经验抽象，一门充满基本概念、基本原则、基本流程和基本理论的管理科学就脱颖而出了，管理作为一门学科可以进行教育普及也就顺理成章了。从这一点看，这是法约尔的伟大贡献。

3. 与泰罗的理论遥相呼应、相得益彰，共同完成了科学管理阶段的基本任务。与泰罗的理论相比，虽然一个似乎在企业的下层，一个在企业的上层，一个在推进现场管理的工作，一个在寻求管理的一般理论，但不难发现他们两人都在实践中寻找科学，都在经验中抽象理论。一个在基层发现了解决劳资关系，将经验转化为科学是科学管理实现的基本途径；一个在上层发现了管理的一般原理，把一般原理上升为理论，发现了可以通过教育来实现管理科学的普及，从而完成了管理理论实现其科学最为重要的工作。管理的科学管理阶段就在泰罗和法约尔这两个管理科学探索的先驱及伟人的努力下完成了。

需要说明的二个问题。法约尔的名著《工业管理与一般管理》一书的英文名字是 *General and Industrial Administration*，所以有些学者根据“administration”一词与“management”一词的细微差别，将法约尔的理论归结为行政管理，这显然是有些问题的。因为，行政管理一词在中文中极易理解为政府的管理。正如前述，在法约尔的书中，基本是围绕着企业的管理工作展开然后抽象完成他的一般性管理理论思想的。还有，这里将“general”一词翻译为“一般”是可以的，但书名的意思更趋近“通用”之意，将法约尔的理论译为“管理通论”应比译为“一般管理”更好！更能体现法约尔的贡献和这位先行者的良苦用心。

（三）科学管理理论的其他贡献者

一个篱笆三个桩，一个好汉三人帮是人们现实生活的写照。几千年来管理的实践活动终于上升为了具有科学管理思想的理论和可以进行教育的科学体系，其中除了作出巨大贡献的泰罗、法约尔外，还有许多人作出了自己的贡献，有些人就是泰罗的助手、追随者，有些人是自己独立进行了有关管理理论的探索。

1. 官僚组织理论

官僚组织理论的提倡者是德国著名的社会学家马克斯·韦伯（Max Weber，1864—1920 年）。韦伯提出官僚（Bureaucracy）组织理论并不是为企业所设计的一种组织模式。他作为一名社会学家在对当时社会的观察中发现，工业化的趋势加剧了企业组织的变革，这种变革就是随着企业规模的扩大出现了监工、中层管理者形态的全新模式。他估计，随着组织的大型化，人将逐渐地失去自己的个性，因为在大型组织中必须做到组织的利益高于个人的利益，这种形态韦伯称之为“官僚组织”，并认为资本主义的发展对官僚体系的发展起到了重要的作用。官僚组织是一种体现劳动分工原则，有着明确定义的等级和详细的规章制度，以及非个人关系的组织模式。韦伯个人也认为，这是一种“理想的官僚行政组织模式”，在现实中是不存在的，但它也是一种可供选择的现实社会的重构方式。由于这种组织模式强调规则而不是个人，强调能力而不是裙带关系，因而有利于组织提高工作效率，有利于防范任人唯亲、组织涣散、人浮于事的不良现象，而成为设计许许多多现代大型组织的原型。表 1-3 是韦伯理想官僚组织结构的详细特征概要。韦伯赞赏的是各种现代官僚主义制度，这种官僚主义制度由于其明确的技术化、理性化和非人格化而表现出它的合理性。所以，他认为，现代官僚主义体制是当代世界的特征。他还进一步分析了现代科层制度所共有的而且是相互关联的几个要素。现代科层制表现为一整套持续一致的程序化的命令—服从关系。各级官员由于受到非政治化的管理（对他们最主要的肯定评价是技术性要求），下级必须依靠其上级的首创精神和解决问题的能力。科层体制是法律化的等级制度，任何官员的行动方向是由处在更高一级的官员决定的。

表 1-3　　**韦伯的理想官僚行政组织**

劳动分工	把各种工作分成简单、例行和明确的任务，明确规定每一个人的权力和责任
权力等级	公职和职位应按等级来组织，每个下级应当接受上级的控制和监督
正式选拔	组织成员必须根据经过培训、教育的技术资格或通过正式考试来挑选组织中的正式成员

续表

规章制度	为了确保一贯性和全体雇员活动的一致性，管理者必须倚重正式的组织规则
非人格化	规则和制度是组织中每一个人都必须遵守的，它不受个人的情感和个人背景的影响
职业导向	组织中的管理者是职业化的官员，而不是组织的所有者，他们领取固定的工资，并在组织中追求他们的职业成就

不难看出，韦伯的思想是对封建社会的传统管理模式、理念和方法的否定，体现了适应当时产业革命后生产方式特点和资本主义社会发展的管理思想和理念。韦伯是德国人，他的官僚组织的设想也深受德国普鲁士国家管理体制思想的影响。

2. 其他的贡献者

在这一时期，对科学管理理论和实践作出重大贡献的还有与泰罗几乎是同一时代的美国人卡尔 · G. L. 巴思、亨利 · 甘特、弗兰克 · 吉尔布雷斯夫妇、亨利 · 福特等人。

卡尔 · G. L. 巴思（Carl Georg Langer Barth，1860—1939 年）出生在挪威的奥斯陆，1881 年，巴思全家移居美国，1899 年到宾夕法尼亚贝瑟利恩钢铁公司任机构车间工程师，成为泰罗的特别助手，被人们称为泰罗最为忠实和正统的追随者。他是一位数学教师，很早就跟随泰罗参与现场管理的诸如机器的进料、切削等需要进行复杂计算的工作。在很长一段时间都是与泰罗一起工作，泰罗有关现场管理的计算问题几乎都是他完成的。随后，巴思在自己的工作领域一直认真贯彻泰罗的思想，并取得了成功。在哈佛大学教授科学管理课程时也是积极宣传泰罗的思想，并特别为别人说他是泰罗的门生而深感自豪。

亨利 · 甘特（Henry Gantt，1861—1919 年）出生在美国的马里兰州。1887 年，他加入泰罗在密德维尔钢铁和伯利恒钢铁的科学管理工作，一直持续至 1893 年，因而在管理理论方面的建树多受泰罗的影响。如他所研究改进的任务奖金制度，受到了泰罗的差别工资制启发，但又有所改进，而被称为“计件奖励工资制”。在计划工作的安排上，甘特发明了用水平柱条表示时间和工作进度，用差别的颜色表示计划与实际工作进展状况的甘特图。直到现在依然是项目管理、计划管理的重要工具。

弗兰克·吉尔布雷斯与莉莲·吉尔布雷斯（Frank Gilbreth，1868—1924 年，Lilian Gilbreth，1878—1972 年）是一对从事管理科学研究并取得丰硕成果的夫妇，被人们称为管理学界的居里夫妇。弗兰克·吉尔布雷斯出生在美国缅因州。1912 年，在泰罗与甘特的影响下，吉尔布雷斯放弃了收入颇丰的建筑业务，改行从事“管理工程”的研究，他在体力劳动的操作方法上很有造诣。他的妻子莉莲对他的研究做出了很大的贡献。1912—1917 年的 5 年时间内，他把美国普罗维登斯的新英格兰巴特公司作为自己的试验基地。由于他出色的研究成果，很快他就赢得了管理专家的荣誉。莉莲·吉尔布雷斯出生在美国加利福尼亚州，是美国第一个获得心理学博士的女士，也有“管理第一夫人”的美誉。为了同丈夫合作研究，她改学了心理学。莉莲·吉尔布雷斯是一位非常了不起的女性，在抚养 12 个孩子的繁忙家务劳动之余，潜心于管理心理学的研究，完成了著作《管理心理学》，并在 1915 年获得布朗大学的博士学位。

亨利·福特（Henry Ford，1863—1947 年）是一位著名的企业家，出生在美国密西根州。福特毕生献给了他情有独钟的汽车事业。他于 1898 年成立了第一家汽车公司，生产了 25 辆汽车后便于 1900 年破产。1903 年福特再次成立汽车公司，并一直担任总经理。同年，公司生产出第一辆福特牌汽车。1908 年福特又试制成功著名的 T 型轿车。1913 年，福特创立了全世界第一条汽车流水装配线。这种流水作业法就是后来被称誉为“福特制”的生产方式，并成为全世界汽车行业学习的生产模式。他的主要成就是利用汽车工业的生产特点，创造了流水线的生产方式，从而大大地提高了生产效率，降低了生产成本，使福特汽车公司一举成为当时全美、全球最大的汽车生产公司。也有人说，福特是采用泰罗科学管理方法取得重大成功的实践者。

从前面的介绍中可以清楚地感觉到，经过泰罗、法约尔、韦伯、卡尔·G.L.巴思、亨利·甘特、弗兰克·吉尔布雷斯夫妇、亨利·福特等人的不懈努力，科学管理的基本思想、基本概念和基本理论框架已经确立和完善，并在实践中取得了极为丰硕的成果。与传统的管理思想相比，科学管理阶段的最大特点是：管理理论已围绕着解决人类社会新型组织——工厂的效率问题，形成了较为完善的体系和框架；人们已开始将管理作为一门科学去看待、去探索、去研究；已开始摆脱经验主义的影响，强调用体现科学规律的管理模式去替代经验主义的管理模式，并在一些领域得到了社会的承认和关注。当然，由于受当时生产力发展水平和社会科学发展条件的限制，此时的科学管理还存在着一些不足，受传统势力的影响，不少先进的管理思想、管理理论在一段时间也未能得到全面的实施和发挥应有的作用。但这一代人开创性的研究成果，对管理科学理论和方法的影响，是极其深远的。

第二部分　行为科学理论的形成与发展

“雾失楼台，月迷津渡”，宋人秦观的这一名句极富文学的美感，也颇具哲理的韵味。如果我们另作一番更开阔的联想，则会发现：大千世界，有多少现象扑朔迷离，恰似月笼雾罩，引得无数有志者去寻觅、探索。在管理学领域中也是如此。

在管理活动中，人既是其主体，又为其客体。正如马克思所说：“假如我们想知道什么东西对狗有用，我们就必须探究狗的本性。这种本性是不能从效用原则中虚构出来的。如果我们想把这一原则运用到人身上来，根据效用原则来评价人的一切行为、运动和关系等等，就首先要研究人的一般本性，然后要研究在每个时代历史地发生了变化的人的本性。”① 因此，任何管理思想的提出都离不开对人类本质和特性的认识。因而在管理史上，每一种新的管理思想和理论的产生都是从对人本性认识的改变开始的。

在各个历史时期，人的特性都是变化的；在同一社会共同体中，人的特性也是不同的。工业文明对人的特性的塑造，肯定迥异于农业文明；工业文明发展的不同历史阶段，人的本性也呈现出不同的特质。因而，管理学自诞生之日起就没有停止过对人的研究，但是，对人的认识仍如雾中楼台，月下津渡。在这“雾中寻楼台”的过程中，霍桑实验以及接踵而至的“人际关系运动”是新时代开始的里程碑。当以泰罗为代表的西方古典管理理论在批评的“穷途末路”之中时，可以说霍桑实验扭转了西方管理的“乾坤”。此后，人际关系学说及其延长线上的行为科学，成为近半个世纪以

---

① 马克思：《资本论》(第一卷)，人民出版社 1963 年版，第 669 页。

来对管理思想和管理实践产生最为深刻和广泛影响的理论之一。随着时代风云变换，在管理中围绕着人所进行的探索仍将不断进行下去。

一、行为科学之滥觞

几乎与古典管理理论同步，对人的研究就已滥觞，只是被淹没在科学管理的浪潮中罢了。其中，心理学创始人冯特的学生——胡戈·明斯特贝格，早在 1910 年就开始进入到工业领域，把心理学成果运用于企业效率研究，创立了工业心理学。同时，玛丽·帕克·福莱特、莉莲·吉尔布雷斯、亨利·丹尼森等人对管理中人的行为和心理的研究也都具有开创性的贡献。

（一）工业心理学的诞生

胡戈·明斯特贝格（Hugo Munsterberg，1863—1916 年）是工业心理学的主要创始人，被尊称为“工业心理学之父”。他出生于德国，师从现代科学心理学的创始人、德国著名心理学家威廉·冯特（W. Wundt）。后来他移居美国，于 1892 年受聘于哈佛大学，建立了心理学实验室并担任主任。在那里，明斯特贝格应用实验心理学的方法研究大量的问题，包括知觉和注意等方面的问题。他对用传统的心理学研究方法研究实际的工业中的问题十分感兴趣，于是他的心理学实验室就成为了工业心理学活动的基地，成为后来的工业心理学运动的奠基石。1914 年，第一次世界大战在欧洲爆发，明斯特贝格因效忠自己的祖国而支持作为战争的非正义方德国，因此受到了别人的排斥，导致精神抑郁，于 1916 年去世。当时人们评价他的去世造成了工业心理学上的空白。

明斯特贝格的工业心理学思想产生于当时特定的历史背景之下。19 世纪末 20 世纪初的第二次工业革命使得工业的生产规模不断扩大、生产效率进一步提高。为了获得更高的生产效率，人们开始注意到如何有效地利用人的生理和心理资源的问题。泰罗的“科学管理”活动使得社会上对于科学管理的兴趣高涨起来。在

“泰罗制”出现之前，心理学已经成为一门独立的科学，但是将心理学直接应用到工业生产领域，研究如何适应和转变工人的心理、激发工人的干劲，以提高生产效率，还是20世纪初才开始探索的。明斯特贝格指出，在当时的工业中，人们最大的注意力是放在材料和设备的问题上；也有一些人注意到了工人的心理状态对工人工作效率的影响，如有关疲劳问题、工作单调问题、兴趣和愉快、工作报酬等等，对于这一类问题，当时都是由一些外行人来处理的，他们对此缺少科学的理解。

明斯特贝格认为，心理学应该对提高工人的适应能力与工作效率做出贡献。他研究的重点是：如何根据个人的素质以及心理特点把他们安置到最适合他们的工作岗位上；在什么样的心理条件下可以让工人发挥最大的干劲和积极性，从而能够从每个工人处得到最大的、最令人满意的产量，怎样的情绪能使工人的工作产生最佳的效果。1912年，明斯特贝格出版了《心理学与经济生活》一书，该书在1913年被译为《心理学与工业效率》。在书中，他论述了对人类行为进行科学研究以发现人类行为的一般模式和解释个人之间差异的重要性。该书包括三大部分内容：（1）“最适合的人”，即研究工作对人们的要求，识别最适合从事某种工作的人应具备什么样的心理特点，将心理学的实验方法应用在人员选拔、职业指导和工作安排方面；（2）“最适合的工作”，即研究和设计适合人们工作的方法、手段与环境，以提高工作效率。他发现，学习和训练是最经济的提高工作效率的方法和手段，物理的和社会的因素对工作效率有较强的影响，特别是创造工作中适宜的“心理条件”极为重要；（3）“最理想的效果”，即用合理的方法在商业中也同样可以做到资源的合理利用，他研究了对人的需要施加符合组织利益的影响的必要性。明斯特贝格指出心理学家在工业中的作用应该是：帮助发现最适合从事某项工作的工人；决定在什么样的心理状态下，每个人才能达到最高产量；在人的思想中形成有利于提高管理效率的影响。

明斯特贝格进行了大量的工业中实际问题的研究。他的最著名的一个研究是探明安全驾驶的无轨电车司机应具备的特征。他系统地研究了这项工作的各个方面，并且设计了模拟电车的实验室实验，结果发现一个好的司机应该能够在驾驶的过程中同时理解所有的影响电车行驶的因素。明斯特贝格认为研究疲劳问题对提高工作生产效率非常重要。他和他的继承者研究了许多工厂每天和每周的工作曲线。典型的日产记录表现出，每天上午 9—10 点钟产量有轻度的增加，而中午饭前产量下降，午饭之后产量又上升，但不如上午 9—10 点钟的情况，下午下班前产量急速下降。一周的产量也表示出类似的情形，星期一的产量平常，星期二和星期三是最好的记录，然后逐渐下降，直到星期六为止。这些研究为工业心理学开辟了新的研究领域，并为后续的研究奠定了基础。

在明斯特贝格开创工业心理学的时期，工业心理学的目的就是追求个人在工业中的最高效率和最适宜的环境条件。人们相信，归根结底，个人在工业环境中的最高效率，只有确保他在那种环境中获得最满意的适应时才能实现。明斯特贝格的研究成果被广泛地应用于职业选择、劳动合理化以及改进工作方法、建立最佳工作条件等方面。选择适应于工人体力、心理特征的工作条件，在当时不仅是生产力增长的重要因素，也是减少工人同企业主矛盾冲突的重要条件。明斯特贝格指出，“我们决不要忘记，通过将来的心理上的适应和通过改善心理条件来提高工作效率，不仅符合厂主的利益，而且更符合职工的利益；他们的劳动时间可以缩短，工资可以增加，生活水平可以提高。”①

作为工业心理学的先驱，明斯特贝格的研究和思想对后来的研究工作和工业心理学理论有着深远的影响。早期的工业与组织学研究工作主要着重于应用心理学的思想和方法，增加企业的经济收益。这样，企业主从增加自己的经济利益出发，开始在企业中雇佣心理学家，心理学家也得以进入企业开展应用性的研究。心理学家对研究人的因素无疑处于最有贡献的地位。20 世纪的许多重要的工业与组织心理学的理论和研究都可以追溯到明斯特贝格的思想和

① 雷恩：《管理思想的演变》，中国社会科学出版社 2000 年版，第 221 页。

研究工作。

明斯特贝格的研究方向和路线，以及所采取的方法对后来的人们很大启示，在管理学上也有诸多应用。他开创了工业心理学领域——对工作中的个人进行科学研究以使其生产率和心理适应最大化。他认为应该用心理测验来选拔雇员，用学习理论来评价培训方法的开发，要对人类行为进行研究以便搞清什么方法对于激励工人是最有效的。他还指出了科学管理与工业心理学二者都是通过科学的工作分析，以及通过使个人技能和能力更好地适合各种工作的要求，寻求提高生产率，他的研究对于我们今天的甄选技术、员工培训、工作设计和激励仍有重要的影响。

但是，明斯特贝格所考虑的面比较狭窄，仅限于个体心理的研究，缺乏社会心理学和人类学的观点和论据。所以，他的工业心理学在当时未能引起更为广泛的注意，而是在其影响下的研究和理论为工业心理学增加了深度和广度，获得了人们更多的重视。

（二）时代的桥梁

在古典管理理论时代，已经有管理学家和思想家都注意到了组织的行为方式和管理方式离不开人的主动进行和参与，而个人的心理因素和行为方式也会对组织的整体功能产生极大影响，个人和组织的良好关系以及彼此间的协作、配合程度对于造就成功的个人和组织至关重要。他们因此而对这些问题进行了广泛而深入的理论研究。其中，比较具有代表性的是福莱特的伙伴关系理论和巴纳德的组织协作系统理论。因此，尽管从年代上讲，他们生活于古典管理理论时代，深受泰罗科学管理思想的影响，但是他们的哲学思想和管理思想又具有明显的行为科学的特征，从而成为两个时代之间连接的重要桥梁。

1. 玛丽·帕克·福莱特的伙伴关系理论

玛丽·帕克·福莱特（Mary Parker Follett，1868—1933 年）是美国著名的女哲学家、历史学家和管理学家，生于美国波士顿，在哈佛大学学习哲学、法律和政治学，一生未婚。

福莱特一生都在致力于建立一种管理哲学。她认为任何一个持久的、有生产性的社会都必须建立在对个人和集体的激励愿望之上，所以这一哲学是一定存在的。因此，为了了解福莱特的理论，我们有必要了解她的哲学爱好。福莱特是德国哲学家约翰·费彻特（Johann Fichte，1762—1814 年）的狂热崇拜者，约翰·费彻特认为个人利益与自由应服从于集体利益。因此，针对传统的只重视个体的管理理论，福莱特认为更应该重视的是人类群体的作用，群体的价值和生命是社会人行为的真正基础。在群体中，个人与个人之间、个人与组织之间存在着冲突是正常的，只要正视冲突并采用正确的方法去解决冲突，冲突也会产生积极的和建设性的效果，会导致新思想和新局面的产生，就能为组织谋利，这就是她的著名的"建设性冲突"理论。

福莱特重新界定了权力和权威的概念，把权力分为两类，即"统治的权力"和"共享的权力"。她主张用"共享的权力"来代替"统治的权力"，用"共同行动"来代替同意和强制，以创造出一种同某人一起工作而不是在某人手下工作的感觉，使管理者与被管理者之间不存在任何的分界线。同时，她主张应该把权威转向知识，这样可以避免个人之间的冲突，能减少摩擦并实现整合的统一性。

福莱特非常重视群体中人际关系的协调问题，甚至把协调看做是组织的首要任务。为了有效地进行协调，福莱特提出了组织的四条基本原则：（1）交互联系原则；（2）直接协调原则；（3）早期协调原则；（4）持续过程原则。

总而言之，福莱特的管理理论都是从人的角度提出并加以阐述的，其基本点在于"伙伴关系"这一概念。她认为，管理的根本任务在于使人和组织协调起来，并创造一种环境和形势，使人们自愿地、主动地给予合作。这可以说是福莱特管理理论的核心。

2. 巴纳德的组织协作系统理论

而切斯特·欧文·巴纳德（Chester I. Barnard，1886—1961 年）则由于对组织问题的高度关注和热情、丰富的工作经历以及认真刻苦的钻研精神，使他在组织管理学界做出了巨大成就，成为这个领域的权威人物。其 1938 年出版的《经理人员的职能》一书也成为管理学的经典著作，由此提出了组织协作系统理论。

巴纳德从人自身出发来研究组织和管理问题，而非从组织出发，更不是单纯以效率为目的，克服了古典管理理论只见组织不见人的缺陷。他提出的协作系统观点，与此前的管理学有着理论原点上的不同，“人”成为组织和管理最原初的起点。这种理论原点的作用，有点类似于数学中最基本的公理。在以前的管理学中，人都是为组织而存在的，重视人的目的，是为了实现组织目标，归根结底，人是实现组织意图的工具。所以，这种所谓的“以人为本”，类似于中国古代的“用人如器”，重视人是为了利用人，如果人对组织“无用”，那么就没有被重视的理由。而到了巴纳德那里，人变成最基本、最原初的起点，组织是为人实现自己的意愿服务的，人不再异化为组织的工具。

当然，巴纳德的学术思想和在组织管理理论方面的独创性贡献远远超出了行为科学的框架，对以后的组织理论和管理思想产生了深远的影响，这使他成为西方现代管理理论中社会系统学派的创始人，在本书后面管理丛林阶段将专门系统介绍他的理论。

总之，正如著名的管理史学家雷恩所总结的那样，福莱特和巴纳德“两个人都关心个人，但不是作为个人的本身，而是作为通过协作的团体努力而实现自己的个人”，“是两个时代的桥梁”。①

二、第一朵浪花——霍桑实验

如果说行为科学的发展就像一条源远流长的河流，那么，它的第一朵最耀眼、最美丽的浪花无疑是属于霍桑实验（Howthorne Studies）的。今天的行为科学成为根深叶茂的学科，很大程度上得益于梅奥及霍桑实验对人性的探索。

① 雷恩：《管理思想的演变》，中国社会科学出版社 2000 年版，第 357 页。

（一）“有心栽花花不开”——研究的缘起

20 世纪 20 年代，在位于美国伊利诺斯州境内的霍桑工厂中所发生的一系列实验和研究受到了广泛的关注，并对其褒贬不一，但是无疑它对管理思想产生了根本性的影响。

实验的根源可以追溯到 1910 年，是由于通用电气公司希望售出更多的灯泡引起的。显而易见，售出的灯泡越多，电力的需求就越大，这就引起了爱迪生联合公司的极大兴趣。同时，美国国家科学院全国研究委员会也陡然间迷上了灯泡和电力，因为研究委员会的活动离不开像爱迪生联合公司和通用电气公司这些大企业中的那些大名鼎鼎的经理们的建议和帮助。前期的一些小规模研究的结果表明，工人劳动生产率的提高与照明有关。但是要证明工厂照明与雇员绩效之间的关系上需进一步进行研究，并且也只能由美国国家科学院全国研究委员会这种“非商业性”的机构来完成。研究委员会的名誉主席正好就是著名的发明家、电灯泡的发明者托马斯·爱迪生，他说服全国研究委员成立了工业照明委员会，其中在美国电话电报公司工作的一位成员很快就提出愿意用霍桑工厂作为试验基地。霍桑工厂是美国电话电报公司的设备制造和供应部门，隶属于西方电气公司。

1. 车间照明实验——“照明实验”

实验开始于 1924 年 11 月。研究人员把霍桑工厂的工人分成两个小组，其中一组设计为变化组，即照明条件是不断变化的，另外一组为控制组，即照明条件不作任何改变。根据当时的劳动医学假设，“提高照明度有助于减少疲劳，提高生产效率”。可是实验结果则是“有心栽花花不开”。在实验中，变化组的照明强度不断增加，但是结果是两组的产量都提高了。该实验随后又被重复进行了一次，逐渐降低变化组的照明强度，但是两组仍在不断提高产量，而且即使在不充分照明的条件下，依然能维持其效率。有一次还出现了这样的实验结果：被研究的两名工人，在照明度逐渐降至近于月光的程度，可产量依然在增加。

试验的结果与试验的假设产生了矛盾与冲突，研究人员被弄糊涂了，他们不能解释这一切。于是，照明实验在1927年4月被放弃了，但是他们很快就又进行了一项更为复杂的实验。

2. 继电器装配实验——“福利实验”

他们开始考虑其他因素是否可能提高生产率，如工资报酬、休息时间、工作日的长度等等。于是五位继电器装配员、一位电路设计技师和一位实验观察员被转入到一个特殊的试验室之内，单独从事工作。在实验中，研究者不断增加福利措施，如缩短工作日、延长休息时间、免费供应茶点、实施新的工资计划等。研究者原来设想这些福利手段能够刺激生产的积极性，撤销这些措施，则按照预期生产应该下降。结果随着这些变化的实施，产量有升有降；但是，所有的趋势都反映出产量比以往任何时候都有了极大的提高。

就在这些研究人员无可奈何并准备放弃实验的时候，一次偶然的机会，西方电气公司的工作人员结识了哈佛大学从事心理学研究的梅奥教授，并邀请他参加试验，于是，梅奥教授应邀率领他的研究小组来到了霍桑工厂并接受试验，霍桑实验的第二个阶段研究开始了。

（二）打开黑箱

乔治·埃尔顿·梅奥（George Elton Mayo，1880—1949年）是原籍为澳大利亚的美国管理学家，曾在澳大利亚和美国攻读哲学、逻辑学、心理学和医学。1919年在澳大利亚的昆士兰大学任逻辑学、伦理学和哲学讲师，1922年移居美国，1923—1926年作为宾夕法尼亚大学的研究人员为洛克菲勒基金会进行工业研究。1926年任哈佛大学工商管理研究所工业研究室的副教授，以后一直在哈佛大学工作。

1. 继电器装配实验——新的阶段

在继电器装配实验的基础上，梅奥教授主持的研究小组首先对原来试验的结果进行了归纳，提出各种假设作为分析的起点，并一一加以检验。第一个假设是在实验中改进物质条件和工作方法，可导致产量增加，但是这种假设被照明实验所否定；第二个假设是安排工间休息和缩短工作日，可以解除或减轻疲劳，这个假设在检验之后也被否定了；第三个假设是工间休息可减少工作的单调性，然而试验的结果也不能得出明确的结论；第四个假设是个人计件工资能促进产量的增加，检验表明这也并非唯一的因素；第五个假设是改变监督与控制的方法能改善人际关系，从而能改进工人的工作态度，促进产量的提高，而这正是梅奥教授的个人观点。

梅奥教授精湛的学术修养使他能够发现常人所不能发现的东西。他敏锐地指出：解释霍桑实验的关键是“实验小组中精神状态的一种巨大的改变”。① 在实验过程中，工人的劳动从生产现场转移到了特殊的试验室中，由研究人员担任管理者，改变了传统严格的命令和控制方法，使得环境更为自由；工人的意见被倾听，工人的身体与精神状况得到关注，使得工人感觉自己受到了重视。因此，工人的士气和工作态度也随之改进，从而促进了产量的变化。这个结论正好支持了前面提出的第五个假设。

2. 大规模的访谈计划——“访谈实验”

既然实验表明管理方式与职工的士气和劳动生产密切相关，于是研究小组随后实施了访谈计划，希望通过一些特别规定的问题，了解工人对管理部门的规划和政策、工头的态度和工作条件等问题的意见。在 1928 年 9 月至 1930 年 5 月不到两年的时间内，研究人员进行了两万多人次的访谈。“访谈实验”发现，工人对提纲以外的话头更感兴趣，于是谈话的一个多小时就成为记录工人发泄不满的时刻，这样的个别谈话达两万多人次。由于规定对工人的不满不准反驳和训斥，结果是“无意插柳柳成荫”，产量竟然出现大幅度提高。原因很简单，当这些被调查的工人发泄完了以后，心情舒畅，因而提高了产量。

3. 继电器绕线组的工作室实验——“群体实验”

最后，哈佛研究小组还研究了工作中的团体行为，因为他们惊奇地“注意到这样的事实，工厂部门中的社会团体能对各个成员

① 黎红雷：《人类管理之道》，商务印书馆 2000 年版，第 216 页。

的生产行为进行强有力的控制”。① 因此，该实验的目的是为了验证存在着这样一种非正式组织，而且这种非正式组织对工人的态度有着极其重要的影响。研究小组挑选了 14 名男职工，其中绕线工 9 人，焊工 3 人，检验工 2 人，并把他们隔离于一间观察室内。他们的工作是装配中央交换机设备中所用的接线器，由绕线工在接线柱上绕线；然后焊工把接头连接起来，每个焊工为 3 名绕线工服务；检验工负责对工人的质量进行检查。实行的是集体激励工资制，即以小组的总产量为依据对每个工人付酬，强调必须进行相互协作。

这个小组看起来比较小，也相当简单，但是随着研究的深入，研究人员愈加感觉到很多以前没有发现的东西。

首先，实验者原来设想，实行的奖励办法会使工人更加努力工作，以便得到更多的报酬。但观察的结果发现，产量只保持在中等水平上，每个工人的日产量平均都差不多，而且工人并不如实地报告产量。深入的调查发现，这个班组为了维护他们群体的利益，自发地形成了一些约定。他们约定，谁也不能干得太多，突出自己；谁也不能干得太少，影响全组的产量，并且约法三章，不准向管理部门告密，如有人违反这些规定，轻则挖苦谩骂，重则拳打脚踢。进一步调查发现，工人们之所以维持中等水平的产量，是担心产量提高，管理部门会改变现行奖励制度，或裁减人员，使部分工人失业，或者会使干得慢的伙伴受到惩罚。这一试验表明，为了维护班组内部的团结，可以放弃物质利益的引诱，“工厂部门中的社会团体能对各个成员的生产行为进行强有力的控制”。②

其次，研究人员对人际关系进行了估价，以便对社会结构进行研究。研究人员发现该小组正式组织结构中存在着两个小集团或非正式组织。正式组织由三个工作小组构成，每个小组由三名绕线工

① 雷恩：《管理思想的演变》，中国社会科学出版社 2000 年版，第 317 页。

② 转引自黎红雷：《人类管理之道》，商务印书馆 2000 年版，第 217 页。

和一名焊工组成，而两名检验工则分担检验工作，如图 2-1。在图 2-1 中，W_1、W_2、W_3……W_9 代表 9 名绕线工，S_1、S_2、S_3 代表 3 名焊工，I_1、I_2 代表 2 名检验工，正方形表示正式的组织形式，圆圈表明小集团 A 和小集团 B 及其成员，圆圈内的虚线表示该成员不属于该小集团。观察发现，小集团 A 的成员均在观察室前端工作，而小集团 B 的成员则在后端，因此地理位置是集团形成的一项因素，但不是决定性的。工种也不是形成集团的决定性因素，因为小集团 A 中就包含了实验中的三种职业。但是，也有成员被"孤立起来"不属于任何集团，如焊工 S_2 是语言上有困难，绕线工 W_2 则被认为过于自持而不随和，W_5 经常向工头"打小报告"而被排除在团体之外，检验工 I_2 由于在检验中过于认真而被排除在外。

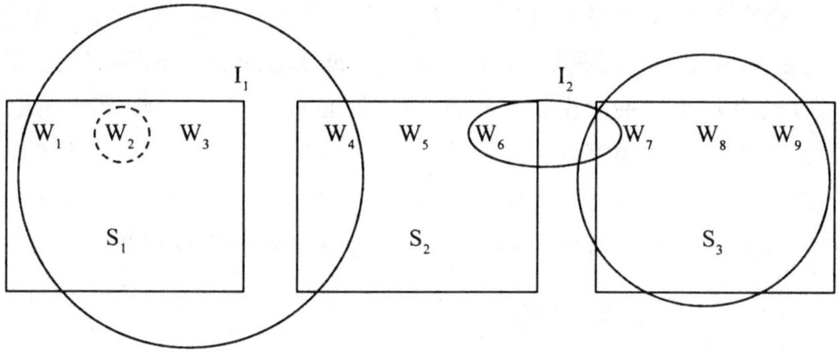

图 2-1　继电器绕线组的内部组织

同时，每个集团都认为自己比别的集团好，都有一套自己的行为规范，这些规范有的和限制产量有关，有的则牵扯到个人的品德。同一个集团内的人，可以不顾正式组织的界线而在一起自由交流、交换工作并相互帮助，并且有不成文的约定：既不能干活过多，也不能干活过少；既不能向监工报告任何有损于同伴的事情，也不能与同伴保持距离或一本正经。这些规范主要是通过挖苦、嘲笑以及排斥在社会活动之外等一些社会的制裁方法来维护的。研究人员认为，这种自然形成的非正式组织（小集团）的职能在于对内控制了其成员的行为，对外则能保护其成员，使之不受管理层的干预。

霍桑实验从 1924 年开始，历经 8 年的艰苦努力，于 1932 年结束并完成了其历史使命。霍桑实验以实验作为筛选的因素，把设想和现实结合起来，对各种疑惑做出解答，对谬误进行辨别，打开了令霍桑工厂照明实验人员迷惑不解的黑箱。在实验的基础上，梅奥在 1933 年正式出版了《工业文明的人性问题》一书，提出了与古典管理大相径庭的理论，这也标志着行为科学理论的前身——人际关系学说的建立。

三、人际关系学说的建立与传播

在霍桑实验的基础上，梅奥分别于 1933 年和 1945 年出版了《工业文明的人类问题》和《工业文明的社会问题》两部名著，由此形成的人际关系学说也另辟蹊径，修正和补充了古典管理理论，为西方管理科学和管理工作指出了新的方向，对西方管理理论的发展产生了重大而深远的影响，使西方管理思想在经历过早期管理理论和古典管理理论阶段之后进入到行为科学管理理论阶段。

（一）霍桑实验的总结

在霍桑实验的总结中，梅奥特别指出以下几点应该引起我们的关注：

第一，与工人谈话有助于他们解除不必要的心理负担和调整自己对于个人问题的态度及情绪，从而使他们清楚、明白地提出自己的问题。

第二，访谈有助于工人与周围的人相处得更容易，更和谐。

第三，访谈还会提高工人与经理人员更好地合作的愿望和能力，这就有助于形成工人对工作群体和对工厂的双重归属感。

第四，与职工交谈是培养管理人员的重要方法，这有助于上情下达。管理人员首先必须善于帮助和启发他人表达自己的思想和情感，而不只是高谈阔论、教训别人、以自己为中心。这种经验是当前学校教育无法提供的。管理者倾听别人的意见比展露自己的知识要重要得多，这是成熟、判断力和智慧的标志。

第五，与职工交谈是获取信息的重要源泉，对于经理来说具有巨大的客观价值。经理人员有三重任务：将科学和技术应用于物质资料的生产；使生产经营活动系统化；组织协作。有些经理人员认为与职工交谈所听到的是一些人的琐事和主观意见，没有什么价值，这说明他们心目中的管理指的是上述前两方面的内容，根本没有认识到自己忽视了第三方面的任务，他们对信息视而不见，听而不闻。毫无疑问，这种疏忽和由此造成的盲目行动，必然会影响到组织的效率。

梅奥认为在当时的工业界中，有不少人已经掌握了与人打交道和处理人际关系的技巧，这主要是靠经验的积累，而且很难与他人交流，几乎只可意会不可言传。在这里，梅奥提出了人际关系的重要性，这是一个经理人员是否成熟的重要标志，也是一个组织是否有效的重要标志。他指出经理人员应该将他的下属看成一个社会群体中的社会人，而不应该看成一个群氓的个人。①

（二）人际关系学说的建立

梅奥等人建立的人际关系学说主要有以下内容：

1. 人性之谜：职工是社会人

正如麦格雷戈指出的："在每一个管理决策或每一项管理措施的背后，都一定会有某些关于人的本质及人性行为的假定。其中若干假定颇为脍炙人口，但是，在一般有关组织的论著中，以及近期讨论有关管理政策及管理实务时，这些假定大多不明说，只是隐含于言外。"② 虽然泰罗没有在任何面世的文献资料中明言他所信奉的是"理性的经济人（Rational-economic Man）"的假设，但他却

① 郭咸刚：《西方管理思想史》，经济管理出版社 1999 年版，第 175 页。

② 转引自黎红雷：《东方的管理智慧》，四川人民出版社 1994 年版，第 47 页。

生活在了亚当·斯密关于“经济人”的主流思想中，并创造性地运用于分析企业中的人性，通过科学管理的方法探讨了企业中自利之人何以互利共荣的可能。因此，“经济人”始终是泰罗提出问题、分析问题、解决问题的逻辑支撑点。基于这个逻辑支撑点，古典管理理论认为作为“经济人”的工人本身就是“理性人”，工人希望自己的工作能得到更多的经济回报，而管理部门对待“理性人”的态度自然也是理性的。

针对泰罗“经济人”的假设，梅奥最初直抒胸臆地表达了自己对人性的看法。从霍桑实验中可以发现，人的思想和行动更多地是由感情而不是逻辑来引导的。在实验结果的基础上，他提出了“社会人（Social Man）”之说。人除了基本的物质经济需要之外，还有心理和社会交际等方面的需要，人工作的主要动机是社会需要，职工通过与同事之间的关系获得认同感、归依感。因此，不能单纯从技术和物质条件着眼，而必须首先从社会心理方面考虑合理的组织与管理。

对于社会人，梅奥认为：（1）对于社会人来说，重要的是人与人之间的合作，而不是人们在无组织的人群中互相竞争；（2）所有的个人主要是为保护自己在集团中的地位而不是为自我的利益而行动；（3）从霍桑实验的结果可以发现，人的思想和行动更多地是由感情而不是由逻辑来引导的。因此，社会人的本质特点之一就是在劳动中同其他人进行交往，紧密地结合在一起。经营管理者忽视人际关系的调整，必然造成生产中的重大问题；一个工人进入工厂以后与同班组其他人的关系如何，在很大程度上决定这个工人的工作表现，并直接地影响其才能的正常发挥。经营管理人员一旦抛弃认为工人群众是群氓的错误假设①，重视企业内部的人际关系

① 群氓假设：1817 年，大卫·李嘉图（David Ricardo）把经济人观点发展成“群氓假设”，认为：（1）社会由一群无组织的个人所组成；（2）每个人以一种计算利弊的方式为个人自己的利益而行动；（3）每个人为了达到目的，尽可能合乎逻辑地思考和运动。从这一假设出发，必然的结论是对这些群氓只能用绝对集中的权力来统治和管理。

的不断调整，就能获得惊人的效果。

虽然人的社会性问题，在哲学、社会心理学领域早已做了大量研究，但在管理学说史上，梅奥第一次系统地提出“社会人”学说时，仍旧具有“转向性”意义。其后，人际关系和行为科学的几乎所有理论，都是沿着“社会人”或对其的批驳展开的。它成为这个学派理论产生的燧火石。

2. 一把剪刀的两片叶片：正式组织与非正式组织

古典管理理论主要涉及了正式组织，即两个或两个以上的个人为了实现共同的目标组合而成的有机整体。这种组织存在着强制性，维系组织的是组织的目标和理性的原则，以效率逻辑为其行为规范。依据霍桑实验，梅奥指出，在企业的正式组织中存在着一种以共同的感情联系为基础的组织体系，即“非正式组织”。梅奥在《工业文明的社会问题》一书中曾形象地指出：“正式组织和非正式组织，恰如一把剪刀的两片叶片，缺一不可。”①

梅奥认为任何一个机构里，在正式的法定关系掩盖下都存在着大量非正式群体构成的更为复杂的社会关系体系。非正式组织伴随着正式组织的运转而产生，是正式组织中的一些成员，由于工作性质相近，对一些具体问题认识基本一致，在性格、业余爱好以及感情相投的基础上，形成了一些被其他成员共同接受并遵守的行为规则的组织。这类组织联系的纽带是感情，因而维系非正式组织的往往是情感与友情，存在着非理性的色彩和成分，以感情逻辑为其行为规范。

（1）非正式组织的作用

非正式组织对于生产效率、工作满意度都具有很大的影响。梅奥发现，非正式组织对组织成员起着两种作用：一方面，保护其成员免受外部成员不当行为的伤害，如生产冒尖或生产落后；另一方面，保护其成员免受管理部门的外来干预，如提高生产产量标准、降低工资等。为此，非正式组织中有自己的核心人物和领袖，有大

① 转引自封新建、肖云：《世界管理学名著速读手册》，企业管理出版社 2001 年版，第 57 页。

家共同遵循的观念、价值标准、行为准则和道德规范等。

同时，非正式组织并非总是为正式组织带来种种弊端。梅奥认为在瞬息万变的情况下，官方正式的计划与对策，缺乏灵活性，因而不可能随机应变、因地制宜地解决纷至沓来的具体问题。恰恰是这些可以灵活应变的非正式组织能够满足这些需要。因此，这些混杂在正式组织中的非正式组织与正式组织一起构成一个有效能的总体组织系统。另一方面，非正式组织能减轻管理工作的负担。非正式组织的配合导致管理者放手委托并实行分权。一般来说，非正式团体对管理人员的支持，很可能导致更融洽的协调配合和更高的生产效率，从而有助于工作任务的圆满完成。最后，梅奥认为非正式组织还具有一种为管理人员拾遗补阙、取长补短的作用。如果管理者不擅长制定计划，就会有人以非正式的方式在计划工作中帮助他，从而即使在这方面有弱点的管理人员也能制定出详实的计划。

（2）对待非正式组织的正确态度

无论正式的还是非正式的组织系统，对于一个团体的活动都是不可或缺的。但是，如果管理人员只是根据自身组织效率逻辑来管理，而忽略工人的感情逻辑，必然会引起冲突，影响企业效率的提高和目标的实现。因此，管理部门必须重视非正式组织的作用，注意在正式组织效率逻辑与非正式组织的感情逻辑之间保持平衡，以便管理人员与工人之间能够充分协作。那么，对待非正式组织的正确态度应该是什么呢？一是要正视和重视非正式组织的存在。管理部门不能忽视和否认正式组织中存在的非正式组织，因为非正式组织的存在是一种客观现象，又是一种普遍现象。因此，管理部门对于正式组织中存在的各种非正式组织，只能重视和正视它的存在，而不能忽视和否认它的存在。二是应对非正式组织及其成员的行为加以正确的引导，使之有利于正式组织目标的实现。如果管理人员懂得了工作中的社会力量，他在设计自己的正式组织及在进行计划、领导和控制的过程中就能做得更为巧妙些。

3. 新型领导方式：人际关系导向

梅奥和泰罗追求的目标是相同的，都是在企业中关注组织的协调和合作，但是达到这个目标的手段是不同的。按照古典管理理论，企业的领导者和管理人员必须具备技术—经济的技能，这样才能完成企业的经济目标。因此，由于生产效率主要受工作方法、工作条件、工资制度等的制约，只要改善工作条件、采用科学的作业方法、实行恰当的工资制度，就可以提高生产效率。

梅奥则深受巴纳德的影响，认为权力应该以获得协作的社会技能为基础，而不是以技术技能或专门知识为基础，他在寻求一种以社会和人的技能为基础的新的领导方式。这种“新型”的领导方式应该是以人际关系为导向。

梅奥认为，生产率的升降在很大程度上取决于工人工作的积极性、主动性和协作精神，即生产效率的高低主要取决于工人的士气，而工人的士气则取决于他们感受到各种需要的满足程度，满足程度越高，士气就越高，劳动生产率也就越高。在这些需要中，金钱与物质方面的需要只占很少的一部分，更多的是获取友谊、得到尊重或保证安全等方面的社会需要。因此，要提高生产率，就要提高职工的士气，而提高职工士气就要努力提高职工的满足程度。所以，新型的管理人员应该认真地分析职工的需要，以便采取相应的措施。应尽可能满足工人的需要，不仅要解决他们物质生活或生产技术方面的问题，还要善于倾听工人的意见，沟通上下的思想，适时、充分地激励工人。在了解人们合乎逻辑的行为时，也必须了解人们不合逻辑的行为，使正式组织的经济需要与非正式组织的社会需要取得平衡，以最大可能地提高工人的士气，从而从根本上提高生产效率。这样才能适时、充分地激励工人，达到提高劳动生产率的目的。

4. 结论

人际关系学说强调社会人的观点，否定了传统的生产效率与工作条件（工资、福利、劳动条件）之间存在的一种单纯的因果关系，建立了一种新的管理模式（如图2-2）：

基于对人以及人际关系的作用和重要性的认识，梅奥认为，是否重视人际关系以及是否具有协调、处理人际关系的能力，是一个经理人员是否成熟的一个重要标志，也是一个组织是否有效的一个重要标志。

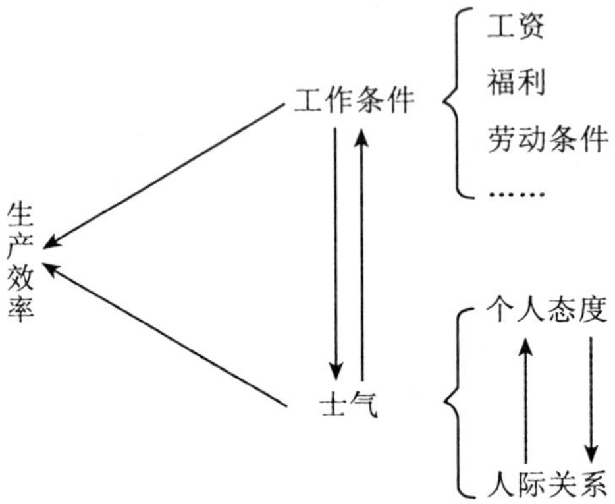

图 2-2　人际关系学说中的行为与效率的关系

另外，梅奥的人际关系学说为我们提出了几条在实践中行之有效的原则：

（1）人和人是不同的，各有各的期望、需求、目标和动机。只有对工人作区别对待，所谓激励才会有效。

（2）涉及人的问题会十分复杂。

（3）工人本人或家庭的问题可能会给他的工作表现造成不利的影响。

（4）交流是很重要的，而有效的交流是关键。按照梅奥的观点，对如何处理工业社会中关于人性、社会和政治等问题作好理论或实践准备的管理者几乎没有。

5. 不同的声音

人际关系学说出现不久，有些学者就对其展开批评，其论点主要是：

（1）人际关系学说偏重于非正式组织的研究。非正式组织未必经常对每个人的行为产生有规律的影响，而且构成社会的基本单位不是非正式组织，而是为实现一定目的的正式组织。

（2）人际关系学说过于强调非合理性的感情逻辑。由于理论认为在企业的人与人关系方面起作用的是非合理性的感情逻辑，所以在经营实践中开展以人与人关系为中心的经营活动时，个人决策的合理性往往被企业中非合理的人与人关系所歪曲，结果造成利润率的下降。

（3）人际关系学说对“经济人”假设过分否定。过分否定经济报酬、工作条件、作业标准的影响。例如凯里认为，关于工资不是生产效率的变量的主张是完全错误的。西蒙也说：“不把经济刺激放在重要位置的人的模式，对于大多数人来说，是不完全的模式。”①

（4）人际关系学说过于强调“士气”对生产效率的影响。理论认为，生产效率是否能提高是由职工的“士气”决定的，员工的“士气”高低是员工满意度的函数，满足度越高的车间，生产效率就越高。他们认为这种说法不准确。有人提出，感到满足的员工无法激发出为提高生产效率而采取行动的动机。

人际关系学说尽管受到不少的批评，但它毕竟是第一次以长期的科学实验所取得的成果为基础形成的科学理论，为管理理论的研究打开了一个新的局面。

（三）人际关系学说的流行

在管理中对人的关注并非始于霍桑实验，但是，霍桑试验还是有其功不可没的革命性意义，它不是一般地强调人在管理中的作用，是第一次明确地把管理学研究的问题主要归结为人的因素，提出是人的社会心理因素而不是物质经济因素决定人的行为，从而变换了管理学研究的范式，实现了管理思想演化过程中的第一次重大转向。不仅拓展了人们认识管理的视野，深化了人们对管理的理解，也为管理学进一步迈向现代学科准备了条件。

而梅奥的人际关系学说能够获得“教父级”声誉，在很大程度上是由于其研究十分吻合卡尔·波普尔（Karl R. Popper,

① 转引自占部都美：《现代管理论》，新华出版社1984年版，第131页。

1902—1994 年)① 的证伪图式和试错法，“理论（猜想）——实验（反驳）——新理论（猜想）——新实验（再反驳）……”。在波普尔看来，“理论就是一种猜测，在猜测与反驳中前进”。另外，由于人际关系的思想产生于让社会更具人情味又不至于干扰市场力量运作的美国式愿望②，因此能够迅速流行，并成为 20 世纪最受欢迎的管理思想之一。

1. 人际关系学说的助产婆：20 世纪 30 年代经济大危机

1929 年底，美国股票市场崩溃，引发了大萧条，其灾难性的影响一直延续到 1941 年。1934 年的美国失业率高达 25%，而 30 年代的经济复苏很不稳定③。20 世纪 30 年代的经济大危机使人们心头布满了阴霾，未来是那么无常和不可确定，个人的脆弱无力、孤立无助代替了曾经的乐观和自信，到处都弥漫着不安和恐慌。

经济大危机造成了一种“灵魂的混乱”，人们怀抱的凭个人努力出人头地的“美国梦”被打破，企业主和工人的价值取向发生了变化。人们在资本主义和新教伦理的个人主义中感到孤独，需要某种比他们自己更大的事物——上帝、国家、公司、工会或其他事物，以便自我得到认同。反映到企业中，则是人们很自然寄望在组织里找到心理安慰和生活稳定。面对危机，人们自然而然做出的反应是团结、归属和和睦相处。研究者鉴于这种现实的变化，也自觉

① 卡尔·波普尔：当代影响最大的科学哲学家之一，曾任伦敦大学逻辑和科学方法教授。他的哲学理论体系庞大，包括科学哲学、历史哲学、社会政治哲学、伦理哲学和宇宙论等，并有比较严密的逻辑把各个部分融为一体。他的批判理性主义哲学对西方的科学哲学影响很大，有人认为它占有“继往开来”的地位，即继逻辑经验主义衰落之后，开创出了一个新的历史主义科学哲学流派。波普尔的主要著作有：《研究的逻辑》（1933），《科学发现的逻辑》（1959，系上书的修订版），《历史决定论的贫困》（1944—1945），《开放社会及其敌人》（1945），《猜测与反驳》（1963），《客观知识》（1972）等。

② 安德泽杰·胡克金斯基：《管理宗师——世界一流的管理思想》，东北财经大学出版社 1998 年版，第 19 页。

③ 托马斯·K. 麦克劳：《现代资本主义——三次工业革命中的成功者》，江苏人民出版社 2006 年版，第 364 页。

地反思以往的个人主义和功利主义价值观，开始重视群体意识，并自觉研究企业中小群体对职工行为的影响，职工的情绪、态度与工作效率的关系。因此，20世纪20年代末开始的大危机直接起到了为人际关系学说分娩的催生作用。

2. 劳资双方的欢迎

泰罗的科学管理法虽然在许多企业中运用并有效地提高了劳动效率，但企业主谋取利益的手段主要还是依靠生产和资本的进一步集中，所以20世纪20年代，伴随经济的高速发展和财富极大涌现，工人的收入并没有相应地同步跟上。相对于劳动生产率的提高，工资的增长则缓慢得多。

在企业内部，那种效率至上、视工人为机器的管理模式，在管理实践中也产生了极大的负面作用。单调的操作方式，机械被动的角色要求，使工人多方面的需求被单一化了，劳动的愉快感、尊严感被剥夺，个体的创造性、能动性受到极大漠视。这就不能不激起工人的反感乃至反抗，泰罗时代就存在的"有组织的怠工"不仅没有削弱，反而有进一步蔓延之势。同时，由于工人没有得到在正式组织中应该得到的关心、爱护、稳定感、安全感，工人只好诉诸于非正式组织，而非正式组织在企业中地位和作用的加强，反过来更加剧了劳资双方的对立和冲突，迫使资本家不得不寻求缓解矛盾的新的灵丹妙药。

另外，科技进步和技术的发展使资本主义的生产规模越来越大，越来越机械化、自动化。这样对生产者水平的要求也越来越高，人在生产中的作用得到了强化。这在客观上推动了"对人的因素"进行深入研究。因此，人际关系学说尽管受到不少的批评，但是还是引起了人们的广泛关注，受到了劳资双方的欢迎。

总而言之，正如丹尼尔·A. 雷恩所言，管理既是环境的产物又是其过程①。人际关系学说一方面迎合了时代的要求应运而生，是环境的产物；另一方面也反映了美国20世纪30年代的经济、社

① 雷恩：《管理思想的演变》，中国社会科学出版社2000年版，第566页。

会、政治和心理上的变化，是美国该阶段历史的一部分，也为管理理论的创新奠定了基础。

四、行为科学的建立与发展

纵观行为科学研究发展的轨迹，我们基本上可以将其分为两个阶段：前期的研究称为人际关系学说，从霍桑实验开始；后期是 1949 年首次提出并于 1953 年被正式命名的行为科学。

梅奥的人际关系学说突破了古典管理理论，提出了一系列新的观点，开创了管理中的新学科，为世人描绘了一种新的景象。他们笃信“满意的工人才是有效率的工人”，经营者的职能就是管理组织，而组织是合乎目的的人相互作用的行为系统，对组织采取了行为主义的研究方法。

霍桑实验及其结论随着时间的推移，其影响也逐步扩大。一些大学也开始设立相应的课程，人际关系学说及其观点逐步地进入了企业。1949 年美国科学界在芝加哥召开的一次跨学科的学术会议上，讨论如何对人的行为研究进行多学科合作，与会者有社会科学家和自然科学家。在这次会议上，提出了“行为科学”这个名称。会后，福特基金会成立了“行为科学部门”，次年建立了“行为科学高级研究中心”。1953 年，福特基金会召集各大学的科学家开会，正式确定用“行为科学”这个名称。命名后，福特基金会拨款委托哈佛大学、斯坦福大学等高等学府从事行为科学的研究。洛克菲勒基金会、卡内基基金会和美国联邦政府也相继拨款支持行为科学的研究。1956 年美国出版了第一期《行为科学》杂志。从此，行为科学不仅得到社会的公认，而且得到政府的支持，迅速发展并广泛应用于管理领域，包括工商企业、公共行政、军事、司法、医学、教育和国际事务等管理领域，特别是企业管理。至 20 世纪 50 年代末，行为科学风行一时，几乎成为管理现代化的象征和旗帜。自此以后，许多管理学家、社会学家和心理学家从行为的特点、行为和环境、行为的过程以及行为的原因等多种角度开展对人的行为的研究，形成了一系列的理论，使行为科学成为现代西方管理理论的一个重要流派。理论的研究和发展反过来促进了企业管理人员重视人的因素，强调人力资源的开发，注意改善企业的人际关系，注意使组织的需要和成员的需要协调一致，等等。

但是就行为科学这个词本身的涵义来说，有广义和狭义两种理解。广义的理解把行为科学解释为包括研究人的各种行为（以至于动物的行为）的多种学科，是一个学科群，而不单是一门学科，因而在英文中用复数形式来表示；是社会科学的同义语，是以心理学、社会学、人类学在内的学科群。狭义的理解把行为科学理解为运用心理学、社会学、经济学等学科的理论和方法来研究工作环境中个人和群体的行为的一门综合性学科，而不是一个学科群。20 世纪 60 年代，为避免同广义的行为科学相混淆，出现了“组织行为学”这一名称，专指管理学中的行为科学。因此，组织行为学实际上是包括人际关系学说在内的狭义的行为科学。本书后面所讲的行为科学即指狭义的行为科学。

今天的行为科学在很大程度上得益于梅奥及其霍桑实验对人性的探索。许多学者在梅奥等人奠定的基础上做了更细致深入的研究，内容也更为广泛，形成了众多流派，各个流派研究的侧重点也各有不同。归纳起来，组织行为学的研究内容大体上可分为四个层面：有关人性的研究、有关员工个体行为的研究、有关员工群体行为以及组织行为的研究和有关领导行为的研究。以上四个层面的研究虽然有各自不同的侧重点，但它们是相互联系，不可割裂的。

五、行为科学理论中的人性解释

北宋苏洵在其名篇《心术》中开宗明义：“为将之道，当先知人，知人之道，当先知心。”人是组成组织的最小单元，也是组织活动的具体执行者和组织活动的基础。人性无疑是一切人普遍具有的属性。这就意味着，一个人，哪怕他只是个呱呱坠地的婴儿，他也与其他人一样具有人性。与其他任何具有多层次本性的复杂事物一样，人性也是若干门不同科学的研究对象，而决非一门学科的研究对象，因此，何谓人性答案纷呈，一直是聚讼不休的难题。

对人性的看法在管理中是一个极为重要的理论和实际问题。“人性假设”作为管理者的一种人性观念，对其管理行为有着极重要的影响。因此，人性假设的演变是管理理论和管理思想发展的一条重要线索，也是行为科学理论的重要组成部分。

针对古典管理理论的人性假设，人际关系学说提出了员工是“社会人”而不是“经济人”的假设，后期行为研究者进一步提出了“自我实现人”等的主张。这些基于对员工需要类型和特征的识别而提出的“人性”假设，实际上是管理者对员工所采取的种种不同管理哲学、理念和管理措施的概括反映。

（一）经济人与社会人——简单的回顾

在西方管理理论发展的早期，管理理论深受经济学理论的影响，追随古典经济学的人性假设。古典管理理论在“经济人”假设的基础上得以建立。

人性自私论早已有之。在中国早就有“人性善”与“人性恶”的争论。在西方，洛克提出了个人利益是社会利益的基础的论点，荷兰学者伯纳德·曼德维尔把人性自私论推向了极致。在《蜜蜂的寓言》一书中，曼德维尔把人类社会比喻为一个蜂巢：“这些昆虫生活于斯，宛如人类，微缩地表演人类的一切行为。”①在“这个蜜蜂的国度”里，每只蜜蜂都在近乎疯狂地追求自己的利益，虚荣、伪善、欺诈、享乐、嫉妒、好色等恶德在每只蜜蜂身上表露无遗。令人惊异的是，当每只蜜蜂在疯狂追逐自己的利益时，整个蜂巢呈现出一派繁荣的景象。曼德维尔强调人的自利性，人生来就是一种自私、难以驾驭的动物。他认为人的道德行为，虽应当以理性和利他为重，但其动机则出于自爱或自利；人若除掉自爱，不但没有道德，连社会也不能存在。即私欲的“恶之花”结出的是公共利益的善果，这就是著名的“曼德维尔悖论”。

在 18 世纪的西方知识界，曼德维尔备受指责，而在 20 世纪，

① 伯纳德·曼德维尔：《蜜蜂的寓言：私人的恶德，公众的利益》，中国社会科学出版社 2002 年版，第 11 页。

曼德维尔的思想获得了较为普遍的积极评价，受到哈耶克、凯恩斯等人的好评。18世纪英国著名经济学家亚当·斯密（Adam Smith，1723—1790年）则在前人理论的基础上提出了古典经济学的“经济人”假设。在他看来，自利动机是人类与生俱来的本性，人们怀着这种动机从事经济活动，就成为斯密所谓的“经济人”。斯密进一步认为利己主义具有合理性，因为每一个利己主义者都需要其他利己主义者的帮助，于是便产生了共同利益，组成了社会。既然社会是个人组成的，社会利益是个人利益的总和，那么当每个人在完全经济自由的条件下从利己的动机出发追逐个人利益并获得满足时，也就有效地促进社会利益的增加，达到富国裕民的目的。“追求自己的利益，往往使他自己比真正出于本意的情况下更能有效地促进社会利益。”①

人性自私论也受到了现代科学家的支持。英国牛津大学行为生态学家道金斯（R. Dawkins）1976年在他的《自私的基因》一书中首先提出自私的基因理论。他认为，基因的天职是复制，而动物只是它们的生存机器、运载体。每个运载体——动物个体的寿命是有限的，而基因的寿命却不因个体的死亡而终结，个体完成职责后就被抛弃在一旁。有机体只是DNA制造出更多DNA的工具，即鸡只是鸡蛋为了再生鸡蛋的一种途径。基因的另一个天然特征就是自私。如果它不自私，而是利他主义者，把生存机会让与其他基因，自己就被消灭了，所以生存下来的必定是自私的基因，而非利他的基因。因此，基因是自私行为的基本单位，也是发生在生命运动各层次上的自私行为的原因。虽然基因的自私性通常会导致个体行为的自私性，但有时也会导致个体的利他主义行为。达尔文在其进化论中把自然选择的对象视为物种的个体，按其“适者生存”的观点，则无法彻底解释动物的利他行为。而道金斯认为，自然选择的基本单位不是物种，也不是种群或群体，甚至不是个体和染色体，而是作为遗传物质的基本单位——基因。在基因的层次上，则很容

① 亚当·斯密：《国民财富的性质和原因的研究》（下卷），商务印书馆1974年版，第27页。

易解释动物的利他行为。总之，自私是生命的最基本特征；生物的大部分行为和性状，都是为了提高自己的适合度，或者说是提高某个控制这种性状基因的适合度；连生物的利他行为，其出发点也是为了自己的利益，即帮助别人是为了别人能帮助我。

在“经济人”假设下，诞生了由泰罗、法约尔、韦伯等人所引领的古典管理理论。基于“经济人”这个逻辑支撑点，古典管理理论认为作为“经济人”的工人本身就是“理性人”，工人希望自己的工作能得到更多的经济回报，而管理当局对待“理性人”的态度自然也是理性的。但是在 20 世纪 20 年代中后期发生的经济危机使人们对理性主义的东西产生了怀疑，而面对危机，人们自然而然做出的反应是团结、归属和和睦相处。此时，基于“社会人”假设的人际关系理论便应运而生了。

（二）自我实现人——最理想的人

1. 假设的提出

“自我实现人（Self-actualized）”也叫“自动人”，这一概念是马斯洛在对人类需求结构进行考察后提出的。

亚伯拉罕·马斯洛（A. H. Maslow，1908—1970 年），美国人，一位伟大的社会心理学家。1943 年，在他的《人的动机理论》一书中首次提出了人类的需求层次理论，对人类行为的动机做出了精辟、准确的概括，成为迄今为止最令人信服、最有影响力的社会行为理论。

马斯洛认为，人的价值体系中存在着不同层次的需求，构成一个需求系统。马斯洛把人类多种多样的需求，按照它们上下间相互依存关系概括为五大类，它们从低到高依次为：生理需求、安全需求、归属需求、尊重需求和自我实现需求。马斯洛认为：人类需要的最高层次就是自我实现，每个人都必须成为自己所希望的那种人，“自我实现也许可以大致被描述为充分利用和开发天资、能力、潜能等。这样的人似乎在竭尽所能，使自己趋于完美”①。这

① 马斯洛：《动机与人格》，华夏出版社 1987 年版，第 53 页。

种自我实现的需要就是人希望越变越完美的欲望，人要实现他所能实现的一切欲望。具有这种强烈的自我实现需要的人，就叫“自我实现人”，或者说最理想的人就是“自我实现人”。

马斯洛通过对社会知名人士和一些大学生的调查，指出自我实现人的总体特征是：竭尽所能，使自己趋于完美。人的绝对完美是不可能的，但是向完美靠近是绝对可能的。具体而言，自我实现的人具有 15 项特征，主要有：敏锐的观察力、思想高度集中、有创造性、不受环境偶然因素的影响、只跟少数志趣相投的人来往、喜欢独居等等。但马斯洛也承认，在现实中这种人极少，多数人不能达到自我实现人的水平，原因是由于社会环境束缚，没有为人们自我实现创造适当的条件。

但是我们需要注意的是，马斯洛的自我实现人理论体现了人的尊严和价值，注重发挥人的潜能和人性所能达到的境界，把人当作人进行研究，具有革命性的意义。但是，马斯洛的自我实现人理论是在西方社会历史条件下产生的，因此也深深打上了西方个人主义的烙印。同时，自我实现人理论是一种心理学上的乌托邦，对于大多数人来说是难以实现的。

2. 管理思想中的乐观主义：“X 理论—Y 理论”

马斯洛的自我实现人理论在理论研究中的影响越来越大，直接推动了管理学理论发生根本性的变化。麻省理工学院管理系的教授道格拉斯·麦格雷戈于 1960 年发表《企业的人性》一书，该书的主题直接发源于马斯洛关于人类动机的新理论。

道格拉斯·麦格雷戈（Douglas McGregor，1906—1964 年）是美国著名的行为科学家。他对当时流行的传统的管理观点和对人的特性的看法提出了疑问。其后，他在 1957 年 11 月号的美国《管理评论》杂志上发表了《企业的人性方面》一文，在系统地综合了前人思想的基础上，提出了有名的“X 理论—Y 理论”，该文 1960 年以书的形式出版。他认为，在企业的管理思想上，也就是对职工本性的看法方面，存在两种对立的思想理论：一种是 X 理论，一种是 Y 理论。

X 理论是根据享乐主义的哲学观点和“经济人”的假定概括

出来的一种管理理论，它泛指传统的领导方式和以前人们相沿成习的管理行为。他把传统的管理都看成是以 X 理论为依据的。这种理论认为，多数人生来就厌恶劳动、逃避工作；生来都以自我为中心，不顾组织目标的要求；不负责任，缺乏进取心，情愿他人指挥；习惯于守旧，反对变革，把个人的安全看得高于一切；缺乏理性，不能控制自己，容易受骗，接受煽动，举动盲从；没有抱负，干工作都是为了满足基本的生理需要和安全需要。根据 X 理论的假设，相应地，管理方式应该是“胡萝卜加大棒”的方法，一方面靠金钱的收买与刺激，另一方面，严密地控制、监督和惩罚迫使其为组织目标努力。

然而麦格雷戈认为，虽然当时工业组织中人的行为表现同 X 理论所提出的各种情况大致相似，但是人的这些行为表现并不是人固有的天性所引起的，而是现有工业组织的性质、管理思想、政策和实践所造成的。他确信 X 理论所用的传统的研究方法建立在错误的因果观念的基础上。通过对人的行为动机和马斯洛的需要层次论的研究，他指出，在人们的生活还不够丰裕的情况下，胡萝卜加大棒的管理方法是有效的；但是，当人们达到了丰裕的生活水平时，这种管理方法就无效了。因为，那时人们行为的动机主要是追求更高级的需要，而不是“胡萝卜”(生理需要、安全需要）了。

麦格雷戈认为，由于上述以及其他许多原因，需要有一个关于人员管理工作的新理论，它建立在对人的特性和人的行为动机的更为恰当的认识基础上。于是从“自我实现人”的假定出发提出了 Y 理论，其主要内容是：一般来看，人都是勤奋的，劳动和休息、游戏一样是人的自然需要，而对工作的好恶主要是由环境决定的；控制和惩罚的威胁不是使人完成组织目标的唯一手段，人们更愿意在执行任务中进行自我指导和自我控制；对目标的参与是同获得成就的报酬直接相关的，这些报酬中最重要的是自我实现和自我满足，它能促使人们为实现组织目标而努力；一般人不但愿意承担责任，而且乐于寻求责任；大多数人都具有解决组织问题的高度想象力、聪明才智和创造力；在现代工业发达的社会中，一般人的智慧潜能只是部分地得到发挥。所以 Y 理论主张，应当创造一个满足企业成员多方面需要，特别是交往、自尊、自我实现等社会需求的环境，才能激发人的动机，使其主动地、积极地为组织目标工作。

麦格雷戈在《企业的人性》一书中把 Y 理论叫做“个人目标和组织目标的结合”。他认为，为了在企业中达到和谐和提高效率，就不能以 X 理论为指导来进行管理，必须从根本上改变对人的看法。Y 理论为管理人员提供了一种对于人的乐观主义的看法，而这种乐观主义的看法对争取职工的协作和热情支持是必需的。

显然，就其内容来看，Y 理论实质上不过是自我实现人假设的原始“脚本”。它们都对人的本性持有一种乐观积极的态度，并强调人的主动、自控的一面，重视人在工作中满足自己高级需要、实现自我价值的意义，提倡个人目标与组织目标的结合。因此，可以说 Y 理论在实质上就是一种自我实现人假设。

（三）复杂人——权变的观点

复杂人（Complex Man）假设是 20 世纪 60 年代末至 20 世纪 70 年代初由美国学者沙因（Edgar H. Schein）提出的。

沙因在深入理解人性假设内涵的基础上，抓住了各类人性假设的根本特点及其相互区别，对人性假设做出的类型划分。沙因认为，前三种人性假设，都在一定程度上是正确的，它们都为“认识组织是怎样发挥其功能的以及怎样管理组织等问题，提供了某种见解”①。但是，这三种人性假设的根本弊端就在于都“过于简单化和过于一般化了”②。“复杂人”假设，就是为了弥补它们的缺失，在充分考虑到人性、工作性质、组织情境等管理过程本身固有的复杂性后而提出的一种权变和发展的观点。

沙因认为，“不仅人们的需要与潜在欲望是多种多样的，而且这些需要的模式也是随着年龄与发展阶段的变迁，随着所扮演的角色的变化，随着所处境遇及人际关系的演变而不断变化的”。③ 因

① 沙因：《组织心理学》，经济管理出版社 1987 年版，第 90 页。
② 沙因：《组织心理学》，经济管理出版社 1987 年版，第 118 页。
③ 沙因：《组织心理学》，经济管理出版社 1987 年版，第 116 页。

此，沙因的“复杂人”有两方面含义：其一，就个体人而言，其需要和潜力会随着年龄的增长，知识的增加，地位的改变，环境的改变以及人与人之间关系的改变而各不相同。其二，就群体的人而言，人与人是有差异的。因此，无论是“经济人”、“社会人”还是“自我实现人”的假设，虽然各有其合理性的一面，但并不适用于一切人。

复杂人性假设深入分析了个人需要在组织中的变化特点，体现了人性的动态观和辩证观点，比前面的几种人性假设向前迈进了一大步。根据这一假设，美国管理学者莫尔斯（J. Morse）和洛希（J. W. Lorsch）在实验的基础上于 1970 年提出了一种与之相应的、新的管理理论——超 Y 理论。

莫尔斯和洛希选择了四个组织作为试验的对象。其中，在一个工厂和一个研究所中，按 X 理论来管理，结果工厂的效率高而研究所的效率低。在另一个工厂和另一个研究所中，按 Y 理论来管理，结果工厂的效率低而研究所的效率高。由此他们得出结论：Y 理论并不一定到处比 X 理论优越。这是因为职工素质各不相同，有的人富于主动性、责任感和创造才能，有的人则没有这些品质；工作内容也各不相同，有的是单调重复性劳动，有的是丰富新奇的、富有创造性的劳动。因此，应该根据不同的情况，决定采用 X 理论还是 Y 理论来管理。

超 Y 理论提出后受到了西方管理学界的普遍推崇，评价很高。它含有辩证法的因素，但是却只强调特殊性而忽视了普遍性。所以有学者比喻基于“复杂人”假设的权变理论犹如一只装满管理理论的“大口袋”，这只“大口袋”使管理理论趋于“泛化”而捉摸不透①。

（四）小结：走向千支万派

在如何看待人性的问题上，以上四种假设流行于西方管理学

① 宋培林：《基于管理人性观的西方管理理论的演进及其规律》，《管理学发展及其方法论研究》，中国财政经济出版社 2005 年版，第 167 页。

界，也表明了西方管理界对于人性看法的发展历程。这些假设和相应提出的管理理论，虽然各自都有不足之处，但是，就这些理论的产生和演化过程来说，都是伴随着历史的发展先后出现的。它们各自都在资本主义的发展中起过积极的作用。由于社会生产和人类本身的复杂性，任何理论也只能具有相对的合理性，都不可能是一劳永逸的。因此，它们的产生，只是反映了一定历史条件下社会生产发展的客观要求。

在以后的发展中，管理学对人性的假设还有很多不同的理论。这些理论有的继续在人的本质需求问题上进行探讨，有的则是对人是什么样的人进行假设，有的则是对人是如何行为和决策的进行假设。这些不同的认识同样影响着管理理论的形成和发展。① 正因为如此，才使得管理理论的发展变得千支万派，不胜枚举。

六、行为科学理论中的个体行为研究

在对人性的深刻认识的基础上，研究人的行为、解释支配人行为的动机、并从中找出激励人积极性的方法成为行为科学研究的重要内容。20 世纪的学者们开展了大量的研究，取得了一系列具有代表性的理论。

根据行为科学的研究，人的需求、动机、行为与满足之间，可以用简单的模式表示为：

需求→动机→行为→满足

当然，这个模式之所以被称为简单模式，是因为实际过程要比这一模式复杂得多。但是，从这个简单的模型中我们还是可以看出，管理者要想引导被管理者的行为，提高他们的工作积极性，就必须了解下属的需求，影响其从动机的产生到采取具体行动的心理过程，并控制其行为以求得行为的改造。因此，关于个体行为及对个体进行激励的理论大体上可分为四大类：内容型激励、过程型激

① 林志扬：《从人性认识的变化看管理理论的发展》，《管理学发展及其方法论研究》，中国财政经济出版社 2005 年版，第 153 页。

励、强化型激励和综合型激励。

（一）投其所好：内容型激励理论

调动人的积极性，最重要的是了解人的需求，为他们设置看得见、有价值的目标，让他们感到有奔头、有动力。并且，人的需求是不同的，不能投其所好进行激励则无异于无用功。而以下几种动机理论则在研究领域和管理实践中都受到了高度重视，并被广泛传播。

1. 需求层次理论

在《人类动机理论》一书中，马斯洛提出了“需求层级（The hierarchy of human needs）”的重要概念，提出了五个需求等级，按其重要性依次排列如下（如图 2-3）。

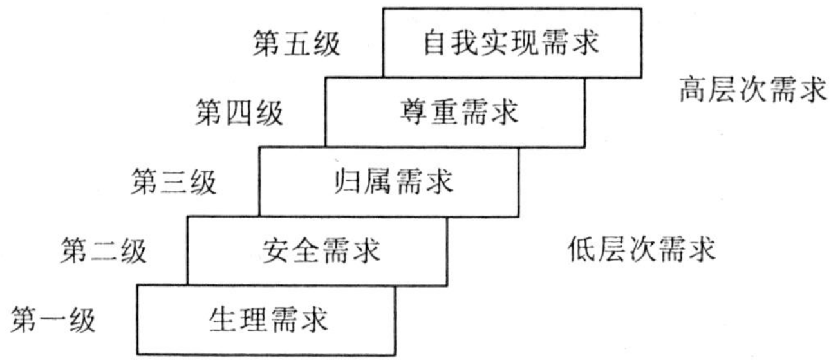

图 2-3　马斯洛的需求层次理论

第一级：生理需求（Physiological needs）。马斯洛认为，生理需求是人类维持自身存在的最基本的需要，主要包括吃、喝、衣、住、行等方面的需求。这些需求没有得到满足，人类不可能存在和发展。因此，他认为，只有这些基本需求满足到维持人的生存程度之后，其他需求才会产生。一个人在饥饿时不会对其他任何事物感兴趣，他的主要动力是得到食物。

第二级：安全需求（Safety needs）。马斯洛认为，安全需求表现为人们要求保障自身安全、摆脱失业和丧失财产威胁、避免职业病的侵扰等方面的需求。他认为，安全需求是在生理需求得到满足之后产生并对人形成激励的。

第三级：归属需求（Affiliation belonging or social needs）。马斯洛认为，安全需求在得到满足之后，不再对人有大的激励作用，这时需求就让位于归属需求。归属需求主要包括两个方面：一是友爱的需求，即人人都需要伙伴之间、同事之间的关系融洽或保持友谊和忠诚；人人都希望得到爱情，希望爱别人，也渴望得到别人的爱。二是归属的需求，即人都有一种归属于某一个群体的感情，希望成为群体的一分子，并能相互关心和帮助。同时，他认为这一层次的需求在很大程度上由一个人的生理特征、经历、受教育程度、宗教信仰等因素决定，因而，其表现形式差异很大。

第四级：尊重需求（Esteem needs）。马斯洛认为，当人们归属需求得到较大程度满足后，其对行为的激励作用减弱，开始产生更高层次的需要——尊重的需求。因为，这时人们追求的是自己稳定的社会地位，要求个人的能力和成就能够得到社会的认可。马斯洛对人的尊重需求得到满足时的评价是：这时，人觉得活着有价值，能体验到活着的用处和价值，因而，对社会充满热情。不能满足这类需求，就会使他们感到沮丧。如果别人给予的荣誉不是根据其真才实学，而是徒有虚名，也会对他们的心理构成威胁。

第五级：自我实现需求（Needs for self-actualization）。马斯洛指出这是最高层次的需求，是指实现个人的理想、抱负，发挥个人的能力到最大程度，完成与自己的能力相称的一切事情的需求，即成为自己所期望的人。自我实现需求占支配地位的人，会受到激励而在工作中运用最富于创造性和建设性的技巧。

马斯洛认为，首先，上述五种需求由低到高依次排列成一个阶梯，生理需求和安全需求属低级需求，尊重需求和自我实现需求属于高级需求，归属需求为中间层次的需求，基本上也属于高级需求。其次，主导需求对人的激励有决定性的作用，当低层次的需求获得相对的满足后，下一个需求就占据了主导地位，称为驱动行为的主要动力；满足了的需求不再是激励因素。再次，人的需求是交叉的，可能同时存在多种需求。

马斯洛把研究的重点放在心理健康的个体上，特别是那些所谓

“自我实现人”的身上，并在尝试归纳出那些对生命感到满意、能发挥潜能又具有创造力的人的共同点的基础上，提出了自我实现之道。

2. 并驾齐驱的双因素理论

激励因素—保健因素理论是美国的行为科学家弗雷德里克·赫茨伯格（Fredrick Herzberg）提出来的，又称双因素理论（Two factor theory）。赫茨伯格曾获得纽约市立学院的学士学位和匹兹堡大学的博士学位，在美国和其他三十多个国家从事管理教育和管理咨询工作，是犹他大学的特级管理教授。1966 年首次提出的双因素理论是他最主要的成就。

20 世纪 50 年代末期，赫茨伯格和他的助手们在美国匹兹堡地区对二百名工程师、会计师进行了调查访问。访问主要围绕两个问题：在工作中，哪些事项是让他们感到满意的，并估计这种积极情绪持续多长时间；又有哪些事项是让他们感到不满意的，并估计这种消极情绪持续多长时间。赫茨伯格以对这些问题的回答为材料，着手去研究哪些事情使人们在工作中快乐和满足，哪些事情造成不愉快和不满足。赫茨伯格发现，受访人员举出的不满的项目，大都同他们的工作环境有关，而感到满意的因素，则一般都与工作本身有关。据此，他提出了双因素理论。

在调查研究的基础上，赫茨伯格首先对传统的关于满意与不满意的观点进行修正，使我们走出了“非此即彼”的思维误区。传统理论认为，满意的对立面是不满意，赫茨伯格认为这是由传统的“非此即彼”思维方式造成的。而据双因素理论，满意的对立面是没有满意，不满意的对立面是没有不满意。因此，影响职工工作积极性的因素可分为两类：保健因素（Hygiene factors）和激励因素（Motivation factors），这两种因素是彼此独立的并且以不同的方式影响人们的工作行为。

所谓保健因素，就是那些造成职工不满的因素，它们的改善能够解除职工的不满，但不能使职工感到满意并激发起职工的积极性。它们主要有企业的政策、行政管理、工资发放、劳动保护、工作监督以及各种人事关系处理等。由于它们只带有预防性，只起维持工作现状的作用，因此也被称为“维持因素”。

所谓激励因素，就是那些使职工感到满意的因素，惟有它们的改善才能让职工感到满意，给职工以较高的激励，调动积极性，提高劳动生产效率。它们主要有工作表现机会、工作本身的乐趣、工作上的成就感、对未来发展的期望、职务上的责任感等。

按照赫茨伯格的意见，管理当局应该认识到保健因素是必需的，不过它一旦使不满意中和以后，就不能产生更积极的效果。只有“激励因素”才能使人们有更好的工作成绩。赫茨伯格和他的助手们又对各种专业性和非专业性的工业组织进行了多次调查，他们发现，由于调查对象和条件的不同，各种因素的归属有些差别，但总的来看，激励因素基本上都是属于工作本身或工作内容的，保健因素基本都是属于工作环境或工作关系的。

赫茨伯格的双因素激励理论与马斯洛的需求层次理论有相似之处。保健因素相当于马斯洛提出的生理需求、安全需求、感情需求等较低级的需求；激励因素则相当于受人尊敬的需求、自我实现的需求等较高级的需求。当然，他们的具体分析和解释是不同的。

有些西方行为科学家对赫茨伯格的双因素理论的正确性表示怀疑。有人做了许多试验，也未能证实这个理论。有的行为科学家批评研究中的被调查对象的代表性也不够，事实上，不同职业和不同阶层的人，对激励因素和保健因素的反应是各不相同的。但是，双因素理论促使企业管理人员注意工作内容方面因素的重要性，特别是工作丰富化和工作满足的关系，因此是有积极意义的。

3. 麦克莱兰的成就需要理论

麦克莱兰（David C. Meclelland）的需要理论又称为三重需要理论（Three needs theory），认为人有三种需要：成就需要（Need for achievement, NAch）、权力需要（Need for power, NPow）和亲和需要（Need for affiliation, NAff）。所谓成就需要是指追求卓越、实现目标和寻求成功的驱动力。成就需要高的人往往具有较强的责任感，倾向于挑战性的工作和乐于看到自己的工作绩效和评价等特点。所谓权力需要是指试图影响别人顺从自己的愿望。权力需要强的人喜欢“发号施令”，倾向于驾驭别人。提供权力对这种人有激励作用。所谓亲和需要是指寻求与别人建立友善且亲近的人际关系的欲望。在工作群体中建立融洽的气氛对这种人有激励作用。

不同的人三种需要的强度是不一样的。在对员工实施激励时需要考虑这三种需要的强烈程度，以便提供能够满足这些需要的激励措施。例如，企业家的需要结构是高成就需要、低权力需要和亲和需要；管理者的需要结构是高权力需要、低亲和需要和中成就需要；而技术专家的需要结构是高成就需要、低亲和需要和中权力需要。

麦克莱兰曾力图以事实说明具有高度成就需要的人对企业、对国家都有重要作用。一个企业拥有这样的人越多，发展和成长就越有保障，劳动生产率就越高。据麦克莱兰的调查，英国在 1925 年是一个兴旺发达的国家，当时该国拥有的高成就需要的人数在 25 个国家中名列第五。然而到了 1950 年，英国所拥有的高成就需要的人数在 29 个国家中竟名列倒数第三。此时，英国也正在走下坡路。因此，他认为一些国家不发达的重要原因在于缺乏高成就需要的人。他与同事一起做了大量的研究工作，开发了一套发现高成就需要人才的心理测试技术及其培育方法。

（二）勇往直前：过程型激励理论

此类理论着重研究了从动机的产生到采取具体行动的心理过程，试图弄清人们对付出劳力、功效要求和奖励价值的认识，来达到激励的目的。最典型的理论有公平理论和期望理论等。

1. 公平理论

公平理论（Equity theory）又称社会比较理论，它是美国行为科学家亚当斯（J. S. Adams）提出来的一种激励理论。该理论侧重于研究工资报酬分配的合理性、公平性及其对职工生产积极性的影响。

公平理论的基本观点是：当一个人做出了成绩并取得了报酬以后，他不仅关心自己所得报酬的绝对量，而且关心自己所得报酬的相对量。因此，他要进行种种比较来确定自己所获报酬是否合理，比较的结果将直接影响今后工作的积极性。

一种比较称为横向比较，即他要将自己获得的“报偿”（包括金钱、工作安排以及获得的赏识等）与自己的“投入”（包括教育程度、所作努力、用于工作的时间、精力和其他无形损耗等）的比值与组织内其他人作社会比较，只有相等时，他才认为公平，如下式所示：

$$O_p/I_p = O_c/I_c$$

其中，O_p——自己对所获报酬的感觉；

O_c——自己对他人所获报酬的感觉；

I_p——自己对个人所作投入的感觉；

I_c——自己对他人所作投入的感觉。

当上式为不等式时，可能出现以下两种情况：①

①$O_p/I_p < O_c/I_c$

在这种情况下，他可能要求增加自己的收入或减小自己今后的努力程度，以便使左方增大，趋于相等；第二种办法是他可能要求组织减少比较对象的收入或者让其今后增大努力程度以便使右方减小，趋于相等。此外，他还可能另外找人作为比较对象，以便达到心理上的平衡。

②$O_p/I_p > O_c/I_c$

在这种情况下，他可能要求减少自己的报酬或在开始时自动多做些工作，但久而久之，他会重新估计自己的技术和工作情况，终于觉得他确实应当得到那么高的待遇，于是产量便又会回到过去的水平了。

除了横向比较之外，人们也经常做纵向比较，即把自己目前投入的努力与目前所获得报酬的比值，同自己过去投入的努力与过去所获报酬的比值进行比较。只有相等时他才认为公平，如下式所示：

$$O_p/I_p = O_h/I_h$$

其中，O_p——自己对现在所获报酬的感觉；

① 转引自龚敏：《组织行为学》，上海财经大学出版社2002年版，第138页。

O_h——自己对过去所获报酬的感觉；

I_p——自己对个人现在投入的感觉；

I_h——自己对个人过去投入的感觉。

当上式为不等式时，也可能出现以下两种情况：

①$O_p/I_p < O_h/I_h$

当出现这种情况时，人也会有不公平的感觉，这可能导致工作积极性下降。

②$O_p/I_p > O_h/I_h$

当出现这种情况时，人不会因此产生不公平的感觉，但也不会觉得自己多拿了报酬，从而主动多做些工作。

调查和试验的结果表明，不公平感的产生，绝大多数是由于经过比较认为自己目前的报酬过低而产生的；但在少数情况下，也会由于经过比较认为自己的报酬过高而产生。

我们看到，公平理论提出的基本观点是客观存在的，但公平本身却是一个相当复杂的问题，这主要是由于下面几个原因：

第一，它与个人的主观判断有关。上面公式中无论是自己的或他人的投入和报酬都是个人感觉，而一般人总是对自己的投入估计过高，对别人的投入估计过低。

第二，它与个人所持的公平标准有关。上面的公平标准是采取贡献率，也有采取需要率、平均率的。例如有人认为助学金应改为奖学金才合理，有人认为应平均分配才公平，也有人认为按经济困难程度分配才适当。

第三，它与绩效的评定有关。我们主张按绩效付报酬，并且各人之间应相对均衡。但如何评定绩效？是以工作成果的数量和质量，还是按工作中的努力程度和付出的劳动量？是按工作的复杂、困难程度，还是按工作能力、技能、资历和学历？不同的评定办法会得到不同的结果。最好是按工作成果的数量和质量，用明确、客观、易于核实的标准来度量，但这在实际工作中往往难以做到，有时不得不采用其他的方法。

第四，它与评定人有关。绩效由谁来评定，是领导者评定还是群众评定或自我评定，不同的评定人会得出不同的结果。由于同一组织内往往不是由同一个人评定，因此会出现松紧不一、回避矛盾、姑息迁就、抱有成见等现象。

然而，公平理论对我们有着重要的启示：首先，影响激励效果的不仅有报酬的绝对值，还有报酬相对值。其次，激励时应力求公平，使等式在客观上成立，尽管有主观判断的误差，也不致造成严重的不公平感。再次，在激励过程中应注意对被激励者公平心理的引导，使其树立正确的公平观。

为了避免职工产生不公平的感觉，企业往往采取各种手段，在企业中造成一种公平合理的气氛，使职工产生一种主观上的公平感。如有的企业采用保密工资的办法，使职工相互不了解彼此的收支比率，以免职工互相比较而产生不公平感。

2. 期望理论

维克托 · H. 弗鲁姆（Victor H. Vroom），著名心理学家和行为科学家。在深入研究组织中个人的激励和动机的基础上，率先提出了形态比较完备的期望理论模式（Expectancy theory）。

期望理论的基础是：人之所以能够从事某项工作并达成组织目标，是因为这些工作和组织目标会帮助他们达成自己的目标，满足自己某方面的需要。弗鲁姆认为，某一活动对某人的激励力量取决于他所能得到结果的全部预期价值乘以他认为达成该结果的期望概率。用公式可以表示为：

$$M = V \times E$$

其中，M——激励力量，这是指调动一个人的积极性，激发出人的潜力的强度；

V——目标效价，指达成目标后对于满足个人需要其价值的大小；

E——期望值，这是指根据以往的经验进行的主观判断，达成目标并能导致某种结果的概率。

弗鲁姆的期望理论辩证地指出了在进行激励时要处理好三方面的关系，这也是调动人们工作积极性的三个条件。第一，努力与绩效的关系。人们总是希望通过一定的努力达到预期的目标，如果个人主观认为达到目标的概率很高，就会有信心，并激发出很强的工作力量；反之，如果他认为目标太高，通过努力也不会有很好绩效时，就失去了内在的动力，导致工作消极。第二，绩效与奖励的关系。人总是希望取得成绩后能够得到奖励，当然这个奖励也是综合的，既包括物质上的，也包括精神上的。如果他认为取得绩效后能得到合理的奖励，就可能产生工作热情，否则就可能没有积极性。第三，奖励与满足个人需要的关系。人总是希望自己所获得的奖励能满足自己某方面的需要。然而由于人们在年龄、性别、资历、社会地位和经济条件等方面都存在着差异，他们对各种需要要求得到满足的程度就不同。因此，对于不同的人，采用同一种奖励办法能满足的需要程度不同，能激发出的工作动力也就不同。这三方面管理用图表示如下（见图 2-4）：

个人努力 —关系1→ 取得绩效 —关系2→ 组织奖励 —关系3→ 满足个人需要程度

图 2-4　简化的期望模式

在管理中，该理论启示管理者不要泛泛地采用一般的激励措施，而应当采用多数组织成员认为效价最大的激励措施，而且在设置某一激励目标时应尽可能加大其效价的综合值，适当加大不同人实际所得效价的差值，加大组织期望行为与非期望行为之间的效价差值。在激励过程中，还要适当控制期望概率和实际概率，加强期望心理的疏导。期望概率过大，容易产生挫折，期望概率过小，又会减少激励力量；而实际概率应使大多数人受益，最好实际概率大于平均的个人期望概率，并与效价相适应。

（三）投桃报李：强化型激励理论

强化理论（Reinforcement theory）是美国心理学家和行为科学家 B. F. 斯金纳（Burrhus Frederic Skinner）等人提出的一种理论，是以强化原则为基础的关于理解和修正人的行为的一种学说。所谓强化从其最基本的形式来讲，指的是对一种行为的肯定或否定的后果（报酬或惩罚），它至少在一定程度上会决定这种行为在今后是否会重复发生。根据强化的性质和目的可把强化分为正强化和负强化。在管理上，正强化就是奖励那些组织上需要的行为，从而加强这种行为；负强化就是惩罚那些与组织不相容的行为，从而削弱这种行为。正强化的方法包括奖金、对成绩的认可、表扬、改善工作环境和人际关系、提升、安排担任挑战性的工作、给予学习和成长的机会等。负强化的方法包括批评、处分、降级等，有时不给予奖励或少给奖励也是一种负强化。

在运用强化理论时应该注意：首先，要依照强化对象的不同采取不同的强化措施。人们的年龄、性别、职业、学历、经历不同需要就不同，强化方式也应不一样。如有的人更重视物质奖励，有的人更重视精神奖励，就应区分情况采用不同的强化措施。其次，要小步子前进，分阶段设立目标，并对目标予以明确规定和表述。第三，要取得最好的激励效果就应该在行为发生以后尽快采取适当的强化方法，必须利用及时反馈作为一种强化手段。第四，正强化比负强化更有效。所以在强化手段的运用上，应以正强化为主；同时必要时也要对坏的行为给以惩罚，做到奖惩结合。

许多行为科学家认为，强化理论有助于对人们行为的理解和引导。因为一种行为必然会有后果，而这些后果在一定程度上会决定这种行为在将来是否重复发生。那么，与其对这种行为和后果的关系采取一种碰运气的态度，还不如加以分析和控制，使大家都知道应该有什么后果最好。这并不是对职工进行操纵，而是使职工有一个最好的机会在各种明确规定的备择方案中进行选择。因而，强化理论已被广泛地应用在激励和改造人的行为上。

（四）海纳百川：综合型激励理论

综合型激励理论模式是上述三类理论的概括和综合，较全面地反映了人在激励中的心理过程。其中，波特—劳勒期望激励理论广为流传。

该理论是美国行为科学家 L. 波特（L. Porter）和 E. 劳勒（E. Lawler）在 1968 年提出的，概括和总结了内容型激励理论和过程型激励理论，成功地用一个激励模型来直接探讨满足感和绩效之间的关系。他们的模型可用图 2-5 表示。

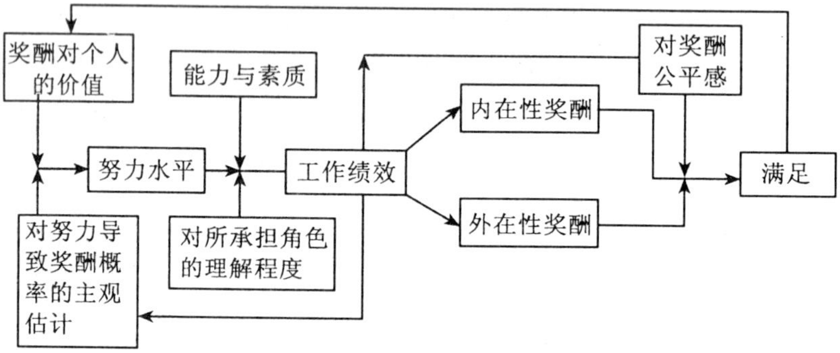

图 2-5　波特—劳勒期望激励理论

这个模式的特点是：

（1）“激励”导致一个人是否努力及其努力的程度。

（2）工作的实际绩效取决于能力的大小、努力程度以及对所需完成任务理解的深度，具体地讲，“角色概念”就是一个人对自己扮演的角色认识是否明确，是否将自己的努力指向正确的方向，是否抓住了自己的主要职责或任务。

（3）奖励要以绩效为前提，不是先有奖励后有绩效，而是必须先完成组织任务才能导致精神的、物质的奖励。当职工看到他们的奖励与成绩关联性很差时，奖励将不能成为提高绩效的刺激物。

（4）奖惩措施是否会产生满意，取决于被激励者认为获得的报偿是否公正。如果他认为符合公平原则，当然会感到满意，否则就会感到不满。众所周知的事实是，满意将导致进一步的努力。

波特—劳勒期望激励理论在 20 世纪 60 年代至 70 年代是非常有影响的激励理论，在今天看来仍有相当的现实意义。自从人际关系学派兴起以来，一直存在着满足和绩效之间关系的争论。内容型激励理论曾含蓄地假设满足导致绩效的改善，而不满足则带来绩效的降低。双因素理论虽然充分论述了工作满足理论，但并未阐明满足和绩效的关系。只有波特—劳勒模式告诉我们，不要以为设置了激励目标、采取了激励手段，就一定能获得所需的行动和努力，并使员工满意。要形成激励→努力→绩效→奖励→满足并从满足回馈努力这样的良性循环，取决于奖励内容、奖惩制度、组织分工、目标导向行动的设置、管理水平、考核的公正性、领导作风及个人心理期望等多种综合性因素。

七、行为科学理论中的群体与组织行为研究

（一）研究概述

个人构成群体，群体组成组织。行为科学家在个体行为的基础上，进一步研究群体行为和组织行为。这一层面的研究突出地强调了企业中的员工不是相互孤立的个人，而是各式各样正式群体（组织）和非正式群体的成员，彼此之间存在着一定程度的相互接触、相互影响和相互作用，因此研究包括组织行为和群体行为（特指非正式群体）两个方面。

群体行为主要研究群体行为的特征、作用、意义，群体内部的心理与行为，群体之间的心理与行为，群体中的人际关系、信息传递方式，群体对个体的影响，个人与组织的相互作用，等等。将员工置于群体的背景中进行研究，结果发现，人在群体中的行为，与其作为独立的个人时的行为相比较，会表现出许多独特或差异之处。组织行为则研究组织变革的策略与原则，变革的力量及其成就衡量方法等，对变革进行目标管理。

有研究者曾经对美国发表的有关团体行为的文献进行统计。他们发现自1890年到1940年从每年1篇逐渐增加到平均每年30篇，20世纪40年代末以后平均每年55篇，到了1950年跃为150篇，以后大约每年平均发表150篇。不过，从内容上来看，一般比较琐碎，研究的质量比较低，理论性不强。心理学家米切尔曾评论说：群体方面的研究缺乏理论性，要综合一个知识体系相当困难。社会心理学家特拉梅特认为20世纪60年代许多的试验违反了“群体”的含义，被试的人们所扮演的角色、规范和感情的联结，都由研究者摆布，是暂时的和人为的。甚至有人认为这一时期团队的研究是

劣质的，即使其中也有一些质量较好的研究结果。① 其中，德裔美国心理学家 K. 勒温（Kurt Lewin，1890—1947 年）的研究比较具有代表性，也备受赞誉。

（二）勒温的团体动力学

1. 场论

勒温受其同事的完形心理学观点的启发而发展出一种独创的并富于成果的关于人的行为的“场论”，这是他的团体行为研究的理论基础。他称个人在某时间所处的空间为“场”。“场”一词是他借用物理学上力场的概念，其基本要义是：在同一场内的各部分元素彼此影响；当某部分元素变动时，所有其他部分的元素都会受到影响。此即勒温的场论。他用场论来解释人的心理与行为，并用以下公式表示个人与其环境的交互关系：

$$B = f(P, E)$$

其中，B——Behavior 行为；

P——Person 个人；

E——Environment 环境；

f——function 函数。

此公式的含义是，个人的一切行为（包括心理活动）是随其本身与所处环境条件的变化而改变的。

2. 团体动力学

勒温认为：人既是个体的存在，也是团体的存在；而环境既是物理的、心理的，也是社会的。个体不是孤立的个别属性的机械相加，它是在一定的生活空间里组织为一个完整的系统。从这一点出发，勒温很容易达到这样的结论：团体决不是各个互不相干的个体的集合，而是有着联系的个体间的一组关系。作为团体它不是由各个个体的特征所决定的，而取决于团体成员相互依存的那种内在的关系。由此认为，虽然团体的行动要看构成团体的成员本身，但已

① 郭咸刚：《西方管理思想史》，经济管理出版社 1999 年版，第 187 页。

经建立起来的一个团体有着很强的纽带，使个体成员的动机与团体目标几乎混为一体，难以区分。所以一般说来，引起社会团体变化而改变其个体要比直接改变个体容易得多。这就是整体比部分重要得多的场论的基本思想。但是要注意的是，勒温研究的团体指的是非正式组织，它和正式组织一样，有三个要素：活动、相互影响、情绪。

在实际研究工作上，勒温也得到了这样的结论：无论是训练领导、提高劳动生产率还是克服偏见，都表明了通过改变一个团体来改变其中的个体比一个个地改变个体要容易得多。勒温指出，只要团体的价值观没有改变，就很难使个体放弃团体的标准来改变原有的主见。而一旦团体标准本身变了，则由于个体依附于该团体而导致的那种抵抗也就随之消除了。

此外，勒温根据团体动力学的理念，进一步从事团体领袖领导风格类型与团体作业绩效关系的研究。他将领导方式分为三种类型：独裁型、民主型和放任型领导。研究结果发现：在民主型领导之下，团体成员相处融洽，而且工作绩效最高；在独裁型领导之下，团体成员之间有攻击性行为产生；在放任型领导之下，团体工作绩效最差。此项研究对以后教育心理学和工业组织心理学的发展产生了积极性影响。

勒温在他的著作中提出了向量、动力场、拓扑心理学和生活空间等许多新概念，形成了他独创的理论。团体动力学和场论是他的杰出贡献。因此，他在西方赢得了很高的社会声誉，他的开拓与创新精神备受人们赞誉。

八、行为科学理论中的领导研究

自有人类以来领导现象就已经出现，但是直到 20 世纪 30 年代早期，西方关于领导的系统的社会科学研究才真正开始。随后，随着管理理论的发展，关于领导的研究越来越多，但是大致看来有四种理论学派：早期的特质理论、早期的行为理论、近期的权变理论以及当前的领导风格理论。

按照时间的顺序排列：在20世纪40年代末，也就是领导理论出现的初期，研究者主要从事的是领导的特质理论的研究，其核心观点是：领导能力是天生的；从20世纪40年代末至60年代末，主要进行的是领导行为理论的研究，其核心观点是：领导效能与领导行为、领导风格有关；从20世纪60年代末至80年代初，出现领导的权变理论，其核心观点是：有效的领导受不同情景的影响；从20世纪80年代初至今，大量地出现了领导风格理论的研究，其主要观点是：有效的领导需要提供愿景、鼓舞和注重行动。这里我们比较详细地介绍以下三方面的研究：

（一）领导者特质研究

领导者特质理论是研究有效的领导者的个人特征和品质，寻求最合适的领导者特质。根据这些品质和特征的来源不同，可分为传统领导者特质理论和现代领导者特质理论。

1. 传统的观点

传统的领导特质论认为，领导者具有某些固有的特质，这些特质是与生俱来的，只有先天具备这些特质的人才可能成为领导。因此，为了发现那些生来就具有领导特质的人，许多心理学家对社会上特别成功者进行了深入的案例分析和档案资料分析，试图找出天才的领导者的个体特征。

他们的研究主要集中在三个方面：身体特征，如身高、体重、长相等；个性特征，如领导人的魅力、自信心、适应能力等；才智特征，如智商、口才、与人交往的敏感度等。提出了许多理论。例如，早期的美国管理学家爱德文·E. 吉赛利（Edwin E. Ghiselli）提出了八种个性特征和五种激励特征。他在其《管理者探索》中研究得出的八种个性特征为：才智、首创精神、督察能力、自信心、决断力、适应性、性别、成熟程度。五种激励特征为：对工作稳定的需求、对金钱奖励的需求、对指挥别人权力的需求、对自我实现的需求、对事业成就的需求。长期研究领导行为的学者R. M. 斯多基尔（R. M. Stodgill）通过大量的研究工作，于1974年总结出领导者的素质包括以下方面：才智、责任心与完成任务的内驱力、对目标的一贯追求、大胆与独创精神、自信心、合作性、对决策和行动后果的责任感、忍耐性、人际能力和影响力、处理事务的能力。美国管理学会（AMA）曾经对约1500位管理人员进行调查研究，表明领导者所具备的品质有225种，大致可以归纳为15大项品质。

多年的研究取得了一定成果，有资料显示，在过去70年中，关于领导素质的研究已超过300项①。然而，研究者对成功领导者的性格、品质特征仍难取得统一意见，也很难找到一些特质因素总能将领导者和非领导者，以及成功的领导和失败的领导的特质相区分。这表明想找到一组独特的特质来鉴别成功的领导者的努力是失败的。但研究表明，有一些特质，如智慧、支配性、自信、精力、富有专业知识，是与成功的领导者一致相关的。这说明具备某些特质确实能提高领导者成功的可能性，但没有一种特质能保证领导者的成功。

2. 现代的观点

与传统的观点不同，现代领导特质研究则认为，成功领导者的许多品质和特征是在后天的领导实践中逐步培养、锻炼出来的。有关领导者及其下属关系的大量研究表明，领导者在岗位上所花的时间与精力，在很大程度上决定了其对领导效能的评价。根据现代领导特质理论的研究，为了获得有效的领导者，需要建立明确的选拔标准，制定具体的培训方案，采取严格的考核指标。

在现代观点中，有代表性的是豪斯（House）1977年提出来的领袖魅力的领导理论。该理论认为，当下属观察到某些行为时，会把它们归因为伟人式的或杰出的领导能力。因此，大部分领袖魅力的领导研究主要是确定具有领袖气质的领导者与无领袖气质的领导者之间的行为差异。经研究，该理论认为有领袖魅力的领导者的关键特点是：自信、远见、清楚表述目标的能力、对目标的坚定信念、不循规蹈矩的行为、作为变革的代言人出现和环境敏感性。

---

① 安吉罗·克尼基等：《管理学基础》，中国财政经济出版社2004年版，第353页。

（二）领导行为的研究

由于特质理论在解释领导行为方面并不十分成功，所以研究人员由对先天特质的研究转而研究领导的具体的行为表现。行为理论旨在探讨有效的领导是否具有独特的行为风格，例如，比较民主还是比较专制。

传统特质理论认为领导是天生造就的，一个人或者是领导，或者不是，所以这种理论对领导的培养与开发并不能提供指导和建议。而行为理论强调的是具体的行为方式，而非先天的品质，所以如果行为理论找到了领导方面的关键因素，则可以培养和训练这些行为模式。从此，便出现了一系列的企业领导理论，其中较为著名的有：关于领导风格的研究、美国俄亥俄州立大学的研究、管理方格理论等。

1. 领导风格的研究

（1）勒温的研究

美国著名心理学家勒温和他的同事们从 20 世纪 30 年代起就进行了关于团体气氛和领导风格的研究。勒温等人发现，团体的领导并不是以同样的方式表现他们的领导角色，领导者们通常使用不同的领导风格，这些不同的领导风格对团体成员的工作绩效和工作满意度有着不同的影响。勒温等研究者力图科学地识别出最有效的领导行为，他们着眼于三种领导行为或领导风格，即专制型、民主型和放任型的领导风格。

勒温等人试图通过实验决定哪种领导风格是最有效的领导风格。基于试验，勒温等研究者最初认为民主型的领导风格似乎会带来良好的工作质量和数量，同时群体成员的工作满意度也较高，因此，民主型的领导风格可能是最有效的领导风格。但不幸的是，研究者们后来发现了更为复杂的结果。民主型的领导风格在有些情况下会比专制型的领导风格产生更好的工作绩效，而在另外一些情况下，民主型领导风格所带来的工作绩效可能比专制型领导风格所带来的工作绩效低，或者仅仅与专制型领导风格所产生的工作绩效相当。而关于群体成员工作满意度的研究结果则与以前的研究结果相一致，即通常在民主型的领导风格下，成员的工作满意度会比在专制型领导风格下的工作满意度高。

勒温能够注意到领导者的风格对组织氛围和工作绩效的影响，区分出领导者的不同风格和特性并以实验的方式加以验证，这对实际管理工作和有关研究非常有意义。许多后续的理论都是从勒温的理论发展而来的。

（2）领导风格连续体理论

R. 坦南鲍姆（R. Tannenbaum）和 W. H. 施米特（W. H. Schmidt）于 1958 年提出了领导行为连续体理论。他们认为，经理们在决定何种行为（领导风格）最适合处理某一问题时常常产生困难。他们不知道是应该自己做出决定还是授权给下属做决策。为了使人们从决策的角度深刻认识领导作风的意义，他们提出了连续体模型。

在模型中，领导风格与领导者运用权威的程度和下属在做决策时享有的自由度有关。在连续体的最左端，表示的领导行为是专制的领导；在连续体的最右端表示的是将决策权授予下属的民主型的领导。在管理工作中，领导者使用的权威和下属拥有的自由度之间是一方扩大另一方缩小的关系。在高度专制和高度民主的领导风格之间，坦南鲍姆和施米特划分出 7 种主要的领导模式：领导做出决策并宣布实施；领导者说服下属执行决策；领导者提出计划并征求下属的意见；领导者提出可修改的计划；领导者提出问题，征求意见做决策；领导者界定问题范围，下属集体做出决策；领导者允许下属在上司规定的范围内发挥作用。

在各种模式中，坦南鲍姆和施米特认为，不能抽象地认为哪一种模式一定是好的，哪一种模式一定是差的。成功的领导者应该是在一定的具体条件下，善于考虑各种因素的影响，采取最恰当行动的人。当需要果断指挥时，他应善于指挥；当需要员工参与决策时，他能适当放权。领导者应根据具体的情况，如领导者自身的能力，下属及环境状况、工作性质、工作时间等，适当选择连续体中的某种领导风格，才能达到领导行为的有效性。

通常，管理者在决定采用哪种领导模式时要考虑以下几方面的因素：管理者的特征，包括管理者的背景、教育、知识、经验、价值观、目标和期望等；员工的特征，包括员工的背景、教育、知识、经验、价值观、目标和期望等；环境的要求，比如环境的大小、复杂程度、目标、结构和组织氛围、技术、时间压力和工作的本质等。

根据以上这些因素，如果下属有独立做出决定并承担责任的愿望和要求，并且他们已经做好了这样的准备，他们能理解所规定的目标和任务，并有能力承担这些任务，领导者就应给下级较大的自主权力。如果这些条件不具备，领导者就不会把权力授予下级。

这一理论的贡献在于不是将成功的领导者简单地归结为专制型、民主型或放任型的领导者，而是指出成功的领导者应该是在多数情况下能够评估各种影响环境的因素和条件，并根据这些条件和因素来确定自己的领导方式和采取相应的行动。

但坦南鲍姆和施米特的理论也存在一定的不足，这就是他们将影响领导方式的因素即领导者、下属和环境看成是既定的和不变的，而实际上这些因素是相互影响相互作用的。他们对影响因素的动力特征没有足够地重视，同时在考虑环境因素时主要考虑的是组织内部的环境，而对组织外部的环境以及组织与社会环境的关系缺乏重视。

2. 美国俄亥俄州立大学的研究

美国俄亥俄州立大学工商研究所自 1945 年起对企业领导行为进行了一系列的研究。为了确立领导行为的独立维度，他们收集了大量的下属对领导行为的描述，并列出了 1000 多个因素，最后归纳出两类：结构维度和关怀维度。前者强调的是组织的需要，包括设立工作、工作关系和目标的行为；后者强调的是员工的需要，包括建立相互信任的气氛、尊重下属的意见、关心下属的情感等。他们认为一个领导者必须在组织的需要和员工个人的需要，即结构维度和关怀维度，之间加以调节，找出最恰当的领导方式。他们首创了一种四分图（见图 2-6）来表示两种维度的组合情况。

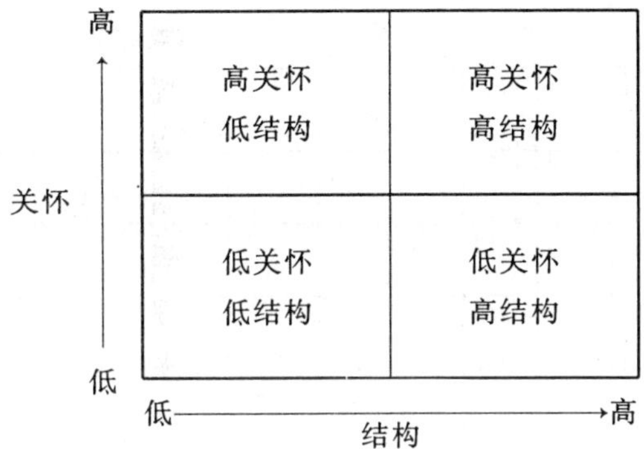

图 2-6　领导行为理论模型

从图中可以看出：高结构维度和高关怀维度的组合同其他三种组合相比，更能使下属取得高的工作绩效和高的满意度。

3. 管理方格理论

管理方格理论是由美国得克萨斯大学的行为科学家罗伯特·R. 布莱克（Robert R. Blake）和简·S. 莫顿（Jane S. Mouton）在1964年出版的《管理方格》一书中提出的。这种理论倡导用方格图表示和研究领导方式。他们认为，在企业管理的领导工作中往往出现一些极端的方式，或者以生产为中心，或者以人为中心，或者以X理论为依据而强调靠监督，或者以Y理论为依据而强调相信人。为避免趋于极端，克服以往各种领导方式理论中的“非此即彼”的绝对化观点，他们指出：在对生产关心的领导方式和对人关心的领导方式之间，可以有使二者在不同程度上互相结合的多种领导方式。为此，他们就企业中的领导方式问题提出了管理方格法，使用自己设计的一张纵轴和横轴各9等分的方格图，纵轴和横轴分别表示企业领导者对人和对生产的关心程度。第1格表示关心程度最小，第9格表示关心程度最大。全图总共81个小方格，分别表示“对生产的关心”和“对人的关心”这两个基本因素以不同比例结合的领导方式（见图2-7）。

管理方格图中，1，1定向表示贫乏的管理，对生产和人的关

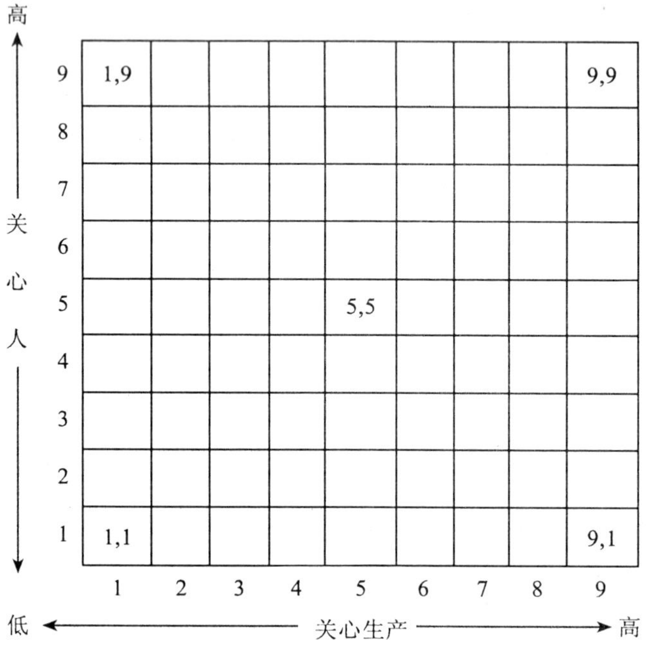

图 2-7 管理方格

心程度都很小；9，1 定向表示任务管理，重点抓生产任务，不大注意人的因素；1，9 定向表示所谓俱乐部式管理，重点在于关心人，企业充满轻松友好气氛，不大关心生产任务；5，5 定向表示中间式或不上不下式管理，既不偏重于关心生产，也不偏重于关心人，完成任务不突出；9，9 定向表示理想型管理，对生产和对人都很关心，能使组织的目标和个人的需求最理想最有效地结合起来。

除了那些基本的定向外，还可以找出一些组合。比如，5，1 方格表示准生产中心型管理，比较关心生产，不大关心人；1，5 方格表示准人中心型管理，比较关心人，不大关心生产；9，5 方格表示以生产为中心的准理想型管理，重点抓生产，也比较关心人；5，9 方格表示以人为中心的准理想型管理，重点在于关心人，也比较关心生产。还有，如果一个管理人员与其部属关系会有 9，

1 定向和 1，9 体谅，就是家长作风；当一个管理人员以 9，1 定向方式追赶生产，而在这样做的时候激起了怨恨和反抗时，又到了 1，9 定向，这就是大弧度钟摆；还有平衡方法、双帽方法等。

他们的研究表明，在对生产的关心和对人的关心这两个因素之间，并没有必然的冲突。他们通过有情报根据的自由选择、积极参与、相互信任、开放的沟通、目标和目的、冲突的解决办法、个人责任、评论、工作活动等 9 个方面的比较，认为 9，9 定向方式最有利于企业的绩效。所以，企业领导者应该客观地分析企业内外的各种情况，把自己的领导方式改造成为 9，9 理想型管理方式，以达到最高的效率。

这两位作者还根据自己从事组织开发的经验，总结出向 9.9 管理方式发展的五个阶段的培训：

阶段 1：组织的每个人都卷入方格学习，并用它来评价自己的管理风格。

阶段 2：进行班组建设，以健全的协作文化取代陈旧的传统、先例和过去的实践，建立优秀的目标，增强个人在职位行为中的客观性等。

阶段 3：群体间关系的开发，利用一种系统性的构架来分析群体间的协调问题恰当地利用好群体间的对抗以从中发现组织中存在的管理问题，利用这种有控制的对抗和识别为建立一体化所必须解决的症结问题，为使各单元之间的合作关系不断改善作下一次实施计划。

阶段 4：设计理想的战略组织模型，要明确确定最低限度的和最优化的公司财务目标，在公司未来要进行的经营活动、要打入的市场范围和特征、要怎样创造一个能够具有协力效果的组织结构、决策基本政策和开发的目标等方面有明确的描述，以此作为公司的基本纲领，作为日常运作的基础。

阶段 5：贯彻开发。研究现有组织，找出目前营运方法与按理想战略模型的差距，明确企业应该在哪些方面进行改进，设计出如何改进的目标模式，在向理想模型转变的同时使企业正常运转。布莱克和莫顿认为，通过这样的努力，就可以使企业逐步改进现有管理模式中的缺点，逐步进步到 9，9 的管理定向模式上。

管理方格理论在美国和许多工业发达国家受到一些管理学者和企业家的重视。《管理方格》一书对美国经理阶层及管理学界有较大影响，出版后长期畅销，印数接近 100 万册。该书于 1978 年修订再版，改名为《新管理方格》。

（三）领导权变理论的研究

20 世纪 60 年代初，人们逐渐地认识到，要找到一个适合于任何组织、任何性质工作和任务、任何对象的固定的领导性格特质、领导类型和领导行为方式，都是不现实的，明白了组织管理应根据组织所处的内部和外部条件随机应变。普遍认为领导过程是领导者、被领导者及其环境因素的方程式，即领导的有效性 =f（领导者、被领导者、环境）。领导的效率与领导者所处的具体情境和环境有关，不能用固定的模式进行管理。因此，权变理论（Contingency theory）学者们针对前两种理论研究的不足，在研究领导与绩效的关系时把情境因素考虑在内。

其基本观点认为，不存在一成不变、普遍适用的最佳管理理论和方法，组织管理应根据组织所处的内部和外部条件随机应变。权变理论把内部和外部环境等因素看成是自变量，把管理思想、管理方式和管理技术看成是因变量，因变量随自变量的变化而变化。管理者应根据自变量与因变量之间的函数关系来确定一种最有效的管理方式。

权变领导理论起源于系统理论的发展，系统理论强调从整体出发而不是从局部出发去研究事物。这一理论的出现，标志着现代西方领导学研究进入了一个新的发展阶段。其中，比较有代表性的理论是：菲德勒的权变领导理论、情景理论、R. J. 豪斯（R. J. Howse）的通路—目标理论等。其中以菲德勒的权变领导理论最具代表性。

1. 菲德勒的权变领导理论

美国心理学家 F. 菲德勒（Fred Fiedler）在经过 15 年的研究后，于 1967 年提出了自己的权变理论，即菲德勒模式（Fiedler contingency theory)。这个模式把领导人的特质研究与领导行为的研究有机地结合起来，并将其与情境分类联系起来研究领导的效果。他调查后提出：有效的领导行为，依赖于领导者与被领导者相互影响的方式及情境给予领导者的控制和影响程度的一致性。

菲德勒认为，领导者的行为及其所要追求的目标具有多样性。这种多样性的存在，是由领导者之间在基本需求方面的差异决定的。因此，应当而且必须以此种需求结构来界定领导方式。这是菲德勒权变理论的基本出发点。所以，菲德勒将领导方式（领导型态）归纳为两类，即“员工导向型”领导方式和“工作导向型”领导方式。前一领导方式以维持良好的人际关系为其主要需要，而以完成任务之需要为辅。后一领导方式则以完成任务为其主要需求，而以维护良好的人际关系之需求为辅。在这里，菲德勒将领导方式认定为领导者的一种人格特定，这种人格特质是一种具有持久性且不易改变之特征。菲德勒还设计出一种 LPC 量表，用以鉴别不同的领导方式，并认为无论何种领导方式均有利弊，十全十美的领导方式是不存在的。

菲德勒不仅对领导方式作了分类，而且还对领导效能作了界定，并在此基础上深入地探讨了如何使各种领导方式充分发挥其功能的问题。菲德勒认为，一个领导者，无论他采取何种领导方式，其最终目的都是为了获取最大的领导效能，要想取得理想的领导效能，必须使一定的领导方式和与之相适应的领导情势相配合。

领导情势亦称“团体—任务”情境，是指发生领导行为所处的人际环境。它包括领导者与成员之间的相互关系、任务结构和职位权力三个要素。领导者与成员的关系是指团体成员对其领导者的情感，它包括尊重、友谊、信任、合作、接纳、支持以及忠诚程度。任务结构是指团体目标与任务的界定是否充分明确而妥当，它包括目标对成员来说是否清晰，成果的可测度如何，解决问题的方法是否具有正确性及完成任务的途径或手段之多寡等。职位权力则指领导者现居职位所具有的权力之多寡或能使部属服从指挥的程度。换句话说，也就是领导者现居职位能对部属施展多大影响力，包括领导者的地位、权威与责罚、升贬、任免、加薪、指派等能力。在领导情势的三个因素中，领导者与成员的关系是最重要的因素。在菲德勒看来，一个领导者要想取得理论的领导效能，必须通过一定的领导方式来对领导情势实施有效的控制，而领导者对领导情势程度又决定于领导者使领导情势三因素相互配合的状况。根据这三个因素不同的配合情形，可以看出领导对情势的控制程度有多高。因此，菲德勒模式的最大优点在于它吸收了过去有关领导行为的研究成果，分清了不同领导方式能够发挥领导效能的情境。

2. 对权变领导理论的评价①

总之，领导的权变理论是当代西方领导理论的一个非常重要的组成部分。它把领导行为与情境因素结合起来考察领导方式，主张根据具体的情况来确定最佳的领导方式的思想，是颇受人们重视的。

首先，权变理论统合了领导现象的复杂性。领导是一个极为复杂的社会现象。一种领导现象的出现，不仅是领导者本人的行为结果，而且还有赖于周围的领导环境。领导者特质研究和领导者行为研究皆以领导者为出发点，而以领导者个人之内在素质或行为来探究领导现象，不同程度地忽略了与领导现象相关的领导环境的重要作用，忽略了被领导者在领导过程中的作用。领导是一种动态的群体过程或社会关系，领导者与被领导者的交互影响是领导过程之本质。在领导过程中，领导者是发生影响作用的主体，被领导者是被影响的客体。没有被影响的客体，发生影响作用的主体也就失去了存在的依据，若忽略对被领导者的研究，便难以了解领导现象之全貌，因而有偏颇之嫌。权变领导理论研究把领导者个人特质、行为者行为及领导环境相互联系起来，从而创造了一套比较完善的领导理论体系。

其次，权变理论的另一个重要贡献是它为人们提供了一套有效的领导方法。领导者特质研究重点在于分析领导者应具备的各种特质，以此作为选拔领导者的依据，而没有涉猎领导方法之领域。领

① 郑晓明：《领导权变论：西方领导理论的主流》，《中国人才》1999年第11期，第17—19页。

导者行为研究虽已涉足领导方法领域，但其研究旨趣是企图从众多的成功领导者的行为中概括出一套理论的、固定不变的和放之四海皆适用的领导方式。而权变领导理论则以领导者个人特质、领导者行为及领导环境交互影响来解释领导现象，否认有任何固定不变、普遍适用的领导方式的存在，认为任何领导方式在与环境作适当搭配下，均可能成为最有效能的领导方式，因此它没有提出有关最佳领导方式之主张，而代之以领导方式与情境搭配之模式。

第三，权变领导理论更切合实际领导工作者的需要。由于领导本身是一种极为复杂的社会现象，加之研究者的观点和研究方法的不同，不论是领导者特质研究还是领导者行为之研究，所得研究结果都矛盾丛生，使实际领导工作者有无所适从之叹。由于权变领导理论以统合之方式和权变之观点解释了领导现象的复杂性，吸收了前人的有益研究成果，从而为人们提供了研究领导现象的新途径和提高领导效能的新方法。这就在很大程度上拉近了领导理论与领导实际的距离，满足了实际领导工作者对领导理论的需要。

西方行为科学的研究至今已经发展了近百年，研究成果已经有了巨大的积累，然而，这门学科还远没有成熟和完善。其主要的原因应该是：该理论研究的主体——人总是处在变动之中。人会随着生活的变化而变化，会随着社会的变化而变化，会随着科学技术的发展而变化，会随着自我的变化而变化，所以研究行为科学的理论会永远跟随着人的不断变化而变化，难以产生定论。再就是，由于行为科学的研究者在对不同的人，不同组织的人，不同国度的人的研究时，受学术立场或传统的限制，必然会在一些重大问题上出现分歧。虽然困难重重，但行为科学家们从不同角度对人开展持之以恒的研究，已经产生了一批极富解释性的行为理论，对管理思想的发展做出了巨大贡献，对管理实践也产生了深远影响。我们相信，在新的世纪，行为科学仍将不断地发展和完善，行为科学仍然会在很长的历史阶段呈现出一门年轻科学的特征。

第三部分　现代管理理论的丛林时期

第二次世界大战以后，世界处于相对平稳的发展时期，虽局部战争不断，但世界性的战争一直没有爆发。相对和平的世界环境给人们带来了休养生息、增长发展的机会。科学技术的发展大大加速了全球经济的增长，适应社会发展需要的各类社会组织纷纷涌现；与此同时，社会的进步对诸如企业、政府、各类非营利组织等的管理提出了更高的要求，各类组织对管理人才的需求也相应扩大，培养管理人才的商学院也纷纷成立，并扩大了培养人才的规模。面对着巨大的需求，特别是面对着不同行业、不同需求层次的需要，过去相对简单的管理理论似乎就有些力不从心了。管理理论再次受到重大的挑战，新的一轮理论发展又开始到来，现代管理理论出现了。

人们一般认为，现代管理理论是继科学管理理论、行为科学管理理论出现之后，西方管理理论和思想发展的第三个阶段，特指第二次世界大战以后出现的一系列学派。与前两个阶段相比，这一阶段的最大特点是，学派林立，新的管理理论、思想、方法不断涌现，甚至没有出现能够统帅管理理论的主流学派。美国著名的管理学专家 H. 孔茨（Harold Koontz，1908—1984 年）1961 年 12 月在美国著名的管理学杂志《管理学术月刊》(*Academy of Management Journal*) 发表了著名的论文《管理理论丛林》(the Management Theory Jungle)，将这种现象称为“管理理论的丛林”。在论文中，根据他的观察，依据基础理论的差异，孔茨将 20 世纪 60 年代的管理理论分为了 6 大管理理论学派（school）。它们是：管理过程学派（management process school）、经验学派（empirical school）、人类行为学派（human behavior school）、社会系统学派（social system school）、决策理论学派（decision theory school）和数理学派（the mathematical school）。1980 年 4 月，孔茨再次在《管理学术月刊》发表了论文《再论管理理论丛林》(The Management Theory Jungle Revisited)，在该论文中，孔茨把当时林林总总的重要管理学派分为了 11 个。它们是：经验主义或案例学派（the empirical or case approach）、人际行为学派（the interpersonal behavior approach）、团体行为学派（the group behavior approach）、协作社会系统学派(the cooperative social system approach）、社会技术系统学派（the sociotechnical system approach）、决策理论学派（the decision theory school）、系统学派（the system approach）、数理或“管理科学”学派（the mathematical or“management science approach”）、权变或情景学派（the contingency or situation approach）、经理角色学派（the managerial role approach）、运营学派（the operational approach）。需要注意的是，孔茨在近 20 年后，将表示学派的英文单词“school”换成了“approach”，单词的变化似乎反映了孔茨教授对“丛林”分类看法的变化。是否将此时孔茨所称的 11 个学派译为 11 种方法更好，应该值得推敲。为便于学习，特以孔茨教授的两篇论文为分析的主线，研究和分析第二次世界大战后这一阶段管理理论的发展情况。

一、枝蔓缠绕：1961 年孔茨论管理理论的丛林

（一）孔茨对管理学派的划分

哈罗德·孔茨是美国当代著名的管理学家，人们一般认为他是管理过程学派最为重要的代表人物。孔茨 1908 年出生于美国俄亥俄州。1931 年在美国西北大学获企业管理硕士学位，1935 年孔茨在美国耶鲁大学获得哲学博士学位。他担任过大学教授（1962 年为加利福尼亚大学洛杉矶分校管理学院管理学教授）、政府的官员、企业的高级管理人员。孔茨教授在管理理论方面的研究成果颇

为丰富。从 1941 年开始，孔茨先后撰写了多本教材、专著和多篇论文，他的著作有《管理学》、《管理学精要》、《董事会和有效管理》等。与西里尔·奥唐奈（Cyril O'Donell）、海因茨·韦里克（Heinz Weihrich）一起编写的《管理学》先后在美国出版发行十余版。《董事会和有效管理》于 1968 年获得“管理学院学术书籍奖”，1974 年获美国管理促进协会最高奖——“泰罗金钥匙”。孔茨的论文《管理理论丛林》、《再论管理理论丛林》更是使他一举成名，成为管理理论发展的断代——管理理论丛林阶段确立的重要人物。

孔茨在文章《管理理论丛林》中指出，从车间的泰罗管理秩序研究到法约尔抽象得到的一般管理理论，现在看到的是过分生长和相互缠绕的管理理论的丛林。他认为，在这丛林之中，随着诸如心理学、社会学、人类学、社会人际关系学、经济学、数学、物理学、生物学、政治科学管理学理论，甚至管理者的实践经验都对管理理论的发展产生了影响。为了让人们能梳理丛林，指明管理理论研究的方向，孔茨认为根据理论丛林源头的主要差别，应该可以将其分成不同的“学派”(school)。区分工作的目的就是让研究管理的人们不再像一群盲人一样，会在接触同一只大象时出现不同的见解，甚至争论。根据孔茨的认识，他把当时管理理论分为了 6 个学派。

1. 管理过程学派

管理过程学派认为，管理活动就是通过和与组织中的人一起完成事务的过程（process）。并依据过程的主要特点确定理论的基本原理。该理论认为，管理就是一个普遍的过程。组织具有共性，不管组织存在基本的差别，或所处的环境不同，组织的管理人员所从事的管理职能却是相同的，管理工作的过程就是管理的职能工作逐步展开和实现的过程，管理工作可以通过基本原理的研究、实验和讲授进行改进和提高。在这样的认识下，管理过程学派就把管理的职能作为研究的主要对象，他们把管理的工作区分为不同的若干职能，然后对职能的内涵进行分析、研究，说明每项职能工作的特性、特点及在组织运行中的重要性，确定实现这些职能的原则和方法。管理过程学派认为，应用这种方法就可以把管理工作的主要方面进行理论概括并有助于建立起系统的管理理论，用以指导管理的实践。

看完以上的介绍，读者一定会立即想到前面重点介绍过的法约尔理论。应该承认，过程学派是孔茨介绍、命名的，但该理论的确是在法约尔的管理通论的基础上发展而来的。因此有时人们也称过程学派为传统（traditional）学派或通用（universalist）学派。

2. 经验主义学派

经验主义学派认为，管理学就是研究管理经验。这个学派有时也希望抽象出一般的原理，但通常的方法是通过经验研究，向学生传授管理的知识。最为典型的就是，这个学派将管理视同于案例的学习与分析，与戴尔（Ernest Dale）的比较管理理论相近。该理论认为，通过对管理人员成功经验和管理工作失败教训的研究，如果希望解决管理中的有关问题，那就应该了解和学习最为有效的管理技能。该理论还认为，了解了在某一环境中能够成功或不能成功的管理方法，人们就可以在相同的环境中同样地选用合适的管理方法。

孔茨认为，不会有人怀疑通过这样的学习方法或分析“它曾怎样做（how-it-was-done）”来学习经验的重要性，但需要注意的是管理不是像法学一样，是基于先例的科学，也不能设想未来的环境会与过去事件发生的环境完全一样，因而过分地依赖过去的经验是十分危险的。

值得注意的是，在孔茨的文章中介绍经验学派时两次提到了戴尔，而没有提到在我国人们普遍认为的经验学派的领军人物彼得·德鲁克（Peter F. Drucker）。①

3. 人类行为学派

由于管理工作是通过人，而且必须通过人开展工作，所以人类行为学派的理论关注点就是管理的研究应该集中在人际关系上。与此相近的叫法还有“人类关系”、“领导力”、“行为科学”等。人

① 见马洪：《国外经济管理名著丛书·前言》。

类行为学派强调关注管理工作中的人。管理是人们为了完成目标而在一起工作，是该学派信奉的原理。该学派的口号是："人们应该了解人们。"

人类行为学派的理论基础是心理学和社会心理学，研究的起点是作为个体人社会心理上的相关问题和激励的方法。这个学派中，人们的研究范围十分宽泛。有人认为，行为管理是管理工作的一部分；也有人认为，满足人们的需求和动机是帮助管理人员理解人们与最为有效的方法；还有人认为个体与团体之间相互的心理行为就是管理。

孔茨认为，人类行为学派的信奉者强调人际关系应该是管理人员必须优先了解和实施的艺术。一些人将管理者视为领导（leader），有时就把管理视同于领导力（leadership），甚至就把所有的团体活动等同于管理的情形。

孔茨对该学派的评价是，不能否认管理工作必须涉及人们的行为。对管理环境或非管理情形中人们内部活动交往的研究也是十分重要和有益的。但是，若重视优秀的领导力，而忽视成功的管理力（managership）那就是严重的错误了。还有，能否将人类行为的范畴等同于管理范畴也是需要掂量的问题，这就像把对人体的研究仅看成对心脏的分析一样存在着问题。

4. 社会系统学派

根据孔茨的看法，社会系统学派与人类行为学派存在密切的联系，而且容易混淆。这个学派里面存在不同的流派，有些学者将管理视为文化联系的社会系统；有的学者，如马奇和西蒙就仅把系统限于正式的组织，把组织等同于企业；还有一些学者并不局限于正式组织，而把研究的范畴包容所有的人类关系系统。

孔茨认为，社会系统学派的创始人应该是美国管理学学者 C. 巴纳德（Chester Barnard，1886—1962 年）。为寻找管理过程中最为基础性解释的答案，富有思想的巴纳德建立了自己关于协作的理论，是通过合作，以使人们能够克服个人和环境所带来的生物、物质和社会限制问题的理论。

孔茨对巴纳德的贡献给予了很高的评价。他认为，社会系统学派对管理学作出了具有显著意义的很多贡献。并认为，依据文化环境的压力和矛盾把企业视为社会组织的看法对研究管理的理论界和经营企业的实业界都很有帮助。其中，很有意义的理论是使人们了解到了组织权威的制度基础，非正式组织的影响，以及对诸如像维特·巴克（Wight Bakke）提出的“组织的纽带”(bonds of organization，也有译为“组织的结合”）的社会因素认识的影响。这些社会因素包括：（1）职能说明书或作业及部门的说明；（2）“地位—系统”结合；（3）传递重要情报的信息交流系统；（4）为了实现组织目标而得到刺激和控制的奖惩系统；（5）“组织章程”的结合，它包括所有组织的“特征”或单位性质的要素。①

孔茨对社会系统学派的评价是，用社会行为原理分析的基础社会学和在社会系统的框架中研究团队的行为的确在管理学中十分有意义，但人们可能会问到的问题是，难道这就是管理学吗？管理学理论与社会学理论会有共同的边界吗？社会学是与语言学、心理学、生理学、数学以及其他一些领域的理论一样是管理学的重要基础理论吗？在社会系统学派中管理的许多概念被定义得过于宽泛了。

5. 决策理论学派

孔茨认为，决策学派致力于决策的理性分析，对行动（action）或意图（idea）的过程中可能的取舍进行选择。该理论可能涉及决策本身，可能是个人或组织团体进行决策，也可能是决策过程的分析。学派的一些人将自己的研究几乎就局限于决策的经济学理性思考，另外一些人认为研究的问题包括一个企业发生的所有事件，还有一些人将决策理论的研究范围扩大至心理学与社会学的方面，以及决策与决策人的环境。

决策理论起源于消费者选择的理论，与19世纪的英国功利主义哲学家杰里密·边沁（Jeremy Bentham）的理论有着联系。决策理论与效用最大化的经济问题和分析、无差异曲线、边际效用、风

---

① 雷恩：《管理思想的演变》，中国社会科学出版社1986年版，第377页。

险和不确定条件下的经济行为联系密切。因此，该学派成员喜好经济学理论，运用数学模型构建。

决策理论学派是管理理论中的一个重要学派。该理论认为，管理的关键是决策，决策贯穿管理的全过程，企业管理的主要研究对象不是作业，而是决策。决策发生错误，生产效率越高越没有好处，因而企业管理的首要工作是决策。

决策理论可分为传统决策理论和现代决策理论。传统决策理论的出发点是把进行决策的个人或企业看成“理性的人”或“经济的人”。在决策时，他们的行为受“最优化”行为准则的影响，往往在决策过程中寻求决策方案的最优化。在现代决策理论中，最大的变化是用满意的行为标准代替了最优化标准。依据满意标准的思想，最优决策只可能在决策人员掌握了有关决策的全部信息，列出了解决的全部决策方案，并对每一个方案的结果都有准确的把握时，才可能实现，而这些必备的条件似乎在现实中几乎不可能。因而在实际工作中，面对有限的时间、人力、奖金等资源，只可能在有限的信息、有限的方案和不是十分精确的情况下进行决策，加上决策方案的选择还要受决策人员自我价值观念的影响，其结果对于组织的决策人来讲只可能是满意即可，而不会存在最优的决策了。这也就是行为决策的含义。

决策理论学派的领军人物西蒙自己认为，他的理论来源于社会系统学派。现代决策理论主要的代表人物是美国的 H. 西蒙（H. Simon）、J. 马奇（J. March）等人。他们的理论体系是在吸收了行为科学、系统理论、运筹学和计算机科学的基础上逐渐发展起来的。由于在行为决策理论上的特殊贡献，西蒙还荣获 1978 年度的诺贝尔经济学奖。他们的代表性著作有《组织》(马奇)、《管理行为——管理组织中决策过程的研究》和《管理决策新科学》(西蒙)，《决策是如何产生的》(马奇）等。

孔茨对该学派的评价是，由于一些人认为管理的核心问题就是决策，因而也认为管理理论未来的发展将把决策理论的运用作为主要的理论，其余的管理理论也将依赖于该理论的结构框架。决策的研究、决策的过程以及决策的制定将延伸至覆盖管理理论的全部范围。但是，人们也对决策理论是否能建立覆盖人类知识全部的领域表示怀疑。正如大多数决策理论的理论家所认为的，决策的问题是个人的，也是组织的，他们甚至断言，纯粹的决策理论也能为鲁宾逊的生存所用。

6. 数理学派

孔茨认为，虽然数学方法可以而且已经被用于管理理论的任何学派，但他所界定的数理学派的理论是将管理视为数学模型和过程的系统。孔茨认为，这个学派的大多数学者都来源于运筹学的研究者和分析家，这些人自我认为他们是管理的科学家（management scientists）。数理学派坚信，如果管理或者组织，以及制定计划、进行决策是一个逻辑的过程，那这个过程就可以用数学的符号和它们的相关性表示。数理学派的主要方法是模型。

在任何的研究领域，数学方法具有很大的作用是不容置疑的。数学可以帮助研究人员对问题和相关领域进行界定，易于根据历史的数据推算未知的数据，作为有效的工具解决和简化复杂的现象。

但孔茨认为，将数学作为单独的管理学派是困难的，这在物理、化学、工程或医学中也是不可能的。在这里，承认数理学派在管理中的地位，完全是由于一些将自己划归管理领域的人们围绕着数学发展起来的狂热的吹捧而已。

在分析了以上问题之后，孔茨的结论是，他认为数学是个工具而不是一个学派，并不是有意贬低数学在管理科学和实践中的作用。在管理这个十分重要和复杂的领域中，作为工具和技术的数学已经能有效地帮助人们进行有序的思考。数学可以帮助管理人员更为清晰地观察问题，能够为学者和实业家确立目标并度量有效性，能够十分有效地将管理的领域变成关系的逻辑体系，数学能帮助管理者掌握直观的数量含义，而使管理者敏锐地辨别信息源以及信息系统。尽管数学作出了这么多的贡献，而且是使计划的指定更为有效和精细，但不能把数学视为管理的理论。

（二）对丛林问题的分析和思考

孔茨对管理理论出现学派的丛林，并彼此枝蔓、相互缠绕的现象并不满意，他分析了造成此种现象的主要原因：

1. 语意的丛林（the semantics jungle）

关键词汇意思的不清晰往往是引发基本问题的争论是学术界经常出现的问题。而这一问题在管理学的领域十分明显，甚至连什么是管理也有不同的理解。如管理就是意味着通过或与人一起完成工作，但这里的人是正式组织中的人，还是在活动中所有团体中的人？是管制，是领导，还是传授？孔茨在论文中还列举了种种人们对组织、决策、领导力等许多管理中的关键词汇的不同理解而产生的语意丛林现象的实例。

2. 对知识主体管理的不同定义（differences in definition of management as a body of knowledge）

孔茨认为，虽然管理的定义得到了大多数人的认可，但人们往往会提出这样的一些问题：根据管理的定义，是否需要处理所有的人际关系呢？沿街叫卖的小贩也是管理人员吗？父母亲也是管理者吗？非正式组织可能有的暴徒领袖也是管理者吗？管理学的领域与社会学和社会心理学组合的领域一样吗？管理等同于社会关系的整体系统吗？

孔茨指出，在他认识到当难以像医学和工程学那样对管理学进行严格的梳理时，对管理进行严格的区分也就是不可能的了。孔茨无奈地问道，当认为什么东西都笼罩在管理的光环中时，专家和书本上如此之多的管理概念会有一个管理理论能被实践中的管理人员认为是非常科学和有用的吗？

这是多么无奈和深刻的发问哦！

3. 先验的假设（the apriori assumption）

孔茨认为，管理领域的新加入者加剧了管理理论的混沌现象，因为新的加入者抛弃了该领域在过去已经确立的结论与分析。新加入者希望抛弃法约尔、穆尼、布朗、厄威克、古利克等其他人成果的做法，已经经常受到被称为“通用派学者”们的谴责。如果建立在先验因素基础上获取的经验得到的假设是为了否定来自管理现实中的经验，必定是不可能成功的。尽管有观察力和具有经验的管理艺术实践者的结论不会完全正确，但他们所阐述的经验一定是真实，而不会是空想的。孔茨坚信，没有人会否定管理理论正确性最终的检验必定来于实践，管理理论和科学必须在现实中得到提升。

4. 原理的误解（the misunderstanding of principles）

孔茨发现，有些人是为了自我的名利而否定已经确立的管理原则，一些人把应该是自明之理和真理的管理普遍原则看为毫无价值的东西，还有一些人抛弃法约尔和其他实践者确立的管理原则，从他们自己的研究中得出明显不同的结论，但其中的许多结论却与法约尔通用学派的理论基本相同，差异仅仅在于词句的不同。

更有甚者是不顾管理原则的整体框架，而只是抓住在实践中看到的与某一原则的差异进行证明。这样的做法已经遭到了通用学派的批评，他们认为，这样的做法是完全不了解理论的框架结构，缺乏对理论整体的认识和把握。

5. 管理界学者之间缺乏能力或不愿相互理解（the inability or unwillingness of management theorists to understand each other）

这是孔茨列举的最后一个原因。他认为，管理理论丛林是由管理理论家之间不能或不愿相互理解造成的。但孔茨对所谓的缺乏能力表示怀疑，因为在他看来，一个对管理理论感兴趣的人是能够理解各个学派的方法，至少能够理解各个学派的原理和理论框架的。因此孔茨认为，阻碍理解的唯一理由就来自不愿相互理解。

在孔茨看来，这种不愿相互理解的症结可能来自经过训练而形成的专业"壁垒"(professional "walls")，也可能来自对新的发现会侵害专业与学术地位的担心，还可能是害怕专业与知识的贬值。不管是什么原因，只有认识到专业"壁垒"的存在，只有对自己学派过于衷情的人们去关注其他学派的方法和内容，只有通过学术思想的相互交流和理解，目前的混沌才可能出现有序，这堵墙也才能被打开缺口。

（三）管理理论丛林问题的解决方法

从论文中不难体会到，孔茨对于管理理论丛林问题的存在是不满意的。他认为，采取有效的做法逐渐解决管理理论的丛林问题是十分重要的工作。因为管理理论丛林在自我的纷争中会阻碍行之有效的管理科学理论的发展，而且会扰乱企业家的思想。为此，他提出了解决管理理论丛林问题的建议。

1. 知识主体定义（definition of a body of knowledge）的需要

这是孔茨提出解决管理丛林问题的第一个建议。他认为，学科不清晰的问题主要就是误解，所以必须对管理领域进行准确的定义。定义一定要精确、详细和没有弹性，一定要赋予清晰特殊的内容，一定要有利于实践者理解和参考。

孔茨再一次给出了他对管理的定义：管理是在正式组织中，通过人或与人完成任务的艺术，这是在能够以个人和合作的方式完成组织目标和消除障碍的组织的团体中创造环境的艺术，是在有效地达到目标，获取最优效率的艺术。孔茨认为，在定义知识主体过程中，区分工具（tools）和主要的内容（content）也是必需的。他认为，诸如数学、运筹学、会计、经济理论、社会学和心理学都是典型的管理工具，而不是该领域主要内容的一部分。这也不是认为它们不重要，或者说它们对于实践工作中的管理人员没有作用，更不是意味着这只是缩小管理知识边界的方法，但它们不能与管理的主要内容相混淆。

2. 管理与其他训练的整合（integration）

孔茨认为，如能实现前述的目标，认同管理领域特有的内容，那误解产生的种种问题就可能消失。管理会被认为是一种特殊的训练，而其他知识的训练将被认为是管理领域重要的基础。这样的组合和基础训练会受到商学院、公共管理学院、实践者的欢迎。而且管理与其他训练的整合也就不会特别困难。

3. 澄清管理的语意（semantics）

孔茨也认为，在他希望分清和统一管理语意的需求主要取决于管理知识主体定义的时候，语意的问题应该给予更大的关注。孔茨建议，除非不精确的词汇选用是具有澄清问题的特殊需要，词汇的选用就应该采用聪明实践者的语意。至少在已经十分复杂的学术领域不能再选用科学的和学术的晦涩语意，因为这样只会在理论家与实践者之间造成语言的障碍。

4. 乐意提炼和检验基本原理（distill and test fundamentals）

孔茨还认为，一门科学的成熟和有效体现在科学基础的精准和准确上。但即使是一门成熟的科学也没有完整地建立在无可辩驳的原理的完全表述上。即使是最古老的科学，如物理，人们也还在修正它们基本的定律和发现新的原理。还有，几个世纪以来，任何科学都在对它们的基础理论、一些定律、一些原理和一些假设方面进行改进，使其成为更为有用的科学。

认为社会科学是劣等科学的观点来源于它是不精确的科学，但从另一方面看，即使是被称为精确的科学也存在着许多的不严谨，存在原理没有被完全证明的现象，在实际的体系和局部的设计中运用艺术。如果我们鼓励依据原理合理地对实践进行抽象，将其放入逻辑的框架，那么，那些经常对社会科学（管理科学也是其中之一）持否定态度的人们就会看到，管理能被阐释，实践能加以改进，确立的目标能更为有效地实现。

（四）探索管理理论应该记住的基本准则

在文章的最后，孔茨讲到，在管理理论探索的过程中，不能忘记的一些基本准则是：

1）理论应该研究知识的领域和探索“管理的可行性”（manageable），只有在人们关注整个领域之时，知识才会有大的进步。

2）理论应该有助于实践的改进，不能忽视工作中的人们和实践者的人群。

3）理论应该不能在语意上有所混沌，特别应该关注的是，实践者难以理解无价值和令人费解的语句。

4）理论应该有助于明确研究与教学方向，并提高其效率。

5）理论必须认识到它是更大的知识和理论领域的一部分。

二、山花烂漫：1980年孔茨再论管理理论的丛林

孔茨教授在《再论管理理论丛林》中指出：20年前我对管理理论的各种学派或方法进行了界定，并认为可称之为“管理理论

的丛林”。与初期的6个学派相比，现在却有11个学派了，这意味着“丛林”可能更加密集和枝蔓。然而，出现的情况表明我们可能正走向更多的学派，而不是人们所想象的是走向统一和注重实际的管理理论。

对这种现象，孔茨结合美国管理学术界的情况进行了深入的分析。他认为，在商学院里从事教学的许多老师缺乏实际经验，缺乏对管理实际情况的了解，这有些像一个医学院的教师没有动过手术，却在课堂上讲授外科学一样。由于这样的结果，许多实践工作中的管理人员对商学院和大学的教育与管理思想失去信任。在现实中可以看到这种现象，有关基本运营管理理论的教师或作者都在利用同行们的研究结果，以及依靠他们的帮助，而这些同行们却可能受到的是心理学、社会学、数学和运筹学的训练。更令人惊讶的现象是，一些教授在教授这些专业知识时，却认为自己就是在讲授管理理论。

产生这些问题的主要原因来自于美国曾经出现过的两个事实。一个是著名的福特基金和卡内基基金会在1959年的报告（该报告是由没有经过管理教育的学者研究、撰写而成的）中就指出了，在美国的商学院和大学中，包括在美国管理教育界有地位的和被人们公认的头面人物，在他们的课程和学院中就采用的宽泛与多样的社会科学的研究方法。其结果就是，许多商学院的院长和管理者加大速度和力量引进了来自经济学、数学、心理学、社会学、社会心理学领域的新研究成员。另一个是由于20世纪60年代美国商学院的快速发展，导致经过管理教育和具有管理经验的教师的短缺，商学院从其他专业引进了大批的教师，这些教师不少就来自毕业于经济学、数学、心理学、社会学、社会心理学等专业的博士。

显然，孔茨对美国管理教育界出现的“管理理论的丛林”现象的深刻分析和相关的结论，对我国在“管理理论的丛林”阶段才逐步恢复、发展和形成的管理学术界是有着启发和教育意义的。

前面已经讲到，此时孔茨列举的管理学派已经达到了11个。

孔茨对学派进行了重新的界定和分类：过去的人类行为学派此时分成了基于心理学的人际行为学派和基于社会学和文化人类学的团队行为学派；由于社会系统学派更加偏重于巴纳德的理论，而改名为协作社会系统学派；管理过程学派改名为运营理论学派；经验学派更为明确地改名为经验或案例学派。新的学派有 1951 年由英国社会心理学家埃里克·特里斯特（Eric Trist）和他在英国塔维斯托克研究所（Tavistock Institute）工作的同事们创立的社会技术系统学派；在任何学科都有着迅猛发展的系统学派；加拿大著名管理学家明茨伯格研究和提出的经理角色学派；不同意只存在“最好的一种方法”的权变或情景学派；以及数理或“管理科学”学派。学派名字没有变化的是决策理论学派。

（一）孔茨对管理学派新的划分

为便于学习，下面将新的或变化较大的学派进行介绍。

1. 人际行为学派

人际行为学派认为，管理工作就是通过人把事情做好，并将该思想作为学派的理论基础，因此管理工作就应该将研究的目标集中在人际关系上。该学派的研究人员十分注意人们的个人心理，因此研究的人员大多数是心理学家。该理论的研究重点是具有社会心理的人的本性与动机。该学派的研究人员认为，在以上分析的基础上，管理工作中建设好的人际关系是一种艺术。孔茨对人际行为学派的评价是，从管理的工作看，研究人际关系是有用和重要的，但人们很难得出这样的结论，人际关系包括了管理工作的一切问题。要发展有用的管理学理论必须大大地突破人际行为学派理论的局限。

2. 团队行为学派

团队行为学派容易与人际行为学派混淆。团队行为学派的研究者将他们的注意力集中在团队中人的行为，而不是人际间的行为，因此也有将他们的研究称为“组织行为”。从管理的定义中容易理解，对组织的研究必然是管理理论的重要内容。把组织看成是一个社会机构，而且组织也就是多个社会组织所构成，因此一个组织必然会受到自己所在文化环境的要素——态度、习惯、压力和矛盾的影响。这样的解释对组织的领导人理解组织和权限是有益的，也能帮助组织的领导人更好地了解组织的特点和运行。在这个学派中也有一些学者研究组织内部的成员和集体的行为，并通过研究进一步探讨提高组织行为效率的问题。孔茨的评价是，社会学是分析社会系统中的社会行为与集体行为的学科，对管理的研究工作有着很大的价值，但将社会学等同于管理学，或将社会学等同于心理学，并认为它们是管理学的重要基础，是值得思考和质疑的。

3. 社会技术系统学派

孔茨认为，社会技术系统学派是一个新的学派。学派的创始人特里斯特和同事们在对英国的采煤生产系统的研究过程中发现，要解决社会的问题，仅考虑社会问题，研究社会系统是不够的。因为特里斯特等发现技术系统与社会系统会相互影响，组织中个人的处事态度和集体行为会受到人们工作所在的技术系统的影响。基于这样的分析，社会技术系统学派认为，一个组织中存在着两个系统——一个是社会系统，一个是技术系统，它们两个系统会相互发生作用，共同产生影响。所以组织的效果既要研究人们之间关系的影响，也要研究人们在工作时受技术环境的影响。也就是说，该学派认为既要研究人和社会系统，也要研究人与技术系统的关系，并要保证两个系统的协调。如出现两个系统不协调的问题，就要关注技术系统的改变能否改善组织的经营效果。从研究的对象可以知道，社会技术系统学派研究的组织主要是研究企业或拥有技术系统的组织。孔茨对该学派的评价是，虽然这个学派较新，但在管理文献中的重要性正在日益提高，对管理学作出了相当大的贡献，但大多数有经验、有见解的企业家不一定认可技术影响个人、集体与组织是一种很新的想法。例如就不会有人对汽车装配线的技术在过去60 年间对社会系统和企业管理的影响感到惊讶。虽然孔茨提出了这样的看法，但他依然认为，“这种方法像任何一种方法一样，即使其基本原理并不怎么惊人和新颖，但它对社会和技术两种系统相互作用的有目的、有联系的分析，却对有效管理的基础知识的发展作出了有价值的贡献。它是管理工作需要依据的一个重要调查研究领域，但它肯定不是管理工作的全部内容。”①

4. 系统学派

孔茨认为，管理领域的许多学者和作者十分注意研究管理思想的系统方法，并将它视为是一种十分有效的研究方法。依靠系统方法，管理思想能更有体系、更易描述与理解。

由于系统研究关注到一个相互联系或依存的事物会形成一个复杂的体系，这与组织的结构和与外界的联系十分相似，因此人们认为，将系统的理论运用到管理理论和科学管理是有作用的。一个系统与外界的环境存在许多交换，因而管理人员在制订计划时，就必须思考系统外面的变化因素，诸如市场、技术、社会力量和法规等因素；当管理人员为工作设计一个适应环境的组织结构时，他们也会考虑外部环境对职工的影响。在管理工作中存在着许多如计划系统、组织系统和控制系统等系统，这也就为系统理论在管理工作中的使用提供了条件。

孔茨对系统学派的评价是，许多优秀的管理人员由于在平常的工作中就习惯于将遇到的问题与所处的环境因素进行分析，“所以，当他们发现许多作者把系统方法看成一种新方法时，往往感到惊讶。当然，有意识地研究和强调系统方法，会迫使许多主管人员和学者更深入地去考虑影响管理理论和实务的各种相互作用的因素。但很难认为这就是管理思想的新方法。”②

5. 数理或“管理科学”学派

在这个学派中，一些理论家首先把管理流程看成是数学运算、概念、符号和模型的运用。对它们最为熟悉的就是自称为“管理科学家”的研究运筹学的一些专家了。系统学派的研究者首先关注的是数学模型的方法。在他们看来，什么问题，包括管理或其他问题都会表现为基本的关系。在明确目标之后，数学模型就可以实

① 孔茨、奥唐奈、韦里克：《管理学》，中国社会科学出版社1987年版，第86—87页。

② 孔茨、奥唐奈、韦里克：《管理学》，中国社会科学出版社1987年版，第89页。

现目标的最优化。

孔茨讲到，有一本管理科学研究所出版的杂志《管理科学》在它的封面上就宣称，该研究所的目的就是“明确、扩展和统一与管理有关的科学知识”。从该杂志发表的文章中以及研究所成员在全世界各种会议上发表的数以百计文章看，这个学派最令人羡慕的是数学模型和其完美解决问题的方法。但是，正如该学派圈内外的许多批评人士所发现的，对于真正的管理科学来讲，狭隘的数学方法很难被称为是完善的方法。

孔茨最后的结论是：“当然，数学和数学的模型是一种分析工具，但不是一个思想学派。”①

6. 权变或情景学派

权变或情景学派是管理理论界和实务界都十分认同的一个学派。这个学派的核心思想是，管理人员所做的工作取决于既定的有关事实——环境。他们经常使用两个同义的名词：权变管理与情景管理。有些学者对这两个名词进行了区分，情景管理（situation management）仅仅意味着管理人员的工作取决于既定的情景；而权变管理（contingency management）则意味着情景变量与计划管理方案之间积极的内在联系。依据权变理论，管理人员需要观察的是整个外部情景，根据结果安排严密的组织结构模式去最好地适应情景，与情景相互作用。

孔茨认为，管理的实践活动就其基本特性看，就是要求管理人员在运用理论与方法时要考虑既定情景的现实状况。在既定的情景下应该做的工作，从来不是，将来也不会是科学与理论的任务。科学与理论在实践环节如何运用当然取决于情景。也就是说，这里是既有科学，也有艺术，既有知识，也有实践。这些问题是任何一个有经验的管理人员早就知道的。

7. 经理角色学派

孔茨认为，经理角色理论是当时学者和实际工作者关注的最新

---

① 哈罗德·孔茨：《管理理论的丛林》，《管理学术月刊》1980 年 4 月，第 80 页。

管理理论。经理角色学派的创始人是著名的加拿大麦吉尔大学亨利·明茨伯格（Henry Mintzberg）教授。经理角色理论认为，要去观察管理人员在实际的工作中在做什么，然后得出究竟什么是管理活动的结论。

明茨伯格通过对五名不同组织总经理活动的观察后得出的结论是，总经理们的工作没有超出管理职能的传统划分，即计划、组织、协调和控制，但在现实的工作中他们还做了许多其他的工作。明茨伯格根据自己与别人的研究，认为管理者的工作主要体现在：人际管理、信息传递和决策制定三个方面，并在不同的方面、场合扮演着10种不同的角色。人际关系角色（interpersonal roles）指所有的管理者都要履行的礼仪性和象征性的义务。它包含挂名首脑、领导者、联络者三类角色内容。信息角色（information roles）是指所有的管理者在某种程度上，都从外部的组织或机构接收和收集信息。它包含监听者、传播者、发言人三类角色内容。决策角色（decisional roles）是指所有的管理者都会在其工作岗位上参与组织决策的工作。其中按参与的角色差异，分为企业家、混乱驾驭者、资源分配者、谈判者四类角色内容。

孔茨对经理角色学派的看法是，观察主管人员在实际工作中做些什么是有实际价值的。在活动的分析中，一个有效的管理人员可能希望将活动与管理者的基本职能进行比较，并可能希望用角色的工作作为标准检查是否有什么工作被忽视了。但明茨伯格所罗列的十项工作还不够完善，一些管理的基本工作没有列入，因此会有人怀疑，明茨伯格分析样本中的经理是否是一位真正有效的管理人员，明茨伯格的经理角色理论是否完善，是否能根据该理论建立一个与实际吻合的管理理论。

8. 运营学派

孔茨认为，管理理论和科学的运营学派（“运营”二字借用了1946年诺贝尔物理学奖获得者布里奇曼（P. W. Bridgman）在其物理研究领域的相关术语）希望通过把运营理论与管理人员的职能管理相联系的方式，将管理贴切的知识组合起来。像其他的运营科学一样，为了加强管理工作实际的基础，运营学派也力图把管理领域的概念、原理、理论和方法组合在一起。

运营学派认识到，在管理理论中存在着仅与管理有关的核心知识，诸如直线制与参谋制、部门的划分、管理跨度的限制和各种管理控制的方法，这些内容都包含着管理的原理和知识，而这些都仅出现在管理工作中。但是，运营学派也是折中的，其中也包含来自从其他领域中产生的相关知识。这些知识包括对管理的活动、问题和情景，系统理论的运用，决策理论，激励和领导的发现与理论，个人与团体行为理论，数学模型和方法的运用的研究成果。孔茨说，所有这些内容都在一定程度上可用于其他科学的领域，例如物理和生物科学等的某些领域。但我们所关心的只是仅限于管理的领域及其运用。

为了便于理解运营学派，孔茨绘制了一个名为“运营科学与理论领域”的图形（见图 3-1）。

关于这个图形，孔茨作了如下的说明，运营学派的思想包括独特的管理科学和理论最为核心的部分，加上来自各种其他学派和方法折中的知识。如同图形所表示的，运营方法对涉及的各种领域的重要知识不感兴趣，而只对与管理过程最为有用的和有关的知识情有独钟。

运营管理学派涉及的管理理论的核心问题是什么呢？如何入手解决管理工作中的现实问题呢？

根据这些管理理论工作者和实践工作者的经常爱提出的问题，孔茨结合运营学派的思想作了如此的回答。他首先问到，管理人员每天做什么工作呢？他们怎么在做工作呢？什么来对管理的知识进行有效的和可用的分类呢？孔茨的回答是，首要的步骤是对于管理活动在探索有用的管理理论和科学中进行恰当的知识系统化工作。这样就把用在管理活动中的科学与方法和用在非管理活动中的诸如市场营销、会计、产品制造与工程分开了。这也能让我们在不同的企业及不同的文化中关注到最为基本的管理问题。有效与逻辑的起点就是通过管理者的职能工作建立区分管理知识的分类，这是进行区分工作的第一步。

孔茨认为，一些理论家（包括他自己）已经发现使用职能是

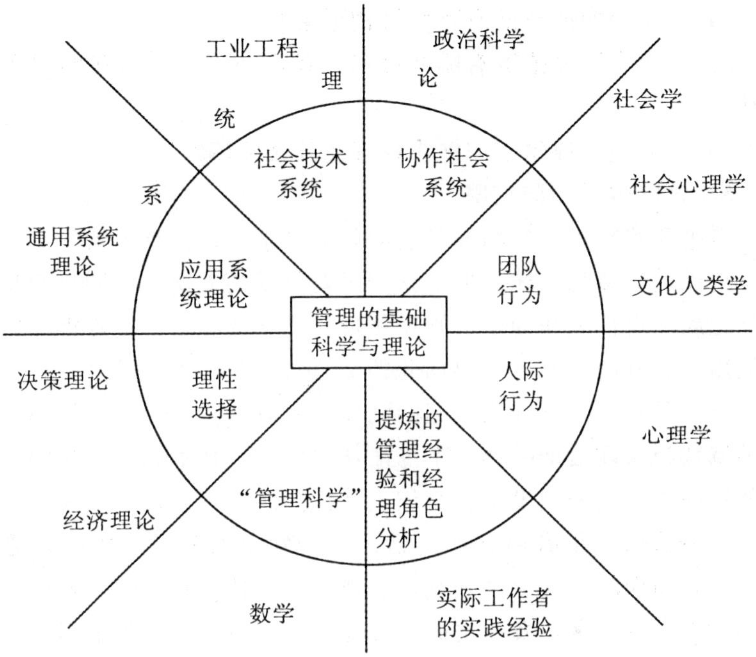

图 3-1　运营科学与理论领域

资料来源：哈罗德·孔茨：《管理理论丛林》，《管理学术月刊》1980年4月，第182页。

区分知识有用与有意义的第一步工作，这些工作是：

1）计划工作（planning）：选择目标和完成目标的手段；

2）组织工作（organizing）：为人们设计合适的内部角色结构；

3）人员配备（staffing）：挑选、评价和培养有效适应组织角色的人们；

4）领导工作（leading）：采取激励人们和帮助人们明确为了自己的利益为组织作出贡献；

5）控制工作（controlling）：度量和纠正人们的行动，确保计划的完成。

系统化管理知识的第二步工作是对每个职能范围提出基本的问题：

1）每个职能范围的现状和问题是什么？

2）在每个职能范围有哪些结构要素？

3）在每个职能范围有哪些过程、技术与方法？这些的优劣势是什么？

4）有效地完成每项职能工作存在什么障碍？

5）这些障碍如何克服？

看来孔茨教授推崇的和偏爱的是运营学派，也是运营学派的一员。他说道，像我一样，那些认同运营学派的人这样做的目的是希望推进和确定科学和理论的管理领域，使其能有助于在管理工作中的运用，能有助于不至于要如此的宽泛，以至于宽泛得要围绕可能无论有何联系，无论多么疏远的问题进行研究。我们早就认识到任何领域都与管理活动一样，不可能从自然的、技术的、生物的和文化的环境中孤立分割出来。我们也认识到，不管怎样，如果概括和界定相关的知识是必须完成的话，一些知识的分离工作就是必须的，一些知识的边界也必须确定。还有，在任何系统的分析中，系统的边界必须确定，我们也必须记住，不会有完全封闭的系统，会存在许多环境的变量干扰和影响系统的运行。

（二）孔茨对管理丛林问题的再思考

在文章的最后一个部分，孔茨似乎十分乐观地提出了自己的见解：管理理论的丛林正在出现理论收敛的趋势。他首先分析到，现实表明，在文章中有关管理理论与科学的学派及方法的简明探讨中，管理理论的丛林不仅更加茂盛，且更加稠密，当前的学派和方法几乎是20年前发现时的两倍。不容质疑，行之有效的管理理论与科学是来得如此的缓慢；也不容质疑，我们既对管理活动的科学基础结构缺乏明确的认识，也不能为我们清晰地确定什么才是有能力的管理人员。

孔茨认为，众多的研究方法，各有各的领军人物，各有各的语意诠释，各有各的保护学派的自我概念、方法，防范他人攻击和改变的强烈自豪感，使得管理理论和科学很难让聪明的实践者理解和利用。如果持续的学派之争仅局限于学术和研究领域还无碍大局，但如果阻碍了行之有效的管理理论的发展，搅乱了实际工作中管理人员的思想，问题就严重了。有效的管理工作在任何层次和任何类型的企业中都太重要了，以至于通用的、易被理解的知识的缺失会影响到我们的社会。

孔茨也认为，与此同时，有许多迹象呈现出乐观的现象，在各种学派中出现了携手联合的迹象。虽然收敛的迹象还不是完全明确，但随着学者和作家越来越熟悉管理人员的工作和处于某种情景的作为，这些学派的人们越来越多地采用、甚至发展管理运营学派的原理和思想，希望趋同的愿望就已经存在了。但这仅仅表明沿着更加一致和符合实际的管理运营理论道路前进的标志和迹象，还有很长的道路需要走。

孔茨认为，管理理论收敛的趋势体现在以下一些方面：

1）高度关注从经验学派中提炼基本的理论。人们已经发现，在案例教育中，有越来越多的教师从案例分析中提炼基本的管理原理，特别在战略和战略规划课程中的提炼，使许多经验主义者提炼出的原理可以纳入运营理论家规划分类范围的知识。

2）明确系统理论不是独立的研究方法。在 20 年前，当系统理论刚刚开始引入管理理论时，人们曾为发现新的管理理论而为之一振。但现在人们已经清楚了，系统理论不是全新的理论，实践中的管理人员和运营理论的学者已经使用它多年了。由于运营管理理论的学者们与过去相比，都在更自觉和更明确地使用系统的概念与理论，因而他们的努力在推进科学的领域中取得了成功。

3）认识到权变理论不是新的或独立的方法。有洞察力和聪明的管理人员与许多管理理论家们通过现实已经不再感到惊讶，权变就只是区分科学和艺术、知识和实践的一种方法。科学和艺术是两种不同的事物，但它们之间往往相互补充。越来越多的人们已经知道，权变理论的思想实际上就是结合实际情景解决问题。权变理论的创始人——哈佛大学的杰伊·罗奇（Jay Lorsch）教授近来讲到，他使用“权变”（contingency）这个单词易使人产生误解（misleading）。他似乎还认为，在运用管理的概念、原理和方法时，一位运营管理理论家就会成为一名情景分析家。

4）发现组织理论是过于宽泛的方法。组织理论的过于宽泛是巴纳德造成的，因为他几乎将所有的人际间关系类型都定义为了组织。在其影响下，特别在学术圈子内，习惯于将术语“组织理论”用于几乎任何的人际关系。许多学者还希望将组织理论等同于管理理论，但现在已完全同意管理工作是较为狭窄的活动，管理理论仅与管理活动有关。这个迹象表明，在丛林中清除一些杂乱无章的枝叶已有了希望。

5）对激励新的理解。近来许多对组织中人的激励研究倾向于组织环境对个人动机抑制和激发重要性的研究。马斯洛和赫茨伯格的理论对人们的需求进行了很好的解释，但对激励和激励的预期需要进一步重视。除了激励和支持激励的环境以外，这些将在更大程度上依靠于一个组织中管理工作的特性。激励与组织环境之间的相互作用不仅强调了动机方面的系统，而且也强调了动机取决于管理人员在建立和维护环境的工作。这些研究人员就把动机的问题从纯粹的行为转移到了与管理人员工作密切相关，并取决于管理人员工作的问题上了。动机的理论就与管理理论的运营方法巧妙地结合在一起了。

6）激励与领导理论的合并。这是人们正在迈向统一的管理运营理论的另一迹象，这体现在研究和分析工作已倾向于将激励理论与领导理论融合在一起。特别在近几年，领导的研究和理论有强调领导者在工作中必须懂得基础问题的趋势。这些基础问题是，知道和了解激励人们的工作；认识到人们跟随领导者的简单道理是领导者要明了满足他们愿望的方式。这样，领导的阐释就增强了与激励的联系。激励和领导理论的融合同样强调了组织环境和领导风格的重要性。于是，问题就十分的清晰了，具有知识和有效的管理人员在完成他们的工作时，就会考虑完成工作的环境。用另外的话讲，与激励理论一样，领导的研究与理论也就纳入了运营管理理论的体系之中，而不是分离成为理论的分支了。

7）“组织开发”新的管理动向。“组织开发”和该研究领域早就称为“组织行为”的理论都产生于人际关系和管理方法的团体行为。看起来，这些理论与运营管理理论相距甚远，并独立于运营管理理论。现在，许多研究人员认为基本的管理理论与方法，如目标管理、组织结构建设，都可以很好地适应行为调整之中。一篇最新的组织行为书籍评论文章指出，该领域的一些作者开始认识到组织运营的行为要素紧密地与组织结构设计、人员配备、计划制定和控制结合在一起。在这一进展中，人们至少已经认识到，在管理的范畴内，个体与团体行为分析容易和自然地被纳入运营管理理论的体系之中。

8）技术的影响。这是一个研究的老问题。在实践中，实际工作者早就认识到，技术对组织结构、行为模式和管理工作的其他方面有着重要的影响。然而近来在一些学术界的研究人员似乎“发现”技术的影响是重要和真实的。确切地讲，研究的一些成果，特别是社会技术管理学派的研究，对管理人员是有帮助的。还有，尽管管理人员在许多年前就知道技术有着重要的影响，但研究的一些成果有助于帮助理解和给予特定的含义。技术的影响容易被运营管理理论和实践接受，而且一定会这样。但人们也希望，技术学派领域的研究人员和作家能更快地熟悉运营管理的理论，将他们的发现和想法并入运营理论的框架。

9）“管理科学家们”的变节。人们一定还记得，在研究管理学派的讨论中，曾将一个学派取名为数理或“管理科学”学派。大家也一定记得，在“管理科学”一词上打了引号，这样做的原因是这个学派并没有真正地涉及整个管理科学，而主要是与数学模型、符号和完美打交道。有清晰的迹象表明，在称为管理科学家的中间出现了一些叛离者，他们认识到他们的兴趣已经远远地超越了数学、模型以及计算机的使用。特别是那些在行业和政府部门工作的、天天与实际管理问题打交道的运筹学家们更是如此。韦斯特·丘奇曼（C. West. Churchman），这位杰出的受人尊敬的学者和公认的运筹学先驱者，在与孔茨的谈话中就强烈地批评了过度使用模型和数学做法，并因此而退出了运筹学协会。毋庸置疑，运筹学和相类似的数学和模型技术能很好地适用于运营管理理论和科学领域的计划制定与控制工作。众多的运营管理理论家已经认识到了这一点。

10）语意的澄清：希望的一些迹象。一个最大的，过去存在、现在依然有的妨碍解决丛林问题的障碍是语意问题。那些在管理和相关领域中进行写作和教学的人们用不同的方法使用相同的术语。例如，使用诸如“组织”、“直线与参谋”、“权威”“责任”和“政策”这些单词来表达各种语意。虽然语意方面的问题依然存在，在关键性的术语及概念上取得共识还有很长的路要走，但一些令人鼓舞的迹象已经出现了。这就是在一些最重要的管理学教材中，一般都开始附有关键术语和概念的汇编，对关键术语和概念的解释也趋向一致。还有一个令人振奋的事情就是，在拥有来自 32 个国家的 180 名管理学者和有名人士的国际管理研究院已经根据需要，开始承担了推进管理概念和术语汇编的工作，以不同的语言出版，在世界各国发行。虽然确信做到这些还为时过早，但确实出现了这样的迹象，我们可能正在向科学发展应该的方向前进——接受关键术语和概念清晰的定义。

三、亡羊补牢：需要的评价

在介绍完孔茨教授对“管理丛林”问题的认识、评价和发展趋势的感知后，作者深深地感到需要作适当的评价。因为孔茨在 20 世纪 60、80 年代对当时管理理论出现的问题的分析似乎还在我们的身边发生，而且更有枝叶滋蔓、盘根错节，难以收敛之势。

1. 孔茨作为 20 世纪著名的管理学专家，他对管理学界存在的管理丛林问题的分析和结论是十分正确和中肯的。这些分析主要有：1）管理丛林的基本情况。介绍了学派的种类、主要的特征、形成的历史和各个学派对管理理论的贡献与不足；2）管理丛林形成的原因。主要的原因是商学院的教师缺乏管理实践的经验，凭着自己原有的专业背景对管理学理论进行解释、研究和探讨，终究导致了众说纷纭的局面。另一个原因是，管理学科的快速发展，为解决教师稀缺的问题和受已经形成的教学风格的影响，在众多的学科招聘老师，终于为管理丛林的形成打下了“坚实的基础”；3）管理丛林的表现形式。管理丛林表现的形式很多，主要的表现形式体现在学科内涵、学科边界和学术关键概念与原理的定义上，包括语意的理解差异、对知识主体——管理概念的不同定义、研究问题先验的假设、原理的误解、管理界学者之间缺乏能力或不情愿相互理解；4）认识到管理科学存在的“丛林”现象对管理学科的发展，特别是对管理实践问题的解决不利；5）强调管理科学应该和必须建立有利于管理实践活动的理论体系，在体系的建设过程中特别要注意的是管理活动的核心理念、基本边界的确立与界定，注意基础理论、派生出的相关理论、方法与工具之间的重大区别与差异；6）认为管理科学理论会有收敛的趋势，且已经开始在运营管理学派的理论体系平台上看到了天边的一缕“整合”的曙光。

2. 对中国管理学界的启迪。前面已经讲到，中国的管理理论的快速发展与建立主要是在 20 世纪 80 年代，恰恰碰上了孔茨教授界定划分的管理丛林阶段。中国管理学界现阶段的状况可能还不能说是管理的丛林，更为形象和准确的描述是“管理的灌木丛”，矮小的树木很多，参天的大树几乎没有。造成这种局面的原因除了前面提到的孔茨认为的形成管理丛林的系列原因（在这些原因中，中国管理学界存在的问题可能更为深刻。如目前各大商学院、管理学院几乎没有具有管理实践经验的老师，老师原来的专业基础更为复杂等）之外，还有美国可能没有的，即各学校过去在长期没有管理学科时所形成的学科基础、研究风格、甚至长期的学科体系、教育特点、以至校园文化对从事管理教育队伍构建，乃至对管理学理论理解的影响。更为严重的是，中国管理学界还没有像孔茨教授这样的大家在呼吁管理学界存在的问题，在警告“管理丛林”带来的问题和危险，在希望整合出相对一致的管理概念、原理和理论；管理界学者之间缺乏能力或不情愿相互理解的现象更为严重；管理理论界安心于书斋研究、追求“科学性”的探讨，不能或不愿意承担实践问题解决的风气更浓；研究的成果对急需管理理论和思想指导的实业界的影响、帮助更小。所以，孔茨教授对管理丛林形成的问题分析，形成的原因和解决的方法应该能给予中国的管理学界帮助，应该引起中国管理学界的深思。

四、管理丛林中的奇葩：巴纳德、德鲁克、西蒙

应该讲，六个或十一个学派就应该有六个或十一个领军人物，六朵或十一朵花，但我们认为最值得书写的是三个管理学界的泰斗级人物——巴纳德、德鲁克和西蒙，因为他们在对管理理论的探讨中更引人注目，所得出的相关结论更发人深省，影响更大。

（一）巴纳德

1. 巴纳德其人

C. I. 巴纳德（Chester I. Barnard）是社会系统学派的主要代表人物。出生于 1886 年，1906 年进入哈佛大学经济系学习，3 年内以优异的成绩学完全部课程，但因缺少实验科学学分而未获得学士学位。1909 年巴纳德进入美国电话电报公司（ATT）统计部工作，开始了他管理工作的职业生涯。后来，他被晋升为 ATT 商业工程师，先后担任过 ATT 所属宾西法尼亚贝尔电话公司副总裁助理、宾西法尼亚贝尔电话公司总裁、新泽西贝尔电话公司总裁。“巴纳德在美国电话电报公司从事经理人员工作的同时以及在此以后，还从事许多社会活动。这在当时是很稀罕的，现在也不多见。他在各种不同的时期担任过美军服务协会（第二次世界大战中的美军服务协会）的会长，洛克菲勒基金会的会长（在雷蒙德·福斯迪克之后，而在迪安·腊斯克之前），美国国家科学基金会会长，美国财政部长助理，联合国原子能委员会美国代表的顾问等。这只是他从事的社会活动的一部分。他还是许多公司的董事，美国科学促进会的委员和美国艺术和科学院的院士。他是一个音乐爱好者和新泽西巴赫协会的创始人。”① 巴纳德在管理实践工作中业绩并非十分突出，但他 1938 年在哈佛大学出版的代表作《经理人员的职能》却使他成为了著名的管理学专家。在这本书中，他结合长期从事的

① 巴纳德：《经理人员的职能》，中国社会科学出版社 1997 年版，30 周年版导言，第 3 页。

管理工作实践，将社会学的有关理论运用在组织的管理工作分析上，在组织的性质和理论方面作出了杰出的贡献。该书给他赢得了巨大的声誉，使他成为公认的社会系统学派（后为协作社会系统学派）的主要代表人物。巴纳德对管理的认识深深地植根于他哲学思维体系，尽管众多的读者认为该书晦涩难懂，但却受到美国众多知名教授如亨德森（Lawrence J. Henderson）、霍曼斯（George C. Homans）、梅奥以及克伯特（Philip Cabot）等人的认同。他们都对这本书以及巴纳德管理思想中的哲学内涵给予了极高的评价。与梅奥共同主持霍桑试验的罗特利斯伯格（Fritz J. Roethlisberger）也认为他自己关于组织的想法，受到了巴纳德极大的影响。而决策理论学派的领袖西蒙（H. A. Simon）也认为在理论渊源上，自己的理论与巴纳德的思想具有一定的继承关系。由于巴纳德在组织理论方面的杰出贡献，他终身获得了七个荣誉博士学位。

2. 巴纳德的学术思想

（1）写作背景

《经理人员的职能》是汇集巴纳德学术思想的经典之作。在书的序言中，巴纳德指出："本书是我 1937 年 11 月到 12 月间在波士顿的洛威尔研究所作的同名的八次报告原稿的修改和扩充。……当我荣幸地受到 A. 劳伦斯·洛威尔博士的邀请去作报告时，我正在为时已晚地阅读卡多佐法官在耶鲁大学的演讲集——《司法程序的性质》。这促使我试图整理和系统地阐述我若干年来逐渐形成的关于管理过程（这是我们叫做'组织'的专门职能）的一些概念。如果要把这些职能恰当地描述出来，这种描述必须能表达出组织本身的性质。"① "我多次发现，如果经理人员所讨论的问题不涉及他们各自专门领域的技术，他们就能够用很少的词语相互沟通。这是惊人的、真实的。……可是，牧师、军人、政府官员、大学职员和各种不同职业的人，如果不是有意识地这样来讨论组织问题，那么在理解上或者更恰当地说在感觉上倒是大致类似的。我长期以来

① 巴纳德：《经理人员的职能》，中国社会科学出版社 1997 年版，作者序言，第 1 页。

感到，也许存在着组织的普遍特性。这种特性是现在和过去各个时期的擅长组织的人的机敏判断力、评价和概念。这种普遍特性也曾被细心而敏锐的观察者所察觉。”“但是，我所知道的有关组织的文献似乎没有一种符合我的经验或公认的擅长组织与管理实践或组织领导的人的行动的含义。”巴纳德进一步分析到：“此外，如我所见，社会学家、社会心理学家、经济学家、政治科学家和历史学家的著作中描述了许多关于组织的各种力量引起的现象，并对它们作出了一些解释，但我发现它们之间很少一致。我似乎感到，这些社会科学家总是从他们各自的角度出发，接触到了我所经历的组织问题的边缘就后退了。他们很少去认识协作和决策过程。而协作和决策过程至少占他们所描述现象的基础的一大部分。更重要的是，他们没有更多地理解正式组织是社会生活的一种最重要的特征，是社会本身的主要结构方面。还有，我认为，他们对民俗、政治结构、制度、态度、动机、倾向、本能等进行了大量的讨论，却没有设计社会研究的一般理论和与之有关的群众行动的沟通桥梁。”①

巴纳德以上的这些话是值得研究管理学理论的学者们注意的。当我们在“管理的丛林”面前感到无比困惑的时候，巴纳德在 70 年前的教诲是否值得我们注意——即我们缺乏对组织问题本质的研究和深层次的探讨。

巴纳德在序言中随即分析了问题产生的主要和根本的原因：“我认为，有关国家和教会性质的长期思想史妨碍了对组织一般特性的探讨，那种思想的核心是关于权威的起源和性质。其后果是出现了防止接受社会组织基本事实的法律万能主义。”“在组织问题上造成混乱的原因，除了权威问题以外，我要指出过去一个半世纪经济思想的发展过程，以及早期经济理论的形成中过于轻易地夸张了人的行为中的经济的一面。”②

---

① 巴纳德：《经理人员的职能》，中国社会科学出版社 1997 年版，作者序言，第 2 页。

② 巴纳德：《经理人员的职能》，中国社会科学出版社 1997 年版，作者序言，第 3 页。

那么，解决这个问题的方法是什么呢？

巴纳德指出："至少我可以肯定：虽然我早就知道如何在组织中有效地行动，但是直到我过了相当长时间把经济理论和经济利益放在次要地位（虽然是不可缺少的）以后，我才开始了解组织中人的行为。我的意思是，不仅在政治组织、教育组织、宗教组织这样一些非经济组织中还存在着（并且极为重要）、而且特别是在企业组织中，除了经济因素以外也存在着动机、兴趣、过程等非经济的因素。这些非经济因素在从董事会到最基层的人的行为中起到极为重要的作用。"

"我以上那些体验和信念的有形的结果就是这本书。这本书出版的必要性在于组织问题现在被搞得混乱不堪和不可捉摸，而现在社会中人们的有目的的和建设性的活动主要是在正式组织中进行的；还在于正式组织和一般社会的关系，以及正式组织的活动（同社会生活的其他各种机构和抽象的一般要素相比）在很大程度上决定了社会体系的结构和过程。"①

（2）主要的学术观点

在正式地对组织问题进行分析之前，巴纳德向读者展现了社会中组织问题的一个基本现实："但事实上，在正式组织中，或由正式组织进行的成功的协作是非正常的，而不是正常的。目前所看到的，是在无数的失败者之后剩下来的成功者。那些短命的组织能引起持久注意的只是例外，而不是常例，这样说可能是正确的，现代文明的特点是存在着在各个时期产生而至今仍存在着的大量组织，但这并不意味着在某个时期出现过的某个组织可能长期存在，或今后会长期存在下去。""这样，绝大多数协作或者在试图进行协作时就失败了，或者在刚开始时就夭折了，或者昙花一现。在我们的西方文明中，只有一个正式组织——罗马天主教会——存在了很长时间。有少数大学、极少数的民族政府或正式组织起来的国家，超过了 200 年。有些市政当局稍微长寿一些，但其他法人组织很少有

① 巴纳德：《经理人员的职能》，中国社会科学出版社 1997 年版，作者序言，第 4 页。

超过 100 年历史的。在人类的历史中，显著的事实是，协调的失败，协作的失败，组织的失败，组织的解体、崩坏和破坏。”“这是很难予以驳斥的事实。为了解释这一事实，常常指出人性的反常，自我主义，斗争的本能，‘错误的’经济制度，或为粮食的斗争及其供应的不足。更特殊的解释提到结构上的错误——‘有缺陷的构造’——或机能不好，缺乏团结精神，领导或管理不善。以上的这些缺点可能都存在，但正式组织不稳定或短命的根本原因来自外界力量。这些外界力量既为组织提供使用的物资，又限制了它的行动。一个组织的持续取决于在不断变动的外界环境中，物的、生物的和社会的各种物质、要素和力量的复杂性之间维持平衡，这就要求调节组织内部的各种过程。我们要涉及引起这种调节的外界条件的性质，但我们关心的中心是实行调节的过程。”

应该十分肯定地说，巴纳德最为伟大的贡献在于他对组织这种“调节过程”的深刻理解和精确描述。我们都应该知道，对一个问题追根索源探讨的重要方法是将问题回归到起始点，或从构成研究对象最为基本的元素进行认真分析。而巴纳德就是这样做的。

巴纳德首先详细地研究了构成组织最为基本的元素——个人(individual) 的基本特征和社会特征。在书的第一章中，巴纳德开门见山地问道：“What is an individual?（个人是什么?)”“What do we mean by a person?（人意味着什么?)”巴纳德解释道：“这些考虑意味着，在广泛地探讨组织的性质及其职能时，或者说明组织中管理过程的各项要素时，首先要采取的步骤是弄清楚关于人，即‘个人’，‘人们’及与其有关的立场、理解、假设。如果没有这样一个预备性的考察，肯定会产生不必要的模糊认识和未所预料的误解。”①

在研究个人的地位（the status of individual）时，巴纳德认为，个人是一个特定的、个别的、物的存在；单个人的身体，无论从有限的和实际的目的来看，作为一个物体或一般物质因素的一个函

① 巴纳德：《经理人员的职能》，中国社会科学出版社 1997 年版，第 8 页。

数，都不能仅作为一个人。作为一个活体，人具有一种调节能力，一种维持内部平衡的能力，此外还有一种经验的能力，依据经验的结果而改变他调节的性质；人的有机体只有同其他人的有机体相关联才能行使其机能。据此看法，巴纳德指出："在本书中，个人的意思是指一个单独的、独特的、独立的、分离的、完整的人，体现着过去和现在无数的力量和物质，包含着物的、生物的、社会的要素。"①

在研究人的性质（the properties of persons）时，巴纳德认为，个人具有"人"这个词所包含的一定的特性。"这些特性是：（1）活动或行为，它们产生于（2）心理的因素，再加上（3）有限的选择能力，其结果是（4）目的。"巴纳德认为，了解这些特性十分重要，他指出："必须向读者强调指出，上面有关人的特性的论述的重要性。它们是本书的基本原理。我认为，随着本书论述的展开，读者将会了解，如果不以人的行为的心理力（psychological forces）的*某些*假设为依据，就不可能构建起协作体系或组织的理论，也不可能对组织、经理人员或参加组织的其他人的行为作出有意义的说明。"② 为便于区分，巴纳德认为："*作为特定的协作体系的参加者的人*，纯粹从他们的职能方面，作为协作的侧面来看。只要他们的努力是协作性的，他们的努力就被非个人化，或换句话说，被社会化。……其次，作为*外在于*任何一个特定组织的一个人，将被看作是物的、生物的、社会的一种独特的个人化，具有有限的选择能力。"③

根据这样的看法，巴纳德将人的行为分为了协作体系以外和协作体系之内人的行为特点加以研究。他认为，协作体系以外的个人特点是，人们对是否参加某一特定的协作体系，将决定于当时个人

① 巴纳德：《经理人员的职能》，中国社会科学出版社1997年版，第11页。

② 巴纳德：《经理人员的职能》，中国社会科学出版社1997年版，第12页。

③ 巴纳德：《经理人员的职能》，中国社会科学出版社1997年版，第14页。原文中为斜体（作者注）。

的目标、愿望和推动力，以及个人认识到其他可供选择的机会。人们追求的特定目标有两种：物的和社会的。物的目的是物体和物的条件。社会的目的是同别人接触，相互发生关系，信息交流。

效果（effectiveness，有译为有效的）和效率（efficiency，有译为能率）是巴纳德构建的两个十分重要的概念。在个人的行为中，巴纳德认为：“一项行为如果达到了它特定的客观目的，我们就说它是有效果的。如果那项行为满足了目标的动机，而这一过程又没有产生抵消的消极后果，我们就讲它是有效率的，而不管它是否有其效果。如果一项行为没有使动机得到满足，或者产生了消极的后果，那么即使它是有效果的，我们也认为它是无效率的。”① 由此可见，对于个人来讲，效率和效果，既存在相辅相成的关系，但也可以分离，也可能存在矛盾，甚至冲突之中。

在研究了个人的特点和行为特征后，巴纳德着重研究了“协作体系中物和生物的限制”（physical and biological limitations in cooperative systems）。“协作体系是由两个以上的人为着协作达到至少一个以上的目的，以特定体系的关系组成的，包括物的、生物的、人的、社会的构成要素的复合体。”②在这里，巴纳德显然将通常人们所称的组织视为协作体系了。他认为，“协作存在的理由就是克服个人能力的限制”。③ 而生物的因素是个人的才能或能力，物的因素是指“环境的因素”。而生物的因素、物的因素与协作之间的关系是：“当生物的能力被看成是限制因素，而通过协作可以克服这些限制时，限制因素就成为协作本身。如果事实表明不可能实现协作（在人们的经验中这样的情况很多），则物的条件又成为

① 巴纳德：《经理人员的职能》，中国社会科学出版社 1997 年版，第 17 页。这段话作者对原译稿稍有改动。

② 巴纳德：《经理人员的职能》，中国社会科学出版社 1997 年版，第 53 页。

③ 巴纳德：《经理人员的职能》，中国社会科学出版社 1997 年版，第 21 页。

限制因素。如果它不能克服，就放弃目的。"① 十分明显，巴纳德认为，组织的起源来自于"克服个人能力的限制"。

在构建的协作体系中，巴纳德又一次运用了"效率"和"效果"。他指出："我们把协作行为的公认目的的实现叫做'效率'。实现的程度就标志着效率的程度。协作目的显然是非个人的，而是作为一个整体的协作体系的目的。由此得出的结论是，在任何一种确定的情况下，效率的情况都是以某种方式由作为一个整体的协作体系来决定的。"② "协作努力的效率同协作体系目的的实现有关，并且由协作体系要求的观点来确定；而效果则同个人动机的满足有关。协作的效果是协作体系成员个人的效果的总和，是从他们的观点来看的。如果成员个人认为他所做的事能够满足他的动机，他就会继续他的协作性的努力；否则的话，他就不干了。如果他不干而从协作体系退出，可能对协作体系造成致命的后果。"③ 所以，"协作的持续取决于两个条件：①协作的效率；②协作的效果。效率同协作目的的实现有关。协作目的从性质上讲是社会的和非个人的。效果同个人动机的满足有关，从性质上讲是个人的。效率的测试是共同目的的实现。效率是可以衡量的。效率的测试是诱发出足够的个人参加协作的意愿"。④

巴纳德认为："组织的一个不可缺少的要素是人们向协作体系贡献其个人努力的意愿。协作的力量同大量没有组织起来的人的力量相比，常常显得惊人的巨大，但它却依存于个人愿意协作和向协作体系贡献其努力的意愿。构成组织力量的人的努力的贡献是由诱因引起的。自我保存和自我满足的利己动机是支配的力量。整个讲

① 巴纳德：《经理人员的职能》，中国社会科学出版社1997年版，第21页。

② 巴纳德：《经理人员的职能》，中国社会科学出版社1997年版，第46页。

③ 巴纳德：《经理人员的职能》，中国社会科学出版社1997年版，第47页。

④ 巴纳德：《经理人员的职能》，中国社会科学出版社1997年版，第50页。

来，组织只有满足这些动机才能存在，除非它能够改变这些动机。在正式组织中和有意识地把努力组织起来的问题上，诱因是基本的因素，这一点无需再作进一步的说明了。诱因不恰当会导致组织解体、组织目的的改变或协作失败。因此，在所有各种组织中，最强调的任务是提供恰当的诱因以便自己能够存在下去。"① 这就是巴纳德认为组织能够延续下去的一个重要因素——诱因，并称为"诱因的经济"。他对此的解释是："我们所讲的诱因的经济是指提供客观诱因和进行说服工作所带来的收入和支出的净结果。"

上述理论的构建为巴纳德界定正式组织成立的条件和明确经理人员的职能打下了坚实的基础。

巴纳德认为："当具备下列条件时，一个组织就成立了。这些条件是：(1) 能够互相进行信息交流的人们；(2) 这些人们愿意作出贡献；(3) 实现一个共同的目的。因此，一个组织的要素是：(1) 信息交流；(2) 作贡献的意愿；(3) 共同的目的。"② "我在下面将要讲的经理人员的基本职能是对应于组织的各项要素的。……经理人员的职能是：(1) 提供信息交流的体系；(2) 促成必要的个人努力；(3) 提出和制定目的。"③

虽然，众人，包括巴纳德本人都认为，《经理人员的职能》一书是那样的晦涩难懂，但细心去读就不难发现，他表述的原理十分清晰，演绎过程的逻辑十分严谨，但确实是一本只能在静心之时，反复阅读，才能理解和体会的管理学理论学术名著，也是一本迄今人们还难以超越的具有鲜明原创性特色的管理学理论学术名著。

(3) 一些重要的概念

除了上面已经反复介绍的"协作组织"、"效率"、"效果"等重要的概念以外，在《经理人员的职能》中，巴纳德还构建了具

① 巴纳德：《经理人员的职能》，中国社会科学出版社 1997 年版，第 110 页。

② 巴纳德：《经理人员的职能》，中国社会科学出版社 1997 年版，第 66 页。

③ 巴纳德：《经理人员的职能》，中国社会科学出版社 1997 年版，第 170 页。

有其特色的有关管理工作的重要概念。这主要有：

“组织的定义就是，一个有意识地对人的活动或力量进行协调的关系。”①

“正式组织是有意识地协调两个以上的人的活动的一个体系。”②

“非正式组织是不确定的和没有固定结构的，没有确定的分支机构。可以把它看成是一种没有固定形态的、密度经常变化的集合体。”③

“权威是正式组织中信息交流（命令）的一种性质，通过它的被接受，组织的贡献者或‘成员’支配自己所贡献的行为，即支配或决定什么是要对组织做的事，什么是不对组织做的事。按照这个定义，权威包括两个方面：（1）主体方面，个人方面，把命令作为有权威的来接受……（2）客体方面，命令被接受的性质。”④

无关心区（zone of indifference）是巴纳德解释权威在组织中作用的一个概念。他认为：“‘无关心区’这个词可以这样来解释：如果所有的行动命令按实际可行的受令者对它们的接受程度的顺序来排列，则可以设想有一些显然是不能接受的，即肯定不会被接受；还有一些或多或少地处于中立线上，即也可能被接受，也可能被拒绝；第三部分是毫无疑问的被接受的。最后一部分就是在‘无关心区’之内。在有关权威这一点上，受令者对这个区内的命令的内容是不大关心的。这个范围以内的命令，一般是在参加组织的时

① 巴纳德：《经理人员的职能》，中国社会科学出版社 1997 年版，第 59 页。

② 巴纳德：《经理人员的职能》，中国社会科学出版社 1997 年版，第 60 页。

③ 巴纳德：《经理人员的职能》，中国社会科学出版社 1997 年版，第 92 页。

④ 巴纳德：《经理人员的职能》，中国社会科学出版社 1997 年版，第 129 页。

候就预料到的。"①

3. 安德鲁斯的评价

作为一名长期工作在公司高层的管理人员，巴纳德撰写的探索组织管理本源问题的《经理人员的职能》一书得到了管理界的高度评价。1968 年，美国哈佛大学商学院被誉为公司战略之父的著名战略管理教授肯尼迪·R. 安德鲁斯（Kenneth R. Andrews）在为《经理人员的职能》一书出版 30 周年的导言中写道："现在第 18 次重印的《经理人员的职能》一书，从它首次出版以来，其影响和发行量都已稳定增长。1967 年的发行量几乎等于 1939 年的 4 倍。最近 5 年中的每一年，以及其他绝大多数年份，每一年读者的兴趣都比前一年要高。几乎在所有论述到组织问题的文献目录中都要提到巴纳德。在加尔布雷思的《新产业国家》(1967 年）这样的流行著作中也提到了巴纳德，认为他'给一个组织提出了最有名的定义'。这样一本严肃而深奥的书却在各个领域受到了明显的尊重，这一事实是很值得说明的。本导言试图把巴纳德有关组织的研究同在他以前的单纯合理主义的理论和在他以后的各种奇异的学说联系起来作说明。这样就易于了解巴纳德的学说为什么会超越于行为科学者、数理和统计决策学者以及其他各种有关组织行为的临床和实验学者（更不用说那些将军、首相、总经理和其他实务家的书了）所掀起的骚动而仍然受到欢迎并具有权威性。"②

"巴纳德提出的目标是很远大的。正如他在自己书的序言中告诉我们的，他的目标首先是提出一个有关在正式组织中协作行为的、内容全面的理论。协作的产生是由于个人需要实现他在生理上无法单独达到的目标。由于其他个人的参加，协作很快成为一种由各种互相关联的生物的、心理的、社会的要素组成的经常变化的体系。这种协作体系为了能够存续下去，必须在实现组织目标方面是

① 巴纳德：《经理人员的职能》，中国社会科学出版社 1997 年版，第 133—134 页。

② 巴纳德：《经理人员的职能》，中国社会科学出版社 1997 年版，30 周年版导言第 1 页。

有‘效率’的，而在满足个人动机方面是有‘效果’的。经理人员必须掌握好协作体系同其环境相关联的各种过程和满足个人需要的各种过程，并使这两类过程相互协调。”①

“协作的初始概念导致把组织定义为一个‘把两个以上的人的各种活动和力量有意识地加以协调的体系’。组织存续的必要条件是协作意愿，信息交流能力，组织目标的存在及其被成员所接受。因此，经理人员的职能就是提供一个信息交流的体系，维持成员的协作意愿，并保证组织目标的持续完整。巴纳德有关经理人员的职能的考察最后归结为有关领导的考虑。所谓领导是能够使组织活动的协调和组织目标的制定具有高质量和道德性的个人决策能力。”②

“如果我们现在来考察他的著作的长处和短处及其在组织理论中的地位，我们首先必须注意到他的思想形成为理论的背景。当时正是西方电气公司实验报告同泰罗的著作中提出的科学管理理论以及法约尔提出的合理主义组织理论发生冲突的时候。《经理人员的职能》一书产生的直接原因是巴纳德不能在古典的组织理论和经济理论中对其经营管理经验找到恰当的解释。他的广泛而无系统的、多学科的阅读也没有给他提供什么线索，直到他接触到了帕雷托和 L. J. 亨德森。亨德森是一个带有多学科倾向的生物化学家，他研究了帕雷托并写了有关帕雷托的著作。巴纳德于是感到社会学可以解释那些古典的组织理论和经济理论不能解释的现象。他同亨德森、顿哈姆、梅奥及其在霍桑实验中重新发现人的激励理论的社会学家及医师群体中其他成员相识，这同他的中心议题的发展是不可分割的。巴纳德得以接触那些使得‘经济人’的概念变得陈旧的材料和思想。这些材料和思想表明组织理论的科学管理模式和理性主义模式需要修改。”③

① 巴纳德：《经理人员的职能》，中国社会科学出版社 1997 年版，30 周年版导言第 1—2 页。

② 巴纳德：《经理人员的职能》，中国社会科学出版社 1997 年版，30 周年版导言第 2 页。

③ 巴纳德：《经理人员的职能》，中国社会科学出版社 1997 年版，30 周年版导言第 3—4 页。

“在巴纳德建立其完整理论的努力中到底有哪些概念是他自己首创的，有哪些是把别人的思想加以改造、发展和深化的，很难区别开来。他抓住了一个组织是一个社会系统这样一个概念，然后加以发展，提出了正式组织和非正式组织的独创性定义，对‘效率’和‘效果’这样两个概念作出了难于处理却极为重要的区别，把非经济的激励纳入诱因理论之中，提出了有争议的‘权威’的概念。最后一点明显地标志着他对‘命令是服从的必要条件’这一古典概念的反对。他在经过琢磨的句子中写道，‘权威是正式组织中一种信息交流（命令）的特性。组织中的贡献者或组织‘成员’通过他接受的权威来支配他贡献的行动，即支配或决定他对组织作什么或不作什么。’为了支持这个定义，有必要创造出‘无关心领域’这一概念。他假定每一个人存在着这样一个领域，在这个领域中，个人对命令不加怀疑地予以接受。他解释说，日常的协作之所以可能，正是由于作为下属的个人具有接受权威的复杂机制。

“我认为，巴纳德关于协作体系概念的长处及其对很少达到效力和效率的必要条件的说明，其想法在于：组织目标处于中心地位。他确信组织目标的制定是经理人员特有的职能。只有组织目标的制定才能使得环境中的其他事物具有意义。它是使所有事物统一起来的原则。在明确显示他个人信念的书的最后几节，他把组织目标同责任结合起来。这种责任就是‘组织目标制定的质量赋予人们的行动以信赖性和决断力，使得组织目标具有先见性和理想性。’他愿意把他的协作理论建立于道德理想的基础上。我在后面将试图证明这一思想在组织理论文献中的不朽的重要性。

“以上这些基本上都是巴纳德独创的。他在其著作出版以后把自己的贡献主要归结为一些‘结构性’概念和‘动态性’概念。他认为主要的结构性概念有：个人，协作体系，正式组织，复合正式组织以及非正式组织。主要的动态性概念有：自由意志，协作，信息交流，权威，决策过程以及动态均衡。他把他书中的头两部分看成是协作的解剖学的或结构性的论述，而后两部分则是生理学或经济学的论述。”①

“巴纳德的著作在其领域中继续发挥着什么作用呢？首先，它继续起着锤炼古典组织理论的有益作用。古典组织理论还远没有消亡。泰罗、法约尔、厄威克、古利克、穆尼、赖利这些古典组织理论家的著作还在被人们阅读着。霍尔顿、费希、孔茨和奥唐纳等人的书在教室中被广泛使用，传播着法约尔流传下来的管理原则。他们的影响还较为间接地传播到关于管理的民间传说中。人们仍然可以听到，管理就是计划、组织、综合和测定，或者管理就是计划、组织、人员配备和控制，一个人只应该有一个直接上司，控制幅度不应该超过六到七人，责任必须和权力对应。巴纳德的著作对古典学派作出了极为积极的贡献。因为他信奉等级组织、正式的权力和信息交流渠道，并同厄威尔一样赞颂玛丽·派克·福莱特。她是一个灵活的古典学派学者，其思想超越了她的时代。她的‘情景规律’启发了巴纳德关于权威性质的思想。《经理人员的职能》一书标志着从传统的合理主义者到更近代的各个学派的巨大转变，它使得巴纳德前辈们的仍可应用的不完整的洞察力得以应用于实际情况。”②

通过安德鲁斯的介绍，我们可以更为深刻地理解巴纳德的学术思想，也更能了解巴纳德在管理学理论上的巨大贡献。

（二）德鲁克

1. 德鲁克其人

彼得·德鲁克（Peter F. Drucker）1909 年出生在维也纳，祖籍荷兰。德鲁克先后在奥地利和德国受教育，1929 年后在伦敦任新闻记者和国际银行的经济学家。于 1931 年获法兰克福大学法学博士。1937 年德鲁克移民美国，1943 年加入美国籍。德鲁克曾在

① 巴纳德：《经理人员的职能》，中国社会科学出版社 1997 年版，30 周年版导言第 4—5 页。

② 巴纳德：《经理人员的职能》，中国社会科学出版社 1997 年版，30 周年版导言第 7 页。

美国几家国际性的大公司担任管理顾问，并在纽约大学等高等学校执教，教授管理学、政治学、经济学。德鲁克一生撰写了建立于广泛实践基础之上的30余部著作，其著作主要涉及工业社会的本质，企业、企业管理的一般概念、基础知识和管理方法，管理者的有效性等问题，并对技术变革、知识对未来的可能产生的冲击进行了探讨。浩瀚和丰富的研究成果奠定了德鲁克现代管理学开创者的地位，被公认为“现代管理学之父”、“大师中的大师”。德鲁克在《公司的概念》一书的序言中自己也认为：“本书创立了一个新的学科：我们称之为‘管理学’——对现代组织的结构、政策及其涉及的社会人文问题进行有组织，有系统的研究。自此以后，管理学在世界范围内成为专业研究和研究生学习的一个普遍的领域。”① 1999 年在自问自答的表述中，德鲁克更为精确地总结了他自己最为重要的贡献是：“早在60年前，我就认识到管理已经成为组织社会的基本器官和功能；管理不仅是‘企业管理’，而且是所有社会机构的管理器官，尽管管理一开始就将注意力放在企业；我创建了管理这门学科；我围绕人与权力、价值观、结构和方式来研究这一学科，尤其是围绕责任。管理学科是把管理当做一门真正的综合艺术。”② 德鲁克的观点受到学术界，包括企业界的欢迎。例如，在比尔·盖茨被记者问其读过哪些书时，他的回答是，除了德鲁克的书刊，还有什么可读的呢？2002 年 6 月 20 日，美国总统乔治·W. 布什将总统自由勋章授予了德鲁克，以表彰他对美国社会的卓越贡献，这是美国公民所能获得的最高荣誉。

德鲁克脍炙人口的著作有：《经济人的目的》(1939 年)、《公司概念》(1946 年)、《管理的实践》(1954 年)、《卓有成效的管理者》(1966 年)、《管理：责任、任务和实践》(1973 年)、《动乱时代的管理》(1980 年)、《21 世纪的管理挑战》(1999 年)。这些著作目前已经全部翻译出版，是研究管理思想、学习管理理论和从事管

① 德鲁克：《公司的概念》，上海人民出版社 2002 年版，1982 年版前言第 2 页。

② 德鲁克：《管理的实践》，机械工业出版社 2006 年版，扉页。

理工作的人们应该和必须阅读的书籍。2005年11月11日，德鲁克在美国加州克莱蒙特的家中逝世，享年95岁。

2. 德鲁克的学术思想

德鲁克的研究的时间跨度达数十年，经历了世界经济、特别是美国经济时代的多次变迁，其研究成果极其宽泛，很难用寥寥数语概括他的思想。

下面简明地介绍德鲁克在管理学理论方面的思想。

什么是管理？

在德鲁克的著作中，德鲁克并没有简单地给出管理的定义，而是更为宽泛地界定管理工作的内涵，更为全面地描述管理活动的特征。他指出："管理（management）这个词是极难理解的。首先它是美国人特有的一个单词，很难翻译成其他的语言，甚至很难准确地翻译成英国的英语。他表明一种职能，但同时又指执行这一职能的人。他表明一种社会地位和层级，但同时也指一门学科和一个研究领域。"① "我们还知道：管理是相对于所有权、地位或权力而独立存在的。它是一种客观的职能，并应该以绩效责任为基础。它是职业性的——管理是一种职能、一门科学、一项要完成的任务，而管理者则是实践这门学科、执行这种职能并完成这种任务的职业人员。"② "作为一门特殊的学科，管理有其自己的基本问题、特殊方法和特别关心的领域。那些理解管理学科，但并不具备最基础管理技巧和运用管理工具技能的管理人员，仍不失为一个有效的管理者——甚至可能是第一流的管理者。相对而言，那些只知道管理技巧和管理手段，但并不理解管理学基本原理的人，却不是一个管理者，他们最多只能算一个技术人员。"③ 在德鲁克另一重要的著作《管理的实践》中，德鲁克认为："管理的首要职能是管理企

① 德鲁克：《管理：使命、责任、实务（使命篇）》，机械工业出版社2006年版，第5页。

② 德鲁克：《管理：使命、责任、实务（使命篇）》，机械工业出版社2006年版，第6页。

③ 德鲁克：《管理：使命、责任、实务（使命篇）》，机械工业出版社2006年版，第18页。

业。这一说法看似明显，却并不能推出明显的或被普遍接受的结论。它既意味着对管理层和管理者活动范围的严格限制，也意味着对创造性活动的重要职责。"① "然而在我看来，管理者的工作之所以如此有趣，完全是因为管理是涵盖了三个方面的整体。我很快就明白，谈管理时必须将三个方面都纳入考虑：第一是成果和绩效，因为这是企业存在的目的；第二必须考虑在企业内部共同工作的人所形成的组织；最后则要考虑外在的社会——也就是社会影响和社会责任。"② 他还说道："管理是任务，也是一门学科，但管理也是人的管理。每项管理成就都是管理者所取得的成就，每项管理失败也都是管理者的失败。实施管理的是人，而不是'力量'或'事实'本身。同时，真正决定管理成功或管理失败的，是管理者的愿景、奉献和正直程度。因此，本书强调'管理者也是人'，并力图从人的角度来认识管理者。" 在以上讲述中频频出现的管理者在德鲁克的眼中是什么样的人呢？"在一个现代的组织中，如果一位知识工作者能够凭借其职位和知识，对该组织负有贡献的责任，因而能实质地影响该组织的经营能力及达成的成果，那么他就是一位管理者。"③ 很清楚，这是管理学理论中十分标准的定义。

阅读到以上这些散落在德鲁克书籍中对管理、管理工作的描述，我们可以清楚地领略到，德鲁克对管理、管理者、管理者工作的认识是与前述法约尔、巴纳德的看法如此相似，也可以使我们能更为深刻地认识与辨别管理和管理工作的特性与内涵。

讨论管理要以工商管理为中心

德鲁克在对管理理论的研究中一直十分重视工商管理的研究。他在《管理：使命、责任、实务（使命篇）》一书中明确指出：

---

① 德鲁克：《管理的实践》，机械工业出版社 2006 年版，第 7 页。

② 德鲁克：《管理的实践》，机械工业出版社 2006 年版，彼得·德鲁克自序第 XX 页。

③ 德鲁克：《卓有成效的管理者》，机械工业出版社 2006 年版，第 6 页。

“工商管理仍然是个样板。任何讨论管理的书籍，都必须以工商管理为中心。”① “之所以要以工商管理为中心，理由之一是历史因素。工商企业是最先出现的现代机构。从一开始，即从铁路和‘多功能银行’在 19 世纪晚期作为大型企业出现时起，工商企业就毫无疑问地成为一种新的、全然不同的机构，而不是从旧机构演变而来的机构。这一点与政府机构、大学、医院和军队明显不同。……比较而言，工商企业中的管理问题，从一开始就得到了人们的关注，从而意味着工商企业管理具有普遍性和连续性。”② “迄今为止管理研究仍主要集中于工商管理研究的另一个理由是：直到现在，只有经济领域才在资源分配和决策成果方面具有一套测量指标。利润率固然不是一种完善的测量指标，甚至没有人能够给出一个定义，但尽管如此，它仍然是一种有效的测量指标。直到现在，其他任何机构都没有类似的测量指标，它们所具有的，只有各种各样的看法——而看法却很难构成一门学科的适当基础。”③ “关注工商管理最重要理由是：工商管理是 20 世纪的成功事迹。在自己的领域中，它取得了成效。它所提供的经济商品和服务，是 1900 年那一代人难以想象的。而且，虽然存在着世界大战、经济衰退和专制，但它还是在有效地发挥自己的作用。”④ “在工商管理方面所取得的成就，是使我们现在有能力预言——也许还言之过早（而且肯定也是过于轻率的）——我们将消灭世代以来人类命运中的极端贫困状态。今天的发达社会能够提供大量的高等教育，主要应归功于工商管理方面的成就。工商企业既为支持这种昂贵的事业而提供了经济手段，又提供了使知识转化为生产力并取得报酬的各

① 德鲁克：《管理：使命、责任、实务（使命篇）》，机械工业出版社 2006 年版，第 9 页。

② 德鲁克：《管理：使命、责任、实务（使命篇）》，机械工业出版社 2006 年版，第 9—10 页。

③ 德鲁克：《管理：使命、责任、实务（使命篇）》，机械工业出版社 2006 年版，第 11 页。

④ 德鲁克：《管理：使命、责任、实务（使命篇）》，机械工业出版社 2006 年版，第 11 页。

项工作。正是由于我们在经济绩效方面的进步，即工商管理方面的绩效，才使我们现在认识到：因阶级和出身的不同而对人们的机会和工作加以限制，实际上是一种社会缺陷和社会瑕疵。而这种限制在过去是自然而然的，是人类无法逃避的宿命。在一个政治上日益分崩离析并纠缠于民族主义的世界中，工商管理是少数能够超越国界的机构之一。"① 从以上的描述中，我们不难体会到，在德鲁克的思想中，他长期将管理理论的研究重点放在工商管理这个领域。当然，这一思想也是符合管理科学理论发展的基本规律和历史特征的。例如，在这里我们再去回味波特的讲话，市场竞争实际上不是发生在国与国之间，而是在公司与公司之间进行。迄今为止，我不曾看到哪个国家未拥有强大的公司就能在全球经济中占先的。没有强大的公司，也就不会有持续的发展。再去体会中国改革开放 30 多年巨大变化中人们总结的一条经验：无工不富，我们就不能不对德鲁克将管理学的研究重点放在工商管理之上感到钦佩，不能不感到作为大师的德鲁克在管理科学殿堂的构建中独特地视觉与深邃的思考，不能不反思，如果作为一个管理科学的研究者，你应该主动和自觉地将自己的视觉和研究重点放在何处。

何为企业？

工商管理理论研究的对象就是企业（或公司）应该没有异议。那在德鲁克的研究视野中，什么是企业呢？德鲁克认为："企业是由人创造和管理的，而不是由'经济力量'创造和管理的。经济力量限制了管理者所能做的事情。经济力量创造了新机会，让管理者有所作为，但是，经济力量本身却不能决定企业是什么或做什么。我们常听到的说法'管理就是设法让企业顺应市场的力量'是无稽之谈。管理者不仅要发现这些'力量'，还要靠自己的行动，创造这股力量。"② 这是德鲁克在研究了美国公司西尔斯以后得出的第一个结论。德鲁克的第二个结论是："我们不能单单从利

① 德鲁克：《管理：使命、责任、实务（使命篇）》，机械工业出版社 2006 年版，第 11 页。

② 德鲁克：《管理的实践》，机械工业出版社 2006 年版，第 28 页。

润的角度来定义或解释企业。”“当问到企业是什么时，一个普通商人的答案是：‘一个创造利润的组织。’经济学家的答案也如出一辙。但是这个答案不仅错误，而且答非所问。”① 这是一个很容易让人疑惑的结论，为什么呢？德鲁克是这样解释的：“这并不是说利润和盈利不重要，但确实指出，利润不是企业和企业活动的目的，而是企业经营的限制因素。利润并不能解释所有的企业活动与决策的原因，而是检验企业效能的指标。……企业的问题不在于如何获得最大利润，而在于如何获得充分的利润，以应对经济活动的风险、避免风险。”更为详细的陈述可以仔细阅读德鲁克的《管理的实践》，这是让德鲁克确立其大师级地位的关键书籍。

结合企业这一社会组织存在的目的和承担的社会责任，德鲁克进一步阐述了他对企业的认识：“如果我们想知道企业是什么，我们必须先了解企业的目的，而企业的目的必须超越企业本身。事实上，由于企业是社会的一分子，因此企业的目的也必须在社会之中。关于企业的，只有一个正确而有效的定义：‘创造顾客’。……是顾客决定了企业是什么。因为只有当顾客愿意付钱购买商品或服务时，才能把经济资源转变为财富，把物品转变为商品。企业认为自己的产品是什么，并不是重要的事情，对于企业前途和成功尤其不是那么重要。顾客认为他购买的是什么，他心目中的‘价值’何在，却有决定性的影响，将决定这家企业是什么样的企业，它的产品是什么，以及它会不会成功兴旺。顾客是企业的基石，是企业存活的命脉，只有顾客才能创造就业机会。社会将能创造财富的资源托给企业，也是为了满足顾客需求。”②

“由于企业的目的是创造顾客，任何企业都有两个基本功能，而且只有这两个基本功能：营销和创新。营销是企业的独特功能，企业之所以有别于其他组织，是因为企业会营销产品或服务，而教会、军队、学校或政府都不会这么做。任何一个不从事营销或偶然从事营销的组织都不是企业，也不应该把它当成企业来经营。……

① 德鲁克：《管理的实践》，机械工业出版社 2006 年版，第 29 页。

② 德鲁克：《管理的实践》，机械工业出版社 2006 年版，第 30—31 页。

但是，单靠营销无法构成企业。在静态的经济中，不会有‘企业’，甚至不会有‘企业家’，因为在静态的经济中，‘中间人’只不过是收取中介费用的‘经纪人’罢了。……所以，企业的第二个功能是创新，也就是提供更多更好的商品和服务还不够，必须提供更好更多的产品和服务才行。企业不一定需要成长壮大，但是企业必须不断进步，变得更好。”①

美国著名的企业家通用电器公司执行总裁韦尔奇在评价德鲁克时曾经说过，全世界的管理者都应该感谢这个人，因为他贡献了毕生的精力，来清理我们社会中人的角色和组织机构的角色，我认为，彼德·德鲁克比任何其他人都更有效地做到了这一点。

如何去理解韦尔奇讲到的“社会中人的角色和组织机构的角色”呢？在上面的介绍中，德鲁克偏重的是对企业自身功能与社会功能方面的认识，而在《公司的概念》一书中，德鲁克更为深刻地描述了企业在“社会中人的角色和组织机构的角色”。德鲁克认为：“当我们说公司是一种机构时，我们认为公司与其他所有机构一样，是组织人们共同目标而奋斗的一种手段。这个共同的目标不是公司成员个人的加总。它是一个共同目标，却不是联合目标。”“公司的本质是一种社会组织，即人文组织。这也许像是同义反复。然而事实上在很多人眼里，现代工业生产的本质并不是社会组织，而是原材料或工具。……现代生产的基础是社会组织。”②基于对企业这类组织的深刻认识，德鲁克提出了自己对管理理论科学化的认识：“管理科学本身方面存在以下两点原因。1）管理科学将“科学化”看成“数学化”，把重点放在数学工具的应用上，而没有放在合理规定科学领域，并提出一套恰当的、一贯的、综合的基本假设和要求上。管理科学首先应该建立一套基本假设和原理。这包括：①工商企业生产的既不是物品，也不是思想，而是由人确定的价值。②工商企业中衡量手段是一些复杂的符号。③经济活动就是把现有的资源用于不确定的未来，即用于期待而不是事

① 德鲁克：《管理的实践》，机械工业出版社 2006 年版，第 31—33 页。

② 德鲁克：《公司的概念》，上海人民出版社 2002 年版，第 18—19 页。

实，其本质是风险。这种风险与统计学的概率风险大不相同，往往是独特事件的风险，会无可挽回地从根本上破坏运行的企业。④工商企业的内部和外部经常发生不可逆转的变化。2）管理科学的整个文献和整个研究工作，都贯穿着以“使风险最小化”，“消除风险”，其实，企业中的风险是不可能消除的。把现有的资源投入未来的期望，必然会有风险。试图使风险最小化或消除风险，只能造成最大的风险——僵化。”

企业的管理

在以上的介绍中，已经或多或少地介绍了德鲁克对企业管理工作的认识。进一步看，德鲁克还认识到：“什么是‘企业管理’？根据对企业活动的分析，企业是通过营销和创新来创造顾客，因此企业管理必须具备企业家精神，而不能只是官僚作风、行政作风，甚至决策工作。由此可见，管理企业必须是一项创造性的而不是一项适应性的任务。管理层越是创造经济条件或改变经济条件，而不是被动地适应经济条件，才能把企业管理得成功。”①

“在每个企业中，管理者都是赋予企业生命、注入活力的要素。如果没有管理者的领导，‘生产资源’始终只能是资源，永远不会转化为产品。在竞争激烈的经济体系中，企业能否成功，是否长存，完全要视管理者的素质与绩效而定，因为管理者的素质与绩效是企业唯一拥有的有效优势。”②

“企业需要的管理原则是：能让个人充分发挥特长，凝聚共同的愿景和一起的努力方向，建立团队合作，调和个人目标和共同福祉的原则。”③ 这是德鲁克在探究管理哲学时提到的话语。

能够十分清楚地看出，德鲁克对于企业的深刻理解就是，企业是由人组成的一种在市场上搏击，通过“销售”与“创新”的经济类组织；而管理活动是人对人的社会活动，因而企业的成功就是管理者领导的成功。企业这个法人机构在日常经营活动中所体现的

---

①　德鲁克：《管理的实践》，机械工业出版社 2006 年版，第 39 页。

②　德鲁克：《管理的实践》，机械工业出版社 2006 年版，第 2 页。

③　德鲁克：《管理的实践》，机械工业出版社 2006 年版，第 114 页。

就是管理者有血有肉的领导才能和智慧。由于德鲁克有对企业、企业的管理有着他特有、深刻的认识，所以他对企业管理工作中最为重要的领导问题也有其独特的见解。

“显然，公司是人为建立的机构，因而它不可能长存不衰。对一个人为建立的机构而言，即使是维持 50 年或一个世纪的短暂时光，也谈何容易。因此，天主教会意味深长地指出，它的缔造者是上帝而不是人类。然而，这只会使公司这类人为机构的生存问题更加紧迫，只会使生存日益成为这些机构行动和决策的重要标准。与人类不同，机构没有寿终正寝的时候，没有生命的期限，也没有‘退休年龄’。它始终在与时间赛跑。”“与其他任何机构相同，公司的生存和正常运作取决于它是否能处理好下面三个互相依存的问题：领导问题，基本政策问题，以及运行和决策的标准问题。其中最具决定意义的是领导问题，对公司而言更是如此。”“要靠天才或超人管理的机构根本无法生存。公司的组织形式必须使它能够在普通人的领导下持续运作。一个人管理的机构不可能长久。与其他任何类型的独裁相同，当独裁者撒手人寰时——这是不可避免的——企业独裁也将威胁到机构的生存。”① “借用贝弗里爵士的话，组织的目的是‘让平凡的人做不平凡的事’。没有任何组织能完全依赖天才，天才总是非常罕见，而且不可预测。但是能不能让普通人展现超凡的绩效。激发每个人潜在的优点，并且运用这些优点，协助组织其他人员表现更好，换句话说，能否取长补短，是组织的一大考验。”② 在这里，除了德鲁克对企业这个人为机构的清醒认识之外，强调人对人的管理，强调公司治理这只看得见的手的作用就十分显现了。这些看法与观点对中国的企业家，特别是民营企业家来说是有意义的。

卓有成效的管理者

如上所述，由于德鲁克对管理者在企业中特殊的作用十分关注，因此在 1966 年，他专门为管理者撰写了另一部不朽的著

① 德鲁克：《公司的概念》，上海人民出版社 2002 年版，第 23 页。

② 德鲁克：《管理的实践》，机械工业出版社 2006 年版，第 122 页。

作——《卓有成效的管理者》。

在1966年出版的书的序中德鲁克讲道："关于有效的管理者的问题，早在第二次世界大战期间，我就开始注意。当时，华府（台湾用语，指美国联邦政府——作者注）战事政府机构，曾经从企业界及各大学征用了许多人才。那些在战时出任公职的人士，有的显示很顺利的成为出色的行政主管；但是有的虽然能力及经验都不错，却遭到挫败。为什么会有这样的结果，谁也说不出所以然，也没有人知道该怎样办。从那时起，我开始注意有效的管理者；只要有机会，我就特意观察，希望能从他们身上找出究竟有些什么因素，决定管理者的有效性。"① 这个序言清楚地表明了德鲁克撰写该书的初衷：探讨有效管理者的成功因素。在1985年再版的书中，德鲁克的研究有了进步，同样在书中的前言中他讲道："关于管理方面的著作通常都是谈如何管理别人的，而本书的主题却是关于如何才能使自己成为卓有成效的管理者。管理者能否管理好别人从来就没有被真正验证过，但管理者却完全可以管理好自己。实际上，让自身成效不高的管理者管好他们的同事与下属，那几乎是不可能的事。"②

为什么德鲁克会高度关注卓有成效的管理者的问题呢？从德鲁克的书中可以看出，答案之一就是第二次世界大战以后发达国家的社会发生了重大的变化，这个变化就是："在所有发达国家，社会已经成为一个由各种组织构成的社会。个人的成效越来越取决于其在组织中的工作是否能取得成效，是否成为有成效的管理者。现代社会及其运转的成效，也许还包括其生成能力，也越来越取决于各类组织中管理者的成效。"答案之二就是随着社会的变化，卓有成效的问题成为管理者的成功标志："卓有成效的管理者正在迅速成为社会的一项关键资源，而能够成为卓有成效的管理者已成为个人

① 杜拉克：《有效的管理者》，中华企业管理发展中心1968年版，原序。

② 德鲁克：《卓有成效的管理者》，机械工业出版社2006年版，前言，第XX页。

获得成功的主要标志，对于刚刚开始工作的年轻人和处于事业发展过程中的人们都是如此。"①

德鲁克认为，知识工作者（knowledge worker）的出现是谈论管理者有效性的主要原因。在管理理论中，德鲁克可能是在管理学理论界首先界定和区分知识工作者与体力劳动者在组织中差异的人。他在研究了美国联邦政府、医院组织人员变化情况之后，谈道："而今天，由知识工作者构成的组织比比皆是，而且都颇有规模。现代的社会，是一个由组织化的机构形成的社会。其中的每一个机构，包括军事机构，都在把重心转向知识工作者，他们在工作中需要使用更多的智慧，而不是发达的肌肉或灵巧的双手。那些受过教育，懂得使用知识、理论和概念的人逐渐取代仅有体力技能的人，成为组织里的主力，他们只有对组织真正有贡献，才算是有效。"② 德鲁克甚至认为："在本书中'管理者'一词，将泛指知识工作者、经理人员和专业人员，由于其职位和知识，他们必须在工作中做影响整体绩效和成果的决策。"③ 德鲁克认为，体力劳动者只是重视"效率"，是把事情做好（to do things right），而不是做对的事（to get the right things done）。而知识工作者是一项特殊的"生产要素"，他们做的是一些体力劳动者不需要做的事情。"谁也不知道一位知识工作者在想什么。然而，思考却正是他的本分，他既然是在思考，他就是在工作。"④ 由于德鲁克看到了知识工作者工作的特殊性，而且就是"通过这项生产要素，当今一些高度发达的社会和经济实体，如美国、日本和西欧国家，才得以获得及保持了强大的竞争力。" 因而德鲁克鲜明地提出："'有效性'

① 德鲁克：《卓有成效的管理者》，机械工业出版社 2006 年版，前言，第 XXI 页。

② 德鲁克：《卓有成效的管理者》，机械工业出版社 2006 年版，第 3—4 页。

③ 德鲁克：《卓有成效的管理者》，机械工业出版社 2006 年版，第 8 页。

④ 德鲁克：《卓有成效的管理者》，机械工业出版社 2006 年版，第 4 页。

只是‘知识工作者’的一种特殊技能，……”① “不论职位高低，只要你是一位管理者，就必须力求有效。”②

但是德鲁克所看到却是：“每一位管理者都要面对的现实是，一方面要求他们具有有效性，一方面却又使他们很难达成有效性。诚然，一位管理者如果不能致力于使工作卓有成效，现实必将迫使他一事无成。”③ 这应该是德鲁克谈论管理者有效性的另一重要的原因。因为他在书中十分明确地提道：“本书讨论的并不是高级主管要做些什么或应该做些什么。本书是为每一位对促进机构有效运转负有行动与决策责任的知识工作者而写的。换言之，是专门为那些我称为‘管理者’的人而写的。”造成管理者一事无成的原因是什么呢？德鲁克又想如何告诫管理者应该如何提高自己的有效性呢？

原因其实十分简单，这可能是一个管理者时时可以感到，但又很难自拔的一个个工作的“陷阱”，一个个组织的“磨难”。

第一，“管理者的时间往往只属于别人，而不属于自己。”

第二，“管理者往往被迫忙于‘日常运作’，除非他们敢于采取行动来改变周围的一切。”

第三，“使管理者缺乏有效性的第三项现实因素，是管理者本身处于一个‘组织’之中。……知识工作者彼此之间最难协调，其原因正是由于他们是知识工作者。每一位知识工作者都有各自的专长，各自的志愿。”

第四，“最后，管理者是身处一个组织的‘内部’，受到组织的局限。”这有些令人费解，但按照德鲁克的解释，这种局限主要来自“每一位管理者，通常他总是以为组织内部的事才是与他最密切相关的现实。即使他要认识外部世界，也是像戴上了一副变形

---

① 德鲁克：《卓有成效的管理者》，机械工业出版社 2006 年版，第 2 页。

② 德鲁克：《卓有成效的管理者》，机械工业出版社 2006 年版，第 9 页。

③ 德鲁克：《卓有成效的管理者》，机械工业出版社 2006 年版，第 10 页。

的眼镜”。“而组织存在的唯一理由，就是为外部环境提供良好的服务”。① 更为通俗的解释应该是，每一个管理者的管理理念、思想，甚至对外界世界的认识，往往会受到自我组织存在的原因、文化的影响，难以实现自我的超脱。对这个管理现实中存在的问题，管理者应该予以高度重视。

德鲁克认为管理者的有效性其实是人后天的习惯，是实践的综合，是可以通过学习获得的。所以，德鲁克提出了管理者提高自己有效性，并成为一个卓有成效的管理者的五项“必须在思想上养成的习惯”：

“第一，有效的管理者要知道他们的时间用在什么地方。他们所能控制的时间非常有限，他们会有系统的工作，来善用这有限的时间。

“第二，有效的管理者重视对外界的贡献。他们并非为工作而工作，而是为成果而工作。

“第三，有效的管理者善于利用长处，包括自己的长处、上级的长处、同事的长处和下属的长处。

“第四，有效的管理者集中精力于少数重要的领域，在这少数重要的领域中，如果能有优秀的绩效就可以产生卓越的成果。

“第五，最后，有效的管理者必须善于做有效的决策。他们知道有效的决策事关处事的条理和秩序问题，也是如何按正确的次序采取正确的步骤。”②

在随后的论述中，德鲁克就是按照以上五个方面，具体地告诫管理人员应该如何通过以上五个方面的努力，来培养自己的有效性，在自己的思想上养成习惯，最终取得事业的成功。

21 世纪的管理挑战

德鲁克曾经有过这样的回忆，那是他与父亲去见著名经济学家

① 德鲁克：《卓有成效的管理者》，机械工业出版社 2006 年版，第 10—14 页。

② 德鲁克：《卓有成效的管理者》，机械工业出版社 2006 年版，第 22—23 页。

熊彼特时听到熊彼特对他父亲讲的一段话：“在我现在这个年龄来看，人们若只晓得我写了几部著作及发明了一些理论，我认为是不够的。如果没有改变人们的生活，你就不能说你已改变了世界。”① 事后他说：“我从未忘记过那段对话。这句话成为衡量我一生成就的指标。”这可能就是伟人与一般人的差异，伟人的存在或存在的伟人，其主观的愿望就是要通过自己的努力去影响和改变世界。这些在前面对德鲁克的介绍中应不难察觉，而在德鲁克对 21 世纪管理者的构想和描述中更是体现了这一伟大。

对德鲁克 21 世纪管理挑战论述的理解，起点应该是产生于《卓有成效的管理者》一书中对知识工作者出现、特征和作用的描述，而脉络应该是德鲁克对管理思想发展沿革的深刻把握及对 21 世纪社会变化特征的深入了解。

在 21 世纪来临的前 10 年，即 1990 年，德鲁克发表了《从资本主义到知识社会》的文章。在这篇十分重要的文章中，人们可以清晰地看到德鲁克已经依据自己对管理科学发展的内在规律与外在作用的了解，以及自己一贯的研究风格，对 21 世纪最为重要的社会特征——知识社会特点进行了基本的研究和把握。他谈道：“从 1750 年到 1900 年的 150 年间，资本主义和技术征服了地球，创造了世界文明。资本主义和技术创新都不是新鲜的事情，两者都是整个历史时期一再出现的寻常现象，既出现在西方，也出现在东方。崭新的特征是它们扩散的速度，是它们超越文化、阶级和地理位置的全球扩散范围。”“这个转换是由知识意义的根本变化推动的。在西方和东方，知识一直都被视为对‘是什么的探索’。一夜之间，它就开始致力于‘做什么’，变成一个资源和有用的东西。知识一直是私人物品，一夜之间，它就变成了公共物品。在第一个阶段的一百年里——知识被用于工具、工艺、产品。这创造了工业革命，但是也创造了马克思所称的‘异化’和新阶级与阶级斗争，创造了与之相伴随的共产主义。在第二个阶段——从 1880 年左右

① 德鲁克：《管理：使命、责任、实务（使命篇）》，机械工业出版社 2006 年版，推荐序二第 VII 页。

开始到第二次世界大战前后达到顶峰，知识在新的意义上开始应用于劳动。这带来了‘生产力革命’，这场革命把无产阶级转变成接近上层阶级的中产阶级。最后一个阶段开始于二战之后，知识开始被应用于知识自身。这就是管理革命。知识现在正在加快成为生产的一个要素，与劳动和资本并列。称我们的社会为知识社会也许为时过早（也确实是很冒昧）。到目前为止，我们只是有了知识经济。但是，我们的社会确实是一个‘后资本主义社会’。”①

当然，这个结论式的看法，很难精确地囊括知识在人类社会发展进程中的巨大作用，毕竟是一位管理学专家视觉下的对“知识”与“知识作用”的诠释，但也就是因为它是管理学大家的看法，所以这种管理理论，甚至是实践的特殊眼光和分析，对管理人员理解知识在管理工作中的作用是有益处和帮助的。例如，在随后的论述中，德鲁克讲道：“250 年前的知识意义的变化转变了社会和经济。正式的知识被视为关键的个人资源和关键的经济资源。知识是今天唯一意义深远的资源。传统生产要素——土地（即，自然资源）、劳动和资本没有消失，但是它们已经变成第二位的。假如有知识，能够容易地得到传统的生产要素。在这个新的意义上，知识是作为实用的知识，是作为获得社会和经济成果的工具。”②

德鲁克进一步谈道：“知识现在正在被应用于知识。这是知识转变的第三步，也许是根本的一步。提供知识，去有效地发现现有的知识怎样能最好地应用于产生效果，这就是我们所指的管理。”“随着管理强有力的扩张，人们对管理真正是什么的理解正在加深。在第二次世界大战和第二次世界大战结束后一段时间里，当我第一次开始研究管理时，经理的定义为“对下属负责的人”③。换句话说，经理就是一个工头，管理就是地位和权力。但到 50 年代初期，这个定义已经改变为“经理是对人们事业负责的人”。现在我们知道这也是一个太狭隘的定义。正确的定义是“经理是对知

① 达尔·尼夫：《知识经济》，珠海出版社 1998 年版，第 36 页。
② 达尔·尼夫：《知识经济》，珠海出版社 1998 年版，第 57 页。
③ 转引自达尔·尼夫：《知识经济》，珠海出版社 1998 年版，第 57 页。

识的应用和知识的绩效负责的人。这一变化意味着，我们现在把知识看作一个基本的资源。土地、劳动和资本作为限制因素是重要的。没有它们，甚至不可能产生知识。没有它们，甚至也不能实行管理。而只要存在着有效的管理，即将知识应用于知识，我们总是能得到其他的资源"①。

我们不难发现，当今的世界，特别是在发达国家，尤其在美国，德鲁克在1990年的预言和判断已经成为现实。这些国家的领导，企业的CEO正在按照这种历史的趋势在全球谋求自我的利益和利润。

无疑，德鲁克的这些观点和看法，也需要引起我国从事管理工作的人们高度的注意。因为这已经牵扯到，如何通过管理工作重心的转移，在新的领域和前沿开展更有成效的竞争，以确立我国以及我国企业在全球的竞争地位。

在1999年完成的《21世纪的管理挑战》一书中，虽然德鲁克此时年事已高，笔力似乎已有一些不如以前，但他依然延续着自己的思考脉络对21世纪时代发展的总体趋势探索了管理工作可能产生的变革。

在这本书中，德鲁克重新研究了管理的假设，提出了管理的范式。他指出："最重要的是，这要求人们对组织中的人及其工作提出截然不同的假设：**管理不是'管理'人。管理是领导人。管理的目标是充分发挥和利用每个人的优势和知识。**"② "我们需要一个最终的和全新的管理范式：**只要能影响组织的绩效和成效的，就是管理的中心和责任，无论是在组织内部还是在组织外部，无论是组织能控制的，还是完全不能控制的。**（注：黑体为原书加注）"③认为在世界发生变化的时候，每个组织都有自己的经营之道，而战

① 转引自达尔·尼夫：《知识经济》，珠海出版社1998年版，第59页。

② 德鲁克：《21世纪的管理挑战》，机械工业出版社2006年版，第19页。

③ 德鲁克：《21世纪的管理挑战》，机械工业出版社2006年版，第35页。

略可以将经营之道转化为绩效，也可以对经营之道进行检验；提出组织要成为变革的引导者是 21 世纪管理层面临的主要挑战；在信息爆炸的今天，管理人员需要了解哪些信息是他们开展工作所需要的，需要知道他们应该向其他人提供什么样的信息，需要系统化地提出有效的方法，从而将存在于缤纷世界中的杂乱无章的数据转化便于他们开展工作的、条理清楚和有用的信息。

在这本书中，德鲁克再一次研究了知识工作者的问题。与 1966 年在《卓有成效的管理者》中的知识工作者相比，德鲁克已经将过去的知识工作者主要是管理者的定义范围扩大到了已经在发达国家迅速扩大的劳动力大军。因而在系统总结以提高体力劳动者泰罗管理的特点和巨大作用后，他认为，在研究知识工作者的生产率方面，2000 年所取得的进度大概只相当于一个世纪以前研究体力劳动者生产率方面所取得的成就。为了更好地行动起来，德鲁克提出了决定知识工作者生产率的 6 个主要因素：

"1. 要提高生产率，我们需要问：'任务是什么？'；

2. 要提高生产率，我们要求知识工作者人人有责，知识工作者必须自我管理，必须有自主权；

3. 在知识工作者的工作、任务和责任中必须包括不断创新；

4. 知识工作者需要不断接受教育；

5. 不能或至少不能只用产出的数量来衡量知识工作者的生产率，质量与数量一样重要；

6. 组织应把知识工作者看作"资产"，而不是"成本"，并给予相应的待遇。在面临所有机会时，知识工作者需要有为组织工作的意愿。

在所有这些要求中，除了最后一个以外，几乎每一项都与提高体力劳动者的生产率所需的措施完全相反。"①

德鲁克经历了管理理论发展的一百多年中的大部分时间，所以他所构建的理论的重要特点是能在纵观历史全局与全过程的基础

① 德鲁克：《21 世纪的管理挑战》，机械工业出版社 2006 年版，第 127 页。

上，按照管理学理论的特点推进自己研究成果的发展与完善。但在推进、发展自己管理思想、理论之时，也不拘泥于传统的理论，甚至自己已经建立的观点，与时俱进地完善、发展着自己构建的管理科学理论体系。在这方面，最为典型的就是关于管理工作范围的定义。在很长一个时期，德鲁克一直都认为，管理就是工商管理，且工商管理的理论还不能随便的移植到别的组织之中。例如他曾说过："它表明企业管理的技巧、能力和经验是不能被照搬运用到其他机构的。"① 但随着他重点研究与关注的美国社会中各类组织在二战以后得到了蓬勃的发展，他逐渐改变了这样的看法。这个转变的过程他自己也作了介绍："大多数人，当它们听到'管理'这个词，仍然想到的是'商业管理'。管理以现有的形式第一次出现，确实是在大规模的商业组织中。当我 50 年前第一次开始在管理方面工作时，我也是过于集中与商业管理了。但是，我们很快知道所有的现代组织都需要管理，不管是商业组织还是非商业组织。事实上，我们很快知道所有的现代组织都需要管理，不管是商业组织还是非商业组织。事实上，我们很快知道在非商业组织中甚至更需要管理，不管是非营利组织还是非政府组织（我们今天称之为社会部门）或政府机构。这些组织确实更需要管理，因为它们缺乏商业立足'底线'的纪律。管理不局限在商业的观念，最早是在美国得到承认，但是它现在正为所有发达国家接受。"② 因此，德鲁克在《21 世纪的管理挑战》一书中更为直白地讲到："管理是所有组织所特有的和独具特色的工具。""管理存在的目的是帮助组织取得成效。它的出发点应该是预期的成效，它的责任是协调组织的资源取得这些成效。它是帮助组织在组织外取得成效的工具，无论这个组织是企业，还是大学或医院。"③

德鲁克毕生贡献于管理学的理论和实践，并成为公认的大师级

① 德鲁克：《管理的实践》，机械工业出版社 2006 年版，第 7 页。

② 转引自达尔·尼夫：《知识经济》，珠海出版社 1998 年版，第 58 页。

③ 德鲁克：《21 世纪的管理挑战》，机械工业出版社 2006 年版，第 34 页。

人物。但需要注意的是，对德鲁克的评价却存在一些分歧。如，在许多的文章中可以看到这样的一些赞誉：前通用电气公司总裁杰克·韦尔奇曾说：“我对通用的初步核心理念，就是来自彼得·德鲁克。”前英特尔公司总裁安迪·格鲁夫说：“德鲁克是我的英雄。”比尔·盖茨也愿意做一个他的粉丝，他说：“除了彼得·德鲁克的书外，还有哪些书可以看呢?”另外对他表达崇敬的杂志比较有代表性的是《哈佛商业评论》和《经济学人》，前者说“只要一提到彼得·德鲁克的名字，在企业的丛林中就会有无数双耳朵竖起来倾听!”，而后者则认为，“假如世界上果真有所谓大师中的大师，那个人的名字，必定是彼得·德鲁克”。现代营销管理之父的菲利浦·科特勒也说过：“如果人们说我是营销管理之父，那么德鲁克就是营销管理的祖父。”但在另一方面，应该看到，“德鲁克逝世以后，在西方媒体有关德鲁克盖棺定论的报道中，没有一篇报道将德鲁克称为学者（scholar），偶然有称其为管理思想家（thinker），但更多则是称他为大师（guru）或者先见之明者（visionary）”。① 有人认为，“对学院派而言，这意味着德鲁克的著作不够严谨。不错，他有着渊博的知识和敏锐的洞察力。但是，在他的著作中，何处用过抽样的方法和统计回归呢？一位宁愿为报纸撰稿也不愿在《国际运营与生产管理月刊》上发表文章的人，让人如何能严肃看待？学院派对其数十年的冷落，使德鲁克从未在哈佛大学、斯坦佛大学、宾州大学沃顿商学院、西北大学凯洛格商学院或其他美国知名管理研究中担任过教职”。还有人认为，“德鲁克是经典的，但范式过时了。”“然而，即便与学术界之间的嫌隙从未困扰过德鲁克（实际上，这种嫌隙对他的困扰超出了它所表现出来的程度），但是，即在客观中立的观察家看来，这种分歧的确令人费解。双方都宣称自己是在努力加深我们对组织的理解，并都为改善组织的管理方式提出有益的观点。但是，这位执拗任性的管理学

① 罗岷：《论德鲁克实践性管理理论的张力》，《外国经济与管理》2007 年第 9 期，第 59 页。

通才的研究方法，与日臻完善的学术专业化截然相反。究竟谁是谁非？"① 这些评价本身可能就反映出管理学理论在研究目的、研究对象、研究思想和研究方法上客观存在着重大分歧，但也可能与德鲁克自身的学术定位有关。罗岷教授就曾经这样对德鲁克作出评价："学者是德鲁克最为不齿甚至憎恨的头衔，这是他和学院派最格格不入的地方：德鲁克把学者看成是一股学究气，拘谨、过时、细碎，而对实践前沿充耳不闻的人。而管理学者们也当然没有把德鲁克当做学者，看成自己人。就连德鲁克在纽约教书时，也被学者、教授当做记者对待。"②

德鲁克生前就知道学术界对他的一些非议，他对此做出了自己的解答："顺便提一下，这是我与大多数管理学家和理论家所不同的一个观点——大概也是我在学术界不是很受人尊敬的原因吧。我确实相信基本价值的存在，尤其是人类的基本价值。我认为，只存在很少的基本问题，但是我不相信存在'一个正确的答案'。现有的答案很可能是错误的——至少如果不是其他方法都失败的话，人们也不会想到它们。但是，当我们检验管理政策和其他社会规律时，关键不是看它们是对是错，而是要看它们是否有效。我始终认为管理学不是神学的分支，它其实是一门临床型的学科。在医药实践中，对于临床医学的检验不在于治疗方法是否'科学'，而在于病人是否健康。"③

德鲁克是伟大的，但在德鲁克身上出现的一些评价争议，也是管理学界在研究过程中需要注意的问题。因为这本身就是有关管理领域中研究者与实践者心目中对管理思想、理论，甚至方法认识、评判的差异，更是管理学理论中学术探讨与现实需求、科学与艺术等多重矛盾交织的反映。

① 罗岷：《论德鲁克实践性管理理论的张力》，《外国经济与管理》，2007 年第 9 期，第 59—60 页。

② 罗岷：《论德鲁克实践性管理理论的张力》，《外国经济与管理》2007 年第 9 期，第 59 页。

③ 德鲁克：《管理的实践》，机械工业出版社 2006 年版，第 247—248 页。

（三）西蒙

1. 西蒙其人

赫伯特·亚历山大·西蒙（Herbert Alexander Simon）是决策科学学派的代表人物，美国著名的经济学家和社会学家。西蒙1916年6月15日出生于美国威斯康星州米尔沃基市。在美国Milwaukee获得学士学位，在芝加哥大学获得硕士学位（1936年）和博士学位（1943年）。西蒙先后在美国加州大学伯克利分校、伊利诺伊理工学院从事过教学和研究工作，1949年，在他的倡导下建立了卡内基—梅隆大学商学院，担任教授，1962—1966年，西蒙任该院的管理心理学教授，1966—1988年，西蒙担任该院的计算机科学和心理学教授，1988年西蒙在卡内基—梅隆大学退休，2001年2月9日去世。作为被人们称之为20世纪罕见的博学“杂家”，西蒙的研究涉及政治学、经济学、管理学、社会学、心理学、运筹学、计算机科学等众多领域，并且在这些领域均都做出了重大的贡献。美国政治学家，研究领域涉及认知心理学、计算机科学、公共行政、经济学、管理学和科学哲学多个方向。他是卡内基—梅隆大学的教授。西蒙不仅仅是一个通才，而且是一个富有创新精神的思想者。他在现代一些重要学术领域如人工智能、信息处理、决策制定、注意力经济、组织行为学、复杂系统等都有自己卓越的贡献，且成为创建人。他迄今一些著名的学术术语，如有限理性（Bounded rationality）和满意度（satisficing）都是他的发明。西蒙的天才和影响使他获得了很多荣誉，如：1975年的图灵奖、1978年的诺贝尔经济奖、1986年的美国国家科学奖章和1993年美国心理协会的终身成就奖。瑞典皇家科学院在1978年西蒙获得诺贝尔经济学奖的正式申明中认为，获得诺贝尔经济学奖是由于“对经济组织内的决策程序所进行的开创性研究”。“西蒙有关组织机构决策的理论和意见，应用到现代企业和公共管理所采用的规划设计、预算编制和控制等系统中及其技术方面，效果良好。……现代企业经济学和管理理论大部分建筑在西蒙的思想上。”瑞典皇家科学院在贺辞中称赞道：“赫伯特·西蒙的科学成就远超过他所教的任何一门学科——政治学、管理学、心理学和信息科学。他的研究成果涉及科学理论、应用数学、统计学、运筹学、经济学和企业管理等方面，在所有的这些领域中西蒙都发挥了重要的作用，人们完全可以以他的思想为框架来对该领域的问题进行实证研究。但西蒙首先是一位经济学家，因终生从事经济组织的管理行为和决策的研究而获诺贝尔经济学奖。"西蒙的主要代表著作有《管理行为》(1945 年、1997 年)、《组织》(1958 年)、《管理决策新科学》(1960 年)、《人工智能的科学》(1969 年)、《有限理性模型》(1982 年)等。

2. 西蒙的学术思想

作为著名的决策学派的领军人物和学者，他是如何研究决策理论的呢？概括地讲，在西蒙的研究思想中，受到巴纳德的影响颇深，他自己也说过："在《管理行为》一书中对巴纳德文献的大量引用表明了（尽管仍然不太适合的）他对我自己关于组织的思考的影响。"① 与巴纳德相比，在人生的道路上他们两者有着差异，一个是巴纳德基本是管理工作的实践者，他对管理的探讨基于他对长期高层管理工作中问题的思考，西蒙基本长期工作在大学，教授的职业生涯决定了他主要是在从理论上研究管理的理论问题；另一个是巴纳德对管理问题分析的主要依据社会学的思想，而西蒙则更多地依靠心理学的理论。由于西蒙在诸如心理学、政治学、经济学、管理学、社会学、运筹学、计算机科学等学科方面的出色造诣，使得他的研究视角更为宽泛，更具有时代和前瞻性的特点。

决策理论

在西蒙的决策理论中，最为重要的是他没有将决策工作仅视为是一个孤零零的事件或工作，而是把决策工作建立在组织与管理过程之中。例如，西蒙认为："组织指的是一群人彼此沟通和彼此关系的模式，包括制定及实施决策的过程。"② "管理过程就是决策

---

① 西蒙：《西蒙选集》，首都经济贸易大学出版社 2002 年版，第 284 页。

② 西蒙：《管理行为》，机械工业出版社 2004 年版，第 15 页。

过程。”①

他在研究中首先认为在决策过程中存在这决策中的价值与事实因素的问题。“只要是导向最终目标选择的决策称为‘价值判断’；只要是包含最终目标实现的决策，就称为‘事实判断’。令人遗憾的是，管理者面临的问题，并没有按价值、事实两类要素区分妥当。”② 然后依据这一思想阐述了他对决策工作以及过程的看法。“单一个体的行为不可能达到任何理性的高度，因为他必须考虑的备选方案的数量太大，评价备选方案所需要的信息太多，所以就算要达到近似的客观理性也难以想象。个人的种种决策是在‘给定条件’的环境中发生的，所谓‘给定条件’就是被决策主体当成个人决策所依据的前提条件，行为只能适应这些‘给定条件’的限度。”③ 为什么人们难以达到客观的理性呢？西蒙认为，所谓的客观理性其含义：“行为主体通过下列途径，将自己的所有行为融合成一个完整的模式：（1）决策前从全局的角度来看待各备选行动方案；（2）考虑每个决策方案所导致的全部结果；（3）使用价值系统作为从所有备选方案中选出一个最佳的决策准则。”但是，决策的人们的“真实行为至少在三方面不符合所定义的客观理性的概念：1. 按照理性的要求，行为主体必须完全了解并预期每项决策产生的结果，而实际上我们对决策结果的了解总是零零碎碎的、不完整的。2. 由于决策产生的结果未来才会发生，所以在给它们赋值时就必须用想象力来弥补缺乏真实体验的不足。但是要完整地预期价值还是不可能的。3. 按照理性的要求，行为主体要在所有可行的备选行为中做出选择。而在真实的情况下，主体可能想到有限的几个方案而已。”④ 要理解上述的一些道理是不难的，这也说明，在现实中个人的决策其实是在非客观理性的条件下进行决策的。

① 西蒙：《管理行为》，机械工业出版社 2004 年版，第 6 页。
② 西蒙：《管理行为》，机械工业出版社 2004 年版，第 3 页。
③ 西蒙：《管理行为》，机械工业出版社 2004 年版，第 86 页。
④ 西蒙：《管理行为》，机械工业出版社 2004 年版，第 87 页。

西蒙更多的是从组织的管理活动中去评价和探讨决策，所以他谈道："组织是重要的。首先因为组织提供了塑造和培养个人素质和习惯的大环境，其次因为组织为各负责人提供了与其职位相应的对他人行使职权施加影响力的手段。再次因为它通过建立沟通渠道，确立了决策制定和实施所需要的信息环境。"① "组织功能的主要任务是，首先确定提供各种决策事实前提的知识的所在位置，然后再确定，能可靠地向哪些职位分配责任，确定该组织要实现的目标以及决策必须满足的约束条件和边界条件。"② 在组织的模式下，"这种模式向个体成员提供大量决策信息，许多决策前提、标的和态度；它还预测其他成员目前的举动以及他们对某个体成员言行的反应，并向该成员提供一系列稳定的易于理解的预期值。社会学家将这一模式称作'角色体系'。我们关心的是'组织'这种角色体系。"③ 在这样的影响下，组织中个人的决策必然会出现这样的结果："组织成功运作的必要条件是，在绝大部分时间里，大多数员工处理问题、制定决策时，不只考虑到个人目标，还会考虑到组织目标。无论组织成员的最终动机是什么，组织目标都必须在员工和经理的目标规划中占据重要地位。"④

在个人价值取向与组织价值要求的共同作用下，"在某种重要意义上说，一切决策都是折中的问题。最终选择的方案，只不过是在当时的情况下可以选择的最佳方案而已。"⑤ "决策可以先分为各种元件，每种都分别由专家及专业团队制造，最后再组装成一个协调的整体。"⑥ 看到这些，联想到实际的工作与生活，可以深深地感到，西蒙确实把握了一个组织决策的特点与过程，以及这些特点与过程对决策结果的影响。完全的理性会导致决策人寻求最佳的结果与措施，而有限度的理性导致决策人寻求符合要求的或令人满

① 西蒙：《管理行为》，机械工业出版社 2004 年版，第 15 页。
② 西蒙：《管理行为》，机械工业出版社 2004 年版，第 20 页。
③ 西蒙：《管理行为》，机械工业出版社 2004 年版，第 15—16 页。
④ 西蒙：《管理行为》，机械工业出版社 2004 年版，第 17 页。
⑤ 西蒙：《管理行为》，机械工业出版社 2004 年版，第 4 页。
⑥ 西蒙：《管理行为》，机械工业出版社 2004 年版，第 19 页。

意的措施。这就是西蒙最为著名的决策“满意标准”的思想。这也就是西蒙获得诺贝尔经济学奖的原因。瑞典皇家科学院在宣布西蒙获得诺贝尔经济学奖的正式申明中指出：“对经济组织内的决策程序所进行的开创性研究。”“西蒙有关组织机构决策的理论和意见，应用到现代企业和公共管理所采用的规划设计、预算编制和控制等系统中及其技术方面，效果良好。……现代企业经济学和管理理论大部分建筑在西蒙的思想上。”因为西蒙对决策理论的贡献，将建立在厂商理论上的骨架式的抽象概念变为了现实中人们可以理解与把握的知识，将固定框架下静态的决策变为了活生生的组织动态决策。

西蒙在具体化决策工作的同时，反复强调决策是一个过程，并认为“管理就是决策”。为防止人们的误解，他指出：“人们通常对‘决策制定者’这一形象的作用描绘得过分狭窄。‘决策制定者’像个骑马思考问题的人，考虑成熟之后，突然把他的决定指示给他的随从，或者‘决策制定者’像个置硬币于大拇指端，准备在一掷之后就去冒险的逍遥自在的家伙；或者说“‘决策制定者’像个和同僚一起坐在董事会办公桌旁，满嘴说‘可以’或‘不可以’的，那种精明而又华发满头的女企业家。或者说：‘决策制定者’是位埋头审阅公文、戴眼镜的绅士，正在标有（X）记号的字里行间思考着。上述诸形象都具有重要的共同之点，即‘决策制定者’是位能在关键抉择时刻，在十字路口选定最佳路线的人。由于只注意了最后的片刻，上述各种形象都对决策做了歪曲的描绘。他们忽略了完整的全过程，忽略了最后时刻之前的复杂的了解、调查、分析的过程以及在此之后的评价过程。”① 西蒙认为，“决策主要包括四个主要阶段：即找出制定决策的理由；找到可能的行动方案；在诸行动方案中进行抉择，对已经进行的抉择进行

① 西蒙：《管理决策新科学》，中国社会科学出版社 1982 年版，第 33 页。

评价。"①

对管理理论的评价与建议

阅读西蒙的《管理行为》及相关的书籍，总体的感觉是他所关注的是管理理论，他的关注点或兴奋点并不在经济学，是在探讨管理理论和实践中的一些重大问题。例如他在《管理行为》一书的前言中就写道，"本书是我个人在从事公共管理研究工作的过程中，尝试构建有效研究工具的探索结果。因为我坚信，我们在这个研究领域还没有找到足够的语言和概念工具，对简单的管理型组织进行事实求是的深刻刻画。所谓刻画管理型组织，就是为科学地分析组织结构和组织运营的效益奠定基础。在我读过的各类管理型组织的研究著作中，能抓住并用文字记下组织真正本质的寥寥无几；至于能说服我相信，他们可以提出证据正确地推出关于组织效益的结论或组织改良的建议的就更少了"。② 西蒙《管理行为》一书是他人生中最为重要的著作，也是他成名，乃至获得诺贝尔经济学奖的重要著作，他在该书第一版的前言中写道："我希望本书能对三类人发挥作用：首先，从事管理学研究的人，他们可以在本书中找到组织刻画和分析的某些可行方法；其次，实际管理者，他们可以从巴纳德的'序'（巴纳德序可见北京经济学院出版社 1988 年出版的《管理行为》一书——作者注）所说的第三知识层次上，思考管理问题；再次，研究生和大学生，他们可能希望通过对反映了真实管理情景的行为过程进行更周密的研究，来弥补自己课堂知识的不足。"所以将西蒙的思想放在管理学理论的层面上进行研究、分析与思考对管理学理论的研究者来讲是十分有益的事情。

我们知道，管理学理论与其他理论的分水岭或分界线就在于，该理论是否将研究的重点放在组织与组织中的人的关系上。前面已经讲到，西蒙的决策理论是研究组织的决策问题的，而他更多所关注的是组织中的决策人员是怎样在决策的，因而在构筑其决策理论

① 西蒙：《管理决策新科学》，中国社会科学出版社 1982 年版，第 33—34 页。

② 西蒙：《管理行为》，机械工业出版社 2004 年版，第一版序第 IX 页。

时，自然会涉及管理学理论。与多个学科有着深刻接触，并有许多建树的西蒙可能与许多人一样，对管理学没有严谨的理论体系感到惊讶。他说道："目前流行的管理原则有一个致命的缺陷，就如俗话说的'福祸不单行'一样，管理原则也总是成对出现。无论对哪个原则来说，几乎都能找到另一个看来同样可信、可接受的对立原则。虽然成对的两个原则会提出两种完全对立的组织建议，可是，管理理论里却没有指明，究竟哪个原则才适用。为了证实这种批评是中肯的，我们有必要简单考察一下某些主要原则。"① 这里就不列举西蒙举出的例子了，但西蒙在列举、分析了这些例子后指出："本章的举例都充分证明，很多管理分析只有选取了单一准则，将之应用于管理实际状况并提出建议才有效。然而，人们往往忽视这个事实：实际上存在着相互矛盾但同样有效的原则，应用这些原则有相同的理由，但却会得出不同的应用结论。管理研究的正确途径，要求识别出所有重要的诊断准则，要求我们用一整套准则去分析每种管理状况，要求我们通过研究搞清楚几条相互排斥的准则所占的权重。"② 西蒙认为，要解决这些问题，关键在于需要建立有关的概念。他说："管理理论的首要任务，就是要建立一系列概念，让人们能用这些与该理论相关的术语来描述管理状况。为了能够科学地应用这些概念，它们必须具有可操作性。也就是说，它们的含义必须符合试验观察结果或状况。"③ "管理理论主要讨论的是，组织应当如何建立和运作才能更有效率地完成任务。"④ 但西蒙也发现："目前对管理的描述肤浅、过于简化、缺乏现实性。它太局限于权威机制，而没能把同样重要地其他几种组织行为影响模式纳入考虑范围。它回避了对决策制定功能的真实分配状况的研究这一繁重任务。它满足于谈论'权威'、'集权'、'管理幅度'、'职能'等等，却不去寻找这些术语的可操作性定义。如果对管理

① 西蒙：《管理行为》，机械工业出版社 2004 年版，第 26 页。

② 西蒙：《管理行为》，机械工业出版社 2004 年版，第 37—38 页。

③ 西蒙：《管理行为》，机械工业出版社 2004 年版，第 38 页。

④ 西蒙：《管理行为》，机械工业出版社 2004 年版，第 39 页。

的描述不能达到更高的思辨水平，就不要希望在辨别和验证正确的管理原则方面取得迅速的进步。”这种看法有它可取之处，因为西蒙对管理理论问题的担忧和分析是极其深刻和有道理的，也十分准确地指出了管理理论需要关注的主要问题是什么，但西蒙似乎将解决问题的方法主要集中在决策理论及其程序上。

在区分经济学理论与管理学理论的差异上，西蒙也有自己的看法。例如他这样进行了描述：“管理理论所关注的焦点，是人类社会行为中的理性方面与非理性方面的分界线。管理理论尤其是关于刻意理性和有限理性的理论，也就是关于没有缺乏寻求最优化的才智，所以退而寻求满意的人类行为的理论。”

“要把第 4 章所说的经济人变成第 5 章所说的管理人（就是我们日常生活中常见的只有有限理性的人），需要经历两种至关重要的变化。

“1. 尽管‘经济人’追求最优，也就是从所有备选方案中选择最好的那种，他的近亲‘管理人’却追求满意，也就是寻求一种令人满意的或‘足够好即可’的行动方案。‘市场份额’、‘合理利润’和‘公平价格’都是满意准则，这些准则多数经济学家都不熟悉，商人却耳熟能详。

“2. 经济人旨在与这个‘真实世界’的一切复杂要素打交道。而管理人则认为，他自己感知的世界只是对纷繁复杂的真实世界极度简化模型。各种情景只是松散地连接在一起，真实的世界里多数事实都与某一具体情境没有多大的关系；最为重要的因果链非常简短。因此，我们可以把在特定时间看似无关紧要的大部分现实暂时置之不理。管理人只考虑少数几个最攸关也最关键的情景要素，其实在这方面，所有人都是这样。”① 作为一位诺贝尔经济学奖的获得者的这些看法是有意义和值得关注的。

在《管理行为》中，西蒙认为，“本书只致力于管理理论重建的第一步——构建充足的词汇和基本分析方法。我们在谈论其他后续步骤时，千万注意，不要低估这第一步的重要性和必要性。管理

① 西蒙：《管理行为》，机械工业出版社 2004 年版，第 108—109 页。

文献中固然从不缺乏‘理论’，也不缺乏描述性的和经验的研究，它缺少的一直都是这两者之间的桥梁。如果有了这座桥梁，理论就能指导‘关键’试验的设计和具体的研究工作，与此同时，试验研究又能对理论进行明确的检验和修正。本书如果成功的话，将会对建造这样的桥梁做出贡献。"①

我想，西蒙做到了他所希望的"第一步"。但他的用语有些深奥和偏涩，大多出自教授式的宽泛研究和深邃思想，对于一些实践管理者来说，有些难以阅读和理解。

计算机与管理理论与实践活动

计算机与网络技术的出现正在改变我们的工作与生活，这种似乎可以取代人思维和行动的技术在管理学理论中已经受到了人们高度的关注。作为在计算机领域也有其重大成就的西蒙在很早就开始了对计算机与管理理论与活动的关注。在 1960 年他就出版了探讨该问题的名著《管理决策新科学》。在该书的导论中，西蒙就指出："本书主旨是阐明管理尤其是管理决策，怎样在计算机的影响下，已经发生并继续发生变化的过程。""我们不仅要看到它们对管理决策过程的直接影响，而且要看到计算机的更大的社会影响。"② 随后他就列举了在计算机出现以后，人们从技术、经济和哲学三个角度对计算机出现以后可能出现的对社会各个方面的影响的激进与保守的看法（见表 3-1），并给出了自己的结论。

西蒙的结论，也就是他从技术、经济和哲学三个角度观察后的看法是："我是技术、经济、哲学这三方面的调和者。我是个技术的激进派、经济方面的保守派和哲学方面的实用主义者。我相信，在我们这个时代，计算机能够执行人所能执行的同样任务。我相信，计算机已经能够阅读、思维、学习和创造。我相信，计算机和自动化对提高生产率将继续而不是大大加快地起作用；面临生产率地提高，生产人员将不会减少；人类将在与过去大不相同地更为自

① 西蒙：《管理行为》，机械工业出版社 2004 年版，第 43 页。

② 西蒙：《管理决策新科学》，中国社会科学出版社 1982 年版，第 1 页。

表 3-1　**计算机与管理**

	急进的看法	保守的看法
技术角度的认识	计算机将能够做人所能够做的任何工作。	计算机做不了人们没做过的工作，计算机不可能创造性地工作。
经济角度的认识	计算机基本上预示着商品与服务、失业，尤其是非技术工人的大泛滥或“大充溢”	自动化不过是工业革新的继续，生产率会继续上升。整个企业界将和过去一样。
哲学角度的认识	计算机与人有同样巨大的能力	在人与机器之间划出一道明确的固定界限。人类具有可以作出有价值的判断的非凡能力，而机器是不可能具有这种能力的。

资料来源：西蒙：《管理决策新科学》，中国社会科学出版社 1982 年版，第 4—7 页。作者整理。

动化地世界中过生产与消费的生活。在哲学方面，我个人并不相信这种说法，其大意是，认为机器有局限性，它们并不都适用于人类。但我还是认为，这个问题暂搁到更为充分地探索出计算机能力时再来下判断。”①

西蒙看到了技术带来的诸多变化（包括管理上的变化）。他发现一些程序性极强的工作人数在减少，发现现代的数学方法越来越多地用在了管理工作中。运筹学和系统方法（由运筹学带来的）越来越多地用在了管理决策之中。但依据他自己的划分，他似乎还

① 西蒙：《管理决策新科学》，中国社会科学出版社 1982 年版，第 6 页。

是认为，这些方法更多地用在程序化的决策之中。他提出：“许多，或多数由中层和高层管理处理的管理问题仍不能顺当地进行数学的处理，也许永远不行。”① 但又接着说：“可是这并不是事物的全部。非程序化决策制定过程正在经历一场革命，其重要性有如目前在企业组织改变程序化决策的革命一样。有关人类问题解决的本质已经有了某些重大发现，而它们在商业应用的最初的潜在可能已开始出现。”“人有几种可能的办法来克服非程序化决策制定新方法的局限性。其一，是找到如何从实质上增加人类在非程序化环境中解决问题的潜力。其二，是找出用计算机帮助人类解决问题而又不先将问题简化成数学形式或数字形式的方法。”②

但这两种设想在目前都未出现“发展”的迹象。人类组织所面临的环境还在进一步复杂化；计算机想绕过“数量化”的困扰，走上模拟人类思维的路，好像也很漫长。是不是可以说，只有在计算机实现了人类思维的真正模拟，彻底从简化数学形式或数字形式的思维模式中跳出，决策工作才真正进入了科学化的殿堂。《管理决策新科学》是西蒙在 70 年代写的书，当时计算机技术正在快速发展，一些看法与结论可能存在偏差，但从总体上看，这本书在今天依然有着它特殊的意义。

《管理行为》第四版是西蒙 1997 年完成的著作，这时已如西蒙自己在描述该书的任务时所说的：“就是了解现代技术如何改变我们的社会价值观和社会实践、电子通信和信息处理技术正在如何改变管理和决策过程。”③ 在书中，西蒙谈到了他对计算机和网络技术对决策的影响。他首先说道：“本书初版发表的时期，稍晚于第一台现代电子计算机的诞生日，但比计算机在管理上最一般的应用还要早出好多年。尽管计算机现已广泛应用于组织工作中，但是

---

① 西蒙：《管理决策新科学》，中国社会科学出版社 1982 年版，第 53 页。

② 西蒙：《管理决策新科学》，中国社会科学出版社 1982 年版，第 53—54 页。

③ 西蒙：《管理行为》，机械工业出版社 2004 年版，第 VI 页。

我们在很大程度上，仍旧生活在原始计算机的发展阶段。也就是说，我们现在只不过是用计算机去实现以前计算器和打字机同样可以执行的功能，只不过比以前速度更快成本更低。除了现已被广泛运用于运筹学的线性规划技术和人工智能专家系统的一些中层管理决策领域外，计算机只是稍稍改变了管理决策过程和组织设计的形态。"① 西蒙认为，人们还没有充分了解计算机今后可能对人类社会带来的影响力。他认为，计算机的重要性才刚开始体现，个人计算机的出现可能是一个转折点。计算机承担的重要任务有：计算机是一个功能相当强大的数字计算器；是一个大型的记忆库，是能够达到人类专家水平的专家；是全球通信网络的核心，是一个能够思考、解决问题、还能作出决策的巨型头脑。对于网络，西蒙认为："我们热衷于无限量的全球网络化，有时就忽略了另一种新的稀缺已经形成的事实：这是人类对流入信息关注时间的稀缺。信息革命使每个人能在组织中或世界范围内散播的信息量成倍增加，然而每个人每天拥有的时间没变，可用来消化信息的时间页没能增加。因此，组织沟通系统设计的主要要求，并不在于降低信息的稀缺度，而在于让人与信息的洪流搏斗，并找到时间关注与任务最相关的信息——只要我们能在信息系统包含的无关信息的泥沼中迅速找到出口，任何事情都是可能的。"② 西蒙还告诫我们："把组织看成一个决策制定和信息处理系统，与把组织看成一群人所得到的结论可能大不一样。后面一种观点主要关注人的分组问题，也就是部门划分，而前一种观点却关注决策制定过程本身，也就是符号的传递和转换。""随着信息技术的迅速发展，企业决策和公共决策过程变得比过去精密得多。……随着信息处理技术的迅速发展，我们的能力也在不断提高，包括：考虑备选方案和后果之间的相互关系和相互权衡的能力，以及通过将整个问题的各个部分纳入综合模型，而不断累积我们对各个部分的理解的能力。"

西蒙先生还围绕涉及组织的组织权威、组织知识传递、沟通、

① 西蒙：《管理行为》，机械工业出版社 2004 年版，第 18 页。

② 西蒙：《管理行为》，机械工业出版社 2004 年版，第 19 页。

组织的忠诚等问题进行了深入研究。

五、简要的评价

通过前面的介绍，可以看出，随着全球经济、技术和社会形态的迅速发展，管理学的思想与理论体系遇到了社会各类组织发展过程中的现实需求与挑战。为了更好地满足发展的需求，迎接现实的挑战，更好地对种种新现象和新问题进行完美和全面的诠释，管理学科出现了希望从更大的范围或视觉合理回答与应对的“管理丛林”。但正如前面所分析的，管理丛林的出现有其合理和理性的一面，也因出现的原因有违科学的常理，有伤害管理学科发展，误导规范科学研究的另一面的存在，因而在中国最为年轻的学科——管理学科建设的过程中，管理学科的专家、学者，管理者以及学子们应该给予高度的注意。很重要的方法就是应该仔细、系统地研究管理科学发展的历史过程，认真、全面地阅读管理学科发展各个阶段大师们的著作，从中把握、品味管理理论、思想的主旋律、主脉络，从而更好地把握研究的方向，方法的选择。当然这更多的应该是管理学科专家、学者和学子们的任务。千万和一定不能忘记的是诸多大师级人物经常告诫的：要注意回答实践中的问题，要注意解决实践中的问题，千万不要因为个人的原因或偏好而使我们管理实践者们感到困惑不解，甚至搅乱了他们的心灵。

第四部分　从管理的角度看战后日本经济的崛起

20世纪70年代中后期，世界经济史上最震撼人心的事情莫过于日本经济的迅速崛起。一个资源匮乏的国家，在经历了第二次世界大战的一片废墟上，却出人意料地在短短不到三十年时间内，以极快的发展速度异军突起，一跃成为当时继美、苏两个超级大国之后的世界第三大工业国和经济强国。美国一直引以为荣的王牌工业——汽车业和钢铁业受到来自日本的强大冲击，贴着“索尼”、“松下”、“日立”标签的日本电器军团在美国市场也是所向披靡，打得美国电器业溃不成军……整个西方国家乃至全世界都大为震惊！这股突如其来且异常强劲的“日本冲击波”迅速影响着全球几乎所有的市场，改变了世界经济竞争的大格局。

在日本的经济奇迹创造中，日本企业一直扮演着重要的角色。日本企业靠什么样的管理使其产品具有如此强大的竞争力？面对这问题，西方国家尤其是美国的企业界和管理学界陷入了深深的反思之中。美国的管理理论家和管理实践家们开始向日本学习，探究日本管理模式中的文化渊源，从对日本企业成功管理经验的总结和升华中抽象出其管理的精髓。在20世纪80年代形成了风靡全球的管理理论新阶段。

一、溯源穷流求根本——日本式管理的核心

日本式管理是日本传统、文化、管理习惯与现代管理理论和方法相融合的企业管理制度。因此，在了解日本式企业管理之前，必

须要先了解日本的文化基础。

（一）杂糅的民族文化

日本管理的文化基础具有相当的复杂性。这是因为，日本文化本身就是一种杂糅文化，具有重学习、模仿和综合再创造的倾向。在美国学者论及日本民族性的扛鼎之作，成书于1946年的《菊与刀》中，以日本皇室族徽的“菊”和武士文化象征的“刀”为书的名字，也正好象征了日本人的矛盾性格和日本文化的双重性：生性好斗而又温和谦让；穷兵黩武而又崇尚美感；桀骜自大而又彬彬有礼；驯服而又不愿受人摆布；忠贞不二而又心存叛逆；勇敢而又怯懦。虽然日本在历史上曾多次“克隆”中国文化，但实际却贬抑中国人道德价值观的核心；虽然大量引进西方观念，骨子里却是与西方的“罪感文化”完全不同的“耻感文化”。虽然日本学者不同意书中的观点，但1951年此书被列入日本《现代教养文库》，至1963年重印了36次。正是由于日本本身的文化机制以及由此而形成的国民性格等的合力作用才促成了日本式管理的出现。

总结日本的文化特质，可以概括为：岛国细民的文化意识，团结合作的群体精神和超越意识，以及文化兼容、吸收异质文化的优秀成果的精神①。

1. 岛国细民的文化心理

社会存在决定社会意识，有什么样的社会存在，就有什么样的社会意识与之相适应。作为列岛国家的日本，国土面积狭窄且频受地震、台风、海啸等自然灾害的威胁，这样的地理环境给日本民族带来了物质和经济上的压力，使日本人总感到生存的困难，造就了日本人敏感的心理特征和强烈的忧患、生存意识。他们对任何事物都持有一种敏感和谨慎的态度，随时把自己置于紧迫的环境中，辛勤劳动，把消极的抑制作用转化为促进作用，把忧患意识变为民族凝聚力，同舟共济、团结奋斗。在长期的岁月中，这些心理特征逐

① 李鹏军、吴建华：《战后日本经济崛起的文化探源》，《西南师范大学学报（人文社会科学版）》2002年第1期，第117—122页。

渐内化成了日本人自觉意识中的一部分，形成了勇于而对挑战、善于克服危机的民族心理。这种民族心理一旦形成就具有相对稳定的特点，使得日本人具有不知疲劳的工作、不断进取的精神。

同时，国土狭窄、资源匮乏等也促使日本人在经济上精打细算、讲求时效，处处从小处着眼，从细微处入手，做事认真，形成了细腻的民族性格。这种细腻的性格使得日本人能够创造出风靡世界的高质量产品，把日本推向世界。

2. 团结合作的群体意识

受到中国儒家"和为贵"思想的影响，"和"成为日本社会交往的一大准则，深深渗透到日本人的行为方式中。同时，日本资源贫乏、面积狭小，灾害频繁的环境和单一的民族性使其极易形成合群意识，加强了日本人共患难、同甘苦、齐奋斗的团结合作的群体意识。因此，日本人称得上"归属意识极强的民族"。他们对民族、家族、集团有一种强烈的认同感，对集团有强烈的忠诚意识和奉献精神，工作认真负责，一丝不苟，守纪律，富有敬业精神。

正是如此，日本人凡事依靠集体的合作，共同采取行动来完成。群体意识或集团意识贯穿于日本人的精神中，这种合群意识导致了日本人强烈的集团指向性，因而日本人强调集体精神比个人抱负更令人钦佩。这种群体意识对日本式管理也影响巨大。

3. 文化兼容与和魂洋才

日本对外来文化的态度是既重视西方的科学技术，但同时又不忽视、放弃本国固有传统，即"东洋道德、西洋艺术"，也称为"和魂洋才"。有学者形象地将其描述为：吸收中国的精神文明，做她的筋骨；利用欧美的物质文明，做她的皮肉。

正是由于运用"和魂洋才"的文化吸收模式，日本人弥补了自身的不足，保存发扬了她自身的优秀文化，把两者结合起来，和洋折中，形成了日本独特的文化和民族精神。也正因为如此，使得在明治维新后，在政府的大力支持下，向西洋学习先进技术及管理方法在日本企业中逐渐形成高潮，于是"和魂"和"洋才"才开始结合起来，成为日本近代企业家经营活动的指导思想。以日本化了的中国儒家文化为核心的"和魂"与以欧美的先进技术为内容的“洋才”相结合，构成了日本企业管理文化的重要基础。战后日本企业引进、吸收、消化了大量的欧美先进技术，同时又在此基础上进行了改造创新，并且卓有成效。

4. 自卑心理与超越意识

历史上，日本文明水平具有边缘性和后进性的特征，也造成了日本人的忧患意识和自卑心理。但是，日本人正视这一点，自卑心理没有使她裹足不前，自暴自弃；而是相反，这种自卑感更加激起了日本人的团结协作和赶超之志，主动地走出去与外部世界联系，向先进国家学习，吸收异国的优秀文化。因此，这种自卑心理，从某种程度上来讲，对日本民族是一种精神财富，把与别国相比产生的文化劣势转变为自己进取的动力，使日本具有不甘落后、奋发向上的精神状态与进取心和超越意识。

因此，日本是一个擅长学习的民族，尤其是向强者学习。日本人的学习在潜意识中存在着一种超越意图，这在日本战后向美国学习中可以反映出来，他们引进了美国先进的科学技术以及现代科学的管理方式，最终实现了经济腾飞。

总之，战后日本经济发展和独特的管理方式与其积淀已久的文化底蕴息息相关。同时，在有鲜明特色的传统文化基础上成长起来的日本企业管理模式也伴随着其经济腾飞而成为了强势管理模式，在全世界范围内迅猛扩展，被无数企业学习、效仿。

（二）日本企业管理的三大支柱

日本企业在经营管理中一方面继承本国文化积淀和文化机制，同时在发展中逐渐形成了自己的特色，即是人们通常所说的日本经营管理的“三大支柱”或者“三大利器”：终身雇佣制、论资排辈的年功序列制和企业内工会。这“三大支柱”无疑带有明显的日本文化痕迹。

1. 终身雇佣制

家长制家族制度是日本传统社会制度的基础。这种制度的残余，在现代日本企业的经营制度中仍然保留着，终身雇佣制就是其延伸。与欧美国家实行的“自由雇佣制度”不同，日本实行终身雇佣制。它是指职工一旦被企业雇佣，除非企业破产倒闭或职工无故长期缺勤，有严重损害企业名誉的行为和犯罪行为，一般就在该企业一直工作到退休为止，企业不轻易解雇职工，职工也不轻易中途跳槽。

这一制度产生于明治后期和大正时代。当时正是日本模仿欧美，引进西方的科学技术，大力发展民族工业的时代，技术人才、熟练工人是企业兴衰存亡的关键。为了确保其稳定性，规模较大的一部分企业对员工采取了终身雇佣的经营战略。战后，日本经过民主化改革，废除了财阀及其家族统治，在一些大企业建立了新型的劳动雇佣制度。到五六十年代以后，采用终身雇佣制度的企业范围不断扩大，终身雇佣成了日本式企业管理的“三大支柱”之一。

但是，终身雇佣绝不仅是指工人呆在某一个公司内一直到退休。它是一种双向承诺，公司方面努力争取不在退休年龄之前解雇工人，而工人也承诺长期留在公司里。终身雇佣制并不惠及所有工人，它只适用于日本工人中的 20%—30%，且大多集中在男性工人身上。①

2. 年功序列制

与欧美国家相比，日本在工资制度上有很多自己的特点：其工资标准不是按行业形成，而是由各企业决定；与终身雇佣制度相呼应，确定基本工资的决定性因素不是职务和工种级别高低，而是在企业的“年功”即工作时间的长短和业绩水平；普遍实行每年一次的定期增薪制度和一年两次发放奖金的制度等。这些特点集中到一起，就是所谓的“年功序列工资制”。它是一种依据职工的年龄、工龄、经历和学历、在企业的业绩来确定工资的制度。在日本企业中按职工进厂的先后论资排辈，先来厂者为“先辈”，后来厂者为“后辈”，一代一代地排序。排辈的顺序不同，在本企业内的连续工龄不同，工龄工资的多少也就不同。而在终身雇佣制度之下，本企业的连续工龄与职工的年龄大体上是平行的。因此，这是

① 托马斯·K. 麦克劳：《现代资本主义——三次工业革命中的成功者》，江苏人民出版社 2006 年版，第 498 页。

一种年龄越大、工资水平越高的工资制度。这种工资制度看起来像“铁饭碗”。

同样，这种工资制度也并不是说工人的工资只取决于年龄。工人的工资主要取决于年龄，但是工人工资也反映个人业绩、公司业绩以及其他因素，如工人的家庭义务等。

这一制度也体现在晋级制度上。晋级主要取决于年龄，但是也绝非绝对的，能干的雇员可以比同期进入公司的其他人晋升得更快。不过能力超群的人在日本公司里如果想很快跳上公司中的高位，要比在美国和欧洲的公司困难得多。

3. 企业内工会

日本的企业内工会是支撑日本企业经营的第三根支柱。与欧美国家按职业或产业组织的工会不同，日本绝大多数工会按企业进行组织。每个企业特别是大企业都成立一个工会，所以叫“企业内工会”或者“企业工会”。同时，这种工会只限于企业内部，不分工种。日本企业工会成员仅限于科长以下的职工，一旦晋升为科长，就不再是工会的成员。

这种工会有三个特点：一是职工进入特定企业并成为正式职工后自动加入工会，离开该企业便失去会员资格。与欧美的行业工会相比，就劳动条件等进行具体谈判的力量弱，加上其工资福利与企业的规模和繁荣程度密切相关，所以工会与企业紧密配合；二是企业工会干部原来是企业的职工，解任后仍是企业职工，因此能与经营者合作，把工会的存亡与企业的存亡联系在一起，达成“劳资协议”；三是企业工会中劳资之间的非正式人际关系比较强，往往能在协商中达成妥协，故因劳资纠纷及由此造成的损失远比欧美劳资对立的行业工会小。

因此，西方工会和企业管理阶层处于对立位置，而日本的企业内工会却和企业管理者的目标是一致的。工会认为他们没有必要参与企业的经营，因为企业的经营者不仅代表企业，同时也代表工会。尽管工会和企业的管理者是同一命运的共同体，企业工会也要对企业的经营状况、财务数据起到监督的职能，以防止经营者滥用职权，损害职工的利益。在企业处于困难时期，企业工会会采取一些方法激励工人为企业尽力。因此，企业内工会是劳工与管理层之间的协商机构，再加上有了终身雇佣制，日本工人也会比其他工业化国家的工人更乐于接受新技术。

这三个支柱中，前两个出现在1910年至1930年的20年间，企业内工会出现在第二次世界大战初期。在1952年至1973年间，它们在日本公司里传播开来，成为所有公司努力争取达到的规范。这三个支柱是一个有机统一体，相互渗透，相互作用，为增强日本企业的活力，提高日本企业在国际市场中的竞争力发挥了巨大的作用。

（三）第二次世界大战后的学习与创新

第二次世界大战后，在日本人的历史上，日本第一次面临着被外国势力占领，“日本国民第一次体验到被征服的屈辱和被禁锢的痛苦”①。日本人从各方面反省自己的弱点，服服帖帖地认美国为师，并对美国文化顶礼膜拜。为了能从这种屈辱和禁锢的痛苦中走出恢复大国地位，他们引进了美国先进的科学技术以及现代科学的管理方式。因此，第二次世界大战后日本的经济重建，很大程度上得益于学习美国的管理思想，日本大部分的管理思想也来自于向美国学习。但是，日本也在美国的基础上进行了创新，提出了自己的贡献。

日本式管理的形成至少和四个美国人的名字不可分割。这四个人就是：麦克阿瑟、戴明、朱兰和德鲁克。

第二次世界大战后，在日本的盟国占领军由美国的麦克阿瑟（MacArthur）将军领导。盟国占领军统帅部对日本进行了政治和经济改革，帮助日本完成了战后重建。战后的第一个直接目标是帮助日本建立无线电广播工业，以便占领军能与人民直接对话。日本企业管理人员在与美国派出的工程师小组的合作中知道了质量控制的概念。后来，在麦克阿瑟的支持下，美国工程师小组帮助日本的企

① 高桥龟吉：《战后日本经济跃进的根本原因》，辽宁人民出版社1984年版，第180页。

业制订了管理培训计划，并开设了一系列的工业管理课程。

1950 年 7 月，美国联邦统计局统计专家 W. 爱德华兹·戴明（W. Edwards Deming）应邀在日本东京工业俱乐部作了关于质量管理的讲座，把日本的质量控制工作又向前推进了一步。几乎在同时，美国质量管理专家朱兰（Joseph M. Juran）也来到日本传播质量管理思想。日本企业家和研究人员把美国的质量管理经验与日本的文化相结合，提出了全面质量管理的思想。将一般人员难以理解的数理统计方法与现场质量管理结合起来，创造和发明了质量管理的“七种工具”，提出了产品的质量由工作的质量保证，工作的质量由人的素质保证，因而全面质量管理要“始于教育，终于教育”的思想，实现了“全面、全员、全过程”为基本特色的日式全面质量管理。同时，由于日本资源匮乏的特点，日本企业家在学习美国管理经验的基础上发展出了独具特色的生产控制系统。

德鲁克的思想也对日本产生了深远的影响。1945 年，在对通用汽车公司长达 18 个月的详细调研的基础上，德鲁克撰写了《公司的概念》一书，日本人认为，他们对该书的学习，奠定了他们经济成功与工业发展的基石。德鲁克对该现象曾经做过这样的描述：“尽管通用汽车公司对《公司的概念》所提出的种种建议不屑一顾……日本人却对他们推崇备至。我在日本的声誉可以追溯到《公司的概念》，当时这本书很快就被译成英文，并得到了热切的研读和应用；他们认为我对日本以经济大国的形象崛起，并表现不俗的工业绩效和生产力，具有重要的影响。此外，尽管通用汽车公司对‘我的工作以及我热爱它的理由’这一竞赛的调查报告毫不在意，丰田公司却在 50 年代初期设法弄到那份未曾公开的调查报告的副本，并以此为模板来改造自己的员工关系。”①

因此，第二次世界大战后日本企业的管理模式依然继承和发扬着日本的文化传统，一方面是在其独特的民族文化的土壤里发育出来的，同时也借鉴、吸收了美国管理理论的发展成果。而这些在日

① 彼得·德鲁克：《公司的概念》，上海人民出版社 2002 年版，第 250—251 页。

本的企业管理中发挥过重要作用的理论，却曾是被美国人忽视了理论，形成了“墙里开花墙外香”的格局。据世界经济论坛（WEF）和国际管理开发学院（MD）在1992年关于世界竞争力的比较总结报告中认为，20世纪80年代以来，日本企业竞争力与日本国际竞争力（总体）开始位居世界第一位，并保持了近十年之久。①

面对日本企业的成功，一批美国管理学者开始认真地研究和比较美、日企业经营管理的内在差异，以图找出美国企业缺乏竞争力的根本原因。当然，主要原因是美、日企业管理水平的差异。于是，管理研究者和实践者开始把目光转向了东方，转向了日本人。

二、文化制胜——企业文化研究的风潮

在研究美日企业管理模式的相异性方面，人们首先关注到的是文化在企业竞争和发展中以及在企业的管理中的重要作用。管理学家在对日本企业管理总结的基础上提出了企业文化（Corporate culture）理论，并在20世纪80年代以后风行全球。

（一）企业文化管理的“四重奏”

20世纪80年代初，在美国接连出版了四本有关企业文化的畅销著作：理查德·帕斯卡尔（Richard Pascale）和安东尼·阿索斯（Anthony Athos）合著的《日本企业管理艺术》（1981年）、威廉·大内（William Ouchi）的《Z理论——美国企业界怎样迎接日本的挑战》（1981年）、阿伦·肯尼迪（Allen A. Kennedy）和特伦斯·迪尔（Terrence Deal）合著的《企业文化——企业在生活中的礼仪》（1982年）以及托马斯·彼得斯（Thomas Peters）和罗伯特·H. 沃特曼（Robert H. Waterman）合著的《追求卓越——美国优秀企业的管理圣经》（1982年）。这些著作以崭新的理论、独到的见解、精辟的论述和丰富的例证，构成了一个新的理论系统，提出了

① 转引自毛蕴诗等：《美国企业竞争力超过日本企业之探究》，《南开管理评论》2002年第1期，第55—61页。

企业文化这一新的理论体系和管理方式。它们大多超过文学通俗读物，一跃登上美国畅销书排行榜之首，被誉为企业文化管理的“四重奏”。这些著作的出版也标志着企业文化管理理论的正式形成。

（二）企业文化的定义与作用

“文化”一词源于拉丁文 culture，原意是指土地的耕耘和对作物的栽培，及对人本身的开化与修养。中文中最早把“文”和“化”两个字联系起来的是《易经》，“观乎天文，以察时变；观乎人文，以化成天下”。意思是人以其所创造的各种器用、制度、语言、行为和观念等非自然的产物来对所谓“天下”，即人所面对的整个世界施加影响，从而使“人”区别于动物，并使世界在一定的层次和意义上符合人的目的和需要。在此意义上，文化也就是人类对自然和世界的“人化”。① 而在欧洲的历史中，文化一词主要是指由于人类在思维和理性方面的发展而引起的整体社会生活的变化。英国文化人类学家爱德华·泰勒在 1871 年出版的《原始文化》中第一次把文化作为一个中心概念来使用，并系统表述为：“文化是一个复杂的总体，包括知识、信仰、艺术、道德、法律、风俗，以及人类在社会里获得的一切能力与习惯。”②

一般而言，对文化有两种理解，正如《辞海》对文化解释的那样，“从广义上讲指人类社会历史实践过程中所创造的物质财富与精神财富的总和；从狭义上讲，指社会的意识形态，以及与之相适应的制度和组织机构”。

对于什么是企业文化，看法却是莫衷一是。迄今为止，虽然没有统一的看法，但是也还是有一定的共识，其中较具代表性的是美国学者希恩（Edgar H. Schein）的看法，他把组织文化描述为“一套基本假设——一个特定组织在学会处理适应外界和整合内部

① 谭力文等：《管理学》，武汉大学出版社 2004 年版，第 57 页。

② 转引自周三多等：《管理学——原理与方法》，复旦大学出版社 1999 年版，第 358 页。

问题时，发现、发明或发展出来的假设——这些已被实践证明行之有效，因而被认为是正确恰当，也因此被传授给新进成员，作为理解、思考和感受那些难题的正确方法”①。

威廉·大内也指出：“这种公司文化包括一整套象征、仪式和神话。他们把公司的价值观和信息传输给雇员们。这些仪式给那些原来就稀少而又抽象的概念添上血肉，赋予它们以生命力，从而能够对一个新雇员产生意义和影响。”“掌握了这种价值观和信念（或者说‘目标和手段’）、宗旨本质的人能够从概括的陈述中推导出无数的具体规则和目标，以适应不断变化的情况。再者，这些具体规则和目标在人与人之间是有一致性的。因此这种理论提供了两个优点：即控制了人们对问题做出反应的方式，又取得了他们之间的协调。”② 威廉·大内不仅向我们指出了企业文化的表现形式，而且准确描述了建立企业文化的基本过程，即把公司的价值观和信念传给雇员，从而对雇员的行为产生实质性的影响；也描述了建立企业文化在提高企业管理水平方面的作用，这就是，真正建立起来的优秀企业文化，它能够统一企业职工们的思想，以达到控制人们对问题最终做出反应的方式，协调人们之间的行为，提高组织凝聚力的作用。由此可见，企业文化建设的终极目标是，在组织内部全体人员价值观念、思想高度统一的基础上，形成一支团结、协调的队伍，参与竞争，获取成功。企业文化建设的着力点，依然是抓住了管理工作的核心——对人进行科学的管理，它体现了管理工作的整体性、目标性，是企业高层管理人员（特别是主要负责人）有意识的行为，是企业主要负责人精神、价值观念的体现。③

（三）企业文化的构成要素

企业文化是一个具有丰富内涵的系统体系，其中包括许多相互

① 转引自罗珉：《管理理论的新发展》，西南财经大学出版社 2003 年版，第 221 页。

② 威廉·大内：《Z 理论》，中国社会科学出版社 1984 年版，第 35 页。

③ 谭力文等：《管理学》，武汉大学出版社 2004 年版，第 58 页。

联系和影响的基本要素。因此，为了获得对企业文化的一般认识，研究就试图用分析的方法来获取企业文化本质的东西。综合起来看，对企业文化的分析主要表现在两个坐标轴的分析上，即横向的和纵向的分析。

1. 横向的分析

西方的研究者在研究企业文化时多采取横向分解的方法，即把整体分解为几个构成要素，以此来探究企业文化的内涵。这方面影响最大的当属迪尔和肯尼迪的研究和麦肯锡（McKinsey）的 7-S 结构。

（1）迪尔和肯尼迪的企业文化五要素

迪尔和肯尼迪在其经典名著《企业文化》一书中指出，杰出而成功的企业都有强有力的企业文化，即为全体员工共同遵守，但往往是自然约定俗成的而非书面的行为规范；并有各种各样用来宣传、强化这些价值观念的仪式和习俗。正是企业文化这一非技术、非经济的因素，导致了这些大至决策的产生、企业中的人事任免，小至员工们的行为举止、衣着爱好、生活习惯。在两个其他条件都相差无几的企业中，由于其文化的强弱，对企业发展所产生的后果就完全不同。

他们将企业文化的理论体系系统概括为五个要素：企业环境、文化网络、礼节与仪式、英雄人物和价值观。

企业环境是指企业的性质、企业的经营方向、外部环境、企业的社会形象、与外界的联系等方面。它往往决定企业的行为。由于企业在市场上面对不同的现实环境，从而会形成不同的文化。作者甚至认为，影响一个企业文化的最大因素是该公司身处其中的企业环境。

文化网络是指非正式的信息传递渠道，主要是传播文化信息。它是由某种非正式的组织和人群，以及某一特定场合所组成，它所传递出的信息往往能反映出职工的愿望和心态。文化网络是组织内部的有力工具，一个成功的企业常常依靠它来加强企业的价值观，传播企业的意图，强化内部凝聚力，建立强有力的企业文化机制。

礼节和仪式是指企业内的各种表彰、奖励活动、聚会以及文娱活动等。它可以把企业中发生的某些事情戏剧化和形象化，来生动的宣传和体现本企业的价值观，使人们通过这些生动活泼的活动来领会企业文化的内涵，使企业文化“寓教于乐”之中。

英雄人物是指企业文化的核心人物或企业文化的人格化。榜样的力量是无穷的，其作用在于作为一种活的样板，给企业中其他员工提供可供仿效的榜样，对企业文化的形成和强化起着极为重要的作用。

价值观是指企业内成员对某个事件或某种行为好与坏、善与恶、正确与错误、是否值得仿效的一致认识。统一的价值观使企业内成员在判断自己行为时具有统一的标准，并以此来选择自己的行为。价值观是企业文化的核心与基石，是企业的神经中枢，影响和统帅企业的一切，引导企业走向成功。

因为企业环境的差异，每个企业的企业文化都会有所不同。迪尔和肯尼迪根据环境的变化情况及对环境的态度，把企业文化分为四种类型：即强人文化；拼命干、尽情玩文化；攻坚文化；过程文化。他们的研究为企业文化的研究工作奠定了初步的基础。

（2）麦肯锡的 7-S 结构

麦肯锡咨询公司研究中心设计的企业组织七要素（简称 7-S 结构，如图 4-1），指出了企业在发展过程中必须全面地考虑各方面的情况，包括结构（Structure）、制度（System）、风格（Style）、员工（Staff）、技能（Skill）、战略（Strategy）、共同的价值观（Shared Vision）。它们的英文字头都是 S，因此被称为麦肯锡 7-S 结构，并形象地绘成了像原子结构那样的图形。这七个方面相互关联，共同体现企业的一种文化风格。

在模型中，战略、结构和制度被认为是企业成功的“硬件”，风格、人员、技能和共同的价值观被认为是企业成功经营的“软件”。麦肯锡的 7-S 模型提醒世界各国的经理们，软件和硬件同样重要。而长期以来被忽略的人性，如非理性、固执、直觉、喜欢非正式的组织等，其实都可以加以管理，这与各公司的成败息息相关，绝不能忽略。

企业应该按照这七个框架“原子”，结合企业具体情况，采取相应措施，由表及里创建出企业的物质文化、制度文化以及理念文化层次。

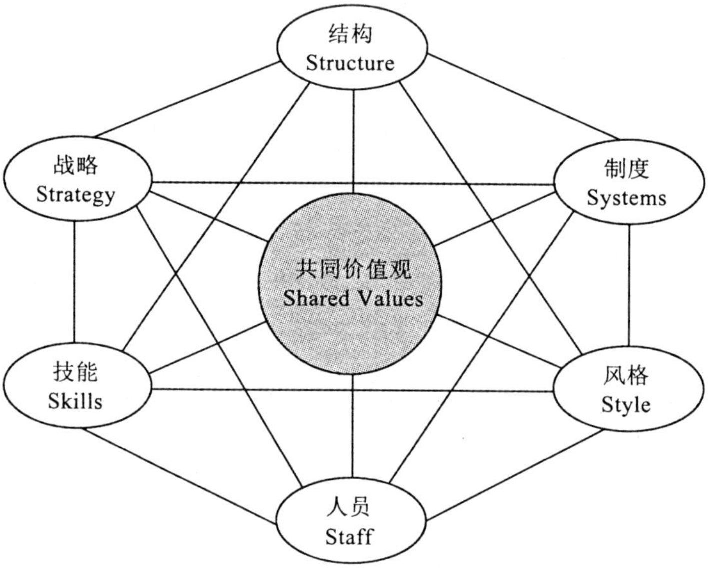

图 4-1　麦肯锡的 7-S 结构

2. 纵向的分析

希恩较早以此种分析方法进行研究，他把企业文化划分为以下层次：位于企业文化最核心的是文化基本假设，其次是价值层面，再次是行为规范和行为方式层面；位于最表面的是组织文化的各种表现方式。①

我国学者多采取此类分析方法，一般把企业文化由表及里分为四个层次：表层的物质文化、浅层的行为文化、中层的组织制度文化和深层的精神文化。其中，企业精神文化层的核心是企业价值

① 转引自罗珉：《管理理论的新发展》，西南财经大学出版社 2003 年版，第 224 页。

观，它作用于企业的行为文化等其他层次。

（四）文化制胜之路

在美国经济持续多年衰退的情况下，“企业文化论”的产生，对美国企业界、管理学界尤其具有吸引力，使他们看到了摆脱困境的曙光，促使美国企业对旧的管理理论和实践进行重新认识和评估，推动企业进行新的探索。管理学家们也都纷纷开出了自己的“药方”，来帮助美国企业“文化制胜”，实现新的竞争优势。

1. “from A to Z”——威廉·大内的“Z 理论”

威廉·大内从 1973 年开始对日本的企业管理方式进行研究，他选择了日、美两国的一些典型企业作为研究对象。这些企业都在本国及对方国家中设有子公司或工厂，采取不同类型的管理方式。威廉·大内根据研究结果认为，日本的经营管理效率一般都较美国高。他因此提出，美国的企业应该结合本国的特点向日本的企业管理方式学习，形成一种自己的管理方式。他把这种管理方式归结为 Z 型管理方式，并对这种管理方式作了理论上的概括，提出了“Z 理论”这种组织发展理论。①

（1）Z 型组织

威廉·大内认为，组织文化有三种类型：A 型文化、J 型文化和 Z 型文化；在管理模式上存在着美国式的 A 型文化模式（American Model）和日本式的 J 型文化模式（Japanese Model）。美国式的 A 型文化模式表现一种人际管理冷漠的模式，是一种由领导者个人决策、员工处于被动服从地位的企业管理模式；而日本式的 J 型文化模式则是一种人际关系融洽的、接近理想的模式，日本企业的管理也是与其文化相适应的模式。这样，就明确了日本的管理经验不能简单地照搬到美国去。为此，他提出了“Z 型组织”的观念，认为美国公司借鉴日本经验就要向 Z 型组织转化，Z 型组织符合美国文化，又可学习日本管理方式的长处，这是一种迈向未来的企业

① 孙耀君：《西方管理学名著提要》，江西人民出版社 1995 年版，第 293 页。

模式。

为什么成为“Z 理论”呢？看到这个词也就是我们不由自主会想起道格拉斯·麦格雷格的“X 理论—Y 理论”。威廉·大内承认他在选用字母“Z”时，确实参照了“X 理论—Y 理论”，与麦格雷格的观点有关联。他通过对美国企业管理实况的分析，他指出美国多数企业仍然是 X 型管理，强调个人竞争、强制性明显、全力以赴地追求报酬，造成了利己主义的恶性发展，人际关系恶化，不利合作，反而影响了企业的发展。而威廉·大内提出的 Z 理论则意味着一种既不是 X 性的也不是 Y 性的企业，而是采取了 X 性与 Y 性相结合的管理方式，以争取既追求效率又尽可能减少当局与职工的对立，尽量取得行动上的统一。

这种 Z 型模式（Z Model）的核心是“Z 理论”文化价值观，是一种既能满足企业内部紧密团结以更具有竞争力的需要，又能满足员工的自我利益的需要的模式。Z 组织具有以下特点：首先，组织内部倾向于长期雇佣制，并具有缓慢的评级和升级过程。其次，Z 型公司一般具有充足的、现代化的情报机构，会计制度、正式计划、目标管理法，以及一切其他正式的、具有 A 型特征的明确控制方法。但是在 Z 型公司中，这些方法既是为了获得情报而被重视，很少在重要的决策中起作用，他们更乐于在判断过程中恢复敏锐性和主观性，注意在含糊和明确之间寻求一种平衡状态。第三，组织内部的文化已达到了一个高度的一致性。组织如同氏族，它们是亲密的社会团体，从事经济活动，并通过多种形式的纽带结合在一起，与等级制度不同，也与市场有区别。在类似于氏族的 Z 型组织中，每个人都有高效地被告知去做他本人恰恰想做的事，有较高的个人自治感和自由感。①

同时，威廉·大内选择字母 Z 也是搞了一个小小的游戏。A 是英文 26 个字母中的第一个，而 Z 是最后一个，“from A to Z”这个英文成语是指从低到高的意思，因此他所说的 Z 型文化模式是指最高的意思。从美国式的 A 型文化模式到 Z 型文化模式必然要超

---

① 谭力文等：《管理学》，武汉大学出版社 2004 年版，第 59 页。

越日本式的 J 型文化模式，暗示美国企业可以超越日本企业模式，实质上是为美国企业打气。①

(2) Z 型文化②

Z 型组织具有 Z 型文化特征。

Z 型文化具有一种独特的价值观，其中包括长期雇用、信任以及亲密的个人关系。一家 Z 型公司的所有领域或方面，从其战略到人事，没有不为这种文化所涉及的，即使其产品也是由这种价值观所决定的。在所有这些价值观中，最重要的是 Z 型文化对其人员——工人所施加的影响。

Z 型文化认为任何工人的生活都是一个整体，而不是分裂的，不是从上午 9 点到下午 5 点时是机器，而在这段时间之前和之后则是人。Z 理论认为，人道化的工作条件不仅能提高劳动生产率和为公司增加利润，也使雇员感到自尊。心情舒畅能使每个人作为人而更好地进行工作。美国的经理一直到现在都认为使劳动生产率提高的是工艺技术，而 Z 理论则认为是人。所以，Z 型组织要求在公司的事务中重新重视人的关系。正是由于这个原因，Z 型组织取得了成功。它的文化给雇员提供了一个稳定的社会环境，使之能自信自尊、辨明方向并得到支持，以便应付并建立他们生活中的其他部分。

一个 Z 型公司能在社会关系和生产率之间取得平衡。因为这两者本来是密切相关的：社会和经济代表着一个国家的两方面。如果社会机体不能和谐地进行工作，经济机体也会受影响。一个经济组织不只是经济的产物，同时也是社会的产物。正如任何一种社会系统一样，一个工作组织包含着人们之间的一种微妙的协作形式。组织中的每一个人同每一个团体，正好像人体中的一个器官一样，如果眼睛同手之间的协调机制被破坏了，那么无论眼睛或手怎样努

① 罗珉：《管理理论的新发展》，西南财经大学出版社 2003 年版，第 249 页。

② 孙耀君：《西方管理学名著提要》，江西人民出版社 1995 年版，第 314—315 页。

力地工作，也不能使它们共同的生产率得到提高。工业并不要求工人或经理中的任何一方干更多的苦活，而是要求两者之间的协调机制把双方的关系调节得更恰当，这对于他们共同的生产率才是至关重要的。

（3）“from A to Z”之途

考虑到由 A 型组织到 Z 型组织转化的困难，威廉·大内给出了明确的 13 个步骤，认为这个变革过程一般应如此进行：第一步：参与变革的人员学习领会 Z 理论的基本原理，挖掘每个人正直的品质，发挥每个人良好的作用；第二步：分析企业原有的管理指导思想和经营方针，关注企业宗旨；第三步：企业的领导者和各级管理人员共同研讨制定新的管理战略，明确大家所期望的管理宗旨；第四步：通过创立高效合作、协调的组织结构和激励措施，来贯彻宗旨；第五步：培养管理人员掌握弹性的人际关系技巧；第六步：检查每个人对将要执行的 Z 型管理思想是否完全理解；第七步：把工会包含在计划之内，取得工会的参与和支持；第八步：确立稳定的雇佣制度；第九步：制订一种合理的长期考核和提升的制度；第十步：经常轮换工作，以培养人的多种才能，扩大雇员的职业发展道路；第十一步：认真做好基层一线雇员的发动工作，使变革在基层顺利进行；第十二步：找出可以让基层雇员参与的领域，实行参与管理；第十三步：建立员工个人和组织的全面整体关系。

威廉·大内认为这个过程要经常重复，而且需要相当长的时间，比如十到十五年。

2. 追求卓越——彼得斯和罗沃特曼的看法

托马斯·彼得斯和罗伯特·H. 沃特曼正是由于《追求卓越》一书的非凡成就而被永远联系在一起，尽管它只是这二人合著的唯一一本书。该书在美国的经济领域引起了巨大的反响，有人认为其 500 多万册的销售威力丝毫不亚于广岛原子弹对“二战”的转折性意义。人们为其深邃的洞察力和独特的见解而折服，传统企业家甚至对他产生惊恐之感，说他是现代企业管理的一场“噩梦”。当然，更多的人开始接受并实践他的观点，在企业界引发起了一场“哥白尼”式的革命。

（1）卓越公司的特征

彼得斯和沃特曼在麦肯锡咨询公司工作时曾经分析了 43 家“世界 500 强”公司在 20 年内一致能够击败其竞争对手的经验教训，并将著名的麦肯锡的 7-S 结构运用到对组织的分析中，从中总结出他们共有的、现在已经是众所周知的 8 个特征①：

第一，崇尚行动。虽然这些优秀的企业在决策过程中可能会进行分析，但是，他们不会被那些现象所麻痹。在许多这样的公司里，标准的操作程序是：先做，再修改，然后再尝试。

第二，贴近顾客。这些公司从顾客身上学习。他们提供无与伦比的高质量、优质服务和信用卓越的可靠产品——不但能用，而且还用得很舒服。

第三，自主创新。具有创新能力的企业总是通过组织的能力培养领导者和创新人才，他们是所谓的“产品斗士”的培养地。

第四，以人促产。优秀的企业认为，不论是为居高位者还是普通员工，都是提高产品质量和劳动生产力的源泉。

第五，价值驱动。价值观构成企业文化的核心。

第六，不离本行。除了几个例外，优秀公司的产品几乎都沿着他们所熟知的方向扩展，很少进入他们未知的领域。

第七，精兵简政。优秀企业中的组织形式和系统简单明了。

第八，宽严并济。优秀的企业既是集权又是分权的。

他们认为，这八种属性并不新奇，有一些甚至是经营企业的基本常识，但是，几乎没有企业真正这样做过。但是优秀的公司却把发挥人的作用当作自己的使命，把质量和服务标准奉若神明，坚持发挥成千上万普通员工的首创精神，而最终创造了企业各自的辉煌。

（2）对理性模式的批判②

彼得斯和沃特曼批判了管理工作中十分流行的理性模式。他们

---

① 托马斯·彼德斯、罗伯特·沃特曼：《追求卓越——美国优秀企业的管理圣经》，中央编译出版社 2000 年版，第 12—15 页。

② 谭力文等：《管理学》，武汉大学出版社 2004 年版，第 62 页。

认为，这种在商学院培养出来的定量、理性的思维模式体现得十分正确、十分完美，也企图告诉人们，受过良好训练的职业经理人员会管理好任何工作，能对决策提供绝对妥当、分析性的论证，但这种模式的缺陷却是明显和多方面的，如这种模式不教人们去热爱自己的顾客，看不到调动广大职工积极性的重要性，也不会使广大职工感到工作的意义。这种“见物不见人”的思想和模式虽在第二次世界大战后广泛被人接受，但到了 20 世纪 80 年代就明显难以对付需求的变化、全球的竞争了。更为具体地讲，理性模式的缺陷还体现在以下三个方面：

第一，缺乏远见，视野狭窄。美国的经理们最为根本的问题是缺乏远见，缺乏从全面观点来感觉和理解问题的能力。一些表面上看来才华横溢的经理们却往往忘记了他们的真正职责——赚取利润，完成工作，并将本企业推向前进。另一个受到批评的方面是，经理人员往往把人混同于资金、机器，漠不关心职工，使工人失去了对工作的乐趣和兴奋。

第二，过分地依赖公司总部的象牙塔。在美国公司中，经理们过分地依靠上层思考，过分地依赖财务方面的技巧与手法，过分地相信计划，以致过分地迷恋如下原则：大比小好；只有降低成本才能获胜；分析一切；远离不安分的狂热革新迷；经理的任务就是做决策；控制一切；只要物质刺激方法运用得当，生产率就会上去；加强检验以控制质量，而忽视了人的作用；经营就是经营，人不过是一种资源；高层经理比市场更聪明；如果停止增长，一切将结束。

第三，思维的片面性。在管理过程中，有三个变化因素或三个基本过程。他们是：确定目标与方向，做出决策和贯彻实施。但理性模式的问题是，他只注重了作为决策这一个因素。管理过程的人为割裂，使人们在日常的管理工作中，只注意到了那些自封为探索者、战略家而不会干任何实事的人，却忽视了决策实施过程中不可缺少的人物——实干家；只注意了参与决策的经理人员，而忘记了企业中其他人员的存在。

彼得斯和沃特曼最后的结论是，告诫美国公司的经理应放弃传统的理性模式，注意掌握他们所提出的新理论的要点：①人们需要生活得有意义；②人们需要多少有一点自主控制权；③人们需要正面鼓励和强化，在某种意义上能够把自己看成优胜者；④实际行动、行为到达一定程度时形成态度、信念，而不是相反。重视公司，尤其是优秀公司的概念，首先意味着他们独特的文化观念和传统；成功的公司要通过有意识的，但具体说来又是不可预计的逐步演进过程而成长壮大。在八个方面（即前面所介绍的美国优秀公司的八个特征）作出新的努力，去寻找竞争的优势。

（3）小结

《追求卓越》一书很快得到成功！它是一本分析简单、意图更简单的书。它解释了企业成功的原因和什么因素在起作用，尽管这是一些简单的道理，但是成功通常是把看似平常的事做得非同寻常的出色。它对美国商学教育提出了批评，促使人们去反思管理的科学性和艺术性的关系。

同时，这本书却忽视了日本，在《追求卓越》的附录和参考文献中，只提到 10 次日本①。这可能是有意的忽视。从这本书出版的时间和作者的国籍看，他们似乎不太同意“Z”理论作者大内的看法，似乎在回应大内对“J”文化的过分颂扬，因为他们既同意优秀的企业有文化的基本观点，但又十分强调优秀的美国企业同样有优秀文化。他们以美国公司为例进行了分析，为美国公司传递出一种积极的信号，让美国人重新燃起希望的火焰，重新充满自信。

（五）余音缭绕

20 世纪 90 年代，随着企业文化的普及，企业越来越意识到规范的企业文化对企业发展的重要意义，因此，企业文化研究在 80 年代理论探讨的基础上，由理论研究向应用研究和量化研究方面迅猛发展，出现了四个研究走向：一是企业文化的理论研究从对企业

① 斯图尔特·克雷纳：《管理百年：20 世纪管理思想与实践的批判性回顾》，海南出版社 2003 年版，第 177 页。

文化的概念和结构的探讨，发展到企业对文化在管理过程中发生作用的内在机制的研究；二是关于企业文化、企业发展和企业经营业绩之研究，如约翰·科特（John P. Kotter）等的研究；三是关于企业文化测量的研究；四是关于企业文化的诊断和评估研究。

总之，国外关于企业文化的研究是随着社会经济的发展和人们对管理实践的探索的发展而产生的。企业文化研究的理论意义在于它发展了传统的管理理论，对管理过程中社会文化因素和人的因素给予足够的重视，这种研究与西方社会现代化发展的方向相一致，这个时期对企业文化的意义就是对企业发展和企业长期经营业绩提供了具有可操作化的理论框架。

三、从大规模到精益：生产管理形式的变革

生产是世界上绝大多数人从事的最基本的活动。有生产活动就有生产管理，人类最早的管理活动就是对生产活动的管理。在 20 世纪，企业的生产组织方式也随着时代的变化而变化，发生了根本性的变革。其中，以日本丰田汽车公司发展出来的生产系统为代表的生产管理形式在提升日本企业的国际竞争力中则有丘山之功，也推动了美国企业生产管理形式的变革。

（一）从单件生产到大规模生产

在 20 世纪初亨利·福特创立大规模生产流水线之前，制造业中占统治地位的生产组织方式是单件生产。以汽车业为例，19 世纪末法国巴黎 P&L（Panhard-Levassor）机床公司开始制造汽车，它采取的是一种典型的手工生产方式：它的工人是全能的，能够在手工工场独立完成产品设计和制造；它的产品完全按照顾客的要求生产，因此几乎没有两辆相同的车；它的生产设备是简陋的，因此零部件的形状和尺寸差异比较大，装配时要挑挑拣拣、不断尝试。当然，这样生产出来的汽车成本比较高，质量不稳定，也难以修理，但是由于汽车只是某些富豪的玩物，而不是大众必需的消费品，因此虽然这种生产方式具有缓慢、效率低下、成本高、质量难

以保证的特点，但是生产出来的产品却是个性化的，因此足以满足当时市场的需求。

但是这一切在20世纪初发生了根本的改变。福特敏锐地认识到汽车消费的大众化性质，他于1906年指出“在这个国家中买得起汽车的人将超过地球上任何一个国家，在（美国）这个国家的汽车发展史上，对汽车的需求还远远没有到位……人们今天所需要的汽车不仅要用最好的材料制造，而且重量要轻、价格要低、马力要大。也就是说，汽车马力还需要提高一倍；人们所需要的汽车不能像玩具电动车；最重要的是，汽车的质量要好，不能老是让轮胎爆胎，让使用者难堪不已。”① 于是，福特就立志要找出一种新的生产汽车的方式，他认为“造汽车的正确方法应该是让一辆汽车和另一辆汽车一模一样，汽车工厂应该能生产一种一模一样的汽车，就好像图钉工厂生产的图钉都是一种型号，火柴工厂造出的火柴全是一个规格。”②

为了降低成本、提高产品质量的可靠性，福特把泰罗的标准化思想运用于产品及生产过程中。正如福特的一位朋友说的那样，标准化是福特的嗜好。福特推出的“T”型车是一种绝对标准化的产品，它简单到了极致——小巧、轻便、耐用，并且只有黑色；同时，把生产工序细化到使工人只完成极其简单的操作，操作也是标准化的。因此，产品单一大大提高了效率，使整个生产系统像一部机器一样高效运转，工人完全成为机器的附属物。

1913年，福特在底特律海兰公园汽车组装厂创建了自动生产流水线，人称“福特制”。通过这种大量生产方式，大大降低了汽车生产的成本。1908年，每辆T型车的售价是850美元，而到了1924年已经降到了290美元，满足了人们拥有一部车的愿望，一举把汽车从少数富翁的奢侈品变成了大众化的交通工具。“福特主

① 转引自托马斯·K. 麦克劳：《现代资本主义——三次工业革命中的成功者》，江苏人民出版社2006年版，第294页。

② 转引自托马斯·K. 麦克劳：《现代资本主义——三次工业革命中的成功者》，江苏人民出版社2006年版，第294页。

义（Fordism）”成了生产标准化产品的机械化大生产的同义词。在一本讽刺小说《美妙的新世界》里，福特成了新世界的神。日历必须按“福特年”来计算；“福特”成了“大人物”的代名词，人们常常称呼高贵的人为“某某福特大人”①。

总之，福特所创立的生产方式的主要特点是依靠单品种大批量生产，通过规模经济降低生产成本。福特汽车公司在生产方式上的这一创新，使其一跃成为世界最著名的汽车生产商。这种生产方式也为其他汽车厂商和制造业部门竞相模仿，并迅速成为整个制造业占主导的生产方式。

（二）从大规模生产到精益生产

虽然大量生产有很多优势，并逐步推广到了全世界，但是日本丰田汽车公司并没有简单照搬福特制，而是在结合日本国内情况发展出了一种新型的生产系统——丰田生产系统。另外，日本企业引进和推广美国的统计质量管理，随后全面推行全面质量管理运动，使得日本制造成为高质量的代名词。在 20 世纪 80 年代，美国学者总结了日本汽车工业的生产方式，提出了“精益生产”的思想，为西方国家的制造业指出了一种可替代的生产组织形式。

1. 丰田生产系统

在 1973 年的石油危机之前，日本人在美国汽车市场上并没有什么影响，但是他们早就显露出能够成为竞争威胁的迹象。然而美国人忽略了这一点，认为自己的产品大大优于日本产品，他们的管理人员甚至开玩笑说，如果在日本车的车体上划擦一下，你就能看到百威啤酒的标签。后来的发展证明他们是过于自信了。1979 年第二次石油危机后，日本汽车在美国的销售量迅速飙升，美国三大汽车巨头在 1980 年全部出现亏损，日本也在该年超过美国而成为世界上最大的汽车生产国。在这个飞跃中，丰田汽车公司发挥了关键作用。

---

① 转引自托马斯·K. 麦克劳：《现代资本主义——三次工业革命中的成功者》，江苏人民出版社 2006 年版，第 297 页。

（1）诞生的背景

二战后，丰田汽车公司的创始人——丰田喜一郎的许多想法都被日本著名的生产天才大野耐一重新利用起来。1950年春天，丰田喜一郎在美国参观了设在底特律的福特汽车公司Rouge工厂。当时，该厂是世界最大和最有效率的汽车制造厂，日产量达到7000辆，而丰田公司该年度产量才为2685辆。面对这样的工厂，丰田喜一郎认为还是有可改进的地方。回国后，他和大野耐一仔细研究后认为：战后的日本企业和美国企业的经营条件不同，福特的这种大规模生产是不适合日本的。

他们认为美日汽车企业经营条件的不同表现在以下几个方面：一是狭小的国内市场规模和多样化需求之间的矛盾。战后日本经济出现萧条，国民收入水平低，对汽车等高档消费品的需求小，但是所需要的汽车种类却很复杂；二是受新劳工法保护，日本企业不能像美国企业一样随时解雇工人，也没有大量的移民供其雇用；三是资金和外汇短缺，无力大规模购进新进的生产设备和技术；四是政府为扶植民族汽车工业发展，限制外国向日本汽车工业直接投资。正是意识到了这些差异，他们意识到简单地去模仿美国的生产方式是危险的，因而决心走一种多品种小批量而不是大批量生产的基本发展战略。在这一战略指导下，生产组织方式的创新也就成为日本汽车公司生存和发展的根本途径。经过20多年的不懈努力，丰田终于形成了自己独特的生产系统。

（2）丰田生产体系的运行机制

丰田汽车公司在产品市场上的成功取决于它经过20多年的摸索形成的生产体系，其核心被称为丰田生产系统。该系统根植于丰田喜一郎对浪费的极度厌恶，他认为生产必须准时，但是不能超额，因为超额就意味着浪费，而掩盖这种浪费的方法就是保持存货。可能按照丰田喜一郎的想法，最好的生产应该是市场需要一件就生产一件，而这种思想是和福特制完全背道而驰的。

二战后不久，大野耐一在阅读中了解到，美国的超级市场只有在某一货物售出后才补充进货；他把这种思想引申到了汽车生产线上，设想只有当生产线上的下一道工序需要零件时，上一道工序的工人才应该提供零件。这种想法可以消除丰田喜一郎所厌恶的浪费，但是却是与当时主流的生产系统相左。主流生产系统希望工人生产的越快越好，必要时甚至可以把需要加工的零件堆放在下一工序的机器周围。为了实现新的生产系统，大野耐一使用一种叫做“看板”的工具，所谓的看板就是其实一张卡片，上面注明需要零部件的型号和数量。生产中如果某位工人认为需要某个零部件，他就会把卡片传递给负责生产该零部件的工序，该工序只有在见到这个卡片时才会组织生产，即由后一道工序在需要的时刻去向前一道工序领取需要数量的、需要的东西。这种思想称之为准时制思想（Just In Time，简称 JIT）。从生产管理方面来看，这也是理想的状态。

大野耐一根据自己在纺织业中的经历提炼出了“自动化”的思想：不仅是机器因素的自动化，也包括人的因素的自动化。他认为虽然生产设备实现了生产的自动化，但是如果发生故障，则废品眨眼之间就会堆积如山。这样的自动机器，既不能防止不合格品的大量生产，也不具有自动监视机器故障的功能。因此，丰田公司需要的不是单纯的机械自动化，而是强调包括人的因素的自动化。这种“包括人的因素的自动机器”就是指“带自动停止装置的机器”。无论是丰田公司的任何一个工厂——几乎所有的机器设备，包括新的和旧的——都装有自动停止装置。例如，“定位停止方式”、“全面运转系统”、“质量保险装置”之类的安全装置。总而言之，它们就是赋予人的智慧的机器。这同时也大大改变了管理的含义。因为当机器正常运转的时候用不到人，人只是在机器发生异常情况、停止运转的时候去处理就可以了，所以，一个人可以管理好几台机器。随着人员的逐渐减少，生产效率就会有飞跃地提高。

另外，持续改进或改善是丰田生产系统的又一大特点。改善的关键是在问题变得严重之前发现它们。丰田生产系统强调对产品的功能和质量进行持续改进。对他们来说，创新的挑战是渐进性的。

至此，以准时制、自动化为两大支柱，“彻底杜绝浪费”为基本思想的丰田生产系统就逐步形成了。准时制提高了成员的协调能力，自动化则提高了每个员工的技术能力，因此，这两者并存就使企业获得了个人技能与团队协作的乘积效果，这样的生产现场是最有效率的。

（3）新生产模式的实现①

1948 年，36 岁的大野耐一任丰田汽车公司一个发动机车间的车间主任，于是他就开始试验自己的想法。1953 年，他就任丰田汽车公司的生产总经理，于是他就在总汽车生产线上试验自己的想法。1955 年，他授予生产线上的工人在出现问题时停止生产线的权利，这在几十年来的世界汽车制造业的传统做法中是个巨变。到 1963 年，丰田汽车公司的所有工厂都采用了丰田生产系统；到 60 年代中期，丰田的所有一级供应商都被纳入丰田公司生产流程。1973 年石油危机后，丰田公司要求所有的供应商都采用丰田生产系统。丰田的一级供应商变成了小丰田，各自把丰田生产系统传授给自己的分包商；二级供应商将这个生产系统继续往下传，直至把大野耐一的福音传遍了丰田公司的巨大生产网。

20 世纪 70 年代，在遭受石油危机的打击后，日本的其他汽车制造商也各自开始试行类似的办法，但是他们都未能取得与丰田公司相媲美的效率。

2. 全面质量管理运动

1980 年 6 月 26 日，美国国家广播公司（NBC）播出了一期题目是“如果日本能，我们为什么不能?”的节目，专访了一位在美国默默无闻，但是在日本却家喻户晓的人物：爱德华兹·戴明（W. Edwards Deming）。戴明在节目中给美国企业界上了深刻的一课，节目播出后，电话如潮水般打到 NBC。《财富》500 强企业的执行官们在他们的电视机前清醒了过来。②

（1）“墙里开花”——全面质量管理概念的提出

全面质量管理的起源可以追溯到第二次世界大战结束以后。

① 托马斯·K. 麦克劳：《现代资本主义——三次工业革命中的成功者》，江苏人民出版社 2006 年版，第 463—465 页。

② 斯图尔特·克雷纳：《管理百年：20 世纪管理思想与实践的批判性回顾》，海南出版社 2003 年版，第 166 页。

20 世纪初，随着流水线等先进生产方式的出现，质量检验的要求也随之提高，企业开始设置专职检验人员和部门，负责按照标准“把关”，以防不合格品流入下一道工序。但是到了 20 世纪 40 年代，企业开始意识到，光靠统计质量控制，不足以实现对质量的有效控制。质量的实现，还受到许多其他因素的影响，如员工的参与度和积极性、生产过程的合理性等等。在这样的背景下，全面质量管理开始兴起。

1951 年，约瑟夫·朱兰（Joseph Juran）博士将当时关于质量管理的一些重要思想和论文汇编成《质量控制手册》，后来这本书风靡全球。1956 年，美国通用电气公司的费根堡姆（A. V. Feigenbaum）在《哈佛商业评论》上发表论文《Total Quality Control》，首次提出了全面质量管理（Total Quality Management，TQM）的概念。

质量管理开始渗透到各个行业，各国也纷纷开展全面质量管理。在全面质量管理运动中，成就最为突出的当属日本，而在美国却被公司拒纳或忽视了。日本从第二次世界大战的战败国一跃而成为世界经济强国，并能对当时美国的经济霸主地位产生严重威胁，以及最近几十年里日本制造成为高质量的代名词，这一切都应主要归功于全面质量管理。

（2）“墙外香”——日本的质量管理运动

日本开展的质量管理运动的灵感来自美国。第二次世界大战后，美国在帮助日本重建经济基础时，派出了大量专家前往日本，其中就有戴明和朱兰等人。戴明尤其受到尊崇，被日本人看作是日本获得巨大成功的工业首席设计师。1950 年，戴明捐出了一本书的稿酬，为日本公司的质量管理设立了一项年度奖——戴明奖（Deming Prize）。

戴明的基本管理哲学，正如他狂热的日本崇拜者所铭记的那样，即把消费者看作是“生产线上最重要的部分”①。他提出了一

① 凯罗·肯尼迪：《管理思想精粹——世界顶级管理大师告诉你》，上海财经大学出版社 2005 年版，第 72 页。

个开展质量管理的方法，即“管理环”，或者叫“戴明环”，即计划（Plan）、执行（Done）、检查（Check）和行动（Action），也可以称为“PDCA循环”。

戴明提出了有关质量管理的十四点管理思想，在今天对管理界仍然具有不可估量的价值。其核心是：

第一，树立改进产品和服务的长久使命，以使企业保持竞争力，确保企业的生存和发展并能够向人们提供工作机会；

第二，接受新理念。在一个新的经济时代，管理者必须意识到自己的责任，直面挑战，领导变革；

第三，不要将质量依赖于检验，从一开始就将质量融入和渗透到产品之中，从而消除检验的必要；

第四，不要只是依据价格来做生意，要着眼于从成本最低。要立足于长期的忠诚和信任，最终作到一种物品只同一个供应商打交道；

第五，通过持续不断的改进生产和服务系统来实现质量、生产率的改进和成本的降低；

第六，做好培训。由于缺乏充分的培训，人们常常因不懂得如何做好工作而不能将工作做好；

第七，进行领导。领导意味着帮助人们将工作做好，而非指手画脚或惩罚威吓；

第八，消除恐惧以使每一个人都能为组织有效地工作。许多雇员害怕提问或拿主意，即使在他们不清楚自己的职责或不明白对或错时。他们或是继续用错误的方式做事，或者干脆什么都不做。由于恐惧而导致的经济损失是惊人的。要确保质量生产率就必须使每个人都具有安全感。“最愚蠢的提问也胜于不提问”；

第九，拆除部门间的壁垒。不同部门的成员应当以一种团体的方式工作，以发现和解决产品和服务在生产和使用中可能会遇到的问题；

第十，取消向一般员工的口号、标语和数字目标。质量和生产力低下的大部分原因在于系统，一般员工不可能解决所有这些问题；

第十一，取消定额或指标。定额关心的只是数量而非质量，人们为了追求定额或目标，可能会不惜任何代价，包括牺牲组织的利益在内；

第十二，取消影响工作完美的障碍。人们渴望将工作做好，但不得法的管理者、不适当的设备、有缺陷的材料等会对人们造成阻碍。这些因素必须加以消除；

第十三，开展强有力的教育和自我提高活动。组织的每一个成员，都应不断地发展自己，以使自己能够适应未来的要求；

第十四，使组织中的每一个人都行动起来去实现转变。

朱兰与戴明共同致力于战后日本的质量管理革命，被称为质量管理的“双子座”。朱兰从 1954 年开始，在日本宣扬他的质量管理思想，对扭转日本早先产品质量低劣的名声做出了很大的贡献。

朱兰从系统的角度出发考虑管理问题，提出了管理就是要不断的改进工作，并为此建立了质量三元论（质量计划、质量控制和质量改进）。质量计划：为建立有能力满足质量标准化的工作程序，质量计划是必要的；质量控制：为了掌握何时采取必要措施纠正质量问题就必须实施质量控制；质量改进：质量改进有助于发现更好的管理工作方式。

朱兰博士指出产品质量是在市场调查、开发、设计、计划、采购、生产、控制、检验、销售、服务、反馈等全过程中形成的，同时又在这个全过程的不断循环中螺旋式提高，所以也称为质量进展螺旋。因此质量管理需要从全面企业经营过程入手，提出了全面质量管理（TQM）学说，并成为了 20 世纪后 20 年的核心管理学说之一。

朱兰博士在全面质量管理理论的基础上还将生产中的质量观引入到生活质量中，他认为，现代科学技术、环境与质量密切相关。他说：“社会工业化引起了一系列环境问题的出现，影响着人们的生活质量。”朱兰博士的生活质量观反映了人类经济活动的共同要求：经济发展的最终目的，是为了不断地满足人们日益增长的物质文化生活的需要。

总结起来，在日本发展出来的全面质量管理的实质是以顾客满意、附加价值和持续改善为核心的一种全面的经营管理理念。它指的是组织以质量为中心、以全员参与为基础，目的在于通过让顾客满意和本组织所有成员和社会受益而达到长期成功的一种管理理念。全面质量管理强调用事实和数据说话，强调广泛应用统计方法和技术；对象不仅包括一般意义上的产品和服务，还包括组织的所有活动、过程、人员和组织结构等各个方面。具有以下鲜明的特点：

第一，把质量管理提到了经营思想革命的高度。抓住质量管理这个中心环节，即可带动企业经营管理的全部链条。因此，通过建立和运行以质量为中心的综合管理体系，组织企业所有部门、全体人员积极参与，从而科学地、经济地开展研制、生产、售后服务等经营活动，为用户提供满意的产品和服务。

第二，实行全过程的质量管理。不是仅仅局限于生产过程，而是强调"以市场、顾客、消费者为中心"，动员企业的所有部门和人员，在设计、试制、生产、销售、服务的全过程中实行系统的质量管理。

第三，是全员质量管理。它不仅仅限于质量管理和生产管理部门，也涉及新产品开发、成本管理、市场营销管理以及劳务管理等部门。日本企业认为，质量管理不单单是质量部门的事，强调企业的所有部门都有责任来保证产品质量。

由于戴明和朱兰对日本经济发展的巨大贡献，他俩都获得了日本天皇颁发的二等"瑞宝"(the Sacred Treasure) 奖，这是日本有史以来颁给外国人的最高奖项。

(3) 西方工业界的觉醒

在美国工业界加深了对戴明等人理论的认识之后，他们开始相信戴明的理论是美国公司复苏的关键所在。美国在 1998 年设立了波多里奇质量奖 (Malcolm Baldrige National Quality Award，简称 MBNQA) 来促进美国公司的质量管理工作，并取得了不俗的成效。欧洲也在 1993 年设立了欧洲质量奖 (Europe Quality Award，简称 EQA)，其他国家的质量奖的设置大都以美国质量奖或者欧洲质量奖为蓝本，各国都希望通过国家质量奖的实施来实现对全面质量管理发展的促进，最终实现国家经济竞争力的提升。

2001 年，为了使中国的企业在全球化背景下更具国际竞争力，在借鉴国外质量奖的基础上，中国质量协会也设立了中国质量管理奖（China Quality Management Award，简称 CQMA）。

3. 精益生产

精益生产（Lean Production，LP），又称精细生产，是美国麻省理工学院在一项名为"国际汽车计划"的研究项目中提出来的。"lean"就是瘦、没有脂肪，主要内容包括工厂现场管理、新产品开发、与用户的关系、与供应厂家的关系等方面。它们在做了大量的调查和对比后，认为日本丰田汽车公司的生产方式是最适用于现代制造企业的一种生产组织管理方式。其核心思想就是及时制造，消灭故障，消除一切浪费，向零缺陷、零库存进军。

在对丰田汽车公司的生产方式进行总结的基础上，美国学者提出了精益生产，它既是一种原理，又是一种新的生产方式是新时代工业化的象征。但是精益生产不等于丰田生产系统或者准时制，尽管它们之间很多内容都是相同的。它们的不同主要在于它们之间强调的重点有所区别：① 准时制强调企业内部持续改善；精益生产强调抓住顾客真正的需求，为顾客创造价值；丰田生产系统则包括公司内部管理，如授权员工、培训员工等。

总之，源于丰田生产体系的精益生产已经成为一种管理思想和追求卓越的企业文化，成为世界级企业的竞争利器。

四、有创造力的战略思考艺术

20 世纪 80 年代，管理学者在分析日本企业对美国的挑战时提出了美国企业对长期战略计划不够重视的问题。日本企业的领导比美国的更重视企业战略，出色地为企业制定了一系列行之有效的战

① 陈荣秋等：《生产与运作管理》，高等教育出版社 2005 年版，第 509 页。

略规划，从而在与美国对手的竞争中取得了大多数的胜利。

（一）日本的战略思考艺术

帕斯卡尔和阿索斯在《日本企业管理艺术》一书中指出日本管理的关键组成部分之一是远见（vision）。他们发现这是西方特别缺乏的东西。帕斯卡尔和阿索斯写道："我们今天的问题是，我们有工具，但是我们的'远见'有限。许多美国管理者受到信念、假设和对管理的领悟力的影响，这些因素过度地束缚了他们。"①

学者在对日美企业管理进行比较分析后，得出以下结论：美国企业，把投入资本收益率和股价作为标准，采取提高资源配置的机动性、提高短期分配效率的战略；而日本企业，则更重视市场占有率、新产品比率等增长目标，与资源配置效率相比，更重视资源的长期积累②。他们的研究支持了帕斯卡尔和阿索斯的看法，即日本企业更重视长期发展战略。

日本咨询顾问大前研一（Kenichi Ohmae）认为日本管理远不只是公司歌曲（即企业文化）和终身雇佣制度。最引人注意的是日本的战略思考艺术。大前说，这是"根本上有创造力的，依靠直觉判断并且是理性的。"日本企业没有陷入无止境地分析或无意义的划分层级的沼泽中。"大多数日本企业甚至没有一张说得过去的组织图。""没有人知道丰田是如何组织的，除了知道它大量采用项目小组和它十分灵活外……革新通常发生在边缘领域，需要多学科的知识。因此，灵活的日本组织，特别是现在，成为有价值的东西。"同时，大前也指出，日本企业没有大量的制定战略的人员，但是他们有一个天生有才华的战略家，"在考虑动态相互作用的企业、顾客和竞争时，有自己的特殊思维方式，并能跳出这种复杂关系制定一套综合的目标和计划，最后以行动使之具体化。"大

① 斯图尔特·克雷纳：《管理百年：20 世纪管理思想与实践的批判性回顾》，海南出版社 2003 年版，第 168 页。

② 加护野忠男等：《日美企业管理比较》，三联书店 2005 年版，第 40 页。

前论点中最突出的是，他认为按日本方式制定的战略是非理性和非线性的。“真实世界中的现象和事件，并不总是满足线性模型，”“因此，能把情势分解为连续的各部分，再将各部分以理想的方式重新组合起来的最可靠方法，不是像系统分析一样的分步法。人类的大脑才是非线性思维的重击思考工具。因此，真正的战略思考与建立在线性思维基础上的传统的机械性的系统方法形成了鲜明对比。当然，他也与完全依赖直觉碰运气、不经过任何真正的分类或分析就做出结论的方式完全不同。”①

与此相应，彼得斯和沃特曼、亨利·明茨伯格等都对美国管理工作中过于依赖线性思维工具的做法提出了批评。

（二）本田摩托车的成功——一个经典案例

美国的哈利·戴维森（Harley-Davidson）摩托车制造公司成立于 1903 年。到 20 世纪 60 年代初期，它击败了其在美国的所有竞争对手而占据领先地位，在美国摩托车市场独占 70% 的市场份额。但令人难以置信的是，在之后的短短五年内，哈利·戴维森公司的市场份额突降到了 5%，创造了又一“神话”。将其在短时间内迅速拉下马的不是别人，正是来自日本的本田摩托车公司。

1. 本田挑战哈利·戴维森摩托车

当时，美国公众往往把摩托车与黑皮夹克，甚至暴力联系起来。这主要是因为在 20 年代和 30 年代经济危机而引发的高失业率时期，一些没有工作的人，衣着不整、酒气熏天地开着摩托车四处游荡，追求所谓吉普赛人无拘无束的生活方式。不管这种人是否很多，但公众对这类人的不良看法却与摩托车联系在一起了。第二次世界大战后，摩托车的消极形象更加突出。并且，由于汽车价格便宜，摩托车的消费主要是一种休闲需求。

1959 年，本田决定进入美国市场。1961 年，它花了 15 万美元在地区做广告，以改变 30 年代起摩托车使用者的不好形象。本田

---

① 斯图尔特·克雷纳：《管理百年：20 世纪管理思想与实践的批判性回顾》，海南出版社 2003 年版，第 168—169 页。

将营销的重点放在中产阶级身上，打出“本田车上的人是你遇到的最好的人”的广告词；同时，本田力图促进“骑摩托车很好玩”这种观念的确立，一举扭转了人们对摩托车的不良印象。这次营销活动主要靠大量广告的支持，仅 1965 年就花了 400 万美元。

另外，本田公司建议美国普通家庭生活中使用摩托车。当时他们投放市场的产品是排气量 100CC 的摩托车，美国的摩托车销售店都讥笑日本本田，当时这些大店里卖的都是排气量在 500CC 以上的美制摩托车。因此，产品推出并非一帆风顺，第一年仅卖出 167 辆。许多摩托车专家对这种似乎不足挂齿的日本机器讽刺嘲笑，不屑一顾。哈利·戴维森公司也对此不以为然，他们认为摩托车是一种体育器械，而不是交通工具。即使有人说他买了一辆交通用摩托车，那也一般是在休闲时间才用，轻便摩托车只是一种辅助用品。他们认为在第一次世界大战的时候，也有不少公司生产轻便摩托车，而该公司走自己的路，生产自己的摩托车。那些公司的经营没有成功，他们似乎已经看到了本田的下场。

经销商也不能接受本田的轻便摩托车。最后，本田摩托车不得不通过美国的自行车店来进行销售，而不是通过摩托车销售店。当时的自行车店老板，看到销售这种 50CC 到 100CC 的摩托车对他有附加价值，所以也就愿意这么做。

伴随着本田公司的不懈努力，很快他们就会得了回报，美国人也开始接受本田摩托车并把它们作为交通工具。本田公司把沉稳平静的美国摩托车市场搅得天翻地覆，蚕食了美国企业界苦心经营了 60 年的地盘。1960 年，本田销售量达 2.21 万辆，5 年后（即 1965 年）增长了 10 倍多，达 27 万辆。这一年，本田摩托车在美国的市场占有率达 80%，而哈利·戴维森摩托车的年销售量却徘徊在了 3.5 万辆左右。

2. 众说纷纭①

对于本田摩托车的成功，可谓仁者见仁、智者见智，众说纷纭。

（1）“理性”的战略分析及不同的声音

① 马浩：《本田为什么会成功》，《周末画报（财富版）》第 356 期。

首先是在波士顿咨询公司（Boston Consulting Group）为英国政府提供的研究报告中正式分析了本田的成功。该报告的研究主题是为什么日本摩托车厂商能够在欧美市场长驱直入，而本地厂商则节节败退。波士顿咨询公司的报告使用了很多正规的（主要是经济学方面的）分析，并得出结论：本田从大规模生产中获得的经验曲线效应使本田在成本上比西方老牌企业享有竞争优势、成本优势和后来创建的其他优势，比如良好品牌形象，新的销售渠道等，奠定了本田在世界摩托车市场的成功。波士顿咨询公司的报告充分展示了对战略现象背后的逻辑关系进行系统和正规分析的力量和魅力。

这种理性分析遭到斯坦福大学管理学者理查德·帕斯卡尔（Richard Pasca）的质疑。帕斯卡尔提出的“本田效应”轰动一时，至今仍被奉为战略经典。帕斯卡尔对负责当年本田公司进入美国的几位高级主管的访问调查表明，本田进入美国市场的实际故事与波士顿咨询公司报告中展示的逻辑清晰的图景相差甚远。在这个渐进演化的过程中，出现了许多失误、短视和惨败，也出现了许多学习、改善、调整和提高，当然也少不了运气。真实的现象似乎就是本田跌跌撞撞，歪打正着的走运历程。这就是理性背后的“本田效应”。

（2）“理性”的背后：学习和核心能力

根据帕斯卡尔对本田故事的描述，加拿大管理学家亨利·明茨伯格（Henry Minzberg）认为本田摩托车进入美国市场的案例是“自生战略”的经典代表。也就是说，战略不是提前设计出来而后付诸实施的。恰恰相反，战略制定和战略实施是密不可分的。战略的制定、修改、实施、完善都在同一个过程中同时进行，靠的是战略管理者的思考和计划，学习和调整，更靠他们的即兴发挥。

同样，普拉哈拉德和哈默（Prahalad & Hamel）对本田成功的解释是：本田通过建立、使用和放大它的核心竞争力（小型发动机的设计和制造），来实现它的战略意图，它对统占全球市场有着疯狂的迷恋。

通过本田摩托车成功地在美国创造出轻便摩托车市场这个案例

我们可以看到，本田的成功不在于实现的理性思考，而是在不经意中进入这个市场，然后在市场肯定后，通过学习来逐步形成清晰的战略的。这就不同于美国企业传统上的事前理性分析基础上形成战略的方法，为我们理解战略打开了一扇新的窗户。

五、世纪末的谜团

20 世纪 80 年代初，大批美国经理人飞越太平洋到日本去“取经”，当时最热门的管理时尚是企业文化、精益生产、全面质量管理等等。然而弹指一挥间，十年过去了，到了 90 年代，一切似乎与十年前不同了。昔日的经济势头颠倒了一个个儿，世纪之交的美国，经济形势一片大好。在新世纪来临之际，美国企业又重新获得了竞争优势，超越了日本企业，真是应了那句老话：三十年河东，三十年河西。这也就给我们留下了一个谜团：为什么日本企业被超越、美国企业重新获得了竞争力？这也成为世纪之交管理学界研究的一个热点。

（一）20 世纪 90 年代美日竞争力的逆转

尽管在 80 年代初，日本企业被一片赞美声所包围，但是到了 80 年代中期，日元迅猛升值，给日本企业造成很大打击。为了克服日元升值导致的不景气，日本的大企业纷纷提出削减大量人员的计划并付诸实施，如 1986 年 1—10 月，三井造船计划削减 2000 多人，爱华公司要求 700 人提前退休，日立造船削减 5000 人，石川岛播磨重工业要求 7000 人退休，同和矿业解雇了 300 人等。如此大量地削减从业人员，是与终身雇佣、年功序列工资制对立和矛盾的。于是，在日本又出现了日本式经营“崩溃”论。如日本学者中谷严 1987 年指出“终身雇佣制和年功制的时代正在迅速走向结束”，日本学者加藤宽也认为日本式经营正在走向崩溃。① 90 年代

① 转引自宋桂才：《论日本式经营及其未来走向》，吉林大学硕士学位论文。

初，日本的泡沫经济破灭，日本企业竞争力也急剧下降，重新被美国企业超过（见表 4-1）。并且在整个 90 年代，日本经济复苏缓慢，企业经营困难，日本制造企业面临着设备过剩、雇员过剩、债务过多的困境，连日本人引以为豪的产品质量也开始事故频发。

美国企业的重新崛起，日本企业国际竞争力的下降是 20 世纪 90 年代国际企业管理领域最重大的事件之一，不同学者对此现象也有不同的解读。

表 4-1　**美日企业国际竞争力演变（1992—1998 年）**①

	日本	美国
1992 年	1	14
1993 年	1	14
1994 年	1	11
1995 年	2	6
1996 年	2	10
1997 年	7	3
1998 年	24	1

（二）成败皆萧何：对日本式管理不同的解读

1. 缺乏创新的文化和管理

正当日本为世人对日本管理文化的赞赏而陶醉时，失败的种子也被埋下了。按照著名经济学家熊彼特（Joseph Schumprter）的观点，“创新”是由大企业内部的经济力量所形成的，“创新”是资本主义经济增长和发展的动力，没有“创新”就没有资本主义的发展。日本的企业文化天生就缺乏独创性和研究开发精神，日本的管理模式可能更适合以标准化、大批量制造、工艺稳定为基本特征

① 毛蕴诗等：《美国企业竞争力超过日本企业之探究》，《南开管理评论》2002 年第 1 期，第 56 页。

的工业经济。注重群体意识、等级秩序、环境安定，倡导管理中的和谐统一，这样一些管理文化特质在新经济发展中显得很不适宜，甚至会在一定程度上对新经济的发展起到阻碍作用。

例如，“终身雇佣制、年功序列制”是日本企业的最大特点，其最大特点是员工与企业是合作的限制流动的终身雇佣关系。日本企业这种独到的人才资源管理制度，容易形成巨大的团队精神，在近代工业社会乞求效益、扩大分工、力求最大量地规模化生产的时代，特别有活力，的确也曾为日本经济的成功做出了突出的贡献。但在知识经济、信息化时代，这种模式使企业创新能力大大削弱，已无法适应新的国际经济形势的要求。

再来看看日本企业的决策机制。众所周知，日本企业最高决策层的决策机制是呈金字塔结构的，最高决策都是由以会长为首的董事会做出，这种决策机制的最大缺陷就是滞后性。日本独特的人事制度决定了能够进入董事会并担任董事长的年龄一般都在 60 岁左右，当上董事长已经达到事业顶峰，这就使得他们墨守成规、不思进取。在作决策时，往往依据经验、参照惯例或者同行的做法，有时为了逃避责任甚至层层过滤，多次开会直到大家达成一致意见为止。知识经济时代鼓励创新与企业个性的发挥，这种决策机制显然已无法适应这一要求。①

2. 经济信息化落后

信息化是 80 年代以来企业技术发展和设备投资的主要趋势。整个 80 年代，美国用于信息化设备的投资达 1 万亿美元，1990 年以来，美国经济增长部分的 38% 来自企业和消费者对信息设备的购买。1995 年美国企业设备投资额为 5220 亿美元，比 1994 年增长 17.6%，其中信息设备的投资达 2493 亿美元，占设备投资总额的 40%，增长幅度 24%，大大超过了设备投资总额的增长。1994 年美国商务部要求 10 人以下的小公司的财务系统要实现计算机信息联网，这样，1995 年美国公司信息化联网率已高达 90%。几乎

① 杨洪跃：《日本经济衰退的文化探源》，《日本研究》2003 年第 3 期，第 41—43 页。

所有公司都建立了自己内部的计算机网络，并与地区的、国家的、跨国的网络连接，实现信息的快速处理、传递和共享。采用信息科学技术获取竞争力的美国企业有通用汽车、沃尔马特、梅尔克（医药）、西普伦（石油）等。主要的信息技术包括：新产品开发与提高产品质量的信息技术、改善制造工艺流程的信息技术、市场和经营方面的信息技术及在库品管理的信息技术等。相比之下，日本企业的信息化发展则落后于美国企业。虽然日本企业在 20 世纪 70 年代中开始在政府支持下加快了半导体和计算机产业的发展，且在 80 年代中一度超过了美国，但是日本企业和日本经济本身却没有装备和使用这些计算机，需求不旺导致供应下降。尤其是日本经济开放性差、服务性差，这是日本经济信息化落后的一个重要原因。①

3. 企业战略的再思考

日本企业过去为追求企业成长而片面追求无止境的规模扩大和全方位的多角化经营，忽视了利润和资本收益率，导致大企业病成为日本经济的毒瘤。企业经营目标的偏离和本末倒置使日本企业规模巨大，但利润很低，甚至亏损。1997 年度《财富》世界 500 强中第 6 位的伊藤忠商社和第 486 位的雄谷组分别亏损达 7.739 亿美元和 18.72 亿美元。该年度日本企业还囊括了 500 强中最大亏损企业的前 5 名。这无疑是日本企业片面追求扩大经营规模吞下的苦果。其次，在国际化经营力面，日本企业的经营策略过于保守和封闭，只重视对外投资，却极少投资流入，而日本对外投资多为设备和地产投资。此外，日本企业对经济全球化和信息产业化反应迟缓，效率低下。相比之下，美国企业则对环境变动做出了主动和迅速的战略反应，在积极扩展国际化经营的同时，还注重信息化投资，发展信息技术和网络。②

① 毛蕴诗等：《美国企业竞争力超过日本企业之探究》，《南开管理评论》2002 年第 1 期，第 55—61 页。

② 毛蕴诗等：《美国企业竞争力超过日本企业之探究》，《南开管理评论》2002 年第 1 期，第 55—61 页。

战略管理大师迈克尔·波特（Michael E. Porter）则认为日本企业只有经营有效性，没有战略。他认为，20 世纪 80 年代日本企业对西方公司进行挑战的核心是经营的有效性。日本公司在经营有效性上大大超过其竞争对手，不仅大大推动了生产率边界的扩展，使它远远超出了许多西方公司的生产率，同时还在成本和歧异性上击败了西方竞争者。然而只有经营有效性的竞争也使其在竞争对手面前日渐艰难。原因有二：一是模仿。由于媒体、咨询顾问或其他的因素使业绩优异者的做法得到迅速传播，模仿带来的恶果是大家都提高了经营有效性，使竞争强度加大，利润率降低。美国在 80 年代后期模仿日本公司的做法是相当成功的，从全面质量管理到车间自动化以及外包、供应链管理等等都可以发现日本企业管理方法的影子。当然，美国企业不仅是模仿，同时还结合信息技术将这些方法加以改进，结果是美国的生产率在 90 年代大大超过了日本。根据麦肯锡的研究，90 年代日本的劳动生产率和美国的差距一直保持在 32% 左右。二是竞争趋同。模仿的结果就是使竞争趋同，提供大体相同（即使不是完全相同）的产品种类、特征和服务，使用相同的服务渠道，适应互相之间的生产过程，这样没有一个企业采取战略来获得独特的竞争地位。比如日本的半导体厂商相比于美国厂商提供了更长的产品线，而日本公司之间也大致相类似，这也同样发生在其他的行业里，比如服装、巧克力、零售、金融服务业等等。竞争趋同促使企业各自投入更多的资源进行生产，造成生产力的过剩。另一方面行业结构长期保持稳定，巩固了现有厂商的垄断地位，导致了市场的僵化。一个典型的例证就是日本的零售业在过去的 25 年内前十名的企业几乎没有发生什么变化。

波特认为产生这种情况的原因在于：一方面，日本式的决策体制妨碍企业获得独特的战略定位。日本的决策是典型的群体决策，同时要求全体一致；日本的决策制度——禀议制①也保证了决策的

① 禀议制是指在制订计划时，先由下级提出方案，并在下面经过充分的讨论，然后上级进行回议，在回议过程中上级避免对下级的方案否决，而尽量利用正式和非正式的机会和更多的人交换意见，促成意见一致。

一致性和接受性。但是日式的决策体制导致大家求同的思想，同时禀议制也使整个决策和计划的过程拉得太长，尽管是集体决策和集体负责，但也会造成“集体不负责制”，因为决策是由大家做出的。因此，求同一致的思想妨碍了企业寻求差异和独特的战略定位。另外，对于决策者，日本的绝大多数领导者将自己的职责视为寻求一致、保持连续性和领导层交接的有序性，而不是做出战略性决策。各企业决策的信息来源也基本一致。当然导致这种决策方式的深层次因素植根于日本的文化。

另一方面在于日本企业战略目标的选择错误。日本企业非常着迷于市场占有率和增长目标，盈利被看作是第二位的。然而，选择这样一个目标必然会导致过剩生产能力的反复出现，而且会导致公司在不相关的业务领域内进行多角化经营。最终结果则是资本的生产率低下，公司的盈利能力变弱。①

但波特认为日本企业只有经营有效性，没有战略的看法遭到了另一位大师级人物明茨伯格的抨击。在《战略的历程：纵览战略管理学派》一书中明茨伯格说道：“波特对于战略进程过于狭隘的看法，使得他得出了一个令人惊讶的结论，即‘日本企业很少有战略，他们必须学习战略’。在我们看来，根本不是那么一回事。日本企业不仅不用去学习战略，他们完全胜任给迈克尔·波特讲授战略。”② 大师级人物之间的学术争论我们无法妄评，但这也再一次体现出管理学术界特有的枝蔓缠绕“丛林”景象。

（三）日本还会东山再起吗？③

正如80年代人们对日本企业征服美国的论调毫不怀疑一样，适合个人创新、组织灵活的美国公司如今同样被一种全然不可战胜

① 秦仪：《波特论日本企业战略》，《现代日本经济》2004年第4期，第37—42页。

② 亨利·明茨伯格等：《战略历程：纵览战略管理学派》，机械工业出版社2002年版，第84页。

③ 李明武：《从企业管理文化看美日经济的潮起潮落》，《学术论坛》2002年第2期，第70页。

的气氛所笼罩。很多人都认为，日本在管理文化方面的失败已成定局。果真如此吗？稍有一点常识的人应该知道，日本每年仍然保持着对美贸易的巨额盈余，日本企业仍然具有极强的国际竞争力，在诸多领域，如消费电子产品、汽车及零部件等方而，美国还落在后面。美日企业孰优孰劣尚不能最后定论。

面对艰难的时世和更为难缠的竞争对手，日本企业不得不改变其过分自负的管理模式，过去被称为“神器”的法宝被纷纷抛弃。《日经新闻》对日本 450 家公开上市公司的高级经理人所做的一项调查表明，绝大多数接受调查者都质疑日本传统的终身就业方式，他们认为，日本企业除了进行彻底的变革之外别无他法。日本人在其传统的以感情为主的人文主义企业中，正着力加强与职工关系的契约管理，丰田就是勇于实施这种变革的一个典范。当记者问及丰田行政总监奥田弘志对终身聘用制的态度时，他的回答是，丰田不是一家慈善机构。丰田公司宣布，它对其设计师实行一年聘用合同制，以后再根据业绩续约。此举在日本企业界引起轰动，《经济学人》杂志称，“此举是对日本企业界最受尊崇的传统终身就业制度一次彻底的打击”。日本企业的集体主义价值体系中也逐渐引入了重视个人价值、尊重个人利益的因素，各企业都建立起新的管理体制，其中包括以业绩为基础的提升制度、自上而下的管理方式以及根据业绩和对底线收益的贡献来评定和聘用管理专业人才。另外，能力主义逐渐取代资历主义，鼓励冒险与创新的竞争机制、崇尚冒险与创新精神的企业文化氛围正在形成。索尼的老板井出信一就展现了《国际先驱论坛》报所称的“敢说敢干的风格”，参与索尼公司从来未敢轻易参与的冒险事业，如电视卫星广播事业；东芝公司的总裁西村太佐也带领着东芝踏入信息技术和通讯等以前从未介入过的领域。

革新后的日本企业管理模式能否东山再起，还待历史的检验，让我们拭目以待吧。

第五部分　管理科学的新进展
——世纪之交的竞争

人类社会发展的历史长河，虽然常常云卷浪涌、千回百转，但总是波澜壮阔、一往无前。当历史的时钟指向20世纪和21世纪交替的时刻，一种生机勃勃的新经济形态——知识经济，向我们迎面扑来。

正如我们一直告诫的，作为社会科学的一门子学科，管理理论和方法都是在适应特定的社会环境中由人所创造出来的。与环境发展、匹配与适应是衡量管理理论和方法的基本尺度。随着知识经济的到来，随着竞争环境的日益动态化、竞争的国际化、技术创新的加剧和消费者需求的日益多样化，曾经流行的管理理论和方法已经难以适应新时代的要求，管理科学的学者们必须对新出现的问题进行研究，新的一轮管理科学的思想变革开始出现。各类组织，特别是企业必须积极变革、实施再造，对管理的范围进行拓展，对管理的内容、方法和手段进行创新。

一、知识经济时代的号角

1980年，《第三次浪潮》的作者阿尔温·托夫勒（Alvin Toffler）曾预言人类社会已经和将要经历三个文明浪潮。第一次浪潮是发生在八千年前的农业浪潮，第二次浪潮是三百年前以瓦特发明蒸汽机为开端的工业浪潮。而今，第三次潮流正在来临，那就是信息革命。信息技术和社会需求将成为人类社会发展的强大动力，使整个世界融为一体，人们将打破国界，寻求合作。托夫勒为我们吹响了新时代的号角。

（一）知识经济

每一经济形态都有与之相应的经济理论，工业经济孕育了知识经济（Knowledge economy），同时也孕育了知识经济思想。知识经济思想从 20 世纪前期开始萌芽，80 年代以后进入初步形成阶段。90 年代初，美国管理大师彼得·德鲁克在他的《后资本主义社会》一书中提出，我们正进入知识社会。知识社会是一个以知识为核心的社会，“智力资本”已成为企业最重要的资源，有教育的人成为社会的主流。1996 年由西方国家组成的经济合作与发展组织（OECD）发表的题为《以知识为基础的经济》的报告，全面、系统地阐述了知识经济，并做了比较明确的定义：知识经济是建立在知识和信息的生产、分配和使用基础上的经济。

人们普遍认为，“知识经济”一词恰当地概括了国际经济变化的特点和发展趋势。OECD（Organization for Economic Co-operation and Development，经济合作与发展组织，简称经合组织）认为，知识经济的提出，是出自对经济和科技在经济增长中作用的深刻认识。知识历来是经济发展的核心要素，经济也密切地依赖于知识的生产、传播和利用。但是，在传统的经济概念中，生产取决于劳动力、资本、土地、资源的等生产要素，技术或知识被视为外部要素。因此，当代的经济学家都建议修正新古典主义经济学中生产函数的有关概念，将“知识”要素直接列入其中。在这样的概念中，经济增长更直接地取决于知识的投资，是可以扩大传统生产要素的生产能力，可以提供调整生产要素创造革新产品和改进生产程序的能力。以知识为基础的经济增长新模式鼓励创造新知识和在经济中传播新技术的手段。知识经济的目标是研究、开发和应用新技术。现在的经济中心已从工业经济时代的经验、传统，向获得新技术知识、创造和适用新技术发展的灵活性转移。

“更为具体地讲，人们普遍认为，美国在 20 世纪末经济的增长状况已体现出了新技术革命的特色，出现了从工业经济向知识经济转移的雏形。从 1991—1998 年，美国当时的经济超常持续增长了 90 多个月，不仅创造了美国经济持续增长的历史新纪录，而且出现了经济理论无法解释的经济现象。20 世纪 90 年代，美国已扭转了 70—80 年代相对衰退的局面，美国占世界 GDP 的比重从 1988 年的 25% 上升至 1996 年的 27%。据美国 1996 年的一次调查，45% 的美国人自称是‘工人阶级’，45% 的人自称为‘中产阶级’，其余 10% 的人属于‘资产阶级’。从 1989—1995 年间，年收入在 1 万—2.5 万美元的家庭中，股票持有者从 33% 增至 48%，即近一半的美国人成为了股东。统计数据还显示，在美国，60% 的家庭拥有自己的住宅，50% 以上的家庭有了自己的银行存款和股票。

“究其当时发生的种种现象的根本原因，人们认为产生上述重大变化的深层次原因是：（1）美国的经济技术体系发生了变化。美国顺应信息时代的要求，实现了传统产业向高新技术（如信息、生物、新材料、新能源、航天）产业的顺利转化，并建立了相应的信息基础设施。据统计，美国的高新技术产业已占 GDP 的 50%，约 25% 的人和 80% 的企业使用了因特网。（2）美国的产业结构发生了重大变化。服务业（即第三产业）的国内生产产值已占美国 GDP 的 70% 以上，对 GDP 的贡献率也达到了 80% 以上。在服务业就业的人数占就业总人数的比重从 1960 年的 56.2% 提高到了 1994 年的 73%；与此同时，第一产业和第二产业的比重却分别从 8.5% 和 35.5% 降至 2.9% 和 24%。（3）美国的就业人员素质结构发生了重大的变化。美国职工受教育的平均时间从 1948 年的 10 年提高到了 1994 年的 13 年以上，受过高等教育的人员从 14% 提高到了 55%。与信息直接和间接有关的高级服务业工人占全美劳动力的比重为 50% 左右，美国麦肯锡公司的一项研究成果表明，到 21 世纪初，美国所有工作中，80% 以上的工作在实质上将属于脑力劳动。这种变化正如一位美国人所讲：今天的‘知识工作’涉及包括教育、广告、建筑、研究与发展、媒体制作、销售、电影制作、会计工作、法律、剧院、计算机软件开发、咨询服务、摄影、卫生工作的更多部分，涉及社会工作、出版、管理、银行、教会的世界、房地产和大部分政府工作等诸多领域。虽然这些以知识为基础的工作在传统意义上常常是无形的（不能由可确定的量或价格度量），但是在现代经济中逐渐成为财富创造和就业的主体。

“从以上的分析中不难看出，实践和理论都在表明，沿袭了近200年的工业经济时代正在向知识经济时代转变。这种转变，不仅会改变资源配置的方式、产业结构的构成、可持续发展的模式、综合国力增强的途径，还会改变人们已熟悉的管理理论、思想和方法。”①

（二）知识经济对企业管理的影响

在知识经济迅猛发展的新形势下，社会经济结构、产业结构、消费结构和市场行为随之而发生着深刻变革。知识经济使企业面临着一个崭新的生存发展环境，企业的管理方式自然随之发生相应的转变。

1. 知识经济对企业竞争环境的影响

在知识经济时代，经济全球化、IT技术和知识要素日益在经济发展过程中快速地改变着企业竞争的环境。

在知识经济时代，时间、空间与经济的相关性减弱，经济全球化进入一个新阶段。以信息技术为主导的高新技术的快速发展和广泛应用，以及知识传递速度的加快和知识交流深度的提高，使信息网络的覆盖面日益扩大，网络已基本延伸到全球各个角落。从内在逻辑看，以信息技术为主导的高新技术作为科学技术生产力体系中最活跃的部分，全面重新构建了各个产业的价值链，改变了各国之间的国际分工的传统格局，进一步加速了世界经济的全面发展，使世界经济进入了全球一体化的崭新发展轨道。同时，信息技术革命破除了工业社会生产场所的固定性，消除了企业生产经营的地理界限，拓宽了市场范围。

对知识经济时代的企业而言，传统的国界概念已被突破，无论发达国家还是发展中国家的企业都被新的产业价值链统一到世界经济的一体化进程之中，企业的经营管理活动都在全球一体化的进程

① 谭力文等：《管理学》，武汉大学出版社2004年版，第64—65页。

发生着重大的变化。依托功能强大的信息网络，不仅一般的商品和服务，就连资金、技术、劳动力、原材料、设备等所有生产要素都可以在全球范围内以前所未有的速度进行自由流动和转让。在这种情况下，经济活动突破了国界而成为全球性的活动，企业组织已渐渐演变成一个没有边界、与全球相连的国际生产中心、营销中心，它的投资、贸易、研发、人力资源、生产布局以及资本流动都以全球为背景出现了各种新的形态。

此外，电子商务改变了原有的经营方式和商务活动方式，加速了企业经营活动的全球化，传统的经营方式、商业形态、流通渠道、营销策略等都将发生相应的转变。各种各样的商业交易将通过网络来实现，厂商要实现销售，顾客要想购买商品或获得服务，都可以通过网络来完成，B2B、B2C 成为了企业经营新的理念。

2. 知识经济对企业管理的影响

21 世纪是人们满怀希望和憧憬的世界，也是以知识经济为主要特色的新世纪，管理科学在新的世纪会有什么样的变化呢？总的来看，人们对管理工作有了一个新的认识，提出了新一代的管理理论，同时也对一些新问题进行了探讨。

（1）对管理工作的新认识。美国的管理大师彼得·德鲁克在论文《从资本主义到知识社会》中就认定，从 1700 年以后开始，在难以置信的短短 50 年间，技术发明了，把技艺的神秘性同有机的、系统的、有目的的知识结合在一起，人类进入了工业革命的时代。虽然在这个时代，工人受到了更为粗暴的虐待，但工厂城镇的婴儿死亡率下降了，生活水平上升了，“工业化从开始就意味着物质的改善。”到了 20 世纪初叶，泰罗将知识运用到了劳动之中，它通过对劳动进行分析和设计，运用培训的方法，用知识的传授代替了技术的沿袭，用正确的方式、最短的时间和最好的工具去完成可以被研究、被分析、被分解的劳动组成的简单动作，替代了多少年来被人们普遍认为手工技艺有着不可言传的奥妙，只可能在封闭的世袭圈子中师傅带徒弟的适应手工作坊的技术传授方式。在泰罗将知识运用于劳动的几年后，生产力开始以每年 3.5%—4% 的速度上升，也就是在这样前所未有的扩展中，发达国家的生活标准和生活质量得到了提高。德鲁克总结道："新阶段——后资本主义社会阶级的生产力，只有通过运用知识与劳动才能增长。机器做到这一点，资本也不能做到这一点。实际上，如果单独应用它们的话，很可能是妨碍而不是创造生产力。"这也就是德鲁克认为的生产力革命的阶段。第二次世界大战结束至今，是德鲁克认定的管理革命阶段。在这一阶段，知识已成为今天唯一意义深远的资源。传统的生产要素——土地、劳动力和资本的作用还未消失，但是它们已经成为第二位的要素了。若人们有了知识，就能够容易地得到传统的生产要素。知识已成为实用的、获得社会和经济成果的工具。德鲁克讲道：随着管理强有力的推广，人们对管理真正是什么的理解正在加深。他以对经理的定义为例说道：在他第一次开始研究管理时(20 世纪 40 年代)，经理被定义为"对下属工作负责的人"，即认为经理是一个工头，管理就是地位和权力。到了 50 年代初期，该定义改变为"经理是对人们业绩负责的人"。而现在，则把经理看成是，"经理是对知识的应用和知识的绩效负责的人"。

德鲁克还对知识经济条件下的管理概念进行了修正。他指出："提供知识去有效地发现现有的知识怎样能最好地应用于产生效果，这就是我们所指的管理。""管理是所有组织的一个生长功能，不管这些组织的特殊使命是什么，管理是知识社会的一个生长器官。"针对这些定义和认识的变化，德鲁克还指出："这一变化意味着，我们现在把知识看作一个基本的资源。土地、劳动和资本作为限制因素是重要的。没有它们，甚至不可能产生知识；没有它们，甚至也不能实行管理。而只要存在着有效的管理，即将知识应用于实践，我们总是能得到其他资源。"① 有关对知识员工管理的论述，可参加本书第四部分。

（2）第五代管理理论的提出。该理论是由美国人查尔斯·萨维奇（Charles Savage）在 1990 年出版的《第五代管理》一书中提出的。他指出，20 世纪 90 年代以来，计算机和联网的思维使过去许多深受欢迎的观念被放弃。他认为工业时代传统的假设、原则和

① 谭力文等：《管理学》，武汉大学出版社 2004 年版，第 65—66 页。

价值观念的主体已经过时，因而必须采用新的管理理论和方法，即他提出的第五代管理。萨维奇认为，第五代管理的概念和特点是："第五代管理并不关心以对某人有利的新方法来管理下属。相反，它促使我们对基本概念进行再认识，我们的价值观、态度，对领导方式、工作和时间的假设。它指出了一条精致而简单的道理，我们需要以新的更具有创造性的方式与我们自己——我们的想象、知识、思想和感情——以及其他人进行接触。并且，它假定各种各样的功能组织和可以通过虚拟的面向任务的团队来平行地开展工作。简而言之，第五代管理是一个领导方式问题。它的注意力不应集中在某个人的力量，而应集中在如何锻炼、鼓励和培养其他人方面。它预先假定了一种集成的环境，这一环境使人和公司的最优秀的才能同他人最优秀的才能互相结合。"①

另外，在知识经济的环境中，企业也遇到了一些新的问题，如环境的动荡对变革的要求、学习和智力资本的管理问题、组织结构的新模式以及国际化经营企业的管理问题等等。面对着种种变化，管理学界的专家们也进行了大量的更为详细与全面地研究和探讨。

二、组织变革的管理

这是一个在管理界耳熟能详的故事：如果你把青蛙放到热水中，它一定马上跳出来，但如果你把青蛙放到冷水中，然后非常缓慢地加温，青蛙却不会跳出来，因为微小的变化不会引起青蛙的反应，当它感觉到高温的威胁时，却因青蛙的感觉器官在缓慢升温过程中会慢慢被钝化，而丧失反应的基本能力，而导致死亡。

关于未来，我们唯一能确定的就是它是不确定的，这是普遍适用的。因此，企业不能成为"温水中的青蛙"，而应该在水温还没有将自己"麻木"之前，以一种积极而不是抗拒变化的心态来实现自我变革——这就引发了人们对面临剧烈动荡，组织如何实现有

① 查尔斯·萨维奇：《第五代管理》，珠海出版社 1998 年版，第 143 页。

效变革的相关理论。其主要的关注点是，当今组织正处于一个巨大变革的时代，面对着错综复杂、动荡不定的组织环境，今天的组织面临着全新的挑战，并且这种变革日益频繁，节奏越来越快，愈发复杂和动荡。组织到底如何才能迎接变革的挑战，怎样才能求得生存和发展？迫于环境的巨大压力和推动作用，如何高效、成功的管理变革成为组织面临的最严峻、最有挑战性的任务之一。在那些能成功的对变革进行管理的组织中，每一个变革都被视为提高效率、缔造新成功的机会。

（一）组织变革的动因与阻力

1. 组织变革的动因

组织是当今社会大系统中的一个开放的子系统，置身社会之中并深受其广泛而深刻的影响。在急剧变化之中，组织承受着极大的压力，而这些压力往往又是推动组织变革（Organizational change）的强大动力。美国学者常皮和诺里亚宣称推动组织以前所未有的速度进行变革的主要有以下三种推动力：①

①技术：尤其是信息技术，正以惊人的方式转变着商业模式；

②政府：在商业中重新定位，所有的政府正撤销行政干预，鼓励私有化，增加贸易自由度；

③全球化：全球化的企业以极具竞争力的价格提供同样的产品和服务，这促进了他们自身不同方式的重组。

也有人认为，变革的长久动力是竞争、越来越挑剔的顾客、越来越快的技术淘汰速度以及为股东盈利的压力等。

2. 组织变革的阻力

组织的变革是管理者经常遇到的问题，其实质是当组织运行的环境或组织自身发生变化，而出现组织原有的管理措施不能适应外部环境的变化，而需要对原有的管理措施进行改革的行动或过程。组织变革遇到的主要问题是变革必然遇到的不确定性问题和风险问

---

① 鲍勃·汉姆林等：《组织的变革与发展——管理、培训和开发人士必读》，江苏人民出版社2004年版，第4页。

题，而人们一般是厌恶不确定性和风险的，组织的成员往往会自觉或不自觉的反对或抵制组织的变革。应对的失误、矛盾的激化就可能出现人们称之的变革过程中的阵痛，而严重影响组织的发展。因而，在组织变革的过程中，组织的领导首先需要分析的是要预测和把握变革阻力的来源，弄清组织变革产生的原因，对于积极驾驭变革、克服变革阵痛是大有裨益的。这就是管理理论中的“变革管理”的工作和内容。

变革既是一种威胁，同时也是一种机遇。把握环境与市场的变化趋势，积极进行组织变革已经成为一个组织获得竞争优势的必不可少的重要因素，设法引导人们提高对变革的认识，让员工真正了解变革的原因，尽快适应变革，减少组织变革的成本，降低组织成员变革的痛苦，才能希望变革朝着组织设计的变革目标迈进。

哈佛大学教授约翰·科特（John P. Kotter）和施莱辛格（L. SchleSinger,）对组织变革的阻力问题进行了分析，得出了组织变革阻力在组织成员中出现的四个原因：

①从狭隘的私利出发，不顾组织的整体利益；

②不明了变革的意义，对发动变革者缺乏信心；

③对变革的后果与变革者的估计不同；

④顾虑自己的技能和知识过时。

总的看来，变革阻力的来源主要是两个方面：来自组织成员的阻力和来自组织的阻力。个人阻力是指个人的许多个性和心理因素都会阻碍组织变革，如习惯、依赖性、对未来的担心、寻求安全感、经济因素等。而来自组织的障碍因素主要有：由于改革对现有权势的威胁而受到现有权势的阻碍或反抗；组织变革对资金的需求也会阻碍组织变革；与其他组织签订的协议也将会对组织改革行为起限制作用。

在正常情况下，组织受到推动变革和阻碍变革的力量相互作用，它处于一种能动的均衡状态。而组织变革则是打破组织原有均衡状态，促使推动改革的力量增加，阻碍变革的力量减少的动态过程。

（二）组织变革的启动

正是由于变革的动力和阻力并存，变革不会“自发”的产生，如果拖到组织问题成堆、出现危机时才启动变革，则必将付出沉重的代价，乃至危及组织的生存。因此，具有远见卓识的管理者必将积极识别组织运行中的问题，克服变革阻力，适时启动变革。

1. 识别组织的问题

企业组织变革不仅要眼睛向外，应对外部环境的挑战；同时，也要眼睛向内，积极地反观组织机体自身的运行状况。企业犹如人体一样，它有生命周期，有“生老病死”，积极识别组织运行中的问题，并进行针对性变革，对组织的生存和发展至关重要。

美国AT&T公司的前任总经理在《企业成长的哲学》一书中指出大企业的衰败并非没有明显的征兆，这种预兆经常表现为以下7个明显的信号：

第一，固守陈旧的作业方法，总认为旧的方法最好而不愿意革新；

第二，没有设定新的企业目标，决策带有很大的盲目性；

第三，反省思考能力逐渐减退，整日纠缠于外部事务；

第四，制度主义过于根深蒂固，无法用宽松而有弹性的制度来适应日益变化的社会环境；

第五，进取的积极性逐渐消失，使得无数千载难逢的好机会从眼前溜走；

第六，新人被老人的经验所束缚，新来的年轻人尽管敢闯能干，但却得不到升迁的机会，因为职位都被原来的“有经验的”人占据了；

第七，无法宽容批评，缺乏虚心接受意见的心胸。

这七种企业衰退的征兆，其实质就是七种不同形式的守旧形式，表现在企业运作的方方面面。那位总经理认为，保持一个企业常胜不衰的秘诀，就是要时刻警惕这种衰退的危险信号，把它们消灭在萌芽状态之中。企业最危险的莫过于对这些衰退的危险信号熟视无睹，或者说本来这些危险的征兆有时并非明显得叫人心急火燎到非马上解决不可，甚至可以说这些征兆常常是悄无声息然而却又实实在在地侵蚀着组织的肌体。

2. 标杆瞄准——组织变革的启动

标杆瞄准（Benchmarking）又称为标杆学习或标杆管理，起源于 20 世纪 70 年代末，被管理专家称为 20 世纪 90 年代三大管理方式之一。它指企业将自己的产品、服务和经营管理方式同行业内或其他行业的领袖企业进行比较和衡量，从而提高自身产品质量和经营管理水平，增强企业竞争力。

简单地说，标杆就是榜样，这些榜样在业务流程、制造流程、设备、产品和服务方面所取得的成就，就是后进者瞄准和赶超的标杆。中国有句古话，“以铜为鉴，可以正衣冠；以史为鉴，可以知兴替；以人为鉴，可以明得失。”企业亦如此。在自己面前树立一面镜子，明得失，找差距，而后才能进步。

标杆管理的规划实施有一整套逻辑严密的实施步骤：第一步，确认标杆管理的目标；第二步，确定比较目标；第三步，收集与分析数据，确定标杆；第四步，系统学习和改进；第五步，评价与提高。

适时标杆瞄准的关键在于标杆的选择，即选择和确定被学习和借鉴的对象和标准。选择标杆有两个基本要求：应该具有突出的业绩，同时标杆企业的被瞄准的领域应该与本企业或本部门有相似的特点。它要求的是在经营管理实践方面“优中选优”，要求达到最优模式和最优标准，也就是盯住世界水平。只有盯住世界水平，才能把企业发展的压力和动力，传递到企业中每一层级的员工和管理人员身上，从而提高企业的整体凝聚力。

开辟标杆瞄准先河的是施乐公司。1976 年，一直在世界复印机市场保持垄断地位的施乐公司遇到了佳能等日本竞争者的全方位挑战，施乐的市场份额在那一年从 82% 直线下降到 35%。面对佳能、NEC 等的步步紧逼，施乐最先发起向日本企业学习的运动，通过全方位的集中分析比较，弄清了这些公司的运作机理，找出了与对手的差距，全面调整了经营战略战术，改进了业务流程，把失去的市场份额重新夺了回来。施乐在提高交付定货的工作水平和处理低值货品浪费大的问题上，同样应用标杆管理方法，以交付速度比施乐快 3 倍的比恩公司为标杆，并选择 14 个经营同类产品的公司逐一考察，找出了问题的症结并采取措施，使仓储成本下降了 10%，年节省低值品费用数千万美元。

标杆瞄准已被西方国家认为是改善企业经营绩效，提高全球竞争力最有用的一个管理工具。企业可以通过开展标杆瞄准活动来寻找合适的切入点，启动组织变革。

（三）组织变革的管理

德裔美国心理学家库尔特·勒温（Kurt Lewin）一直致力于群体动力学的研究，特别是带来或阻碍变革的环境和条件的研究。勒温把组织描述成为一个具有稳定状态或者由相等的反向力量组成的"平衡体"。他认为，组织存在很多"驱动力量"，即变革的压力，包括竞争压力、新技术的传播、组织内部的创造性和变革，以及商业运作方面的新立法、环保问题和雇员权利。而均衡这些驱动力量的是许多"抵制力量"，包括企业中固化的传统习惯和惯例、贸易联盟的协定、组织文化和思想观念等。由于每一种力量都必须要抵消其他力量，系统因而处于平衡状态。

勒温认为推动组织实施变革的动因在于"驱动力量"和"抵制力量"之间的相互作用力，这种力量随着环境的变化而此消彼长，互为胜负。而组织就是在这两种作用力之间寻求平衡，每一次从一种平衡达到另一种平衡，组织即发生激烈的变革。

勒温根据自己的模型断言，可以把任何组织的变革过程想象成为推动目前的平衡状态向人们渴望的状态、或者说建立新的平衡状态的转变。他把变革过程概括为"解冻——变革——再冻结"三个阶段（见图 5-1）。

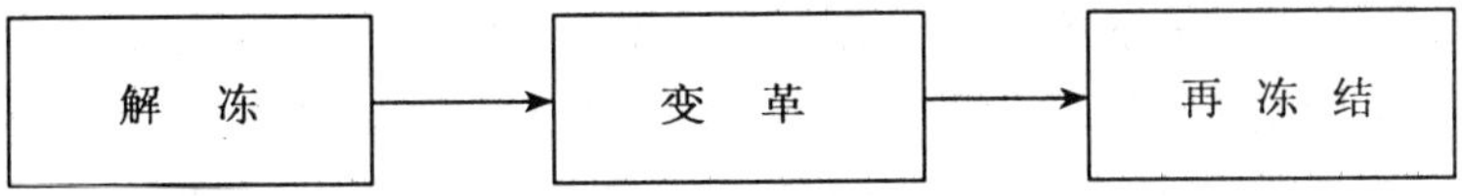

图 5-1　变革过程

首先，解冻。解冻阶段的主要任务是发现组织变革的阻力，采取措施克服变革阻力的同时具体描绘组织变革的蓝图，明确组织变革的目标和方向，以形成待实施的比较完善的组织变革方案。

其次，变革。变革阶段的主要任务就是按照所拟定变革方案的要求开展具体的组织变革运动或行动，以使组织从现有结构模式向目标模式转变。这一步骤中，应该注意为新的工作态度和行为树立榜样，采用角色模范、导师指导、专家演讲、群体培训等多种途径。勒温认为，变革是个认知的过程，它由获得新的概念和信息得以完成。因此特别要注意沟通方式及协作方式。

最后，再冻结。现实中经常出现，组织变革行动发生之后，个人和组织都有一种退回到原有习惯了的行为方式中的倾向。为了避免出现这种情况，变革的管理者就必须采取措施保证新的行为方式和组织形态能够不断地得到强化和巩固。因此在再冻结阶段，必须利用必要的强化手段如制度、政策及流程的方法，使新的态度与行为固定下来，使组织变革处于稳定状态。如果缺乏这一冻结阶段，变革的成果就有可能退化消失，而且对组织及其成员也将只有短暂的影响。

（四）组织变革中的领导

哈佛商学院教授约翰·科特是领导与变革领域的权威。他花了 20 多年的时间对在哈佛商学院读过 MBA 的企业家进行了跟踪调查，分析后得出了令人耳目一新的结论，对 20 世纪末的管理思想的发展有着相当大的影响。

通过对 1000 多位世界知名企业高层管理人员的访谈，科特找到领导和管理的区别，并总结出企业变革成功的规律与步骤。科特认为，管理是在组织中建立一种正式的权威，对组织资源配置实行严密的计划和控制，效率是管理所追求的惟一目的。但组织要产生真正的变革，从本质上改善经营模式和经营效率，需要领导发挥作用，提出创造性的变化前瞻，并随时激励下属充满激情地为之奋斗，释放自己的所有潜能。领导和管理都很重要，只是变革时代更需要领导。因此，企业在变革时，领导的因素往往重于管理的因素，领导的主要任务是：第一，确定方向，发展企业未来的远景目标和战略；第二，整合员工，使其他人能够“理解、接受”目标并沿着已定的方向走下去；第三，通过迎合非常基本但不常用的人的需求、价值观和情感等来激励和鼓舞员工。

根据多年的变革经验，科特归纳出一个创造重大改革的八阶段流程，如果企业真能按此八个阶段往前推进，则组织变革成功的概率就会大大增加。这八个阶段是：增强紧迫感、建立指挥团队、确立变革愿景、有效沟通愿景、授权行动、创造短期成效、不要放松、巩固变革成果。以上 8 个步骤必须依顺序执行，否则成功机会极小。另外也可以看出，科特的 8 个步骤变革模型从真实了解组织成员需求的角度具体展开，因为成功的组织变革总是以一种能够影响人们感受的方式来观察问题，并从中寻找到答案。

归根结底，科特认为领导与管理这两项工作是一个企业变革中不可或缺的要素，由于大部分的企业都注重管理层面（组织架构、各种规定政策），而忽略了创新、激励与沟通远景、发挥成员潜力等领导因素。因此，科特特别强调领导与管理为鸟之双翼、车之两轮，缺一则失之不均衡。所以，企业更应注意培养未来之领导人以及配合变革需求以释放潜能的领导方式，通过正确的价值观，在成员中建立信任，发掘成员的希望与理想，以产生惊人的爆炸力，从而使得企业在变革中重新茁壮成长。

（五）组织变革的趋势

在全球化、市场化和信息化三大潮流的背景下，组织环境一方面呈现出复杂多变的发展趋势，另一方面又为组织对付这种趋势提供了一定的技术工具。根据常皮和诺里亚的理论，未来的商业组织，“由于激烈的全球竞争，变幻莫测的市场和技术突破等因素而形成新的组织形态，并将融入地域特征之中”。未来的商业组织将会是①：

---

① 鲍勃·汉姆林等：《组织的变革与发展——管理、培训和开发人士必读》，江苏人民出版社 2004 年版，第 5 页。

①信息型；

②权力分散型，但又通过技术手段紧密联系；

③快速适应型和高度灵活型；

④创造型和协作型，以团队为基础结构；

⑤多知识面工种型；

⑥自主型。

它必须有一个明确而强有力的共享原则和信任的环境。它也将变成“一个不稳定的网络，所有的链接几乎都有机地形成和更新，就像人类神经系统的分支一样。这其中会出现权威和某种等级制度，但陈旧的组织形态——金字塔型将不复存在”。

总之，组织结构变革的总方向表现为减少组织层级，具体体现在扁平化、柔性化、虚拟化和网络化四个子方向上：

1. 扁平化

经过长期演变，西方的企业逐渐形成了一套等级森严的层级组织体系。层级层次越来越多，信息的处理和传递要经过若干环节，致使整个组织对外部环境变化的反应迟钝，在激烈的市场竞争中处于不利地位，这往往称为“大企业病”。20 世纪 80 年代以来，美国不少企业开始对这种传统模式进行大胆的改革，减少管理层次，扩大管理幅度，组织结构呈现出扁平化的趋势。

扁平化给企业带来的好处是显而易见的。1992 年，沃尔玛超过西尔斯公司成为美国第一大零售商。而早在几年前汤姆·彼特斯(Tom Peters)就预见到了这一结果。他说，“西尔斯不会有机会的”，因为，“一个 12 层次的公司无法与一个只有 3 个层次的公司抗争”。彼特斯也许有点夸大其词，但这个结论清楚地反映了近年来出现的以宽管理跨度来设计扁平结构的趋势。① 著名的通用电气公司前总裁杰克·韦尔奇（Jack Welch）对层级制所造成的种种阻隔、官僚主义和阳奉阴违的组织文化深恶痛绝，他刚走马上任担任总经理时就向层级制开刀，决心要粉碎企业层级的“金字塔”。从

① 斯蒂芬·P. 罗宾斯：《管理学》，中国人民大学出版社 1997 年版，第 237 页。

1981 年到 1992 年，该公司被裁撤的部门多达 350 余个，管理层级由 12 层锐减至 5 层，副总裁由 130 名缩减至仅 13 名。通过这一番改革，通用电气公司的官僚主义大为减轻，灵活性得到显著的提高。

2. 柔性化

柔性是指一个组织的对意外的变化作出反应，以及根据可预期变化的意外结果迅速调整的能力。传统组织的等级结构具有刚性、灵活性小，且难以适应快速变化的市场，而具有柔性特征的组织则必须具有弹性、市场响应非常灵敏且能够快速地跟随市场的变化。

柔性化又分为员工柔性化和结构柔性化。员工柔性化是指员工有很强的学习和适应能力；组织结构的柔性化则意味着组织集权与分权的适度把握，组织稳定性和变革性的统一协调。

柔性化的典型组织形式是临时团队的建立与组织的重新设计等。临时团队，是指一种任务单一、人员精干的临时性组织。这种组织形式在当代欧美各国普遍存在。临时团队对传统的垂直式组织模式是一个很大的冲击，它突破了传统制组织类型等级分明，层次较多，官僚主义特征明显的特性。重新设计把组织结构的不断自我调整看成是组织结构存在的常态，而不是偶尔进行的一次组织行为。它要求根据环境的变化不失时机地对组织结构进行科学而及时的调整，因此，重新设计的常态化提高了组织结构的弹性应变能力。

3. 虚拟化

美国的《商业周刊》在 1993 年 2 月 8 日的封面报道中把虚拟企业定义为一种新的组织形式，它运用技术手段把人员、资产、创意动态地联系在一起。通俗地讲，虚拟组织指两个以上的独立的实体，为迅速向市场提供产品和服务，在一定时间内结成的动态联盟。它不具有法人资格，也没有固定的组织层次和内部命令系统，而是一种开放的组织结构。因此可以在拥有充分信息的条件下，从众多的组织中通过竞争招标或自由选择等方式精选出合作伙伴，迅速形成各专业领域中的独特优势，实现对外部资源整合利用，从而以强大的结构成本优势和机动性，完成单个企业难以承担的市场功能，如产品开发、生产和销售。

在推出虚拟组织概念的同时，该杂志也对虚拟组织关键特征进行了总结。这主要体现在以下几个方面：第一，虚拟组织具有较大的适应性、在内部组织结构、规章制度等方面具有灵敏性；第二，虚拟组织共享各成员的核心能力；第三，虚拟组织中的成员必须以相互信任的方式行动。

虚拟组织中的成员可以遍布在世界各地，彼此也许并不存在产权上的联系，不同于一般的跨国公司，相互之间的合作关系是动态的，完全突破了以内部组织制度为基础的传统的管理方法。

4. 网络化

组织网络化是指用一种新的组织模式代替实行传统组织模式的趋势，这一趋势从 20 世纪 80 年代以来日益强劲。

目前关于组织的网络化较为被普遍接受的定义是，网络型组织是由多个独立的个人、部门和企业为了共同的任务而组成的联合体，它的运行不靠传统的层级控制，而是在定义成员角色和个人任务的基础上通过密集的多边联系、互利和交互式的合作来完成共同追求的目标。

因此，在网络型组织中，基本构成要素是众多的节点和节点之间的相互关系，并且每个节点之间都是以平等身份保持着互动式联系。在这种组织中，密集的多边联系和充分合作是主要的特征，也是与传统组织的最大区别。在这种组织中，协调管理作用增强，由垂直控制转向横向协调，以充分授权的团队工作代替金字塔式的层级制管理，从命令和控制为主的管理理念向领导、协调、激励、支持及信任为主的管理理念和管理方式转变。

变革虽然一直是现代组织面对的主要问题之一，但它从来也没有像今天这样，让管理者表现出如此浓厚的兴趣与巨大的热情。这是因为，从来没有哪一个时代像今天变化如此之快，环境如此之混杂，对企业的生存和发展构成如此巨大的威胁与挑战。对变革管理的研究也就成为了世纪之交管理理论研究的热点之一。

（六）戈恩的变革故事①

2001 年，美国《时代》杂志评选出了年度 25 位最卓越的商界领袖，排名第一的就是在一年中使连续亏损 9 年的日产公司实现盈利的卡洛斯·戈恩（Carlos Ghosn）。

与日本的许多其他企业一样，日产公司曾经有过十分辉煌的过去。到 20 世纪 80 年代初，日本的许多产品占领了国际市场领先地位，日本已经开始呈现出取代素称工业王国的美国的趋势。在日本发展出来的日本式管理铸造了日本企业的辉煌，但限制了企业发展的眼界，影响了日本企业的发展，特别是在全球环境发生激烈变化的时候。日产公司就是在环境激烈时落伍的一个日本公司。

1999 年的日产公司，已经连续 9 年亏损。当时的社长墒义一几度赴海外磋商，最后与法国雷诺公司达成合作协议。雷诺公司以 54 亿美元的价格收购日产公司 36.8% 的股权。1999 年 3 月，时任雷诺公司副总经理的卡洛斯·戈恩出任了日产公司新的行政总裁。

戈恩到日产公司上任后，采取了一个包括砍杀成本、变革组织和调整发展等被称为三大起死回生术的复兴计划。在组织变革方面，他把用人惟才，论功行赏的理念带进日本，动摇了日本企业论资排辈的传统。用“能力主义”代替了“年功序列”。如一位课长表现突出，戈恩让他在一日内连升 5 级。当时的戈恩本身才 46 岁，这个年龄在日本企业只适应于课长，但他挑起了改革日产公司的重任。他打破了“终身雇佣”的传统做法，毅然计划在 3 年内减少 2.1 万个职位。他批评日本企业组织僵化，对日产公司的大金字塔式的组织结构形式进行改革，减少企业中的管理层次和决策的人数，从而改变了过去决策缓慢的弊病。他认为，制定计划只是完成了任务的 5%，剩余的 95% 主要在于计划的执行上。因此，他在企业中明确重点及责任制，制定明确的目标，实施严格的监控，进行量化的考核。而这些都与传统的日本式管理是格格不入的。它通过

① 根据以下书籍内容摘录：肖卫编译：《最伟大的管理典范》，九州出版社 2002 年版。

减少供应商，减少销售成本和管理成本等方式，削减成本 1 亿美元，关闭了 3 家装配厂并因此裁减了 5 200 名员工。在压缩开支的同时，他加大了新产品开发和技术研究方面的支出。

戈恩成功了，2000 年，日产公司盈利达 27 亿美元，而 1999 年日产公司还处于亏损 3235 亿日元的困境。

从戈恩的故事中我们可以看到，企业要先保持竞争优势，就必须要根据环境的变化不断地对企业进行变革。当外部环境处在渐进的变化过程时，企业的变革也可以连续的渐进的；当外部环境发生根本变化时，就要求企业的组织也进行相应的根本变革。变革已经成为新世纪时代的主题之一。

三、学习型组织

这是一个小小的故事。19 世纪末，在英国的庄园里生活着山雀和知更鸟两种鸟，山雀比较多而普通，而知更鸟长得很漂亮，但很稀少。在庄园里飞来飞去的这两种鸟都掌握了一种技术，因为英国当时的送奶工把奶送到每户的门口，奶瓶都是敞口的，表面积有一层厚厚的奶油，这两种鸟都学会了喝奶油。然而到了 20 世纪 50 年代，送奶工发现奶瓶经常被搞得乱七八糟，也不卫生，就把瓶口用漆封了起来。山雀的数目很多，有的山雀发现把漆封啄开窟窿还能够吃到奶油，就发展到 100 多万只山雀都学会了把漆封啄开去喝奶油，而美丽的知更鸟到现在为止还不会。人们的研究发现，山雀与知更鸟的差别在于，知更鸟没有社会系统，也缺乏群体活动的习惯，它们是一种领地意识很强的动物。与之形成强烈对比的是，山雀总是在群体活动，形成的社会系统能够使它们学习和分享群体内任一只山雀的新发现。

这个小故事说明了组织学习能力创建，建立起学习型组织的重要性。在知识经济时代，谁学习的速度快，学习能力高，谁就可能竞争领先。“学习型组织（leaning organization）”就成为世纪之交的流行词语之一。

（一）不刊之典：《第五项修炼》

1990 年，一本开拓性地倡导学习型组织管理思想的巨作——《第五项修炼》问世了。这部巨著是彼得·圣吉（Peter M. Senge）和伙伴们的研究成果的结晶，也成为了企业管理领域的不刊之典。

1. 彼得·圣吉

彼得·圣吉 1947 年出生于芝加哥，1970 年在斯坦福大学完成航空及太空工程学士学位后，进入麻省理工斯隆管理学院读研究生，旋即被佛睿思特（Jay Forrester）教授的系统动力学整体动态搭配的管理新观念所吸引，1978 年获得博士学位。

圣吉对于学习型组织的论述使他获得了极高的知名度，但是圣吉的最初构想却是来源于他的老师佛睿思特。1965 年，佛睿思特在其《企业的新设计》一书中具体勾勒出未来社会中理想组织的一些特征，包括：结构扁平化的组织发展方向，组织的开放性特征，组织中员工与管理者的关系正逐渐从控制——服从的关系走向亲密的伙伴关系，组织不断学习，不断提高生存能力与创造能力等。同时，它也使圣吉对他的将企业推进到某种行为路径的“系统动力学”产生了兴趣。

正是以这篇著名的《企业的新设计》为基础，彼得·圣吉在 20 世纪 80 年代初汇聚了一群杰出的企业家至麻省理工学院，尽心研究，融合其他几项出色的理论、方法与工具，发展出了人类梦寐以求的组织蓝图——在其中，人们得以由工作中得出生命的意义、实现共同愿望的“学习型组织”。

《第五项修炼》出版后备受关注，也给圣吉带来了巨大的声誉。该书于 1992 年荣获世界企业学会最高荣誉的开拓者奖，以表彰其开拓管理新典范的卓越贡献；美国商业周刊于同年推崇他为当代最杰出的新管理大师之一。1997 年，《哈佛商业评论》将该书描述为过去 75 年中最具有启发性的管理学书籍之一。

2. 系统化思考和学习型组织

彼得·圣吉在书中赋予了“学习”一词以全新的含义，他认为学习不是单纯的吸收知识、获取信息，也不是单纯个体的学习。正确的学习模式应该是集体的学习，是组织化的学习，应该涉及整个思维方式或心智模式的转变，最终实现心灵的感悟。这种学习应该是持续不断的、长期的、终身的。

在彼得·圣吉的定义中，学习型组织就是通过不断地扩张它的能力来创造它的未来，他认为“唯一持久的竞争优势，或许是具备比你的竞争对手学习得更快的能力”①。他第一个宣称：未来最成功的组织将是那些鼓励在各个层次学习，并且将员工的技术、知识和经验视为有价值的资产的组合。因此，所谓的学习型组织就是指通过培养弥散于整个组织的学习气氛，充分发挥员工的创造性思维能力而建立起来的一种有机的、高度柔性的、扁平的、符合人性的、能持续发展的组织。这种组织具有持续学习的能力，具有高于个人绩效总和的综合绩效。

他认为一个学习型组织必须具备八大特征：组织成员拥有一个共同的愿景；组织由多个创造性个体组成；善于不断学习；“地方为主”的扁平式结构；自主管理；组织的边界将被重新界定；员工家庭与事业的平衡；领导者的新角色（设计师、仆人、教师）。

那么如何才能形成学习型组织呢？彼得·圣吉确定了形成一个真正的学习型组织所需要的五个技术组成部分或个人发展技能：自我超越、改善心智模式、建立共同愿景、团队学习和系统思考。圣吉把这五项技能称为五项修炼。

第一项修炼是自我超越（Personal mastery）。圣吉认为，自我超越是学习型组织的精神基础。它是指个人成长的学习修炼，这种修炼就是培养组织中个人不断追求自己终极目标的能力，没有组织中个人的自我超越，就谈不上组织的学习。自我超越的最终目标是如何在生命中产生和延续创造性能力。它的基本工作步骤是：(1)建立个人“愿景（Vision）”，即个人追求的终极目标。(2)诚实地认清自己所面临的现状。现状与“愿景”之间的差距，这是个人和组织产生创造性张力的来源。(3)在努力工作、消除差距的同时，要克服因不安、担忧而产生的“情绪张力”，忍受努力工作

① 彼得·圣吉：《第五项修炼》，上海三联书店 1994 年版，第 2 页。

后，成果与努力之间“时滞”考验，不断地实现自我超越。圣吉认为，高度自我超越的人会永不停止学习，它并不意味着个人拥有某些能力，而是一个过程，一种终身的修炼。因此，真正成熟的人不在意短期收益，而专注于一般人无法追求的长远目标。自我超越的目的并不是要求去控制一些事和一些人，而是要超越自己。

第二项修炼是改善心智模式（Improving mental model）。圣吉认为，心智模式是人们在长期实践工作中建立起来的认识事物的认知模式。由于人们在日常处理事物的过程中，往往爱以过去的经验或理论，即以已形成的心智模式去处理事物，而不去顾及可能已变化的环境，使问题的处理遭到失败。为改善心智模式，可以采用两种方式：（1）反思。放慢思考过程，以便自己发现自我的心智模式，争取做到边做边想，边想边做。（2）探询。要在团体中营造能够使人坦诚陈述意见的气氛，使团体内部个人之间能很好地相互了解对方隐藏在各自解决问题背后的种种假设，以达成共识，减少阻止组织革新的各种障碍。

第三项修炼是建立共同愿景（Building shared vision）。圣吉认为，建立共同愿景的主要目的是使组织能培养组织内的成员主动而真诚地奉献和投入，而不仅是被动地遵守，把组织的目标转化为个人奋斗的目标。共同愿景包括两层含义：体现组织未来发展远大目标的愿景；组织远大目标能够被组织全体成员所接受的愿景。建立共同愿景的过程是一个复杂的过程，最为关键的工作：一是让共同的愿景在组织内部清晰明确起来。共同愿景不是个人愿景的简单汇集，而是组织成员相互探询不断交流的过程，只有通过探询和深入地交流，才能使共同愿景更加清晰和明确。二是善于对冲突进行管理和协调。由于成员间的个人愿景并不一致，共同愿景越清晰，个人愿景之间的冲突就越明显，就越要加强协调，防止共同愿景的夭折。要做好建立共同愿景的修炼，应努力做好下列工作：（1）鼓励个人愿景；（2）塑造整体形象；（3）绝非官方说话；（4）不是单一问题的解答；（5）学习聆听。

第四项修炼是团队学习（Team leaning）。圣吉认为，这项修炼建立在“共同愿景”、“自我超越”修炼之上，其主要目标是发展团体成员整体搭配和实现共同目标能力的过程。团体学习的修炼从“深度会谈”开始，它要求组织的所有成员摊出心中的假设，让思想自由地交流，从而发现远较个人深入的见解。深度会谈要求避免易引起争论，有输、赢含义的讨论。有效深度会谈的确立需要三个条件：（1）所有的参阅者必须将自已的假设“悬挂”在前面，让别人了解，并接受询问和观察。（2）所有参与者必须视对方为工作伙伴。（3）必须有一任“辅导者”把握深度会谈的精义与架构，行使过程顾问的职责。圣吉认为：“团队学习之所以重要，是因为在现代组织中，学习的基本单位是团体而不是个人。”①

第五项修炼是系统思考（Systems thinking）。圣吉认为，系统思考已发展成一套思考的架构，它既是具备完整的知识体系，也拥有实用的工具，可帮助我们认清整个变化形态，并了解应如何有效地掌握变化，开创新局。学习型组织的系统观有其自身的特点，这就是：（1）学习型组织特别强调系统的结构性，以系统观点来对复杂现象进行解释。解释分为三个层次：事业层次，这是最浅显的层次，只关注事件本身，而不深究事件背后的原因；行为变化形态层次，已深入到根据行为变化的形态，注重观察行为的规律；系统结构层次，这是最深的层次，它通过对系统结构的分析与了解，就可以深入地把握事业层次、行为变化层次的规律。（2）强调系统运行中的时间延滞作用。（3）应用系统基模（即系统的基础模型），这是学习如何发现个人自我与组织生活中结构的系统思考的基本方法。

系统思考是一种试图看见整体的思考方法，是一项看清复杂状况背后的结构以及区分各种见解差异所在的修炼。尽管被列为五项修炼中的第五项，但是它却是其他四项修炼的基础，以“第五项修炼”作为书名也足见作者对系统思考的重视。系统思考是整合其他各项修炼成一体的理论与实务，防止组织在真正实践时，将各项修炼列为不相干的名目和流行一时的风尚。

① 彼得·圣吉：《第五项修炼》，上海三联书店 1994 年版，第 10 页。

3. “革命性意义”

彼得·圣吉以五项修炼技术为基础构建了学习型组织的模型，告诉人们如何才能塑造一个学习型组织。这种修炼的“革命性意义”何在呢？在为中文版写的题为《为人类找出一条道路》的序言中，圣吉说：“我相信《第五项修炼》这本书中所介绍的原理和技术，可以提供这样一条途径的初始架构。它植基于不断省思我们心灵深处的真正愿望，强调尊重个人愿景，并建立共有愿景；它植基于我们本有的创造性群体交谈能力，而使集体远比个体更有智慧；它植基于我们对人类系统概念化和建立共同了解的能力上；它植基于重视整体互动而非局部分析的思考方式；它是一条在本质上与西方工业发展完全不同的途径。”① 这段气势不凡的话语清楚地表明了，圣吉创建的学习型组织，所指已经远远超出了那种善于搜集、整理、掌握信息层次上的组织。

管理学家艾莉对该书的评价很中肯的指出了该书的贡献：“由于彼得·圣吉《第五项修炼》的出版，在 20 世纪 90 年代引起了对学习型组织广泛的兴趣、研究和实践，高级管理层越来越意识到并确信提高学识是一个重要的成功因素。尽管这种思想的学术来源能追溯到 20 年前，组织学习这个术语受到公众注意是随着 1990 年出版的彼得·圣吉的《第五项修炼》的畅销而开始的。所有的组织均按学习型组织的功能而运行。学习型组织的战略目标是提高学习的速度、能力和才能。建立愿景并能够发现、尝试和改进他们的思想模式并因此改变他们的行为的组织才是最成功的学习型组织。”②

（二）一个成功实践的案例：微软的经验③

在学习性组织的建设上，微软成功地进行了实践。为了建立学习型组织，微软提出了自己的学习理念，即“通过自我批评学习、

① 彼得·圣吉：《第五项修炼》，上海三联书店 1994 年版，第 5 页。

② 艾莉：《知识的进化》，珠海出版社 1998 年版，第 306 页。

③ 该部分内容引自：http：//www. visioncentury. com/

通过信息反馈学习、通过交流共享学习”。微软把这个理念一步一步、认认真真地深入下去，通过 3 个理念化成 4 个原则，而 4 个原则又可以通过 4 大学习系统予以实施和贯彻。其中 4 个原则是：

1. 怎样从过去的、当前的研究项目及新产品中系统地学习。为此开展了 5 大活动：第一个活动是事后分析活动；第二个活动是过程审计；第三个活动是休假会活动；第四个活动是小组间进行学习资源分享活动；第五个活动是自食其果活动。

2. 通过数量化测量的信息反馈进行学习。微软有这样一个理念：你想要领导批准项目，必须拿出数量化分析的道理。微软把产品的质量分为 4 个程度：第一，整个产品达到崩溃等级，不能使用；第二，一种特性，不能使用，而且无法代替；第三，一个产品不能使用，但是可以代替；第四，表面的、微小的，还是可以使用的。当产品的质量测试信息公布以后，员工就知道问题的严重性。经过反思，找出问题的关键所在。

3. 以客户信息为依据进行学习，这是外部的信息反馈。学习型组织理论认为：学习有内源的学习和外源的学习。内源学习即通过内部获得的，像数量化测量的信息反馈。外源学习即把客户的信息作为重要的学习来源。

4. 各产品组之间通过交流共享得到学习。微软有个重要理论，即建立学习型组织的一个重要问题就是实现共享和交流学习。对现代企业来讲，能否实现共享是很重要的问题。微软公司为了加深交流共享，采取了三个措施：第一，成立共同操作、沟通系统。微软是个庞大的系统，需要高度的互通；第二，开展相互交流活动。微软要求企业员工看到的好书和好的文章，要互相交流；第三，开展东走西瞧活动。比尔·盖茨要求各产品开发组之间，互相启发思路，多串串门。

四大学习系统包括：

第一，个人。记载职工技能的基础数据；用于构筑学习技能的能力开发计划；打下整体性技能基础的基础能力教育计划；人才开发用资金。

第二，团队。解决问题技巧；共同技能；被纳入的多样性；减少对失败的追究责任和顾客（公司内、外、社会）的联络活动；发明、独创性。

第三，组织。整体性的职工参与和调动积极性的文化；为把学习获得、共享的制度；知识型职工的增加率；使全体职工提高知识水平时，改善人均费用，改善每项专利的平均费用，改善每项专利平均投入市场的时间，专利的增长率；被投入新的经济活动的组织资产的增长率。

第四，社会。全面的关心和责任；关心环境指标：生产事故发生率，违反安全标准，与劳动强度有关的职工津贴；社会责任指标：改善工作条件质量（关心家庭的政策，长期性相互承诺，卫生计划，社会保险计划总投资额）。

从20世纪90年代开始，企业界和管理思想界推广和研究学习型组织的热潮汹涌澎湃、风靡全球，学习型组织也被研究者称为“21世纪的金矿”，被视为“未来企业的应变之道”。学习型组织将会是知识经济时代较为普遍的管理模式，新世纪中也必将在千千万万个企业中生根发芽、开花结果。

四、组织再造

自工业革命以来，美国和其他一些西方发达国家按照亚当·斯密的“分工理论”建立起来的企业生产经营管理模式得到了空前发展。但是，随着社会的发展和市场环境的变化，从20世纪80年代开始，美国企业逐渐发现他们所推行的“规模化生产”及与之配套的经营管理模式越来越被追求“多样化”、“个性化”、“高质量”、“高享受”的消费者所抛弃，许多企业因此出现了全方位的效益滑坡。鉴于此，美国的管理学者们纷纷为企业出谋划策，但是直到1993年，美国学者迈克尔·哈默（Michael Hammer）与詹姆士·钱匹（James Champy）提出了“业务流程再造理论”（Business Process Reengineering，BPR）才在美国企业界取得了巨大成功，并迅速风靡全球，并引发了管理史上的一次革命。

（一）3C 的冲击：凤凰涅槃之虞

20 世纪 80 年代以来，企业的生存与发展的环境发生了巨大的变化，这种变化可以用 3C 来描述，即顾客（Customer）、竞争（Competition）和变化（Change）。在这种新的条件下，传统的运作模式已经弊端丛生，企业面临着巨大的冲击。

1. 传统模式的形成

自从 19 世纪产业革命以来，传统的企业组织形式都是建立在亚当·斯密的分工理论、泰罗的科学管理理论、法约尔的一般管理理论基础之上。

亚当·斯密的分工理论流行多年，是工业时代的产物。工业革命以来的工作方式是以机器为主体，按照分工原则将一次完整的工作分解成最简单和最基本的活动，由各不相干的不同部门按次序去完成，形成一个工作流程。整个工作流程就如同一部构造复杂的机器，流程中的每个人如同机器上的一个零件，他们日复一日地进行着重复的操作。亚当·斯密认为，“劳动生产力最大的增进，以及运用劳动时所表现的更大的熟练、技巧和判断力，似乎都是分工的结果”①。

分工的深化导致企业结构的逐渐科层化，科层制成为企业组织的主要形态。一个企业刚诞生时总是充满活力，随着经营的正规，企业中人与人之间的关系，部门与部门之间的关系逐步稳定，主管人员的权力开始相对固定，员工的日常工作变成例行公事，企业失去了变革的勇气和创新的活力。科层化大大束缚了企业员工的积极性、主动性和创造性，使企业的规模变成巨大的包袱，管理效率低下，运营成本增加，对顾客要求及外界变化反应迟钝。

亨利·福特的“流水线”的生产组织和斯隆的通用汽车公司“事业部制”的组织变革是主流企业的两大统帅性活动。主流企业组织形式强调专业分工，内部组织界限分明，企业以大量制造标准

① 亚当·斯密：《国民财富的性质和原因的研究》（上卷），商务印书馆 1972 年版，第 5 页。

化产品为目标，将整体分解为部件，部件再分解为元件，并通过每个步骤规范化、简单化和各个元件的最优化生产来实现产品整体的最优化和生产成本大幅度下降。

工业时代的这种以分工为主的工作方式，适合于稳定的环境、大规模生产方式。

2. 3C 的冲击

(1) 顾客：买卖双方关系中的主导权转到了顾客一方。竞争使顾客对商品有了更大的选择余地；随着生活水平的不断提高，顾客对各种产品和服务也有了更高的要求。更好地满足顾客的需求是企业在竞争中获胜的关键。

(2) 竞争：技术进步使竞争的方式和手段不断发展，发生了根本性的变化。越来越多的跨国公司越出国界，在逐渐走向一体化的全球市场上展开各种形式的竞争，美国企业面临日本、欧洲企业的竞争威胁。

(3) 变化：市场需求日趋多变，产品寿命周期的单位已由“年”趋于“月”，技术进步使企业的生产、服务系统经常变化，这种变化已经成为持续不断的事情。因此，在大量生产、大量消费的环境下发展起来的企业经营管理模式已无法适应快速变化的市场。

3C 导致了工业化时代企业模式的结束，开创了一个从市场需求到设计到生产到服务的市场驱动和灵活生产的新的企业运作模式。这一模式是以顾客为中心而建立的，顾客对企业的影响力越来越大，满足顾客、服务顾客越来越细分化。

3. 信息技术的发展：组织再造的契机

20 世纪 90 年代，计算机网络技术得到很大的发展，它在企业内外延伸和扩展，广大管理人员通过信息库可以共享信息资源，这使得以前没有物质基础支持，没法做到的事情成为现实。在工业社会中，战略资源是资本，在新的信息社会中，关键的战略资源已转变为信息、知识和创造。科学的突破型变革会导致生产组织和管理体制的变革。第一次产业革命出现了工场制度。第二次产业革命出现了生产流水线和大规模经济及与之相适应的管理体制。第三次产业革命导致了柔性生产线的出现。第四次技术革命通过社会信息化，为人类导入了一个全新的世界，它必将导致企业的生产方式、组织形式管理体制彻底性变革。为工业社会而设计的以控制职能为主体的传统组织形式，受到了严重挑战。信息化时代的到来为工业化时代的企业流程进行再造提供了契机。

（二）组织再造：浴火重生之路

面对知识经济给企业带来的冲击和信息技术发展所提供的机遇，来自麻省理工学院的计算机教授哈默和CSC指数顾问有限公司的首席执行官钱匹在1993年出版了一部非常畅销的著作《企业再造》(*Reengineering the Corporation*)，为企业开出了一个新的药方。

1. 哪些企业需要再造?

企业在进行流程再造之前，一定要对企业的实际情况进行详细分析，以决定企业是否需要进行业务流程再造。哈默和钱匹在通过大量的调查和分析以后，认为下述三种企业需要进行再造工作:

第一种是已经陷入困境的企业，它们除此之外别无选择；第二种是那些还没有陷入困境，但可以预见麻烦即将来临的企业，这类企业应当高瞻远瞩，当机立断，及早进行再造；第三种是那些已经处于优势的企业，有机会成为行业领先者的企业，它们雄心勃勃的管理层并不安于现状，视再造为超越对手的重要途径。

分析了企业的现状，明确企业所处的位置，这样企业才能决定是否要进行再造。

2. 从一张白纸开始

哈默和钱匹认为，企业再造就是从根本上对企业经营流程进行重新思考和彻底的重新设计，以求在成本、质量、服务和速度等重要的经营绩效的衡量指标上获得极大的改善。所谓的再思考就是拿出一张白纸，从零开始设计这家公司，而不是从现有的实践中进行创新。

过去，企业的组织架构是根据职能范围来划分的，而现在需要打破原来的架构形式，按照业务流程的方式重新进行组合，因为传统的职能部门的设置导致保护主义的存在，不同的部门不必为同一目标努力，也不会实现知识的共享。同时，过细的分工导致运作时间长、运作成本高。当前问题的复杂程度需要企业各部门协同处理，信息技术的发展也使效率不一定产生于分工，而有可能产生与整合之中。由于环境和技术的变化，企业需要从根本上重新思考业已形成的基本信念，即对长期以来企业在经营中所遵循的基本信念如分工思想、等级制度、规模经营、标准化生产和官僚体制等进行重新思考。在重新思考的基础上进行的再造是一场彻底的革命，不是对组织进行肤浅的调整修补，而是要进行脱胎换骨式的彻底改造，抛弃现有的业务流程、组织结构以及陈规陋习，另起炉灶。再造从重新设计业务流程着手，通过借助信息技术，以重组业务流程为突破口，将原先被分割得支离破碎的业务流程再合理地“组装回去”。企业再造是根治企业顽疾的一剂“猛药”，通过再造，企业最终可望取得显著的进步。

3. 再造的步骤

再造就是通过对企业原来生产经营过程的各个方面、每个环节进行全面的调查研究和细致分析，对其中不合理、不必要的环节进行彻底的变革。在具体实施过程中，可以按以下步骤进行：

第一步：对原有流程进行全面的功能和效率分析，发现其存在问题。

根据企业现行的作业程序，绘制细致、明了的作业流程图。一般地说，原来的作业程序是与过去的市场需求、技术条件相适应的，并由一定的组织结构、作业规范作为其保证的。当市场需求、技术条件发生的变化使现有作业程序难以适应时，作业效率或组织结构的效能就会降低。因此，必须从以下方面分析现行作业流程的问题：

是否具有功能障碍？随着技术的发展，技术上具有不可分性的团队工作，个人可完成的工作额度就会发生变化，这就会使原来的作业流程或者支离破碎增加管理成本、或者核算单位太大造成权责利脱节，并会造成组织机构设计的不合理，形成企业发展的瓶颈。

是否重要？不同的作业流程环节对企业的影响是不同的。随着市场的发展，顾客对产品、服务需求的变化，作业流程中的关键环节以及各环节的重要性也在变化。

是否可行？根据市场、技术变化的特点及企业的现实情况，分清问题的轻重缓急，找出流程再造的切入点。为了对上述问题的认识更具有针对性，还必须深入现场，具体观测、分析现存作业流程的功能、制约因素以及表现的关键问题。

第二步：设计新的流程改进方案，并进行评估。

为了设计更加科学、合理的作业流程，必须群策群力、集思广益、鼓励创新。在设计新的流程改进方案时，可以考虑：

将现在的数项业务或工作组合，合并为一；

工作流程的各个步骤按其自然顺序进行；

给予职工参与决策的权利；

为同一种工作流程设置若干种进行方式；

工作应当超越组织的界限，在最适当的场所进行；

尽量减少检查、控制、调整等管理工作；

设置项目负责人。

第三步：制定与流程改进方案相配套的组织结构、人力资源配置和业务规范等方面的改进规划，形成系统的企业再造方案。

企业业务流程的实施，是以相应组织结构、人力资源配置方式、业务规范、沟通渠道甚至企业文化作为保证的，所以，只有以流程改进为核心形成系统的企业再造方案，才能达到预期的目的。

第四步：组织实施与持续改善。

实施企业再造方案，必然会触及原有的利益格局。因此，必须精心组织，谨慎推进。既要态度坚定，克服阻力，又要积极宣传，形成共识，以保证企业再造的顺利进行。企业再造方案的实施并不意味着企业再造的终结。在社会发展日益加快的时代，企业总是不断面临新的挑战，这就需要对企业再造方案不断地进行改进，以适应新形势的需要。

（三）走下神坛：热烈追捧之余

企业再造巧妙地包括了许多近年来流行的管理思想，如全面质量管理、JIT 生产技术、顾客服务、基于时间的竞争等，并将这些思想整理成了一个条理清晰的思想体系。另外，它在强调流程和效率方面表现出与泰罗的科学管理很强的相似性，内容简单明了。因此，“组织再造”在欧美的企业中受到了高度的重视，因而得到迅速推广，带来了显著的经济效益，也涌现出大批成功的范例。1993年出版的《企业再造》一书在全球范围内共售出200余万册。出版当年，接受了CSC公司调查的公司中，有69%的美国公司、75%的欧洲公司开始着手再造工程项目；另一项由普华永道国际会计公司实施的调查表明，78%的《财富》500强公司以及68%的英国公司采用这项技术。不久，再造工程从制造业转向服务业，如银行业和公共部门。① 美国信用卡公司通过再造，每年减少费用超过10亿美元。德州仪器公司的半导体部门通过再造，集成电路的订货处理程序时间减少了一半还多，改变了顾客的满意度，由最坏变为最好，并使企业获得了前所未有的收入。

就这样，企业再造理论广受追捧、风靡全球，并一步一步地走上了“神坛”。然而实践中，企业再造只是被证实取得了部分成功，20世纪90年代的调查显示大约有70%的“再造工程”失败了，而且常常被当作是由于过分的成本缩减而裁员的借口②。事实证明，这种激进式的变革远比倡导者想象的要难，大多夭折了。企业再造理论也从“神坛”上跌落下来。

一部分学者开始严肃地探讨其在企业实施中高失败率的原因。大家认为，企业再造理论在实施中易出现的问题在于③：

第一个问题是，在一张白纸上重新构建企业流程的方法忽略了企业几年甚至经常是几十年来左右组织行为方式的文化演进。人们难以抛弃这种先入之见及一些情有可原的习惯。职能组织的效率也许是很低，但这种情况很难改变。

---

① 凯罗·肯尼迪：《管理思想精粹——世界顶级管理大师告诉你》，上海财经大学出版社2005年版，第110页。

② 凯罗·肯尼迪：《管理思想精粹——世界顶级管理大师告诉你》，上海财经大学出版社2005年版，第109页。

③ 斯图尔特·克雷纳：《管理百年：20世纪管理思想与实践的批判性回顾》，海南出版社2003年版，第190页。

第二个问题是，企业再造显得不人道——这一点也与泰罗相似。在某些案例里，企业打着再造的名义，对待人的方式简直骇人听闻。正如其名称暗示的，再造更多地把机器，而不是人或有人情味的制度视为公司前景的来源。事实证明，在企业再造中，人成了最大的障碍。对于纯粹的再造主义者来说，人不过是执行流程的物体，通过抛弃人的个性可实现高效率。在这一点上，企业再造理论与泰罗的科学独裁管理最为相似。

于是，再造成为企业裁员和缩小规模的同义词。对此，不能一味指责这些专家和咨询顾问。许多声称要进行再造的公司常常只看到流行理论的表面现象，只热衷于削减成本。如果能以实施前沿概念出现，缩小规模似乎更受公众欢迎。

第三个问题是，企业并不是自然而然地进行革命，它们甚至不愿意这样做。它们往往只对最容易进行的过程进行再造，其余的环节就任其保持原样，而不是进行广泛的再造。钱匹写作的续篇《再造管理》一书就谈到了这个问题，他说，再造总是无法对管理产生冲击。毫不奇怪，经理们无一不愿意把严格的以流程为基础的观点强加给别人，但对自己却往往不这样。在企业再造理论最盛行的 1994 年，钱匹特别指出："高级经理们充满热情地进行企业流程再造的工作，拆毁不再对组织起支持作用的公司结构。但大部分的管理实践活动毫发未损。如果经理们的工作和风格毫无变化，重建的企业结构终将受到伤害。"为此，他建议再造管理应该解决三个关键领域的问题：管理者的作用、管理风格和管理系统。现在回顾起来，企业再造的错误就在于没有首先处理好再造管理的问题。

不过，企业再造的成就主要体现在，第一，它鼓励管理人员再一次考虑如何最佳地组织企业这个棘手的问题。第二，它提倡企业按照流程而不是职能进行组织。企业从职能组织固有的组织刚性中挣脱出来具有重要意义。问题是，企业再造是以一种形式的组织刚性代替另一种形式的组织刚性。①

---

① 斯图尔特·克雷纳：《管理百年：20 世纪管理思想与实践的批判性回顾》，海南出版社 2003 年版，第 191 页。

尽管众说纷纭、莫衷一是，但是人们还是普遍承认，企业再造对现代企业的影响十分深远。它是20世纪末西方企业管理变革的主要内容，并且毫无疑问，它的贡献将继续影响21世纪的公司。

五、国际化企业的经营管理

随着世界经济走向一体化，越来越多的企业进入了“无国界竞争的时代”，国际化企业的经营管理能力已成为职业经理人的必备技能，也成为了管理学学者研究的焦点。

（一）企业国际化经营管理：不是什么新鲜事的新鲜事

熟悉世界历史的人都知道，发达资本主义国家企业的国际化经营管理并不是20世纪末出现的新鲜事，它已经有很长的历史。发达资本主义国家的企业国际化经营管理过程也就是跨国公司的发展过程。跨国公司缘起于18世纪早期工业化阶段，这是它的商品贸易全球化时期。其早期发展得到了所在国殖民政策和西方基督教文化的支持，带有浓厚的血腥气息和文化侵略色彩。如英国东印度公司依靠其海上霸主地位和发达的工商业，以武力洗劫印度莫卧儿帝国宫廷国库，课征田赋，逼勒土邦纳贡，独占食盐和鸦片贸易。当时东印度公司在贸易上的成功主要靠的是殖民主义的强权政治和武力。

20世纪70年代之后，伴随着冷战的结束，世界各国的经济联系越来越紧密，经济全球化是世界经济发展的必然趋势。科学技术的迅猛发展，大大的提高了企业的生产能力，特别是信息、技术的发展和互联网的出现，使得跨国企业能够在全球范围内配置资源、组织生产并进行各类商务活动，企业国际化经营也开始提速。从企业国际化问题的研究历史沿革看，起初的研究集中在较为宏观的层面，主要是研究国家与国家之间国际贸易的相关问题，而随后逐渐转移到研究企业跨国经营的原因、动机和优势的获取问题，这也就是有关国际投资的理论。在20世纪70年代，在美国的商学院为适应日渐扩大的企业国家化经营活动，培养更多地能通晓跨国经营活动的企业管理人员，开始设置“International Business”专业，管理学理论中也就出现了研究比较管理，研究在不同政治、经济、法律、文化背景下如何调整管理工作重点的管理理论研究。到了 20 世纪末，随着经济全球化和企业的国际化，国际商务活动日趋活跃、不断扩大，企业国际化经营管理的理论与实践更为成熟。企业国际化经营管理也就成为“不是什么新鲜事的新鲜事”了，“不是新鲜事”表明了它的历史悠久，而“是新鲜事”则表明它最近才被人们广为关注，成为热点之一。

（二）跨边界的管理

这一个时期，分析并定义了现代全球化组织以及管理中所需特征之重要人物是哈佛大学商学院的克里斯托弗·巴特利特（Christopher A. Bartlett）教授和伦敦商学院的舒曼特拉·高沙尔（Sumantra Ghoshal）教授。1989 年，他们合作出版了《跨边界管理——跨国公司的经营决策》一书，确定了一种最适合于在全球市场中竞争的“跨国”公司的新形式，被伦敦《金融时报》评为 50 本对时代最具影响力的管理书籍之一。

1. 企业国际化经营的目的

在分析之前，巴特利特和高沙尔首先明确了国际化经营给企业带来的益处，即国际化经营的目的。他们认为在 20 世纪 80 年代初，只有少数几家跨国公司的经营管理能有效地响应周围变化的经营环境。他们认为进行国际竞争应该具备三个战略要求：第一，能够追求全球效率，促进全球一体化，保持公司的竞争力；第二，能够适应地区差异性，提高对各国市场需求的反应能力；第三，具备能在全球范围内开发及运用知识的能力，能在国际范围内进行创新并将其扩散。

国际化经营的企业经理人应该在经营管理中实现这三个目标，尽管他们可能认为这三者之间存在着不可调和的矛盾。

2. 企业国际化经营管理的历史模式

巴特利特和高沙尔在调查的基础上详细研究了组织的机构和战

略、在全新的跨边界的世界竞争中的管理。他们首先分析了这种组织的三种历史性模式，即多国的、全球的、国际的，在此基础上提出了第四种“跨国的”模式的形态与特点。

第一，多国模式。实行这种模式的公司是对自己各国的分支机构进行组合管理，总公司是各个分散经营的当地公司的联合体，总公司通过人事任命来实现对各国分支机构的控制，即本国总公司向海外派员，所派人员在海外公司身居要职。因此，从本质上来说，这种模式是多个国家的公司联盟，它们跨越国界松散地连在一起。

第二，全球模式。这种模式以日本公司为代表，在公司所在的母国拥有大规模的生产设备，制造出标准化的产品，海外机构则仅被视为是产品源源不断地流入全球市场的运输管道，海外机构在战略决策、资源和信息等方面受控于总公司，产品的制造和营销策略的制定都是为了开发和利用全球市场的资源。简而言之，这种模式由中心统一管理，并从制造与分销的规模效应中受益。

第三，国际模式。这种模式类似于多国模式，但是不断向当地企业转移总部研制的技术和营销的专门技术。具体而言，采用这种模式的公司会将母公司的知识与专有技术在海外市场进行转化并适应当地的需求，母公司拥有很大的影响力和控制权，但是比传统的多国模式的公司要少。各国的子公司可以将来自总公司的产品及观念调整转化以适应当地的需求，但是它们的独立性及自治性不及那些多国模式的子公司。

3. 跨国模式：新型的国际化经营管理模式

由于历史上的三种模式不能完全使企业获得国际化经营的好处，全球性的竞争正迫使许多传统的跨国公司采取第四种类型：跨国模式。采取这种模式的公司从完全不同的角度来看待问题：它将效率作为获得全球竞争力的手段；它将地方响应能力视为是国际经营灵活性的工具；创新则被看作是公司每一成员进行组织学习过程中的产物。通过这种重新定义，管理者就开拓了视野，决策时也会出现截然不同的标准和取向。

巴特利特和高沙尔认识到，跨国模式把本土知识和全球效率的快速市场反应结合了起来——或多或少类似于20世纪90年代ABB

公司总裁伯西·巴列维的著名哲学思想“全球思考，本土行动”。他们引用了宝洁公司和联合利华的例子，这两个公司都进行了改组，从原先的过分集中和严格的多国和国际管理模式变成为了真正的跨国模式。

在跨国企业中，知识转移越来越复杂。生产制造和研发被安排在最具成本效益的地方，对当地培训进行大量的投资，以此来开发新兴的市场。

根据他们的观点，管理在创造新的模式中滞后于战略，他们写道：“这需要一套不同的激励和对公司国际型运作的角色的设想。在跨国模式中，其他子公司已经成为母公司的战略合作伙伴，子公司的知识和能力对母公司维持长期全球竞争优势是至关重要的。”①

要转型为跨国模式，经理的决策制度和责任需要调整，组织的“生理学”，即控制决策的信息流，也需要改变方向，这通常通过非正式系统和讨论会来改变。最终，组织的“生理学”需要通过行为工具的变动以形成一种跨国文化。

（三）国际化企业的跨文化管理

在全球化浪潮中，国际化经营的企业如何在各种小同的地区文化背景差异下，进行跨文化管理，制定出企业跨国经营的发展战略，从而更有效地管理和发展企业，也日益成为一个决定进行国际化经营的企业兴衰存亡的关键因素。

1. 文化差异的缘由

荷兰的吉尔特·霍夫斯蒂德（Geert Hofstede）博士以对影响国家文化形成的原因的启发性研究而闻名于世。根据他的定义，文化是一个人群的成员赖于区别于另一人群成员的共同思维形式。这些思维模式可以是由上代传给下代，也可以是领导传给下属，或者是作为共享的经验的一部分而流传下来。于是，他们在制度中变得具体化，并且作为社会的有形产物，反过来又强化了这种思维

① 凯罗·肯尼迪：《管理思想精粹——世界顶级管理大师告诉你》，上海财经大学出版社 2005 年版，第 96—97 页。

形式。

霍夫斯蒂德从这一点出发演进出了他的决定国家文化差异的四个纬度：不确定性规避、权力距离、男性主义与女性主义、个人主义与集体主义。后来他在对亚洲经济表现的研究中得出了第五个纬度：长期取向。这样，就形成了霍夫斯蒂德的关于文化差异的五个纬度的学说。

第一个纬度：不确定性规避，指一个社会考虑自己利益时受到不确定的事件和模棱两可的环境威胁程度，是否通过正式的渠道来避免和控制不确定性。民族文化之间在不确定性状态的回避倾向上有很大的不同，有的民族把生活中的未知、不确定性视为大敌，千方百计加以避免，而有的民族则采取坦然接受的态度，抱着“是福不是祸，是祸也躲不过”的态度来看待不确定性。强不确定性回避国家的人民比较起来更忙碌，常常坐立不安，喜怒形于色，积极活泼，其文化对法律、规章的需要是以情感为基础的，这不利于产生一些根本性的革新想法，但却可以培养人们精细、守时的特质，因而善于将别人的创意付诸实施，使之在现时生活中生效；而弱不确定性回避国家的人们比较起来则显得更沉静些，也更矜持，随遇而安、怠惰、喜静不喜动、懒散一些，人们对于成文法规在感情上是接受不了的，除非绝对必要，社会不会轻易立法，其文化能容忍各种各样的思想和形形色色的主意，因而有利于产生一些根本性的革新想法，但却不善于将这些想法付诸实施。

第二个纬度：权力距离，指权力在社会或组织中不平等分配时，机构或组织中无权的员工对这种不平等权力的接受程度。越是处于高的权力距离的人们在面对更大的权力差异时越会泰然处之。例如，美国不是很看中权力，更注重个人能力的发挥；而阿拉伯国家由于国家体制的关系，注重权力的约束力，由此，阿拉伯国家的机构，不管是政府部门或者企业都多多少少带有权力的色彩。

第三个纬度：男性主义和女性主义，指社会是否对男性特征，例如进攻、武断的赞赏，还是对其他特征的欣赏，以及对男性和女性职能的界定。一般而言，男性文化更趋向于关注社会性别地位，而女性文化则表现出更大的流动性。在男性气质突出的国家中，社会竞争意识强烈，成功的尺度就是财富功名，社会鼓励、赞赏工作狂，人们崇尚用一决雌雄的方式来解决组织中的冲突问题，其文化强调公平、竞争，注重工作绩效，信奉的是“人生是短暂的，应当快马加鞭，多出成果”，对生活的看法则是“活着是为了工作”；而在女性气质突出的国家中，生活质量的概念更为人们看中，人们一般乐于采取和解的、谈判的方式去解决组织中的冲突问题，其文化强调平等、团结，人们认为人生中最重要的不是物质上的占有，而是心灵的沟通，信奉的是“人生是短暂的，应当慢慢地、细细地品尝”，对生活的看法则是“工作是为了生活”。

第四个纬度：个人主义和集体主义。个人主义是与集体主义相对应的价值观，强调的是个人与群体之间的关系。个人主义强调个人的价值和作用，人们主要依据个人的成就、地位和其他相关特征对个人做出评价；集体主义则主要强调群体的价值，认为家庭、组织、团队等社会群体皆优先于个人。高个人主义的文化价值观和信念是，人人对自己负责，个人成就是理想，人们不必动情地依靠组织和群体。美国、英国、加拿大、意大利、法国、比利时等国属于高个人主义的国家，而中国、新加坡、中国香港等则为低个人主义或高群体主义文化国家和地区。

第五个纬度：长期取向。早期霍夫斯蒂德的研究没有我国大陆地区的有关数据，后来他接受了有的学者用中国人的价值观（儒家文化的价值观）进行跨文化研究后对其理论提出的质疑，从中归结出他的文化价值观的第五个维度，并对中国（主要是大陆地区）与西方国家的文化维度进行了比较研究。具有长期取向文化的价值观和信念认为储蓄应丰裕，顽强坚持以达到目的，节俭是重要的，愿意为将来投资，注重实效以适应现代关系，接受缓慢的结果。中国大陆、中国香港和中国台湾地区具有较强的长期取向。

霍夫斯蒂德在对 IBM 公司 72 个国家的分公司进行了大约 10 万份调查，对文化差异进行了量化研究，在此基础上得出了如下按霍夫斯蒂德文化方面的要素的排序表（见表 5-1 和表 5-2①）。

① 表格来源于：http：//www. cccif. com/cn/message. asp？ id = 301

表5-1　**依据文化群选择的部分国家（地区）的指标排序**

（100＝最高，50＝中等）

文化群/国家（地区）	权力化程度	不确定性规避	个人主义	男性主义	长期取向
英语国家（地区）					
加拿大	28	24	93	57	19
英国	21	12	96	81	27
美国	30	21	100	74	35
远东国家（地区）					
中国	89	44	39	54	100
中国香港	73	8	32	67	96
新加坡	77	2	26	49	69
日本	32	89	55	100	—
日耳曼国家（地区）					
奥地利	2	56	68	98	—
德国	21	47	74	84	48
拉丁美洲					
阿根廷	35	78	59	63	—
墨西哥	92	68	42	91	—
拉丁欧洲					
比利时	64	92	87	60	—
法国	73	28	82	35	—
意大利	38	58	89	93	—

原资料注释：1. 表中数据为百分比，其含义是排在该国（地区）之后的国家（地区）所占比例，如英国的“个人主义”得分为96，是指有96%的国家（地区）的个人主义都低于英国。

2. 表中资料根据 Hofstede，1980；Hofstede，1991；Hofstede in Pucik，Thichy，and Barnet，1993b 等整理。

表 5-2　　　　**分区域的文化指标列表**

地区(国家群)	权力化程度	不确定性规避	个人主义	男性主义	长期取向
英语国家	26	22	97	72	32
远东地区	63	39	34	62	89
日耳曼国家	13	48	72	92	—
拉丁美洲	72	68	30	83	—
拉丁欧洲	55	77	81	55	—
近东地区	54	71	50	48	—
北欧	11	22	77	7	—

资料性质及来源同表 5-1。

2. 处理文化差异的方法

文化差异会导致文化冲突。关于解决组织内的文化差异这个问题，南希·爱德勒曾提出过三种方案可供选择：

一是凌越，是指组织内一种文化凌驾于其他文化之上而扮演着统治者的角色，组织内的决策及行为均受这种文化支配，而其他文化则被压制。

二是折中，是指不同文化间采取妥协与退让的方式，有意忽略回避文化差异，从而做到求同存异，以实现组织内的和谐与稳定。

三是融合，是指不同文化间在承认、重视彼此间差异的基础上相互尊重、相互补充、相互协调，从而形成一种你我合一的、全新的组织文化，这种统一的文化不仅具有较强的稳定性，而且极具“杂交”优势。

总之，跨文化管理就是要识别这些企业文化的背景和管理者与被管理者自身的背景，从而识别文化差异，发展文化认同，建立跨文化沟通机制，实现组织内部与外部的良好沟通。随着经济全球化的到来，未来企业将向着多种族、多文化的方向发展，跨文化管理的应用也将越来越广泛。

六、“风的方向”——管理时尚的研究

现在，我们终于沿着西方管理思想发展的历史轨迹走到了 20 世纪的尽头。当我们回过头去，重新审视它时，我们能够体会到如《财富》杂志所言：工业化属于 19 世纪，而管理属于 20 世纪。在 20 世纪初，管理尚未为人所知；现在，它已然成为人类文明的中心活动。大量受过良好教育的人从事管理活动，它决定了我们的经济进步的步伐和质量，决定了我们的政府服务的有效性，决定了我们的国防力量。我们进行“管理”的方式，我们影响组织的方式，影响并反映出我们社会的形成过程。①

然而，正如徐志摩的诗中所描写的，“我不知道风/是在哪一个方向吹”，在过去的一百年，管理学也给我们展示了它的进步的不确定性本质，并且新观念的出现和更新的速度越来越快。在最近二十多年里，从企业文化、全面质量管理到核心竞争力、学习型组织、企业流程再造等理念和方法纷至沓来，一波接着一波，因此，有学者认为：人类所有活动都具有其流行的成分。在应用科学中，教育所产生的一时风尚和流行方式最多，但管理必定名列第二。我们在管理的教育和发展中把这两个领域的努力结合起来，就有了大量的一时风尚和流行方式。② 对过去一百年管理时尚（Management Fashion）的研究也就应运而生了。

（一）管理时尚的形成

“时尚”一词，英文里叫 Fashion，在 1995 年版的《朗文英汉双解词典》里被定义为“The way of dressing or behaving that is considered the best at certain time”，即“被认为是时下最好的穿衣与行

① 斯图尔特·克雷纳：《管理百年：20 世纪管理思想与实践的批判性回顾》，海南出版社 2003 年版，第 1 页。

② 约翰·亨特：《管理流行方式日趋短命》，《国外社会科学文摘》2001 年第 5 期，第 60 页。

事风格”；在美国经典辞典中被定义为“The prevailing style or custom, as in dress or behavior”，即“风格，时尚衣着或举止方面流行的式样或习俗”；1998 年版的《现代汉语词典》将时尚解释为“时下的风尚”。

对于什么是管理时尚，不同的人会有不同的定义。但是作为一种客观的社会想象，一般把管理时尚定义为：反映特定时期内管理群体对某种管理技术的普遍认识①。虽然不同时期的管理时尚在发展的规模、持续的时间、造成的结果等方面存在许多差别，它们却共享着三个突出的特点，即：持续时间的短暂性、众多管理者在相互影响的互动过程中自主选择的集体性、新旧时尚不断发生更迭与变化的更新型。

正如同人们的装扮、趣味不断地掀起新的流行时尚一样，在企业管理领域，人们也常常不自觉地去追随一些新的、流行的管理思想或方法，有需求就有供给，因为在时尚的背后总是蕴含着巨大的商机。于是，管理时尚就在时尚消费者的需要、时尚供给者的生产与传播者的共同作用下源源不断地形成、发展、并传承着。

1. 管理时尚的需求

Abrahamson 将导致管理时尚需求的因素分为社会—心理因素、技术—经济因素。社会—心理因素指同类企业对管理时尚的采用导致企业的模仿行为；咨询公司对企业问题的夸大（这也是一种普遍现象）导致企业“宁愿信其有、不愿信其无”地采用咨询公司建议的管理时尚；企业过去采用的管理时尚没有起到预期的效果，因而采用新的管理时尚，或者以备不时之需（如应付行业监管部门的检查）；一些政府部门对某些管理制度的强制销售也可能导致并不需要的企业对其采用。总之，社会—心理因素导致的管理时尚往往并不能改善企业的经营绩效。而技术—经济因素则指企业外部的经济周期波动（如经济萧条、季节性需求变化等），或企业内部的经营管理不善（如技术落后、员工与管理者素质不高、原料供

① 李玉辉：《怎样看待管理时尚》，《企业管理》2004 年第 8 期，第 24 页。

给问题、销售不畅等）导致的企业绩效不佳，因而产生对预期能够解决企业绩效困难的管理时尚的需求。总之，技术—经济因素导致的管理时尚可以在某种程度上改善企业绩效。① 由此可见，管理时尚的产生反映了管理人员对新观念永不知足的渴望。其原因可能是其他管理时尚的衰落、普遍的企业绩效表现不佳、研究者对企业问题的夸大。此外，不仅仅是管理者，企业的员工、消费者、社会大众、社会团体以及合作伙伴共同导致了企业对管理时尚的强烈需求：管理者了解管理时尚可以避免日益增多的社会交流尴尬，员工也需要通过培训来增加知识或者至少获得培训的权利，消费者看见企业在不断学习就会以为企业在不断进步进而信赖企业的产品，社会大众也似乎看到了企业提高经营水平的决心，社会团体也提高了对企业的评价，合作伙伴也认为企业采用各种管理时尚之后层次也随之提高了。当然了，采用管理时尚也确实可能提高企业的经营管理水平。②

同样，安德泽杰·胡克金斯基也认为那些流行的大师的思想的成功就在于他的思想能够满足管理者的需要。他认为管理者的需要主要是对可预见性、控制和尊重方面的要求。所谓的可预见性，就是指这些流行的管理思想要能够减少管理者的迷惑和威胁；所谓控制，则是指管理者需要有人向他们指出在环境中哪些因素是关键的因素，以便于管理者采取行动，即获得行动指南；所谓的尊重方面的需求则涉及社会和个人需要的满足，即专业同行或企业内外的高级管理者对管理者的积极评价会使他感到自我价值和自尊心的提高。正是由于组织内的管理者的认知和情感的需要，而这些需要被满足的途径之一就是采纳和运用某种管理思想及其技术，并且这种需要也是经常性的、永远不能完全满足的，因此，对管理思想的需要是持续不断的。

---

① 参见王圆圆等：《管理时尚传播过程研究》，《中国工业经济》2005年第9期，第122—128页。

② 参见王圆圆等：《管理时尚传播过程研究》，《中国工业经济》2005年第9期，第122—128页。

总之，管理者的需求是管理时尚产生的重要原因之一，这种需求可能产生于管理者对组织绩效提高的渴望，也可能来自于社会环境的压力和影响，但是后者似乎对管理学科的发展不会产生什么积极作用。

2. 管理时尚的供给

有需求就会有供给。对于管理时尚来说，其制造者是管理权威、商业学校、咨询公司与大众媒体①。也有学者认为管理时尚的主要供给者分为三类，即学术界的学术权威、管理咨询人员和经营管理者。其中，学术大师和管理咨询人员之间的界限越来越模糊了，如德鲁克等人；而经营管理者则在成功中建立了自己的权威，他们的经验自然被看作是行动指南，他们的自传性、半自传性作品就对其他管理者产生了神奇的作用。Carson 和 Lanier 就提出，管理时尚的主要来源是：学术与畅销出版物、咨询公司的业务活动、《哈佛商业评论》的年刊。凡是同时在这三条途径中成为热点的管理理论都可以认为是管理时尚。

当然，有时候供给也会刺激产生需求。在供求双方的共同作用下，管理时尚就产生了。

3. 环境的作用

正如美国管理史学家雷恩所言：管理思想既是文化环境的一个过程，也是文化环境的产物。由于管理思想具有这些开放系统的特点，所以必须在文化范围内来对它进行研究。② 管理不仅是一项经济活动，而且是必须把多种资源在其经济、社会和政治环境中恰当组织起来的一种理性职能。管理思想既是环境的产物又是其过程，从内部来说，管理思想经历了不同阶段，各阶段研究的侧重点不同；从外部来讲，管理思想一直受到技术进步、人性假设的变化以

---

① 参见王圆圆等：《管理时尚传播过程研究》，《中国工业经济》2005 年第 9 期，第 122—128 页。

② 雷恩：《管理思想的演变》，中国社会科学出版社 2000 年版，第 13 页。

及经济、社会和政治价值的影响。① 任何一种管理思想的流传都是和特定的历史时期内的社会、政治和经济因素密不可分的。

比如，在20世纪80年代，美国时任总统里根身上体现了美国人的竞争、个人主义和“适者生存”的精神，《商业周刊》评论说，里根总统给了80年代的美国人最需要的东西，那就是稳定和乐观②。因此，美国企业在遭受到日本企业70年代的打击后，开始奋起反击，而《追求卓越》则在人们把目光都投向日本企业管理模式时驱散了美国人的悲观主义情节，从而成为当时最畅销的书。因而，有学者认为80年代是美国管理文化环境的分水岭，顺应这种环境的理论才可能成为时尚。

另外，企业竞争环境的变化、技术进步、政府的作用等的变化都会反映在新出现的管理任务和工作条件的模式上，因此，顺应了这种环境变化的新的管理思想也就广泛传播开了。

（二）管理时尚的传播

然而，管理时尚本身的变化也常常会让人迷惑，不知道“风的方向”。“今日不同于昨日，而明日又将不同于今日，但今天是我们所有的昨天协力作用的结果，明天也将如此。”③ 我们要想知道“风的方向”在哪里，可能通过回顾历史，就能发现答案了。

研究者经过研究发现，管理时尚本身表现出具有一定生命周期的特征，形成一个由兴到衰的过程。国外学者作了详细的实证研究，得出了管理时尚的生命周期呈现“bell-shaped（钟形）”形状，开始少数人接受并提倡，然后到达一个峰值被大部分人所接受，随后下降到只有少数人接受。有人管理时尚的兴衰划分为以下几个阶段：寻求（对管理技术变化需求的不断强化）、发现（新的管理词

---

① 雷恩：《管理思想的演变》，中国社会科学出版社2000年版，第566—567页。

② 安德泽杰·胡克金斯基：《管理宗师：世界一流的管理思想》，东北财经大学出版社1998年版，第178页。

③ 雷恩：《管理思想的演变》，中国社会科学出版社2000年版，第568页。

汇的诞生)、流行（应用新观点的广度和深度不断扩展）、质疑（泛化使用新观点后问题的暴露）和弃置（怀疑情绪的增加、管理时尚的结束，开始寻找新的时尚)。管理时尚的兴与衰的过程也表明，它本身就是一个利弊交织的客观存在，对不同的企业可能会产生不同的影响。因此，对于不断更新的管理时尚，既不能简单排斥，也不能一味追随。一些管理时尚最终进化为企业日常管理的必要手段，简单地排斥管理时尚将损害企业自身的内在素质与发展潜力。另一方面，时尚的管理技术未必适用于特定的企业，盲目地追随管理时尚往往使企业吞下失败的苦果。面对不断出新的管理时尚，要实现趋利避害，就要研究时尚，抓住本质。

另外，作为一种商品，市场化促销策略对管理思想的流行也起着十分重要的作用，产品的开发和促销活动是制造流行思想的关键①。另外，为了更好地使管理者了解流行管理思想的不平凡之处，管理思想的发明者也会通过公开演讲等形式与公众进行交流，以“推销”其思想成为时尚。实际上，早在科学管理理论时期，泰罗就十分注意通过公开演讲来宣传其科学管理思想。据记载，泰罗 1914 年在纽约的中央大厦所做的关于科学管理思想的公开演讲就吸引了 69 000 人出席。

（三）经久不衰的秘密

对管理时尚的研究表明，20 世纪 50 年代、60 年代甚至 70 年代的流行方式对理解和实行来说都是简单的。它们从问世到确立流行地位的生存周期平均为 15 年。所以，有较多时间不必那么匆忙地讨论特定流行方式的价值，并选择适合于经济的流行方式。可是，到 20 世纪末，管理理论的生存周期降至 3 年。它们也更难被付诸实施。而且，公司对流行方式的采纳、利用和放弃也比 30 年前迅速得多。到 20 世纪 90 年代，公司总裁利用和拒绝管理流行方

① 安德泽杰·胡克金斯基：《管理宗师：世界一流的管理思想》，东北财经大学出版社 1998 年版，第 246 页。

式的时间前后不超过三四年。①

有学者对管理时尚进行了分类和检验，认为他们只不过是对已有的理论进行了重新包装，是“新瓶装旧酒”而已。但是尽管如此，在管理学的历史上还是有某些流行的管理思想经久不衰。那么这些“永不褪色的流行”有何秘密呢？安德泽杰·胡克金斯基（Andrzej A. Huczynski）为我们总结了五个先决条件②：

第一，合乎时宜，即必须面向时代的需要。

第二，必须争取到潜在读者群的注意，不是要抬高作者自己。商业教育组织、管理咨询及以培训机构和出版公司在扩大该思想的影响力方面起着重要的作用。

第三，其内容应以能满足读者个人需要及激发管理者兴趣的方式陈述。

第四，应该具有某些必要的因素，使该思想被潜在的应用者看成是与满足自己的需要息息相关。

第五，语言陈述方式要恰当。因为大多数管理者都是通过商业讲座了解它的，且该思想的音像制品也将从作者的原始陈述中开发出来。

他用过滤器来做类比，把这五个因素比作是过滤网，这些过滤网的名字是：管理者的需要、思想价值、时间性、提高和展现。经过层层过滤，剩下的就是真正经久不衰的流行的管理思想。

另外，管理理论具有理论性（抽象性）与实践性（操作性、具体性）的双重特征。理论性与管理理论的生命周期成正比（“理论之树常青”），而实践性与管理理论的生命周期成反比。这也可以解释为什么一些基础的理论具有那么长久的生命力，而另外一些管理时尚却只能获得短暂的辉煌。③

---

① 约翰·亨特：《管理流行方式日趋短命》，《国外社会科学文摘》2001 年第 5 期，第 61 页。

② 参见安德泽杰·胡克金斯基：《管理宗师：世界一流的管理思想》，东北财经大学出版社 1998 年版，第 1—3 页。

③ 参见王圆圆等：《管理时尚传播过程研究》，《中国工业经济》2005 年第 9 期，第 122—128 页。

（四）以史为鉴，面向未来

作为一种“时尚”现象，管理时尚同样也具有其他时尚现象的特征，既在短时间内一炮走红，又会在一夜之间归于平静，甚至被人遗忘，但是不管怎样，管理时尚都在一定程度上影响或改变了企业的管理。众多管理理论和方法的昙花一现也会使企业浪费大量的时间和金钱，也让我们反思：为什么在企业界会有管理时尚现象？新的管理实践为什么会失败？

管理时尚的产生反映了管理学科所具有的科学性和艺术性相结合的特征。所谓的科学性是指管理学科所具有的规律性，所谓的艺术性则是对管理实践性的描述，是指在运用管理原理是必须顺应环境的变化。因此，法约尔就认为，“在管理方面，没有什么死板和绝对的东西，这里全部是尺度问题。我们在同样的条件下，几乎从不两次使用同一原则，因为应当注意到各种可变的条件，同样也应注意到人的不同和注意许多其他可变的因素。”“原则是灵活的，是可以适应于一切需要的，问题在于懂得使用它。这是一门很难掌握的艺术，它要求智慧、经验、判断和注意尺度。”① 国内有学者认为，科学就是一般，就是完全一样，管理实践本身并不追求科学，它追求的出类拔萃的卓越，科学只是管理实践活动的一个方面。由于企业追求的是与众不同，这就为管理时尚现象的出现创造了条件。因此，在理解管理时尚现象时，我们首先需要在管理理论和管理实践之间划清界限。管理时尚是经常变化的，但是探究时尚背后的一般规律，即管理学科科学化的问题，这是当前学派林立、纷争的管理学科需要面对的一大问题。同时我们也要认识到，追求管理实践的科学化并不能抹杀管理实践活动的创新性，只有不断的创新才会有理论的不断发展，管理时尚似乎是一个会长期存在的现象。

① 法约尔：《工业管理与一般管理》，中国社会科学出版社 1982 年版，第 22—23 页。

我们还应该看到，在许多组织的管理工作中，诸如政府、军队等组织的管理理论中一般就没有管理时尚的问题，而管理时尚的研究和传播基本是在企业这个层面徘徊，在企业管理这个领域游荡，这不能不引起研究管理理论的人们的注意。显然，要对这个问题进行回答并不十分困难。其主要的原因就在于，企业这类组织所每天面临的是市场高度充分和激烈的竞争，在残酷的市场竞争面前，企业成为世界上最为短命的一种组织。例如，巴纳德曾经讲过："在我们的西方文明中，只有一个正式组织——罗马天主教会——存在了很长的时间。有少数大学、极少数的民族政府或正式组织起来的国家，超过了 200 年，但其他法人组织很少有超过 100 年的历史的。"① 据资料显示，在美国，62% 的公司存活不到 5 年，寿命超过 20 年的公司只占 10%，仅有 2% 的企业能够存活到 50 年以上。日本的企业寿命据说能维持 10 年的只有 18.3%，超过 20 年的只有 8.5%，维持 30 年的只有 5%。在《第五项修炼》中，作者在开篇就指出："1970 年名列财富杂志'500 家'排行榜的公司，在 80 年代却有三分之一已销声匿迹。"残酷的竞争，胆寒的结果必定会促使众多的企业领导人产生盲目学习"标杆"的冲动，简单照搬"成功经验"的愿望。在这巨大需求，也就是商机面前，另外一批商人，诸如前面提到的咨询公司，出版机构，商学院的教授就会自动地成为积极的"标杆"、"成功经验"的供应商。"管理时尚"这个商品就会源源不断地出现在市场上，成为诸多想通过捷径，步入成功殿堂的企业领导人购买的商品。例如近年来颇为流行的《蓝海战略》一书，一些在不断宣传所谓的企业经营成功秘笈的光碟，都属供给的管理时尚商品。在这里，我们并不想贬低流行的管理时尚的作用和效果，但需要说明的是，世界上事业的成果，其必然的原因是经办事业人的成功；需要提醒的是，一定不能忘记法约尔的名言："我们在同样的条件下，几乎从不两次使用同一原则，

① C. I. 巴纳德：《经理人员的职能》，中国社会科学出版社 1977 年版，第 5 页。

因为应当注意到各种可变的条件，同样也应注意到人的不同和注意许多其他可变的因素。”如果知道了这些，就不难懂得为什么管理时尚通常的结果都不太好的道理了。大多数的相关研究将之归于两个主要原因：一是媒体过分的渲染，导致一种新的管理方式在短暂的流行之后很快衰退；二是商业竞争的压力，促使许多企业盲目的跟风。想让企业有一双“慧眼”去识别出来哪些是真金、哪些不是则是不现实的，因此后续的研究则认为商业管理时尚从繁盛到衰退的过程，很大程度是由极力劝导公司采取新管理方式的咨询公司造成的。① 尽管管理咨询公司的专家对新出现的管理思想也是一知半解，但是为了商业目的而不断地鼓吹，也因此毁掉一批新的管理思想。很多有前途的管理实践都是跌倒在管理咨询的门槛上，顾问公司往往缺乏真正的专家。因此，管理咨询业建立起真正的信用体系，对一些有效的管理理论和方法的推广会起到推动作用，从而避免成为昙花一现式的管理时尚。

徐志摩的不知道“风是在哪一个方向吹”展现出了迷失方向的怅惘和悲叹，而另一位诗人则以“一个气象观测员”的锐眼，“清楚地看见了这世纪的风/和它所朝的方向”。

通过阅读百年来管理学的发展历史，就是要练就一双“气象观察员的锐眼”，看清楚百年来管理学发展的历程，面向未来，找出规律。即了解历史是为了更好地理解现在，更好地吸纳先进的管理文化和思想。但是我们也无意停留在历史或现实中裹足不前，我们必须放眼未来。斯图尔特·克雷纳在回顾管理理论百年演变后得出了颇为发人深省的一句话：“管理只有恒久的问题，没有终结的答案。”② 所以尽管我们讨论的是过去一个世纪发生的事，但面向的无疑是未来的世界。在未来，我们有理由相信，随着生产力的不

① Haimowitz：《新管理实践的失败?》，《现代企业教育》2006 年 Z1 期，第 90 页。

② 斯图尔特·克雷纳：《管理百年：20 世纪管理思想与实践的批判性回顾》，海南出版社 2003 年版，封面用语。

断发展、人类文明程度的不断提高，随着管理实践过程中问题的不断出现，未来的管理学仍将会有辉煌的发展，没有终点，这也是管理学科魅力的永恒之所在。

上篇的结语

就是在回顾、分析、结论的过程中，在品味大家的精髓思想、管理学理论创建、发展、蔓延滋长的过程中，横跨了近一百年的管理学理论发展的历史，结束了上篇的写作任务。从整体上看，我们力争沿着管理学理论发展的脉络进行我们的工作，但在回顾世纪之交管理理论的发展时，我们稍稍有些发散。这是因为，20 世纪与 21 世纪交接时出现的新经济时代确实正在改变着我们身边的一切，也正在改变管理学理论研究的范围、内涵、思想与方法。在这诸多的变化面前，人们还在琢磨，还在探讨，还在分析，还在展望，因而我们更多的是想展示管理领域出现的种种变化，为读者提供更为宽阔和深邃的视野。但我们依然认为，管理学理论涉及的主要问题还是组织与参加组织中的人目标之间的协调，依然需要解决的主要问题是解决人集群后“义”与“分”的问题。法约尔 93 年前所说的“管理职能只是作为社会组织的手段和工具。其他职能涉及原料和机器，而管理职能只是对人起作用”，巴纳德 71 年前所说的“一个组织的持续取决于在不断变动的外界环境中，物的、生物的和社会的各种物质、要素和力量的复杂性之间维持平衡，这就要求调节组织内部的各种过程。我们要涉及引起这种调节的外界条件的性质，但我们关心的中心是实行调节的过程”会使我们更加明白，作为管理学理论长期研究的主要问题，作为管理者日常所应该努力工作的中心究竟在哪里。克雷纳先生在回顾管理的百年历史之后，总结出的结论是：管理只有恒久的问题，没有终结的答案。这句话是值得我们思考，值得我们寻味的。但本书的作者认为，这句似乎颇藏玄机的话语并不是想把管理理论的研究者和实践者带入不可知的境界，而是在告诫大家，管理理论的研究者和实践者所面对的永远是未来的问题和工作，他们永远需要努力创新，需要迎接挑战。在他们身后已经发生过的事，已经走过的路所积累的仅仅是成功的经验或失败的教训，可以借鉴，可以思考，但永远不能再简单地照搬和模仿——未来所面对的将是各种可变的条件，不同的人和其他可变的因素。与其他学科相比，这是管理学最大的魅力所在。这也应该是颇具这种魅力的管理学理论研究、发展的主线。

下 篇
20世纪中国的管理变迁

第六部分　1900—1949年中国的企业管理

不难发现，我们日常接触到的管理理论与方法甚至代表人物都来自于西方发达国家，那么具有五千年丰富历史文化的中国管理思想是什么呢？在实际工作中又应该如何结合中国的文化传统和现实的国情学习和运用管理的理论和方法呢？应该肯定，在中国五千年丰富、灿烂的历史文化中，管理思想、管理方法同其他文化分支一样，同样是璀璨夺目的，同样是时至今日依然受到世人重视的，并对当今的中国，乃至世界管理理论与方法产生着影响，发挥着作用的。但受中国历史发展的局限，中国的管理思想明显地更多产生于国家的治理、方略，军队的治军、谋略之中；管理的核心理念与思想基本体现的是“人治”和“治人”的特色，与现代管理需要依靠法律、制度，突出人性化的管理有着相当大的差距；缺乏从理论的高度，去进行科学的、一般的抽象，以形成管理学理论的独立体系。与当今经典的管理学理论更多偏重于企业管理问题的研究这一现实相比，中国的研究成果与影响就因历史的原因更显“势单力薄”了。

在1988年由中国著名经济学家何炼成教授主编的《中国经济管理思想史》的开篇，北京大学经济学院赵靖教授为其撰写了序言。在序言中赵靖教授指出：“本书所写的内容主要是宏观的经济管理思想，以中国传统的范畴来表示就是‘富国之学’。富国之学特别发达而‘治生之学’（传统的微观经济管理思想）则比较薄弱，这的确是中国经济管理思想历史遗产的一个重要特点。”①在该书中，何炼成教授认为，中国经济管理思想的基本特点是：“中华民族是一个历史悠久的民族，中国是世界上的文明古国，在汉唐鼎盛时代，经济的发展曾经处于世界的领先地位，商品经济和国内外贸易具有一定程度的发展。因此，反映在经济管理思想方面也比较丰富，大大超过西方古代的经济管理思想。但是，由于中国历史发展的特点，封建制度延续的时间比西方各国长，直到明清之际才有产业资本主义萌芽及一定的发展，到清代中叶由于外国资本主义的侵入，使中国逐步沦为半殖民地半封建社会。明清以来中国经济发展的这些特点，反映在经济管理思想上，近代的管理思想就比西方一些主要国家出现得晚一些，而且缺乏系统的论证，不少经济管理思想还带着浓厚的封建宗法观念的烙印……”② 这既是一个客观的总结，也是一个十分重要的结论。

由于本书研究的历史跨度界定为 20 世纪，在下面的介绍中将主要集中在 1900—1949 年这一段历史过程，为解释、说明方便，也会在叙述中将时间的跨度作适当的延伸。

一、中国近代的社会特征

1900—1949 年是中国近代史中的一段。众所周知，中国的近代史的时间划分是 1840—1949 年，也就是第一次鸦片战争失败到中华人民共和国成立。这段时间是中国历史上一个非常特殊的时期，因为就是在这段时间中，曾在历史上有过极其辉煌的中国开始走向全面的衰落，逐步地向半殖民地半封建的社会转变，中国人民也逐渐陷入极端贫困、落后、屈辱和受压迫、受剥削的痛苦深渊，但也就构成了这一个特殊时期极为鲜明的社会经济特点。这正如北

① 何炼成、王一成：《中国经济管理思想史》，西北工业大学出版社 1988 年版，序第 5 页。

② 何炼成、王一成：《中国经济管理思想史》，西北工业大学出版社 1988 年版，序第 4 页。

京大学的著名经济思想史专家赵靖教授所指出的："中国近代经济思想史所涉及的历史时期，同鸦片战争前的中国传统经济思想发展演变的漫长历史时期相比是十分短暂的，但它在性质、内容、产生的历史条件以及同外来经济思想的关系等方面，都同传统经济思想有根本的区别。"①

我国著名的经济思想史专家胡寄窗先生曾经说过："在半封建半殖民地经济时期，中华民族在思想上经历了两次亘古未有的变动。"② 一次是鸦片战争，英国的炮舰既粉碎了清代封建王朝的武装力量，冲破了中国的经济大门，也使中国人的思想意识产生了重大的变化。"中国在鸦片战争以前不止一次地被胜利者或征服者所击败乃至被征服，但中国人民不曾有一次被胜利者或征服者所卑视，也不曾有一次丧失其民族自尊心和自信心。只有鸦片战争的失败才使民族的自豪感也同时被侵略者的炮舰所摧毁，民族的自信心也开始动摇了。人们对传统的思想意识及社会价值产生的怀疑日渐增长。先进的人们决心从他们的侵略者的武库里寻求物质的和精神的武器，开始了一个无先例的'向西方学习'的运动。"③ 这就是我们十分熟悉的"师夷长技以制夷"的思想，以及在此类思想影响下开展的洋务运动。在洋务运动中，中国开始从西方各国引进了新式的工业、开矿业和交通业，对中国直接接触、分享产业革命的成果——现代工业打下了基础。第二次是五四运动，它的影响更为巨大，因为五四运动所产生的人们思想的变革比鸦片战争更为彻底。"师夷长技以制夷"思想中最重要的是强调了"学技"以"制夷"，坚持的是"中学为体，西学为用"的学习方法。而"五四运动的第一炮就是'打倒孔家店'，彻底摧毁了旧有的一切道德准则，要求以一些外来的价值准则和科学方法为起步，处理现实的各

① 赵靖：《中国经济思想史续集：中国近代思想史》，北京大学出版社2004年版，序言第1页。

② 胡寄窗：《中国近代经济思想史大纲》，中国社会科学出版社1984年版，第4页。

③ 胡寄窗：《中国近代经济思想史大纲》，中国社会科学出版社1984年版，第4页。

种问题”。① 这一变化为中国较为全面地学习主要产生于产业革命的西方管理思想、理论和技术奠定了基础。

但是，中国社会这些变化总的趋势是逐渐地向一个半殖民地半封建的社会转变。胡寄窗先生对此的认识是：“从社会经济形态方面考察，所谓半封建半殖民地经济，必然是传统的旧封建经济体系的日益瓦解和外来的资本帝国主义经济体系的日渐繁荣这两种趋势的交织，换言之，是整个历史时期全属于新旧社会形态的变革或过渡过程。”②

毛泽东在《新民主主义论》一文中也曾经非常清楚地描述了中国近代的社会特征。他指出：“所谓中华民族的旧政治和旧经济是什么？而所谓中华民族的旧文化又是什么？自周秦以来，中国是一个封建社会，其政治是封建的政治，其经济是封建的经济。而为这种政治和经济之反映的占统治地位的文化，则是封建的文化。自外国资本主义侵略中国，中国社会又逐渐地生长了资本主义因素以来，中国已逐渐地变成了一个殖民地、半殖民地、半封建的社会。现在的中国，在日本占领区，是殖民地社会；在国民党统治区，基本上也还是一个半殖民地社会；而不论在日本占领区和国民党统治区，都是封建半封建制度占优势的社会。这就是现时中国社会的性质，这就是现时中国的国情。作为统治的东西来说，这种社会的政治是殖民地、半殖民地、半封建的政治，其经济是殖民地、半殖民地、半封建的经济，而为这种政治和经济之反映的占统治地位的文化，则是殖民地、半殖民地、半封建的文化。”③

也就是在 1900—1949 年之间，我国完全处在高度的动荡不安之中，国内战事不断、政权更迭；国外列强垂涎我国，屡屡入侵中华。如 1900 年 5 月义和团进入北京，6 月八国联军正式进攻北京；

---

① 胡寄窗：《中国近代经济思想史大纲》，中国社会科学出版社 1984 年版，第 5 页。

② 胡寄窗：《中国近代经济思想史大纲》，中国社会科学出版社 1984 年版，第 1 页。

③ 毛泽东：《毛泽东著作选读》（上册），人民出版社 1986 年版，第 350—351 页。

1911 年辛亥革命爆发，中华民国成立；袁世凯复辟，军阀混战；1931 年日本占领我国东三省，1937 年日本军队进攻卢沟桥，抗日战争全面爆发；1945 年日本投降，随即解放战争开始。就在这短短的 49 年中，中国经历了清朝和中华民国两个朝代，侵略中国的帝国主义先后有八国联军、日本和美英等帝国主义列强。所以在这内乱与外患交加的时代，中国的实业家和研究者想去构建适合中国国情的科学管理体系是不可能的，这也就造成，要去探索这一段时间的中国管理思想总貌和全局性特色是困难的。

例如，据许涤新、吴承民主编的《中国资本主义发展史》第三卷《新民主主义革命时期的中国资本主义》一书所提供的资料，在上世纪 30 年代中后期，外国人开办的洋行控制了 80% 的出口和几乎全部进口；完全属于中国的铁路只占全部铁路的 9%，日本一个国家在东北就修铁路 5300 公里；外国公司全部控制了远洋的航运，在内河外国公司轮船的总吨位占了 77.5%；在电力方面，关内外资与合资的电厂设备容量占了 51%，资本占 65%，发电量占 70%，而在关外，日本几乎控制了发电厂的全部；中国的铁工业，除了土铁以外，几乎全部被日本资本控制。1939 年 12 月，太平洋战争爆发，日本接管了英美等在沦陷区和东北的企业和房地产，1945 年随着日本的投降，日本以及德国、意大利属于法西斯所有在中国的财产被国民党政府接管，原属于英美等国的财产归还给了原主人。随着美国在全球实力的扩张，在中国的外国资本形成了美国一个国家独霸的局面。这些产权数据巨大的变更也从一个侧面反映了那个时期中国经济跌宕起伏的状况。

二、中国近代的企业管理

在以上的介绍中我们可以领略到，在 1900—1949 年这一段时间，具有工业化特色的中国企业主要是由三部分构成，这就是，帝国主义在华投资所办的企业、国家垄断资本主义投资所办的企业以及民族资本投资兴办的企业。从总体上看，帝国主义经营的企业具有残酷压榨、无偿掠夺的特点，国家垄断经营的企业具有政府掌控，少有竞争的特色，而唯独只有民族工业才具有既要抗争帝国主义企业的种种优势，又要反抗国家垄断企业无情打压，还要遵守市场经营规则、开展竞争的特点，所以在以下的介绍中将重点介绍民族企业的管理情况。

1. 经营特色

民族企业为了企业的发展，结合中国的传统，在创造经营特色方面作出了自己的努力。如 1926 年 6 月 10 日由卢作孚领导成立的民生实业股份有限公司的宗旨是“服务社会，便利人群，开发产业，富强国家”。在随后的经营过程中，民生实业公司果然实现了自己向社会承诺的企业经营宗旨。据《卢作孚和民生公司》一书介绍，在 1937 年底到 1938 年 8 月底之间，为支持当时的抗日战争，民生实业公司的船队从汉口抢运入四川的军工器材 3.8 万吨、政府机关公物 6.9 万吨、工厂设备 7 900 吨。民生公司在这大半年的运量，与平时五年的运量相当。在包括宜昌大撤退在内的抗战初期抢运中，民生公司先后有 117 人牺牲，76 人致残，30 艘轮船抗战有功受到嘉奖。为抗日战争作出了巨大的贡献。张裕酿酒公司是中国最早的葡萄酒公司。1892 年，由著名的爱国侨领张弼士先生为了实现“实业兴邦”的梦想，投资 300 万两白银在烟台创办，中国葡萄酒工业化的序幕由此拉开。建厂初期，张裕酿酒公司从国外引进了雷司令、贵人香、玛瑙红、蛇龙珠、赤霞珠、梅鹿辄等 120 多种优良酿酒葡萄品种，在烟台建成了两座葡萄园；又从国外引进酿酒设备，聘请了意大利酿酒师，酿制出风格独特的可雅白兰地、红葡萄酒、味美思、雷司令干白葡萄酒等产品。为确保酒品的质量，开展纵向联合经营。在公司成立的初期就自建葡萄园和玻璃厂，实现了原料和酒樽器皿的自给，以降低经营成本。南洋兄弟烟草公司为了确保原材料的供应，在烟草产地设立栈房、收烟厂，并负责指导农民改良种烟的方法，并贷借肥料，预约收购。公司还围绕香烟的生产、包装产业链，成立了造纸公司、锡纸厂、制罐厂、印刷厂等。成立于 1902 年的大隆机器厂在创业的初期就制定了多元化的经营措施。大隆是一个生产纺织机械的企业。在经营中确立了“以铁业为本，以棉业为手段”的铁棉联营理念，为解决资金问题，还跨行业经营房地产，并实现了利用房地产赚取的资金支持主业的发展，并在当时取得了一定的成功。

2. 资本结构

中国的民族企业一开始就是夹缝生存的产物，即在帝国主义资本与国家垄断资本所建立的企业竞争中求生存，谋发展，因而在资本的结构方面也具有自己的特征。一般来讲，民族企业开创的初期，一般是依靠个人的资本，并通过个人参股的形式募集资本，为企业的开创打下基础。随着企业的发展，企业的融资渠道开始增加，形成多元的局面。

例如，在荣氏企业开创的初期，荣氏家族依靠的资金来源主要是开钱庄的日常积累。“（1900 年）广生钱庄的汇兑业务也因此非常发达，这一年盈余竟达到四千九百两之多，成为荣氏兄弟创办保兴面粉厂资本的来源。”① 在创办保兴面粉厂时，荣氏家族是与官僚朱仲甫一起创办的。在商量资本募集的过程中，他们协商如下：“彼（朱仲甫）云：‘大机器无此财力，招股不易，且从三百包入手。集股三万元，各认一半，或自出，或招来，即成定局。”② 在创办振新纱厂时，荣家与买办荣瑞馨也进行过类似的商议。“发起七人，取名振新。发起人即张石军、叶慎斋、鲍咸昌、荣瑞馨、徐子仪、余兄弟各认三万元，其余分招，限日截至。”③ 且在企业开创初期，为了企业的发展，股东分得的红利一般都不提取，用以企业的发展。在企业发展之后，资金的需求量增大，借入资本也就有逐渐扩大的趋势。例如，表 6-1 为福新面粉厂（荣氏家族的一家面粉厂）1913—1923 年资本的结构状况一览表。从中可以看出，福新在这一阶段发展很快，这可从企业资本增长的状况得到反映。与此同时，企业借入资本也逐渐增加以满足企业发展的需要。

荣氏企业虽然只是旧中国诸多民族企业中的一家，但它的发展轨迹具有一定的代表性。

① 《荣家企业史料》(上册)，上海人民出版社 1980 年版，第 9 页。

② 《荣家企业史料》(上册)，上海人民出版社 1980 年版，第 11 页。

③ 《荣家企业史料》(上册)，上海人民出版社 1980 年版，第 18 页。

表 6-1　**福新面粉厂 1913—1923 年资本的结构状况一览表①**

年份	资产总值（千元）	企业自有资本（千元）	借入资本（千元）	借入资本占资产总值的百分比（%）	借入资本对自有资本的百分比（%）
1913	124.10	40.00	52.01	41.9	130.0
1920	7067.38	2936.91	2697.87	38.2	91.9
1923	8630.76	2968.14	5468.05	63.4	184.2

3. 组织设置

南洋兄弟烟草公司是中国近代史上华侨经营的最大的机器制造卷烟企业。1905 年简照南、简玉阶兄弟集资 10 万银元，在香港正式成立“广东南洋烟草公司”，厂址设在香港东区罗素街。1906 年 6 月，南洋烟草公司开始制造卷烟，以每天 30 件的生产量投放市场。为确保公司的正常发展，南洋兄弟烟草公司根据公司的发展和竞争状况在组织机构设置上采取了灵活的做法。如南洋兄弟烟草公司上海总公司在 1933 年前采用分权制，在 1933 年后改为集权制，国内各分机构的业务、财务、人事由总公司直接掌握。1937 年又在总公司设立总务、稽核、购料、供应、会计、金库等科室。分公司在经理或副经理的下设立营业、调查、会计、文牍和金库、庶务、广告等部门，以保证公司扩大以后经营与管理。民生事业公司在 1926—1939 年间也进行了较大规模的多元化经营，在钢铁、机械、造船、煤矿、棉纺、铁路、银行、保险等行业进行了投资，投资兴办的实体企业达到了 25 家。

又如荣氏企业。在 1896 年农历二月初八，荣宗敬、荣德生兄弟二人听着父亲荣熙泰的指挥，在上海南市小心翼翼地把“广生钱庄”的烫金匾牌挂上。这就是在中国颇有传奇色彩的、中国近

① 《荣家企业史料》（上册），上海人民出版社 1980 年版，第 113 页。

代工业史规模最大的民族资本企业集团——荣氏家族的开端。随后，以荣氏资本为中心，包括茂新面粉公司（1902 年）、福新面粉公司（1912 年）和申新纺织公司（1915 年）等三个企业系统及其附属企业就逐渐开业，三个企业分别设立了自己的总公司。关于这些总公司的职责、权力，有如下的表述："总公司组织与一般公司组织不同，各厂是无限公司和合伙。有人说申新组织散漫，实际上，申新有它自己的一套组织。总公司内部分多个部门，部门之间进行分工，各设主人负责。各厂的经理、厂长对厂负全部责任，着重生产方面。总公司则集中掌握各厂的购料、产品销售和资金调动。后来，各厂也经办小部分原料，系辅助总公司工作上的不足。""总公司为各厂（包括面粉厂和纱厂）统一采购原料，销售成品，统筹资金；各厂只管工务。各厂多余资金必须存总公司，存息比行庄多一些。总公司代筹资金给各厂，照行庄利息加二毫半，作为总公司的经费。总公司采购原料，配给各厂。销售则照原售价结给各厂。总公司名称是茂新、福新、申新总公司。在业务方面，面粉和纱布是分别进行的。""总公司没有董事会，股东会也无大权，总经理掌握全权，一切集中于总经理。从批发发展成为总公司后，就掌握各厂的购料与销售等业务，体现了总公司的集权。"①由此可见，在当时的企业（或公司）中，已经开始注意到组织结构的建设。荣氏集团实际上由三个公司组成，在三个公司中实现的是较高层度的集权管理，总公司将资本、原材料采购和市场销售活动都控制在手，下一级的工厂仅为"只管工务"的生产单位。

4. 内部管理

据《中国企业管理百科全书》介绍，在一些较为著名的民族企业中，企业的内部管理还是比较严格，当然这主要是为了竞争和利益的需要。如民生事业公司在企业中就创造性地提出了"职工困难、公司解决，公司困难、职工解决"，"个人的工作是超报酬的，事业的任务是超利益的"等具有企业文化特色的口号，凝聚了当时大批的热血青年，为民生实业公司的发展打下了坚实的基

① 《荣家企业史料》（上册），上海人民出版社 1980 年版，第 96—97 页。

础。成立于 1922 年的上海康元制罐厂秉承了中国文化的传统，在自己的“厂训”和“训练通则”中提出了“勤、俭、诚、勇、洁”的思想，要求职工“不偷懒、说实话、有过改之、遵纪守法”。并要求学徒做工与读书相结合，每天要上文化技术课。这种做法在荣家企业也开展过。例如，在申新四厂对养成工的规定就包括了这样的条款：“养成期内，第一月授课三小时（每日上午下午或晚间），工作九小时；第二月授课二小时，工作十小时；第三月授课一小时，工作十一小时。课程为标准工作法、纺学、公民、国语、常识、音乐、体育等科。每月终举行学科及实习考试一次，不及格者留级。”① 由此可见，这种养成工或与养成工极其相似的工人培训、管理在当时中国（可能又主要集中在上海）是较为普遍的做法。

对于企业职员（即管理人员）的管理也具有中国民族企业的一些特色。如在当时较为著名的大中华火柴厂中，“总、分所和工厂里有数百大小职员，他们都是经过总经理批准任用，并‘秉承’总经理的意旨分工负责各项生产经营管理工作。刘鸿生（总经理——作者注）对于职员的使用和管理的方法，概括起来说就是‘待遇从优，管理从严’”②。在公司中，高级职员每月的薪金都在 300 元以上，除了同一般职员在每年盈余项下分得职员花红外，还能得到“职员特筹”，这是由总经理掌控的，专为高级职员设立的劳酬金。花红是一种奖金，它由年资花红（占花红总数的 50%）、考勤花红（占 20%）、纪绩花红（占 30%）构成。年资花红是按照职员服务的年限来进行分配的，年资越高，所得的花红就越多。计算公式为：各该职员应得之年资花红 =（年资花红总数 ÷ 职员历年薪金总数）× 各该职员历年薪金数。考勤花红的计算公式与年资花红相同，请假一天扣 2%，迟到或早退一次扣 1%。纪绩花红的分配方法是按照职员的“品行和服务成绩”分为甲、乙、丙、

① 《荣家企业史料》（上册），上海人民出版社 1980 年版，第 571—572 页。

② 《中国民族火柴工业》，中华书局 1963 年版，第 79 页。

丁、戊、己 6 等。计算公式为：各该职员应得之纪绩花红 = 纪绩花红总数 ÷ ［Σ(各该职员当年薪金 × 纪绩等级倍数)，×(各职员当年薪金 × 纪绩等级倍数)］，这里的所谓等级倍数甲、乙、丙、丁、戊等分别为 5、4、3、2、1，己等的等级倍数为 0，即没有纪绩花红。在对职员的管理中，大中华火柴厂十分严格，主要的方法是采取保证制度。除了诸如总经理、协理、各科正副主任、分区监理、秘书、各厂厂长及其总经理特许免除免保者以外，每个职员所需要的保证金额按职务大小确定为 500—2000 元，管理钱财和物品的人员就更高。如出纳股股长为 2 万元，外埠分销人员为 5 千元。为严格执行该项管理措施，除了制定明确界定保证人的资格和进行担保的事项和责任外，工厂还制定了《职员保证书及其处理规则》对职员的处理进行明确界定。

在旧社会，由于当时广大的中国人民正深受帝国主义、官僚主义和封建主义三座大山的压迫和剥削，没有基本的人权和社会地位，因而在企业里工作的广大工人的待遇也基本一样，承担着繁重的体力劳动，过着十分贫困的生活。如在荣氏公司中，总经理荣宗敬个人一年的收入为 2363.74 千元，而他管理的申新一厂、八厂 1 个工人的全年的收入仅为 0.168 千元，也就是说，荣宗敬一人的收入等于纱厂 14070 名工人工资的总和。① 在所办的纱厂，大量使用养成工和包身工。例如在申新纱厂的养成工中，14—15 岁工人的比例为 40%，16—17 岁工人的比例为 35%，即未满 18 岁的养成工所占的比例高达 75%。由于养成工工资大大低于一般工人的工资水平，生活待遇艰苦，以致造成招收养成工困难，而到天主教孤儿院招收幼童进厂做养成工。又如一个外国人对当时的上海燮昌火柴厂工人状况作了如下的描述：“到此工场者，足一入门，最先吃惊者，则工厂之不清洁也，不整顿也，不规律也。器具纵横散乱，药类附着四方，床板则满以污土，房屋处处由破坏，曾不一加修理。次见成群之男女职工，则尤使人吃惊。负儿之母，倚姐之妹，妨父兄工事之子弟，有喧哗者，有号泣者，有嘻笑者，有戏谑者，如登

① 《荣家企业史料》(上册)，上海人民出版社 1980 年版，第 560 页。

万怪之堂，如入百窟之窟，其得认为工厂者，仅赖有数种不整顿之机器而。”① 当然，这位外国人具有明显地蔑视中国的倾向，但对上海燮昌火柴厂生产现场的描述也反映了当时一些民族企业中工人的劳动条件恶劣的状况。

由此可见，虽然在民族企业的发展过程中，它们有抗击帝国主义，保护中国资源与市场，与国家垄断企业抗争，反对市场国家垄断行为的一面，也在抗击、抗争和竞争生存之中为中国的经济发展作出了自己的贡献，但在旧社会的制度条件下，它们也必然会暴露资产阶级追求利润，进行残酷剥削的一面。所以在评价民族企业的内部管理时，必须注意到管理工作的“二重性”原理：一些有效的管理措施会提高企业的经营管理水平，提高企业的竞争能力，甚至对中国的企业管理理论有所贡献；但也就是这些有效的管理措施必然会因社会的因素和资本主义的生产关系而体现剥削的一面。在半殖民地半封建社会制度下，对民族企业在企业内部管理工作的功效不能估计过高。

5. 市场销售

市场销售是企业最为基础的经营活动。据《中国企业管理百科全书》介绍，在市场营销活动中，张裕酿酒公司为了扩大产品的销售，十分善于根据消费者的心理开展有效的营销活动。在对产品白兰地的宣传中就说到能“治呕吐痧气，疏通风寒，畅筋活血，舒肺除疫，避暑调生”；宣传葡萄酒能“补血益气，强志耐饥，驻颜悦色，滋肠润肺”。甚至还印制了《张裕葡萄酒补益之引证》的小册子，在消费者中传送。这样的营销活动使张裕葡萄酒在中国各大城市，甚至在东南亚和中南美洲地区华侨间的销售都取得了成功。南洋兄弟烟草公司配合香烟的销售，在国内外建立了分公司、发行所和代理店，积极开展广告宣传活动，举办“公益”活动，入赈济、捐助，办慈善事业，资助学生出国留学，支持中小学教育，提倡使用国货，要求军政人员抽吸南洋烟草公司生产的香烟。上海永安公司是中华人民共和国成立前中国最大的百货公司。在经

① 《中国民族火柴工业》，中华书局 1963 年版，第 160 页。

营过程中，永安公司确立了“以统办环球货品为鹄的，凡日之所需，生活所依赖，靡不尽力搜罗”的经营宗旨。在商品销售方面，努力供应中国和全世界各地搜罗来的名牌商品，使永安公司成为最具有特色的百货商场。永安公司不仅销售质量好、花色新的产品，而且还经营一般商店不愿经营的价廉利薄的小商品，还委托工厂定制产品，以满足市场的需要。在经营中还提出了“顾客永远是对的”口号，作为柜台营业员的必须恪守的准则。在商品进货方面，利用贸易商行，实行多渠道进口资本主义国家各国的商品。与一些国外的公司建立固定的供货关系，确保畅销商品的及时供应。在日本和一些欧美国家设立办庄或代理庄，为进口业务提供方便。与一些外国厂商签订合约，以获取独家代理的包销权，以垄断货源。①这些市场销售活动的组织为永安公司的发展创造了重要的条件。

三、简单的结论

由于社会的动荡、资料的匮乏，很难全面地描述和总结 20 世纪近代中国企业管理的完整的面貌与基本的经验，但在上面的介绍中不难看出，就是在这短短的 49 年中，中国的民族企业有了较大的发展，在与帝国主义企业和国家垄断企业的竞争中也逐渐学到了许多市场竞争的方法，学会了企业经营的理念，为后来国家经济的发展创造了条件，为企业的经营管理培养了人才。但受当时社会制度的影响，这些管理既具有资本主义经济的一些特征，但也带有半殖民地半封建社会深深的痕迹。在企业的职能管理方面已经形成了一些具有现代工业特色的管理方法，但在管理的基本理念上距离科学的管理还存在巨大的差距。

---

① 《中国企业管理百科全书》（上册），企业管理出版社 1984 版，第 56—59 页。

第七部分　革命根据地公营企业及管理

1927年，第一次国内革命战争失败以后，以毛泽东为代表的中国共产党走上了一条农村包围城市、武装夺取政权的革命道路，建立了革命根据地（抗日战争后称为解放区）。革命根据地的工业企业是伴随着根据地的发展而逐渐形成并成长、壮大的，它不仅为革命战争做出了贡献，也为新中国国有企业的建立奠定了基础。同时，对革命根据地企业管理的不懈探索及形成的管理经验也为新中国国有企业后续的经济管理工作起了重要借鉴作用。

所谓工业，主要是指在根据地兴办的小规模的军需业、民用工业和农村手工业。为了确保处于国民党、日本侵略者严厉封锁的革命根据地的供给保障和经济发展，革命根据地相继建立了公营的工业、商业、交通运输、金融业和邮电业。这些具有社会主义性质的企业，在外界几乎完全被封锁的情况下，经营管理方面形成了十分鲜明的特点。这些企业不仅在根据地经济中起着“脊梁”作用，而且对新中国成立后国营企业管理模式也产生过重要影响，这是中国企业管理有别于他国的一个重要历史现象。本部分主要讨论此类企业的管理。

一、革命根据地工业的形成

1927年后，毛泽东根据中国革命和革命战争的特点，寻找到了中国革命发展的客观规律，创造性地形成了以农村包围城市，最后武装夺取全国政权的革命理论。他在《星星之火，可以燎原》中告诫全党：“如果认清了中国是一个许多帝国主义国家互相争夺的半殖民地……四，就会明白相应于全世界只有中国有统治阶级内部长期混战的一件怪事，即红军和游击队的存在和发展，以及伴随着红军和游击队而来的，成长于四围白色政权中的小块红色区域的存在和发展（中国以外无此怪事）。"① 因此，中国共产党建立的革命根据地几乎全是位处几省交界的边区、山区。这些地区经济落后，没有什么近代工业存在。但是在 1930 年 10 月，蒋介石政权在取得军阀混战中原大战的赢局后，立即调集兵力，对红军和革命根据地实行了大规模的"围剿"。当时由中国共产党领导的苏维埃政府，为了满足与国民党政权开展武装斗争的需要，建立了一批兵器工业企业和民用工业，并逐渐从无到有、从小到大，为中国革命的胜利、新中国的诞生和国防建设的发展做出了不朽的贡献。

20 余年的革命战争时期可分为土地革命战争时期（1927—1937 年）、抗日战争时期（1937—1945 年）和解放战争时期（1945—1949 年），与此对应，革命根据地工业的发展大体上也经历了三个阶段：

第一个阶段是土地革命战争时期。此阶段主要是革命根据地的兵器工业开始出现，而民用工业几乎空白，农村手工业规模也很小，多是有几个雇工的手工作坊，少量使用了机器。1927 年，蒋介石发动了武装政变，第一次国共合作失败。中国共产党开始领导工农群众以革命的武装反对武装的反革命，为满足战争的需要，开始在革命根据地自力更生兴办修械机构。1927 年 10 月，毛泽东率领工农革命军创建井冈山根据地时，筹办了小型修械所，并相继建立了被服、印刷、兵工、织布、造纸和石灰生产等工厂。1931 年秋，第三次"反围剿"战争胜利后，根据地的扩大和红军的发展，要求根据地政府发展自己的工业企业，以适应革命战争的需要，因此先后建立了中央印刷厂、中央兵工厂、中央造币厂。同年底"中华苏维埃第一次全国代表大会"（简称"一苏大会"）之后，根据地的公营工业企业有了较快的发展，特别是 1933 年经济建设大

① 毛泽东：《星星之火，可以燎原》，《毛泽东著作选读》（上册），人民出版社 1986 年版，第 28 页。

会以后，公营工业发展进入了一个新的阶段。不仅数量比以前增加，规模扩大，而且结构也发生了变化。由单纯为红军服务的军事工业，发展成为军需民用服务的多种工业；由自给性的工业，发展成为“首先为着自给，其次也为出口（白区）”的工业。然而由于根据地创立后，中国共产党领导的红军在不断进行反“围剿”的斗争，并且在1934年第五次反“围剿”失败后，中央红军被迫进行长征，直到1936年，伟大的长征才胜利结束。因此，根据地军需工业的发展规模非常小，多是采用手工操作的小规模的自己工业，发展时间非常短，仅处于起步阶段的工厂就消失了。

第二个阶段是抗日战争时期。在抗日战争中，为了支持战争和保障供给，由革命根据地政府建立了一些公营工厂，特别是“皖南事变”后，为粉碎国民党政府的经济封锁，党中央提出要使根据地由半自给发展到自给自足，开展了“大生产”运动，公营工业得到了迅速的发展。据1944年10月统计，公营厂矿已有130个，职工7338人。虽然主要特点仍然是规模很小、技术落后，几乎没有现代交通和工业，但是还是为后来国有工业的发展和管理奠定了基础。抗日根据地公营企业的建立和壮大，正如毛泽东所说：“这是中国历史上从来未有过的奇迹，这是我们不可征服的物质基础。”①

第三个阶段是解放战争时期。随着革命形势的发展，区域性的解放区逐渐连成一片，并且在1949年初，解放区已经拥有了当时全国工业最发达的东北地区，有了像沈阳、北平、天津这样的大城市，使解放区的工业化水平迅速提高。1946年6月，东北行政委员会内设立了东北财政经济委员会，并在委员会下设工矿处，后专门成立了东北工业部，具体负责工业的恢复和建设。1947年8月，东北财经会议决定将发展工业作为1948年东北经济建设方针的重要组成部分。其他解放区的工业生产以自给为主，如冀中解放区曾经提出“家家纺纱，村村织布”的口号，使棉纺织业得到迅速发

---

① 转引自《中国企业管理百科全书》(上册)，企业管理出版社1984年版，第68页。

展，晋绥解放区则以产煤为主，山东解放区以产盐为主要特色，各解放区都发展出了一批公营、公私合营和私营企业，但是规模仍然较小。①

随着革命根据地工业的逐步形成和发展，为了适应革命形势的变化，共产党人也在不断探索企业经营管理的方法，经历了曲折的道路，并积累了宝贵的经验。在 1942 年底，中共中央召开“高干会议”，在总结经验的基础上为抗日根据地公营工厂管理指明了基本方向。1943 年 3 月，根据地召开公营工厂厂长联席会议，具体贯彻“高干会议”的精神，明确提出了企业化改革的各项办法。因此，可以以 1942 年底为标志，前期是探索阶段，后期则是企业管理模式形成和完善阶段。

二、革命根据地企业管理模式的探索

在土地革命战争初期，由于革命斗争形势的要求以及骨干是军需工业的特点，在公营工厂里实行军事制度。党委决定一切，对企业采取机关化管理，工厂和部队一样实行供给制、费用实报实销的管理模式。这种制度在初期也发挥了积极作用，但是工厂不是军队，工厂管理也不等于军队管理，因此，这种管理模式很快就弊端丛生，共产党人也开始了管理工厂的探索。

（一）企业领导体制的基本形成

1. “三人团”

20 世纪 30 年代初，“左”倾路线的倡导者占据了中央的领导地位，他们片面理解“工人阶级是领导阶级”的精神，在工厂推行完全由工会说了算的管理体制。1930 年《中华全国总工会工作大纲》中提出，由工人选举产生的工人管理委员会要取得企业的管理权和经营权。部分企业的厂长公开宣布“工会要我怎样办，

① 吴承明等主编：《中华人民共和国经济史》（第一卷），中国财政经济出版社 2001 年版，第 97—99 页。

我就怎样办”。结果造成企业无人负责的局面，生产和经营受到严重的影响。①

这种状况引起了当时中央的高度重视。1934 年 3 月，刘少奇同志在《论国家工厂的管理》一文中指出：“必须把工厂中的完全的个人负责制建立起来。厂长对于全厂的生产与行政负有绝对的责任。因此，他有权利来决定和支配全厂的一切问题……但厂长在决定各种问题时，必须事先与党的支部书记和工会主任商量，尽可能取得他们的同意配合党与工会的系统来一致执行。但党的支部与工会主任不同意时，厂长有最后决定执行的权利……人们现在要用这种‘三人团’的方式来管理我们的工厂。”1934 年 4 月，中华苏维埃共和国人民委员会主席张闻天签发的《苏维埃国有工厂管理条例》规定：“在厂长之下，设立工厂管理委员会，由厂长、党支部代表、工会代表、团支部代表、工厂其他负责人、工厂代表等五人至七人组织之，开会时以厂长为当然主席，以解决厂内的重大问题，管理委员会内组织‘三人团’，由厂长、党支部代表及工会支部代表组成，以协同处理厂内的日常问题。”中共中央组织局也颁发了《苏维埃国家工厂支部工作条例》，明确指出：“苏维埃国家工厂支部的基本任务是团结工人组织工人，提高工人群众的觉悟，实现每人的生产计划。”工作条例基本规划了企业中“三人团”的责权范围和相关关系，明确了企业中各组织的基本任务和责权。②至此，“三人团”企业领导体制模式基本形成。

总结起来，这种领导体制的特点是：第一，公营工厂负责者为厂长，厂长由各该隶属的上级苏维埃机关委任并对其负责，厂长对厂内的一切事务，有最后决定权。第二，在厂长之下设工厂管理委员会，管理委员会内设“三人团”，协同处理厂内事务。第三，工厂内设立党支部，基本任务是一方面经常教育工人，另外要关心群

① 华人民：《国有企业领导体制的历史变迁》，《战略与管理》1995 年第 1 期，第 93 页。

② 朱同清：《我国革命战争时期的“三人团”企业领导体制》，《中国商办工业》1996 年第 5 期，第 37 页。

众生活、倾听群众意见。第四，厂内的工会和共青团必须接受党支部的领导。第五，企业中的党组织除军事工业中有政委的工厂外（与地方党只发生横向关系），一律接受地方党的区委或县委的领导，并经常向所在地党委报告工作。

这种领导制度明确规定：改善企业管理和完成生产任务是厂长、党支部书记和工会委员长的共同目标，必须为此团结协作，共同努力；按照公营工厂生产的客观要求加强了厂长在企业管理上的责任，实行集中统一指挥；厂长在决策时，须事先征求党支部书记和工会委员长的意见，尽可能取得他们的同意和支持，体现了集体领导的精神；明确了企业与主管上级领导的关系，反映了民主集中制的原则。①

到了延安初期，企业领导体制基本沿用了这一做法，直到1943年3月，在陕甘宁边区召开的工厂联席会上，决定以厂长、党支部书记、工会主任、技师及其他人员参加的厂务会议形式取代“三人团”制度。

2. 公营企业三大民主

公营企业三大民主即政治民主、经济民主和生产技术民主的总称。土地革命战争时期，许多小型公营企业按照工农红军和革命根据地的指导思想，把红军中官兵一致、军民一致的革命作风和红军内部实行政治民主、经济民主和军事民主的原则，移植到公营企业里，经过不断实践，逐步成为革命根据地公营工业企业内部实行管理民主的基本原则。

三大民主的基本内容是：第一，公营工厂具有社会主义性质，职工是企业的主人，有权派出代表参加工厂的领导和管理。第二，对关系到职工群众的切身利益的问题，如工资待遇、劳保福利等，职工有一定的决定权。第三，对生产计划、产品质量和技术改造等问题，职工有权参加讨论，提出批评和建议。实行三大民主，对增强职工群众的主人翁责任感，改进企业领导干部作风，调动广大职

① 《中国企业管理百科全书》（上），企业管理出版社1984年版，第70页。

工的积极性和创造性起了重要作用，并对以后完善企业民主管理制度提供了较好的经验。① 很显然，当时根据地工厂的领导体制，与军队的领导体制极为相似。

（二）工人劳动报酬形式的改革

在土地革命初期，绝大部分工厂是将军队中的供给制与津贴制移植过来。供给制是普遍实行的主要劳动报酬形式，日常生活费用由公家按统一标准供给，每月再给少量的津贴。供给标准随当地经济状况的变化进行调整。工人吃穿由公家供给，津贴多寡根据工人家属人数而定，工人的劳动“近乎完全义务的性质”。这种劳动报酬的管理方法也与军队的管理方法一样。这种平均主义的分配制度不利于调动工人的积极性，但在战争时期，也起到了重要的作用。

第一次全国苏维埃代表大会之后，开始改革工人的劳动报酬制度。为了贯彻第一次全国苏维埃代表大会的精神，苏维埃政府制定了《劳动法》。1932 年初，临时中央政府将国营工厂工人的供给制改为工资制，并根据工人技术水平的高低，规定了三种工资等级，如中央印刷厂的工人最高工资是每月十八元，中等是十四元②。这一改革大大调动了广大工人的生产积极性。

但是随着革命形势的发展，这一制度并没有坚持下去。长征后，在延安初期仍以供给制和津贴制为主，因此在 1941 年，延安边区政府和总工会决定实行半供给性质的混合工资制，即以工资中的 70%—80% 以实物平均供给，其余按技术高低、产量多少以货币形式发给。但由于它的大部分仍是平均供给，按劳分配只占工资总额的 1/5，因此，混合工资制基本上仍是平均主义。这种制度下的工人工资已经失去了成本中工人工资的内涵，即使计入产品成

① 《中国企业管理百科全书》（上），企业管理出版社 1984 年版，第 71 页。

② 汤家庆：《话说闽西改革的今昔》，《华东科技》1995 年第 4 期，第 8 页。

本，也没有多大意义①。

（三）政企关系的调整和企业化经营的探索

由于采取机关化管理，所有公营企业按党政军系统统一领导，集中营业所有盈余，不得自由支配，因而工厂不实行经济核算，而是实行报销制，即工厂生产所需原料和经费，按预决算制度向主管部门领取与报销，生产出的成品，统统交给主管部门处理。这也是由于革命战争的需要和经济困难所决定的。其弊端是：其一，工厂和主管部门双方都只问是否完成任务，而不问开支是否合理，不讲求经济效益，不搞经济核算，因而产品质量差、成本高、浪费大；其二，主管部门包揽一切，“厂方事事要找上级主管部门解决”，“事不分大小，都由上级包办”，工厂生产费用凭稽核审批拨款，决算凭单据报销，工厂无多余资金周转，没有必要的经营自主权②。这种管理制度使得党企不分，严重束缚了企业的手脚，也不能调动企业管理者和工人的积极性。

针对这些情况，根据地政府对公营企业进行清理整顿，将一部分公营企业卖给私人经营，或者租给群众集股的生产合作社经营，或者关闭，使企业真正成为市场主体。另外，在1933年4月，中央国民经济部设立了国家企业管理局，建立了公营工厂和军工企业的领导机构。《苏维埃国有工厂管理条例》也规定“国有工厂必须确立经济核算制度”，规定每月要制订生产计划和编制财务预算，并将计划和预算的执行情况报告上级，规定了严格的纪律，反对浮支挪用。

（四）庞杂的工厂组织

在土地革命早期发展公营企业的过程中，有一度出现不考虑客

① 林万祥等：《抗日时期根据地公营企业的成本管理及其变革》，《四川会计》2003年第7期，第54—55页。

② 林万祥等：《抗日时期根据地公营企业的成本管理及其变革》，《四川会计》2003年第7期，第54—55页。

观条件，盲目发展公营工业的倾向。在延安早期，受到建设“大工业计划”设想的影响，也脱离了根据地实际发展工业，造成机构庞大，非生产人员过多，致使生产成本上升，管理效能降低。

另外，由于工厂的生产性质是供给性的，是行政部门的组成单位，厂内的组织结构就同行政机关差不多，因此，公营工业管理机构普遍组织庞大，层次繁杂，冗员过多。如陕甘宁边区难民纺织厂，1942 年职工共 375 人，组织机构却设有 9 个科，14 个股，管理层次包括生产系统 5 层，总务系统 6 层。其中非生产人员 105 人，占职工总数的 28%。这在当时的工厂中还是一个处于中间偏低的相对数。据毛纺、纬华、中印、光印、化学、被服等 7 个厂的统计，非生产人员平均占全体职工的 32.8% 强，最高的新华化学厂占职工总数的 45%，最低的边区纺织厂亦占 17.5%。①

到 1942 年底，公营工业管理机构庞大臃肿已经成为普遍问题，它一方面使企业领导多元化，发生问题则互相推诿，另外也使企业内部官僚主义作风严重。

（五）对工人技能的培训和积极性的调动

群众路线是我们党的优良传统，是党领导人民取得新民主主义革命和社会主义建设事业胜利的三大法宝之一。通过思想政治工作，开展劳动竞赛等调动广大职工的劳动积极性，同时，组织工人学习，树立新的劳动态度和劳动技能。

早在 1934 年，在苏维埃革命根据地公营企业中就开展了“生产模范队”运动。《苏维埃国家工厂支部工作条例》规定：不仅要经常教育工人以新的劳动态度对待新的劳动，而且要对最好的模范队员给予奖励，“特别须奖励那些学习最用功、进步最快的分子，技术的发明家应当受到全厂工人的欢迎和国家的奖励”②。1939 年

① 转引自杨洪、吴燕：《抗日战争时期陕甘宁边区公营工业改革探析》，《西北大学学报（哲学社会科学版）》2005 年第 9 期，第 72—76 页。

② 汤家庆：《话说闽西改革的今昔》，《华东科技》1995 年第 4 期，第 8 页。

初，中共中央发出“发展生产，自力更生”的伟大号召，陕甘宁边区总工会随即召开了机关扩大会议，号召“广泛开展全边区工人群众的生产运动”，陕甘宁边区第二届农工展览会上对3000名劳动英雄进行了授奖，1941年奖励工业技术改进者达30余人。

同时，为开展增产节约运动，组织工人群众成立了“经济核算队”。革命根据地开始建立公营工业企业时，由于缺乏管理经验，存在着不讲经济核算、原材料消耗大、成本高等问题。为加强供应工业企业的管理，克服浪费大的现象，1934年4月，中国共产党中央组织局在《苏维埃国家工厂支部工作条例》中，明确规定要组织经济核算队。具体做法是：党支部通过工会，把各部门善于节约时间、人力和原材料的工人组成经济核算队，以便总结和交流开展增产节约的经验，把好的节约方法推广到全厂。对成绩显著的队或成员，工厂从结余下来的资金中，抽出若干给予物质奖励，并给予荣誉奖励。按照《条例》规定，许多工厂组织了经济核算队，提高了工厂群众的主人翁责任感，发扬了勤俭办厂精神，增加了生产，节约了原材料。①

通过劳动竞赛和加强科学管理，调动了职工的劳动积极性，使他们能够刻苦学习技术，积极创造革新。国营工厂的工人多数来自农村，生产中最大的困难是不懂技术，于是，他们成立技术研究组，开展互教互学，举行产品展览，组织技术经验交流。很快掌握了技术，并开展了群众性的技术革新运动。中央造币厂的工人改革了纹银机，产量每天从二千八百两增加到四千两，人数每班由六人减少为五人，即产量提高了43%，人力节省了16.7%②。

（六）实例：中央兵工厂的企业管理③

中央兵工厂是中国共产党中央军事委员会设在中央苏区的修理

---

① 《中国企业管理百科全书》（上），企业管理出版社1984年版，第72页。

② 汤家庆：《话说闽西改革的今昔》，《华东科技》1995年第4期，第8页。

③ 《中国企业管理百科全书》（上），企业管理出版社1984年版，第70页。

制造兵器的工厂，因其在江西省兴国县莲塘区官田村，故也称为官田兵工厂。工厂自 1931 年 10 月由中央修械所、江西省苏维埃政府修械所和中央工农红军第三军团修械所合并成立以后，职工曾发展到了 1 千余人，成为中央苏区工人最多的工厂。

在企业管理上，该厂实行报销制，所需资金和经费开支由中华苏维埃政府拨付。原材料主要靠搜集废铜烂铁和在战场上捡来的弹壳，还在福建省大浦和江西省赣州、吉安近郊设立秘密采购站。产品由中央军委分配，直接供给部队。劳动报酬制度方面，管理干部实行供给制，工人实行工资制；生产任务有定额，超额者有奖，加班时发给加班费。在职工培训方面，职工每晚学习 2 小时，由政治教员或师傅讲授政治和技术，设有俱乐部、列宁小学。政治思想和保卫工作方面，厂内设有共产党、共青团、工会等组织，工会组织劳动竞赛，动员工人完成生产计划；设有警卫连负责保卫工厂。另外，通过开展定期的生产突击革命竞赛、创造模范股、冲锋劳动等活动，发动职工努力节省原料，革新技术，超额完成生产计划。在竞赛中，职工主动做义务工，并积极捐献和踊跃购买公债，支援革命战争和根据地建设。

中央兵工厂是依靠自己的力量，在困难的条件下逐步建设发展起来的。先后共修配步枪 4 万多支，修理机枪 2 000 多挺、迫击炮 100 多门，生产子弹 40 多万发、手雷 6 万多枚、地雷 5 000 多个，有力地支援了保卫革命根据地的战争。1934 年 9 月，中央兵工厂的大部分干部和工人编入工人师。10 月，一部分职工携带部分修枪工具，跟随红军总司令部长征去了陕北。

（七）小结

在根据地公营企业创立之初，由于特殊的斗争环境和物资的匮乏，根据地政权采取的是具有战时共产主义特征的政策，对企业采取的是一种军事化的、机关化的管理，因此我们可以认为此时公营企业的生产经营模式是行政管理型的生产经营模式。

随着根据地的扩大和生产的发展，这种管理模式的弊端也日益凸显出来，我党也对如何管理企业进行了探索，逐步向企业化管理模式转变。这种转变集中体现在1934年颁布施行的《苏维埃国有工厂管理条例》、《苏维埃国家工厂支部工作条例》以及中央苏区的《劳动法》等文件中，前两者也是中国共产党历史上第一个国有工业企业管理条例和国有工业企业党组织的工作条例。根据这些文件，中央革命根据地的公营企业加强了企业管理工作：第一，建立了"三人团"，作为企业的领导机构，处理生产、生活问题。第二，建立了集体合同、劳动合同等制度，规定了工人的生产任务和工资待遇，制定了工房管理规则和产品检验制度，严格劳动纪律，一些工厂还实行劳动定额，实行计件付酬的工资制度。第三，开展劳动竞赛。第四，加强思想政治工作。①

但是，由于王明"左"倾错误路线的领导，中央红军未能打破国民党的第五次"围剿"，被迫退出苏区，进行长征，因此，这一时期对公营企业管理模式的探索也宣告结束。

三、革命根据地企业管理模式的形成和完善

长征结束后，在陕甘宁边区仍延续了土地革命时期苏区的企业管理模式，存在的问题也越来越严重。特别是在面对国民党政权和日本侵略者的双重经济封锁，边区大力发展经济，开展了大生产运动，公营企业肩负起了历史重任，有了较快的发展，而管理上的机关化弊端到了非改不可的地步。于是，在总结经验教训的基础上，1942年12月毛泽东同志在陕甘宁边区高级干部会议上作了《经济问题与财政问题》的报告。在报告中，毛泽东同志要求全党树立经济发展的正确路线，不能不顾条件冒险发展，提出了精兵简政的思想，要求通过精兵简政达到"精简、统一、效能、节约和反对官僚主义"五项目的。这些都为公营工厂由机关化向企业化转变指明了方向。1943年公营工厂厂长联席会议贯彻此次会议的精神，

---

① 《中国企业管理百科全书》(上)，企业管理出版社1984年版，第67—68页。

提出多项改革办法，1944 年自属企业厂长联席会议进一步完善了企业化改革。

抗日战争胜利后，随着解放区的扩大，工业经济也进一步发展。东北是全国解放最早的地区，并有较好的工业基础。在公营企业数量迅速增加的同时，企业管理模式也日趋成熟。1948 年 10 月 10 日，东北工业部颁布了《工矿企业管理条例暂行草案》，对工矿企业的经营方针、资产管理、生产程序、成本核算、产品质量等，都有明确的要求和规定，使解放区的工矿企业的生产和经营都做到了有章可循。

（一）明确公营企业性质和经营方法

1. 企业化经营和经营方法的进一步探索

长期以来，由于公营企业采取机关化管理，工厂的广大职工在思想上对公营工厂的性质、任务和经营方式的认识模糊不清。在工厂经营方式上，许多人还不理解边区的经济条件，强调不切实际的大规模生产方式的管理方法。

针对上述情况，陕甘宁边区政府指出，这些与企业化改革完全不相符的管理必须改革。1943 年的厂长联席会议，首先指明了公营工厂的性质、任务和经营方式。公营工厂的性质是“新民主主义政权管理的企业、为革命服务的企业，一切生产任务都是为着供给革命的需要，为着争取抗战的胜利。工厂的党、行政、工会的目的也只有一个，以一致的步调，合力为完成生产任务而奋斗”。因此，在边区公营工厂做工与为资本家私人做工有本质区别。同时，规定公营工厂的“主要任务是保障供给，工厂应根据政府的需要而生产。首先供给军用公用被服纸张的需要。政府供给工厂以原料、食粮与资金，使工厂生产得以持续与发展。”厂长联席会议还规定，陕甘宁边区的经营方式应是手工业的经营方法。“工厂的组织、制度、管理都要适合这种经营方式。工厂的领导集中统一计划，统一供销，统一管理制度，但经营应是分散的。工厂规模不宜过大，要短小精悍。今后新设工厂应依据原料条件就地建设。”①

2. 企业化经营模式的确立

解放战争时期，在国营工业实行经营企业化，是东北局在《关于一九四七年度财经工作方针与任务的指示》中提出来的。但由于当时客观条件所限，这一指示未能及时贯彻落实，而基本上实施的仍然是单纯行政管理与工人运动相结合的一揽子手工业管理方式，不少厂矿经营管理不善，经常亏损。1947年8月东北解放区财经会议之后，各有关部门采取了企业化经营的不同措施，收到了一定效果，但尚未受到各个国营、公营企业的普遍重视。1948年8月，在哈尔滨市召开的全国第六次劳动大会上，陈云作了《当前中国职工运动的总任务》的报告，强调“要改善国营、公营企业的经营和管理工作。主要是贯彻企业化原则和实行管理民主化”。在会上通过的《关于中国职工运动当前任务的决议》中又进一步指出：“为了贯彻企业化原则，就要制定周密的生产计划，实行从原料、生产到推销的全过程的经济核算制度，就要以经营能力、劳动技术及尽忠职守为用人标准，推行考工制度，保证合理的劳力条件，做到机构合理，职工精干，各称其职，就要实行严格的个人负责制度，劳动纪律与赏罚制度，实行劳动检查与成品检验，做到人尽其责，功过分明，赏罚适当。”此后，关于企业化的经营制度，开始受到各个国营、公营企业的普遍重视。在实际工作中初步规划和执行了成本核算、生产负责、劳动组织、产品标准、工作标准、掌握技术、计件超额奖励等10种制度。②

1948年起开始按照企业化的原则管理企业。在正常进行生产的企业，不再依靠财政支持。在供销关系上，按照企业化原则办事，不再是供给性质；在物价政策上，纠正了1947年下半年以来的低价政策，开始采取保本与规定合理的工业利润与标准价格

① 转引自李慧宇：《抗日战争时期党对企业管理的探索》，《四川党史》1995年第5期，第17—21页。

② 参见福录：《决战胜利的经济基础——东北解放区1948年工农业生产发展概述》，《党史纵横》1996年第8期，第38—41页。

政策。

3. 走向计划生产

传统观点认为社会主义应该实行计划经济体制，公营企业主要是为了完成国家的生产计划。因此，在陕甘宁边区就开始逐步实行计划和集中统一管理。当时经济计划主要是指令性计划，具有法律性质。从 1938 年陕甘宁边区建立公营工厂起，政府就着手制定具体的生产计划。1940 年，边区推出第一部工业建设的年度计划，使公营工厂的计划管理具体化。到 1941 年，计划定得更具体，规定年内必须“产布最低限度一万四千匹，毛呢三千匹”，“纸张八万五千刀”，矿业上采油应“比去年提高三倍”等。计划对边区的生产有积极意义，但计划有时脱离实际和贯彻不力而都未能实现。①

东北解放区工业的计划生产是从 1948 年开始实施的。由于战争的原因，计划的整体性还很差。随着解放区的扩大，工业计划生产成为必行和可能。陈云同志在 1948 年 8 月在哈尔滨召开的第六次全国劳动大会的报告中指出：“首先，要加强工业的计划性。”“我们解放区要把这个问题提到第一位。要使一切国营、公营企业都能经过调查研究和全盘筹划，在统一领导、统一计划之下进行生产。”陈云又在写给中共中央的报告中强调：“首先必须规定国营企业的生产计划，其次必须规定各省、市、县公营企业的生产方向和计划。在这些国营、公营企业之外，又必须调查合营和私营工厂的情况，以便给予生产方向上的指导。在可能的条件下实行订货加工。”为了搞好东北工业的计划生产，成立了东北工业部、局、直属公司、分局、厂、矿各级计划机关，对各级计划机关的组织和任务作出具体规定。全方位的各级计划机关建立后，立即着手自下而上的计划制定工作，最后由东北工业部完成 1949 年东北工业生产

① 刘一民：《论抗战时期陕甘宁边区公营工厂的经营管理》，《毛泽东思想研究》2001 年第 5 期，第 76—77 页。

修建计划，呈报东北财政委员会批准，开拓了解放区计划经济的先河。①

(二) 加强经济核算

贯彻经营企业化原则最重要的一环是实行经济核算制。

1942 年前，公营工厂大多实行报销制。这种制度不利于节约人力、物力。1942 年 12 月，毛泽东在陕甘宁边区高级干部会议上号召"一切工厂克服机关化，实行企业化"，并提出"建立经济核算制，克服各企业内部的混乱状态"②。在 1943 年公营工厂厂长联席会议后，各公营工厂开始实行经济核算制度，加强企业化管理。其主要内容有：①建立可周转的独立资金（流动的与固定的），克服因资金困难而妨碍生产的矛盾。②建立财政收支制度，结束收支不清、手续不全的混乱局面。③建立成本核算制度，改变盈利或赔本无人管理的无序状态。④建立生产计划完成情况的检查制度，工厂实行按年按月检查生产进度和任务完成情况的制度，从而加强了产品生产的制度保障。⑤建立节省原料与保护工具的制度，使职工养成节省原料与爱护工具的习惯。③

有一些工厂开始改变报销制，一部分改成制造费制，一部分改成营业制。营业制是一种企业对主管部门承担一定的经济责任，产品自销、独立核算的经营管理制度，主管部门需保证工厂必需的资金，允许工厂生产经营的相对独立性。工厂向主管部门上缴规定的产品或利润后，可以根据自己的生产情况和市场需要独立经营。所得利润，除上缴外，大部分作为本企业的公积金，一部分作为职工红利。但是营业制并不普遍，因为当时资源匮乏，大部分产品都在本部门消化了，不需出售。因此就创造了一种新的经营形式——制

---

① 参见范胜丽：《解放战争与东北老工业基地的初创》，《吉林工程技术师范学院学报（教育研究版）》2004 年第 10 期，第 19—22 页。

② 转引自《中国企业管理百科全书》(上)，企业管理出版社 1984 年版，第 73 页。

③ 参见杨洪，吴燕：《抗日战争时期陕甘宁边区公营工业改革探析》，《西北大学学报（哲学社会科学版）》2005 年第 9 期，第 72—76 页。

造费制，亦称订货制，即由主管部门与工厂签订合同，供给原料，委托工厂生产所需要的产品，并付给工厂一定的制造费，其中包括职工工资、其他费用及相当于工资总额 20% 的利润。订货合同要求明确双方的责任，订货单位要保证工厂生产所需的材料和资金，工厂要按照规定的产品数量、品种、质量和时间完成生产任务。制造费制吸收了报销制供给有保证的优点，又克服了其成本高质量低的弱点。它是一种适合于战争环境和落后的农村根据地状况，既能解决军队、政府的供给问题，又给企业一定的经济利益和自主权，有利于调动企业和职工积极性的两全其美的经营方式。据 1944 年统计，在政府、联司、中管局、军工局等系统中，大多实行了制造费制和营业制。1946 年 5 月，《中共中央关于工矿企业政策的指示》指出："公营工厂一律企业化，实行严格的经济核算……"①

实行经济核算发挥了工厂的积极性和创造性，提高了管理水平和经济效益。如延长石油厂 1943 年改为营业制后，实行经济核算，利润 40% 上交主管部门，40% 留作公积金，15% 给职工分红，5% 为社会保险金。工厂立即拟定生产计划，精简机构，改津贴制为工资制，采取措施提高产量，节约开支，增开新油井，使 1943 年产量提高了 4 倍。难民纺织厂制定了管理规则、工房规则、奖惩制度、原材料领发手续，成品质量和数量具有记录，实行考勤制度和计件累进工资制，使劳动生产率提高 80%，产量增加 1 倍多，浪费现象大大减少。但是由于当时处在战争环境，经济困难，管理干部业务水平低，经济核算制的一些内容并未全部实行。②

在解放战争时期，东北公营企业内建立了十种经济核算制度：①在各工业部门中，坚决反对机关化，取消供给制度，实行企业化，各单位要确定资金总额（固定资本与流动资金），在整体领导下独立经营；②建立统一的会计独立制度（金库独立制度，预、

---

① 《中国企业管理百科全书》（上），企业管理出版社 1984 年版，第 74 页。

② 《中国企业管理百科全书》（上），企业管理出版社 1984 年版，第 73—74 页。

决算制度)；③建立与会计制度分离的审计监督制度；④建立定期计划批准制度；⑤工业检查制度；⑥定时统计制度；⑦材料制度(包括统购、保管、分发会计与报销制度)；⑧成本计算与成本会计制度；⑨年度总结制度；⑩各单位债权、债务清理制度。这 10 项制度中，成本计算与成本会计制度是最主要的一环。①

在公营企业中贯彻经营企业化的原则，不仅对于干部改变手工业管理方式和供给制思想，树立经济核算思想和成本核算观念，以适应近代化大工业的科学管理方式具有重要的作用，而且对于加速工业生产的发展也具有重要的作用。新中国成立后，经济核算制成为国营企业管理制度的主要内容之一。

(三) 企业领导模式的逐步形成

1. 从“三人团”到“一长制”

抗日战争中后期，陕甘宁边区的一些工厂在实行“三人团”制度的过程中一度出现行政、党支部、工会各搞一套的不协调现象，即所谓“三权鼎立”现象。鉴于这种管理分散局面，党和边区政府明确提出公营工厂实行一元化管理，包括工厂与政府关系的一元化，规定工厂只同政府的一个管理部门发生关系。在公营工厂内，厂长代表政府，集中管理工厂内部的一切。厂长是厂内的最高负责人，党支部和工会的一切活动如与生产计划相抵触，厂长有停止执行之权，但工厂必须实行民主管理。“我们的工厂应该建立在全厂职工群众的基础上。我们的厂长必须依靠支部和职工去动员和组织职工的劳动热情，发扬职工的创造性和提高职工爱护工厂的责任心。”② 正确处理了厂长负责制和民主化管理的关系，公营工厂内部呈现出和谐团结的良好局面。

但在克服“三权鼎立”现象的过程中，又出现了厂长一人化

① 参见福录：《决战胜利的经济基础——东北解放区 1948 年工农业生产发展概述》，《党史纵横》1996 年第 8 期，第 38—41 页。

② 转引自杨洪、吴燕：《抗日战争时期陕甘宁边区公营工业改革探析》，《西北大学学报 (哲学社会科学版)》2005 年第 9 期，第 72—76 页。

领导、忽视党支部和职工会监督作用的偏向。为了纠正这种新的偏向，刘少奇于 1944 年 5 月在陕甘宁边区政府召开的职工代表会议上指出：要“把办工厂当作一门学问，用严肃的态度对待它”。“我们管理工厂的方针应该是：用一切方法与工人合作，依靠工人的积极性；工人也应该以一切方法和工厂合作。要办好工厂就要依靠大家，依靠大家都发挥出高度的积极性。”根据刘少奇提出的方针，会后发表的《宣言》就提出要正确实行企业领导的一元化，领导要与群众相结合，厂长自上而下的领导，必须依靠企业党支部和职工会自下而上的动员与组织，激发职工的劳动热情，来进一步改善企业的管理，从而使工业企业的民主管理制度又得到了恢复和加强。①

2. 管理民主化

解放战争时期，在公营企业内加强了管理民主化工作。

管理民主化的内容，在当时主要是建立工厂管理委员会和工厂职工代表会议制度。1948 年，华北人民政府正式制定并颁布了《关于在国营、公营工厂企业中建立工厂委员会与工厂职工代表会议的实施条例草案》，第一次用条文形式对各个解放区实行工厂委员会和职工代表会议经验的系统总结。同年 9 月，中国第六次全国劳动大会在《关于中国职工运动当前任务的决议》中也规定：“在 500 人以上的大工厂，还可由各部门职工（包括学徒）代表组成工厂代表会议……” “为了实行管理民主化，需要在各企业各工厂中，建立统一领导的工厂或企业管理委员会。”②

工厂管理委员会为企业中统一领导的最高权力机关，凡是工厂的重大问题，如生产计划、工资调整、人事变动、制度改革等都有权做出决定。主要任务是：根据上级领导机关规定的生产计划和各项指示，结合本厂实际，讨论决定生产计划、业务经营、管理制

① 参见梅丽红：《刘少奇国有工业企业领导制度建设思想述析》，《四川党史》1999 年第 1 期，第 33—40 页。

② 《中国企业管理百科全书》（上），企业管理出版社 1984 年版，第 71 页。

度、生产组织、人事任免、工资福利以及企业管理中的其他问题，并定期进行检查与总结。工厂管理委员会的成员包括厂长、书记、工会主任、工程师及生产中主要负责人之外，还吸收与以上人员数量相当的由工会或职工代表会议选出的职工代表参加，以便集中各方面意见做出正确决定，体现了工人是工厂主人翁的地位和工人参加企业管理的权利。由于厂长是国家企业机关委派的全权代表，因此厂长是管委会的当然主席，并对一切有关工厂的重大问题有最后决定权。

职工代表会议制，是职工群众参加生产管理与当企业主人的一种最好的组织形式。公营企业职工代表会议也是企业内部民主管理的权力机构。职工代表会的主要职权是听取与讨论工厂管理委员会和厂长的工作报告，检查他们的领导作风和经营管理思想，提出批评与建议，对涉及职工群众的生活福利问题，有权做出相应的决议。职工代表会是在工厂管理委员会领导下行使职权的。①

东北解放区从1947年开始在部分国营、公营企业中建立工厂管理委员会和职工代表会议制度。最早建立这两项制度的是哈尔滨市电业局等5个公营市政企业。这些企业由于执行了依靠工人管理企业的政策，发扬了民主，因而取得了后方生产战线上的可喜成绩。如电业局职工在1947年只有伪满时期的2/3，但仍能克服国民党断电的威胁，使哈尔滨有了生产所需的动力电，市中心有了生活所需的照明电。1948年，东北解放区各国营、公营企业中普遍建立了工厂管理委员会和职工代表会议制度，依靠工人管理企业的政策得到全面贯彻，解放区的工业生产迅速恢复与发展。

（四）不断探索合理的企业分配制度

在1942年陕甘宁边区高级干部会议上，毛泽东明确指出，边区今后的工业建设必须坚持“公私兼顾”的原则。“公私兼顾”原则的实质就是公私两利，工人的劳动效果能得到体现，生活能够得

① 《中国企业管理百科全书》(上)，企业管理出版社1984年版，第71页。

到改善。这主要表现在工人的工资上。在陕甘宁边区高级干部会议以前，陕甘宁边区工人的工资虽然已开始由完全平均的供给制向有一定等级差别的计时工资制迈进了一步，但是仍没有完全克服平均主义的分配方式，工人在超额完成自己的任务后不能得到更多的报酬，使生产积极性的调动受到限制。针对这一情况，1943 年公营工厂厂长联席会议明确指出，工厂要实行企业化，就必须改变这种不合理的分配方式。“工资要克服过去‘干不干，一斤半’的不合理现象，采用全部的计件工资制，谁做工做得多，谁就拿工资拿得多，工作时间以 10 小时为原则，但可以根据季候而有所伸缩。”① 根据毛泽东在陕甘宁边区高级干部会议上提出的“一切从业人员的薪金应由工厂的盈利解决，而不支领公粮公衣与公家的津贴制”的原则，改革了当时实行的供给制度为全面的工资制度，取消供给部分，一律实行按件累进工资制，公营工厂的工资完全由技术等级和劳动态度来决定。

另外，根据具体情况，有些工厂则实行了公私合作、按股分红的股份制。分红制是抗日根据地部分公营工厂实行的一种特殊工资分配形式，于 1944 年开始试行。具体办法是，工人日常生活所需粮、油、菜金由工厂统一供给，工资按其生产数量和质量按年发给，再对工厂的盈利进行分红。解放战争时期，解放区部分公营工厂继续采用过这种分红办法，并进行了改进，但各厂具体做法不同。1946 年，公营纺织工厂是从盈利中抽 40% 按资分红，40% 按劳力分红，10% 为公积金或公益金，10% 为职员奖励。纺工和织工的分红比例规定为：纺线 1 斤作为一股，织布 1 小匹作为一股。工厂按所得工资数额分红，工资多的多分，少的少分（好线好布工资多，分红也多）。

1944 年 2 月，经过一段时间的试行，中央管理局直属公营工厂厂长联席会议进一步肯定了公私两利的合作方向，并对公私合股制的分配原则作了明确阐述。提出：公私两利的合作制度是新民主

① 参见李慧宇：《抗日战争时期党对企业管理的探索》，《四川党史》1995 年第 5 期，第 17—21 页。

主义经济的特点，只要工厂的性质和条件允许就应该推行，但必须遵守先公后私的原则，职工私利的增加必须放在工厂公利扩大的基础上，合作的形式可以多种多样，无需一致，应以适合于工厂具体情况与经济核算为原则。①

（五）改善工厂组织管理，克服工厂机关化

另外，在公营企业内也实行了精简机构、定员管理，消除了非生产人员过多、浪费经费的现象。

在战争条件下，在落后的农村建立起来的以手工业为主的公营工厂，要求组织精干，结构合理，管理制度简便易行。1943年春厂联会议决定精简，此为边区公营工厂管理机构“由大而小，由庞杂而精简”的发端。精简的办法多种多样，主要有：裁并机构和人员，多余的人员充实生产第一线；尽可能试行撤销科、股等层次；利用兼职，减少层次和人员；建立干部、职员参加生产的制度；改革后勤管理办法，一种是总务部门实行独立的经济核算，自负盈亏，另一种是交给职工自己管理；动员家属参加劳动，解决生活困难，以减轻政府和厂方的负担。各公营工厂裁并机构、精简人员后，非生产人员由占职工总数的32.8%—45%下降到8.4%—22.5%，提高了工作效能，降低了生产费用。在此基础上，建立了工厂必要的规章制度。②

（六）重视职工劳动素质的提高

1. 大力培养管理人才和技术工人③

为培养兵工技术专业人才和企业管理干部，八路军总部创办了一所军事工业学校——太行工业学校，其前身系抗日军政大学特科

① 参见李慧宇：《抗日战争时期党对企业管理的探索》，《四川党史》1995年第5期，第17—21页。

② 参见马启民：《抗日战争时期中国共产党领导的经济改革及其历史功绩》，《陕西师大学报（哲学社会科学版）》1995年第4期，第11—16页。

③ 参见曹敏华：《抗日战争时期晋冀豫根据地的兵器工业》，《党史研究与教学》2004年第6期，第46—55页。

大队。1941 年 9 月，军工部以特科大队和冀中军区选调的干部为基础，成立了军工部干部训练队。1941 年春，八路军总部又选送近百名学员，于 5 月在山西省黎城县看后村正式建立太行工业学校，从军工部各所、厂抽调一批受过高等教育的技术骨干到工校担任教学任务。该校设有机械、化工、采矿冶金、生产管理等专业，并开办工会干部班、会计班和地雷制造与爆破班等各种短期培训班。学校实行理论和实际相结合的教学方针，注重课堂教学与工厂实习相结合，使学员在较短的时间里掌握专业知识，具备组织军工生产的能力。太行工业学校在艰苦条件下坚持办学 3 年，为军工战线输送了 400 多名专业技术干部和管理干部。

如果说太行工业学校是造就根据地兵工技术管理人才的基地的话，那么，生产第一线的技术工人则主要靠兵工厂内部培训。当时规定“学徒学习机工、钳工、木工、铁工、铸工均为十八个月，子弹工为十一个月，药工为六个月，其他工作学习时间由各个厂、所会同工会讨论规定，但不得少于三个月”；“学徒升级考试由本厂行政人员会同工会、师傅二方面主持，将经过情形及结果报告工程处，成绩送工程处审查”，考试及格者方能晋级。兵工厂培训工人采取的主要措施是：为文化程度低的工人开设识字课，帮助其逐步提高文化水平，同时施以一定的技术培训，使原先曾在兵工厂工作的工人对相关技术原理由知其然到知其所以然，帮助来自农村的手工匠人掌握军工生产必需的基础知识和基本技能。这些举措对晋冀豫根据地兵器工业的稳步发展发挥了积极作用。

2. 重视科技人员的作用①

针对陕甘宁边区公营工厂普遍存在的科技人员缺乏，科技含量低，生产能力较差等突出问题，党和边区政府从思想教育入手，“纠正某些党的组织和党员对革命工作抽象的狭隘的了解，以至轻视经济工作和技术工作，以为这些工作没有严重的政治意义的错误观”。首先，在政治方面，边区政府对科技人员给予高度的重视和

---

① 参见刘一民：《论抗战时期陕甘宁边区公营工厂的经营管理》，《毛泽东思想研究》2001 年第 5 期，第 76—77 页。

信任，推选一些有影响的科技人员作为边区参议员，鼓励他们参与管理边区的军政大事；其次，在生活和工作方面，边区政府则充分关心、照顾和大胆使用科技人员，规定在物质上给予他们特殊优待，对边区急需的有特长的专门技术人才，则采取重金聘请，在工作中正确使用和大胆提拔他们；再次，在科技人员配置和奖励方面，边区政府曾两次发起工业战线科技人员归队运动，为一些学有所长的科技人员创造条件，使其专业对口。对于做出突出贡献的科技人员，则采取及时表扬和奖励的办法。

3. 聘请苏联专家①

1949年1月6日，陈云等就苏联政府已同意我国聘请苏联专家的请求，报告了中共中央并得到同意，第一批拟聘328名苏联专家。同时，苏联已同意再派铁路工作人员200人。1月10日，陈云在复电高岗时指出："要使鞍山、本溪等工业基地恢复生产，需要在现有设备的基础上加以补充，包括要求苏联退还在进入东北后搬走的大机器，需要尽快聘请苏联专家前来。否则，不仅鞍山、本溪难以全面复工，而且究竟需要从国外订购制作哪些设备都开不出清单。"鞍山、本溪的超大型企业生产的恢复困难重重，留下的日本工程师技术不精，又多保守，乃至生产计划都要几经修订。第一批苏联专家进入鞍山、本溪后，很快解决了生产中的问题，产品的产量、质量都得到了提高。

（七）重视劳动竞赛，调动劳动者积极性

为了更好地调动广大职工的生产积极性，在陕甘宁边区开展了"赵占魁运动"等。赵占魁是在生产竞赛中涌现出来的著名劳动模范。在边区公营农具工厂生产和工作中，他积极负责、埋头苦干、大公无私，有自我牺牲精神，是劳动英雄、技术能手、节约模范，又是团结和学习的标兵。朱德称赞他是把革命放在第一位，用革命者的态度对待工作的"新式劳动者"。1942年10月，陕甘宁边区

① 参见范胜丽：《解放战争与东北老工业基地的初创》，《吉林工程技术师范学院学报（教育研究版）》2004年10月，第19—22页。

总工会提出“向赵占魁看齐”的口号。同年 12 月，毛泽东在边区高级干部会议作《经济问题与财政问题》报告，指出职工会要发展赵占魁运动。从此，在中共中央职工委员会和各抗日根据地总工会的领导下，这一运动在公营工厂普遍开展，总工会提出了模范工人的七项标准。中华人民共和国成立后，赵占魁的事迹和赵占魁运动的经验对推动社会主义劳动竞赛运动的发展起了作用。①

1943 年，针对公营工业广大职工思想上不明确公营工业性质以及工人在工厂中的地位等问题，党和边区政府便将教育工人明确认识工厂的社会主义性质作为首要环节。通过开展学习和教育运动，不仅“提高了工人的劳动热忱和生产效率，增加了产量，节省了成本，而且改造了思想和领导作风，并显著地改变了职工们的劳动态度。”②

解放区的公营企业在 1946 年的劳模运动和 1947 年的生产立功运动的基础上，1947 年 10 月东北局发出的《关于财经工作的决定》中，提出了“进行革命竞赛，开展立功运动”的号召。1948 年，东北职工总会制定了《东北公营企业生产立功运动条例》。各局、各系统、各企业单位也制定了自己的实行条例，以统一评功、记功、发奖的标准和手续。生产竞赛运动，对东北解放区的工业生产，起了重大推动作用。

（八）延长石油厂的企业管理③

延长石油厂是中国第一家用机器采炼石油的企业，也是由中国共产党领导的人民政权经营的第一家石油企业。

陕西“三延”（延安、延长、延川）地区蕴藏石油，古籍中已记述了发现油苗，采之做照明、润滑、制墨等用。1905 年，陕西

---

① 《中国企业管理百科全书》（上），企业管理出版社 1984 年版，第 76 页。

② 参见杨洪、吴燕：《抗日战争时期陕甘宁边区公营工业改革探析》，《西北大学学报（哲学社会科学版）》2005 年第 9 期，第 72—76 页。

③ 《中国企业管理百科全书》（上），企业管理出版社 1984 年版，第 77—78 页。

当局奏准拨用地方专款，从日本购机聘匠，开办延长石油官厂。后美国美孚石油公司插手，但认为无开采价值后撤走，当地政府占有该厂。1935年4月，中国工农红军解放延长县永坪镇，10月，中央红军长征到达陕北，油矿从此归边区政府所有。

1943年4月，根据边区高级干部会议关于实行企业化的精神，油厂进行体制改革，油供给制为主改为企业化为主、供给制为辅，一切开支自给。主管部门规定计划盈利任务，利润分配，40%上缴，40%归厂用于扩大再生产，15%作为职工红利，5%作为文教和社会保险。职工待遇津贴制改为工资制，按技术水平和劳动成果评定工资，建立奖惩制度。精简机构，将工务、总务、会计、材料四科裁并为生产管理科和经营管理科，增加生产人员。在整顿和改革的基础上，工会成立竞赛委员会，发动赵占魁运动。这一年的原油产量达63496桶，为1939年的18倍。

为了表彰油厂职工的功勋，陕甘宁边区政府授予厂长陈振夏以模范厂长的光荣称号，毛泽东主席给他亲笔题赠“埋头苦干”红旗。解放战争时期，职工由生产支前转入游击战争，1948年4月延安光复后，迅速恢复生产，提出“多出一桶油，等于节约八十头毛驴和八十个运输工人”等口号，增产支前。

在革命战争年代，延长油厂职工埋头苦干，自力更生，在供给陕甘宁和晋绥边区的公需民用，发展边区的对外贸易，培养石油工业建设人才等方面，做出了重大贡献。新中国成立后，改称延长油矿，规模扩大，装备改进。全矿职工继承和发扬革命传统，为发展石油工业继续做出贡献。

（九）小结

经济核算制、厂长负责制、公私合股制、奖惩制度等一系列措施，改善了根据地公营工厂的组织与管理，克服了企业内部的混乱状态，解决了工厂机关化与纪律松懈状态，有力地推动了经济建设，支援了全国解放。但是这种企业化改革是在建立计划经济体制的前提下逐步形成的，因此是与社会主义计划经济体制相适应的企业化，具有自己鲜明的特征。生产的主要目的是为了完成经济计划；企业的领导体制受苏联的影响逐步开始采取“一长制”，但是也特别重视企业内民主管理；重视通过多种手段调动劳动者积极性等。

中华人民共和国成立以后，各解放区的公营企业自然地转归中华人民共和国所有，成为社会主义性质的国营企业。这部分企业虽然数量不多，规模有限，但它是新中国社会主义国营经济的来源和基础之一，是社会主义国营经济的最早的前身。在 20 多年的革命战争历程中，它们对支持革命战争，打破敌人经济封锁，满足军民生活需要，以及对夺取革命的胜利和创建中华人民共和国都起了非常重要的作用。特别是在根据地建设中，还培养和锻炼了一大批经济工作干部，积累了丰富的管理经济的经验，为新中国成立后国营经济的建立准备了管理人才和工作经验。

四、简要评论

革命根据地工业企业的创建和企业管理方面的探索，为全国工业建设提供了宝贵经验。它不仅有力地支持了反“围剿”、抗日战争和解放战争，而且为中华人民共和国成立后的国营工业企业的制度建设打下了基础，培养了一批管理人才，并初步形成了具有典型时代特色的企业管理模式，对今天的社会主义市场经济建设也有重要的启示和借鉴作用。总的看来，革命根据地工业企业的管理模式具有战时共产主义的特点。这主要体现在一切为了前线，不会也不可能过多地考虑企业的经济运行特色。具有中国共产党和人民军队的管理特点。这主要体现在不忘艰苦奋斗的优良作风，依靠企业的广大干部和群众，坚持走群众路线。受革命根据地长期被封锁的影响，生产的组织形式具有“小而全”的特点。当然，这些特点也随着根据地的建设，战争格局的变化有所变化。变化的主要主旋律是：在坚持保障前线战争和根据地建设需要的前提下，探索根据地企业的管理模式和相关制度建设。

第一，革命根据地公营工业是在特殊的环境中发展起来的，因此管理模式的探讨也应与当时特定的政治、经济环境相适应，要符合当时的实际情况，否则便无法开展有效与成功的研究。如在土地革命初期，在严酷的战争环境采取具有战时共产主义特点的管理模式便适应了革命的需要，但在中央苏区根据地扩大、稳定后，环境的变化就要求必须对管理模式进行改革。在抗日战争中也是如此，随着形势的变化，就要求企业根据军事化的要求采取的行政管理模式向企业化经营管理模式转变。另外，也要和企业实际相结合，如延安时期由于企业规模较小，就提出要采取手工业管理模式，而不是大生产的管理模式。而随着解放区的扩大，企业规模的大型化，企业管理就开始注意到了大生产的管理特点。

第二，对企业内采取何种企业领导模式进行了不懈地探索，主要体现在党政与企业之间的关系和职工民主管理等问题上。从分权的“三人团”到“一长制”，再到对“一长制”的修正等，一直在尝试找到一种适合根据地特点的企业领导模式，并且这种探索一直延续到了新中国成立后、但是在各个阶段都突出了党的领导地位。

第三，在探索过程中，马克思、列宁主义的基本理论，苏联的经验对根据地企业管理模式的选择有很大的影响和借鉴作用。如企业管理领导体制，列宁是主张实行“一长制”的，他认为集体管理制是苏维埃政权初期产生的一种萌芽的管理企业的形式。到1918 年底，苏联的工业基本上实现了国有化。在这种情况下，列宁认为，在社会主义生产资料公有制行使已经确立、已经比较稳定的情况下，要组织社会化的大生产，要进行实际的工作，必须采取“一长制”来统一指挥。他强调“一长制”应建立在民主管理的基础上，群众有权选择或撤换领导者。但厂长对所管的工作一定要完全负责，除重大问题和决策应由集体讨论做出外，厂长在某种纯粹执行职能方面实行个人独裁制。列宁逝世以后，斯大林继续在企业中推行“一长制”，直到 1930 年，斯大林还强调指出，不保证实行一长制，不建立工作过程中的严格的责任制，我们就不能解决改造工业的各项任务。这些思想对我国企业管理思想影响巨大。但是正像我党在革命道路上进行的探索、找到一条有中国特色的革命道路一样，我党在企业管理制度上也并非完全按照苏联的模式进行管理，也结合我国革命实际进行了改革。

第四，企业经营管理模式虽然是从机关的行政化管理向企业化管理发展，但是这种企业化不是市场经济的企业化，而是在计划经济体制下的企业化，因此企业生产主要是为了完成下达的计划任务，甚至是支援前线的人物，企业难以建立企业发展所需要的市场观念。

第五，在分配制度上，也是根据地企业长期探索的一个问题。主要体现在从平均主义的供给制和津贴制改革为公私兼顾、公私两利的分配制度，这在一定程度上调动了职工的积极性。

第六，注意发挥我党、我军的组织特色，开展思想政治工作和群众运动调动劳动者的积极性。在那极其艰苦的斗争环境中，根据地各类企业充分调动了企业广大干部、工人的积极性，全力支援前线，有效地打破了国民党、日本军队对根据地的全面封锁，为粉碎国民党、日本军队对根据地的围剿，保证反围剿、抗日战争和解放战争做出了伟大的牺牲与贡献。如从工人成长起来的、保尔式的兵工专家吴运铎；为抗日战争做出重大贡献和牺牲的八路军总部兵工厂——黄崖洞兵工厂，都是坚持政治思想工作，积极依靠广大群众的典型事例。

第七，在艰苦卓绝的生产、经营过程中，坚持在根据地的各类企业为新中国培养了一大批管理干部和熟练的产业工人，对中华人民共和国成立后公营企业的发展壮大培养了骨干，奠定了基础。

第八，根据地工业企业发展所创造的管理经验和方法，以及培养的一大批管理干部、技术干部和工人也为新中国工业企业管理模式的选择，乃至新中国宏观经济管理积累了经验和人才，也为新中国工业企业管理模式、管理思想注入了自己的特点和色彩。

第八部分　1949—1966 年中国的企业管理

1949 年 10 月 1 日中华人民共和国成立，中国的历史翻开了崭新的一页。由于新民主主义革命的成功和社会主义革命与建设在中国的迅速推进，中国进入了一个全新的社会——社会主义社会。一个全新的所有制制度——公有制，社会生产的组织形式——适应公有制的全民所有制企业也很快在全国得到了推行。这一个时期的企业管理工作的特点可以简单归纳为：这是一个顺应时代发展的时期，也是一个推行社会主义制度的试验时期，也是共和国历史上经济起伏较大的一个时期。

一、新中国企业管理模式建立的大背景

从 1927 年大革命失败，中国共产党拿起武器，经过 22 年的浴血奋战，中国人民终于推翻了"三座大山"，建立了人民当家作主的人民政权。此时的中国，正如毛泽东同志所说的，是"除了别的特点之外，中国六亿人口的显著特点是一穷二白。这些看起来是坏事，其实是好事，穷则思变，要干，要革命。一张白纸，没有负担，好写最新最美的文字，好画最新最美的画图"。①毛泽东同志曾为他所说的"一穷二白"做过解释："'穷'就是没有多少工业，

---

① 毛泽东：《介绍一个合作社》，《毛泽东著作选读》(甲种本)，人民出版社 1965 年版，第 381 页。

农业也不发达。‘白’就是一张白纸，文化水平、科学水平都不高。”① 由于这些特点，中国当时出现了一个全面学习、探索社会主义建设的时期，因而也就形成了那一个时期中国企业管理模式建立十分特殊的背景。

1. 缺乏社会主义时期建设的基本经验，在探索中前进

虽然在中国人民的解放战争即将取得胜利，革命的中心将由农村转向城市之际，中国共产党为此作了较为充分的准备。例如在全面迎接中国革命胜利而召开的中国共产党七届二中全会上，毛泽东同志曾语重心长地说道：“如果我们在生产工作上无知，不能很快地学会生产工作，不能使生产事业尽可能迅速地恢复和发展，获得确实的成绩，首先使工人生活有所改善，并使一般人民的生活有所改善，那我们就不能维持政权，我们就会站不住脚，我们就会失败。”② 但在现实中，能够学习、借鉴的国家建设的经验就是已经取得社会主义建设初步成功的前苏联，中国国情与前苏联国情又存在着巨大的差异，许多经验不能简单照搬，加上长期在农村进行革命工作的广大干部缺乏城市工作的经验，甚至“用一种小生产者的观点看待城市”，③ 使得虽然在社会主义革命和建设的各个阶段取得了重大的成功，如社会主义改造、公私合营、经济发展五年计划的制定、农业合作化等工作的开展，新中国迅速抚平了多年的战争创伤，成为屹立在世界东方的社会主义大国，但也因经验的缺乏、急于求成的思想严重地干扰了社会主义革命与建设的进程，出现了城市和农村在社会主义改造中步伐过快，在一定程度上破坏了社会生产力的发展，出现了经济建设上的波动，对经济建设的组织形式、管理措施产生了一定的影响。这些都或多或少地影响了中国企业的管理工作。

---

① 毛泽东：《论十大关系》，《毛泽东著作选读》（下册），人民出版社 1986 年版，第 743 页。

② 毛泽东：《在中国共产党第七届中央委员会第二次全体会议上的报告》，《毛泽东著作选读》（下册），人民出版社 1986 年版，657 页。

③ 薄一波：《若干重大决策与事件的回顾》（修订本，上册），人民出版社 1997 年版，第 6 页。

2. “一边倒”外交格局的影响

“一边倒”是个颇具时代特征的特殊名词，它特指新中国成立后的一段时间在外交上与前苏联结盟的政治格局。回顾历史，“一边倒”外交格局的形成是有其历史背景的。关于这个历史背景，薄一波有过描述：“‘一边倒’的外交格局，有一个逐步形成的过程。它是历史的产物，并不是哪一个人心血来潮所决定的。在第二次世界大战结束和中国抗日战争胜利后，国际上存在着以前苏联为首的社会主义阵营与以美国为首的资本主义阵营的尖锐对立和斗争；国内存在着共产党领导的革命武装集团与国民党领导的反动武装集团的尖锐对立和斗争，蒋介石国民党要内战、独裁，就要卖国，就要投靠美帝国主义；而美国为了企图控制中国，也必然支持蒋介石，反对中国共产党。我们党要取得革命胜利，主要靠自力更生，也离不开国际的援助，首先是前苏联为首的社会主义阵营的援助。前苏联政府宣布对日作战，苏军出兵东北，对中国取得抗日战争的胜利起了重要的推进作用，同时对我们党反对国民党的斗争也是有利的。国、共双方，犹如两个人打架，前苏联这个巨人站在我们背后，这就极大地鼓舞了我们的锐气，大杀了国民党的威风。‘一边倒’的外交格局，就是在这种国际大背景下形成的。”① 毛泽东也曾指出：“一边倒，是孙中山的四十年经验和共产党二十八年经验教给我们的，深知欲达到胜利和巩固胜利，必须一边倒。”②在“一边倒”政治格局的影响下，从1949—1960年这一段时间内，我国不仅与前苏联签订了中苏友好同盟互助条约，请前苏联协助我们制定了第一个五年计划，援建了初步奠定我国工业基础与格局的156个建设项目，前苏联派出了大量的专家指导和帮助我们的社会主义建设，还请前苏联帮助开办了一个建设管理人才的专门学校——中国人民大学。所以，在近十年的时间内，在前苏联大力帮

① 薄一波：《若干重大决策与事件的回顾》(修订本，上册)，人民出版社1997年版，第36—37页。

② 毛泽东：《论人民民主专政》，《毛泽东著作选读》(下册)，人民出版社1986年版，第679页。

助下轰轰烈烈的社会主义建设中，一大批管理人才在建设中的企业出现，在学校中产生。可以这样认为，如果说，在中华人民共和国成立前我国的工商企业中管理的模式和经验大多来自竞争中的自我探索，少数来自各国列强的“传授”，那中华人民共和国成立后十多年的社会主义建设不仅很快实现了工业化的经济目标，也很快培养了一大批整齐划一的前苏联模式的管理干部。这段历史所形成的特殊情形在随后多年的计划经济时代中得到了强化，最终形成了我国企业管理历史上一笔特浓、特有历史色彩的亮线。

3. 前苏联经济模式的影响

应该承认，前苏联的社会主义建设模式在当时是受到全球人们关注、青睐的经济增长模式。因为就是在这个经济模式下生产出来的飞机、坦克、枪炮抗击了希特勒的猖狂进攻，并最终取得了第二次世界大战反法西斯战争的伟大胜利，而且在很短的时间内，在最为落后的一个帝国主义国家中实现了工业化。前苏联社会主义建设的巨大成功也不断在证明，这种通过理论探索和实践验证的计划经济模式是适应当时前苏联的国情的，是前苏联在很短的时间内取得迅速发展的主要原因。这种经济模式的特点就是：“由国家直接管理和指挥整个国民经济和企业的活动，实行‘计划大包揽，财政大包干，物资大统配，劳资大统一’，作为直接发挥生产力作用的基本单位——企业，几乎全部经营管理活动都要听命于国家，缺乏自主性。”① 虽然蒋一苇先生的归纳是事后的一种评价，但却实实在在地高度概括了前苏联经济模式的主要特点。从中不难看出，在这样的模式下，企业似乎只能是国家经济运行体系中的一个车间，企业几乎没有与市场联系的经营活动，企业的主要任务就是在国家计划的指令下按质按量地完成生产任务，企业的经济核算主要是成本的核算，少有利润的计量。这些也就是在前苏联经济模式影响下，当时中国企业运行模式与管理模式的写照。

① 蒋一苇：《我的经济改革观》，经济管理出版社 1993 年版，第 250 页。

二、中国企业管理模式发展的阶段

在 1949—1966 年短短的 17 年的时间内，由于社会主义革命与建设事业的逐步推进，国内外形势的变化，中国企业的管理模式也随之出现过管理特色不同、管理重点不同的时期，这也就被人们习惯地划分为了不同的阶段。从目前能够收集到的资料来看，有人将这 17 年划分为 3 个基本的阶段，也有人将这段时间划分为 4 个阶段。在本书中，根据我们对这 17 年的研究和了解，我们将其划分为 4 个阶段。

1. 第一阶段（1949—1952 年）

这一阶段是新中国经济恢复的时期。由于刚刚解放，在当时主要存在的三种经济成分中，国营经济所占的比例还比较低。如在 1949 年的工业总产值中，国营工业只占 34.7%，私营企业为 63.3%；1950 年，在社会商品零售额中，国营商业所占的比例仅为 14.9%，私营商业却占到了 85.1%。① 所以在这样的经济条件下，主要的经济工作是按照建设社会主义国家的基本思想，着手整顿经济秩序，稳定社会秩序，为恢复生产，提高国家调控经济的能力开展工作。

在企业管理的层面，主要的工作是进行民主改革，变革企业的组织机构和管理制度，为社会主义的建设做好准备。中华人民共和国成立后，国家对原有的官僚资本主义企业实行了没收和接管，派驻了军代表，实行军事管制和军代表领导制度，依靠广大工人开展恢复生产的活动，并建立了有职工代表参加管理的工厂管理委员会和职工代表会议。生产的恢复和职工的参与，极大地提高了广大职工的积极性。在私营工商业中，在企业内部实行了工人监督，在企业外部，国家通过加工代理、经销代销等方式，将私营工商业纳入到了政府控制的经济渠道。1952 年底，国家成功地完成了恢复国

---

① 《中国企业管理百科全书》（上册），企业管理出版社 1984 年版，第 80 页。

民经济秩序的任务，为新中国经济的发展奠定坚实的基础。

这一阶段还有一个颇带历史特色的企业工作，这就是广大职工参与的生产管理改革活动。新中国的建立，全心全意依靠工人阶级的方针，努力提高广大职工国家和企业主人翁地位的政策焕发了企业职工的社会主义建设的热情。他们积极地投身于日常的生产活动中，在生产合理化建议、开展创生产新纪录方面作出了开创性的工作，为社会主义建设事业做出了积极的贡献。例如，在中国工业历史上有口皆碑的著名的赵国有创生产新纪录的业绩，郝建秀的“一九五一”织布工作法，苏长有的砌砖法，李锡奎的调车法，黄润平仓库管理法，以及做出很大贡献的先进集体沈阳第五机械厂的马恒昌小组，大同煤矿的马六孩小组，天津钢厂的刘长福小组都是那个时候涌现的先进个人和集体。这充分说明了，广大群众的积极参与是提高生产效率的重要措施和方法，这不仅是我党在长期革命工作中形成的光荣传统，也是社会主义建设和提高企业管理水平的一个法宝。

2. 第二阶段（1953—1957 年）

这是一个五年的时间段，也就是中国开始学习前苏联实施国民经济建设第一个五年计划的时期。我国的“一五”计划的基本任务是：“首先集中主要力量发展重工业，建立国家工业化和国防现代化的基础；相应地培养技术人才，发展交通运输业、轻工业、农业和扩大商业；有步骤地促进农业、手工业的合作化和对私营工商业的改造；正确地发挥个体农业、手工业和私营工商业的作用。所有这些，都是为了保证国民经济中社会主义成分的比重稳步增长，保证在发展生产的基础上逐步提高人民物质生活和文化的水平。”①“一五”计划是在前苏联政府的支持和帮助下制定的，当时为加快中国的社会主义建设，较快建设完整的基础工业和国防工业体系，前苏联政府还援建了当时实际开工的 921 个大中型项目中的 156 个大型项目。其他的前社会主义国家，如德意志民主共和国、捷克斯

① 薄一波：《若干重大决策与事件的回顾》（修订本，上册），人民出版社 1997 年版，第 292—293 页。

洛伐克、波兰等6个国家援建了68个工业项目。第一个五年计划顺利地完成，并初步改变了我国经济以农业为主的局面，如在1957年，工业产值在全国社会总产值中所占的比例已经达到了43.8%。

与此同时，随着前苏联援建的大型工业项目的实施和完成，前苏联的整套工业企业管理制度和方法也全面地被引进，形成了我国企业管理历史上一个十分特殊的时期。在这个时期，我国企业管理的水平在整体上获得了全面和实质性的提高。在学习的过程中，特别是在前苏联专家的帮助下，在企业中探索企业的组织领导体制，开始推行一长制——生产区域管理制，按照生产区域的特征实行厂长、车间主任和工段长负责制；党组织负责保证和监督国家计划的执行情况，负责企业职工的思想工作；群众团体，如工会、共青团等组织负责企业职工的劳动竞赛和文娱活动。在企业中推行了具有计划经济色彩的企业内部管理工作。如强化了企业的计划管理工作，全面推行生产计划和生产作业计划工作，建立各种原始记录、统计工作，制定劳动定额，实施工艺、设备管理，在全面实行独立核算制的基础上，要求厂长对企业的盈亏、是否完成国家的成本等财务计划等完全负责。在劳动分配上，按照社会主义“各尽所能，按劳分配”的分配原则，推行了各种工资制度的建立。如在工人中普遍推行了八级工资制。

显然，企业管理工作的这些巨大的改进，是适应国家经济发展需要和国家计划经济宏观管理模式的，本质是一种高度集中管理模式的延伸，或在企业层面的体现，所以与之相适应的企业管理模式也就是强化企业内部的管理。这种管理模式在中国企业管理的历史上有着它十分重要的意义，因为这种管理模式的推行，不仅使我国的企业全面接受和学习了适应大生产需要的严格的内部管理形式，而且对我国企业管理的整体水平的提高起到了巨大的作用。

3. 第三阶段（1958—1960年）

1956年，受前苏联领导人赫鲁晓夫在苏共20大上作的批评斯大林的秘密报告的影响，在国际上出现了一股反对社会主义的浪潮，中国共产党与前苏联共产党的关系全面破裂，在推行学习前苏联的经济模式过程中也发现了一些东西并不适应中国的国情，中国开始了努力探索适应中国国情发展道路的过程。1958 年，在中国共产党的八大二次会议上制定了“鼓足干劲，力争上游，多快好省地建设社会主义”的总路线，并在随后出现了“大跃进”和人民公社化的运动。在《关于建国以来党的若干历史问题的决议》中已经对这一段历史进行了总结：“一九五八年，党的八大二次会议通过的社会主义建设总路线及其基本点，其正确的一面是反映了广大群众迫切要求改变我国经济文化落后状况的普遍愿望，其缺点是忽视了客观的经济规律。”

在企业管理工作上，一方面开始清理和摆脱对前苏联企业管理理论和实践完全照搬的不好做法，开始努力探索适应中国国情的企业管理模式；而另一方面，却因对工业生产规律尊重不够，不讲综合平衡，不讲客观条件，不讲商品生产和商品交换规律，不注重科学知识和专家的作用，简单地将管理工作需要的规章制度和责任制看成是对工人的“关、卡、压”，将“一五”时期建立的各种规章制度加以批判，甚至废除，动摇了现代企业管理的科学基础，造成了中国企业管理的大混乱和大退步，造成了极大的经济损失。例如，薄一波同志在他的著作《若干重大决策与事件的回顾》(修订本）一书中就讲道：“据中央工业工作部 1959 年 5 月 16 日向党中央、毛主席报告：由于在强调党委领导下的同时，没有注意加强生产行政管理方面的厂长负责制，一些企业成立了党委书记处，实行党委委员分片包干，‘大权独揽，小事都管’，使企业生产处于无人指挥状态。有些企业把计划、设计、技术检验、技术安全、设备动力、工艺等重要科、室撤了，管理人员下放当工人，有关管理权限下放给车间、工段或班组，使生产、技术、财务、安全等处于无人负责状态。还有些企业推行‘无人管理’或‘工人自我管理’，搞所谓‘八自’、‘十八无’，即工人自编计划，自搞定额，自编工艺，自行设计，自管半成品，自行检验，自行统计；无人管工具，无人管考勤，无人发放材料，无人分配活，无人管工序检查，无人管半成品，无人管计划等。有些企业在改革规章制度的工作中，把所有规章制度都说成教条主义或压制工人积极性的条条框框一脚踢开，以致出现了所谓的‘十大随便’（上班随便，下班随便，干活随便，吃饭随便，开会随便等）。”① 例如，在我国当时的最大的钢铁企业——鞍钢，其下属的第一钢铁厂厂长在大会上公然宣布：“一九五四年以来的厂长调度命令全部无效，并且像土改时烧地契一样烧毁。”其结果就是，缺乏严格管理的炼铁厂就连续发生了一系列事故，造成 22 人死亡。②

虽然当时也出现了诸如“鞍钢宪法”等值得关注的企业管理模式，但从总体上看，短短的几年时间，经过第一个五年计划形成的一套科学的企业管理方法遭到了严重的冲击，使来之不易并证明有效的企业管理组织形式、规章制度、管理方法遭受到严重的破坏，导致我国企业管理的水平大幅度滑坡。

4. 第四阶段（1961—1966 年）

为克服经济工作出现的严重偏差，1960 年中共中央决定对国民经济实行“调整、巩固、充实、提高”的方针，并结合工业出现的一系列实际情况，在 1961 年 9 月颁布了《国营工业工作条例（草案）》（简称“工业七十条”）。这个文件被薄一波同志称之为：“这是当时用于克乱求治、整顿工业企业的一个重要文件，也是我国第一部关于企业管理方面的章程。它的颁布试行，对于贯彻执行调整、巩固、充实、提高的方针，恢复和建立正常的生产秩序，促进生产力的发展，发挥了重要的作用；对于企业管理的法制建设，也进行了有益的探索。”③ 回顾起来，工业七十条较好地总结了中华人民共和国成立后正反两方面的经验和教训，提出了十分具体而有系统的适应当时我国工业企业发展水平的管理条例。例如在条例中提出了限制企业党组织对生产行政工作的过多干预，禁止将党委领导下的厂长负责制引申到车间、工段和科室；提出了建立厂长为

---

① 薄一波：《若干重大决策与事件的回顾》（修订本，下册），人民出版社 1997 年版，第 741 页。

② 薄一波：《若干重大决策与事件的回顾》（修订本，下册），人民出版社 1997 年版，第 742 页。

③ 薄一波：《若干重大决策与事件的回顾》（修订本，下册），人民出版社 1997 年版，第 983 页。

首的全厂统一的生产行政指挥系统及其责任制，以总工程师为首的技术管理责任制，有条件的企业，设立总会计师，实行以总会计师为首的财务管理责任制等一系列责任制；明确规定了技术人员和职员是工人阶级的一部分；规定企业必须实行全面的经济核算，讲求经济效果；重申了社会主义的分配原则是按劳分配；规定了企业的主要管理权力集中在企业的厂部。除此之外，1962 年 11 月颁布了《工农业产品和工程建设技术标准管理办法》和《会计人员职权试行条例》，1963 年 10 月颁布了《技术改进奖励条例》、《发明奖励条例》，1954 年 4 月颁布了《企业计时奖励工资暂行条例》、《企业计件工资暂行条例》。通过以上条例的贯彻实施，基本恢复了“一五”期间建立的各种规章制度。

有力的工作很快使受到严重影响的国营工业企业较快地恢复了元气，企业的工作发生了很大的变化。例如，从 1963—1965 年，国营工业企业全员劳动生产率平均每年增长 23.1%，1965 年人均劳动产值达到了 8943 元，比 1960 年提高了 53%；每百元产值占用的流动资金，1965 年比 1962 年减少了三分之一以上；1965 年的资金利税率达到了 29.8%；盈利额也由 1962 年的 76.3 亿元增加到了 217 亿元。中国的经济得到了恢复，中国的工业企业管理又走上了健康发展、良性循环的道路。

1964 年，毛泽东主席发出了“工业学大庆”的号召。大庆人艰苦奋斗的精神，讲究科学、严格管理的态度，以及像被称为“王铁人”的王进喜的模范行为极大地鼓舞了全国工业企业的广大职工，一个学大庆的运动在全国工业企业中展开并取得了巨大的成效。

这一时期，是中国企业管理水平取得较大进步的一个时期，也是中国经济工作取得全面进步的时期。新中国成立后的经验和教训反复告诉了人们，在社会主义事业的建设中，只有尊重科学，尊重规律，努力发展社会生产力，我们的社会才能取得实质性的进步。

可惜的是，正当中国人民自力更生、奋发图强，取得一个又一个胜利的时候，1966 年 6 月一场“文化大革命”开始了，好不容易建立起来的企业管理制度、措施和方法再一次被打乱，中国陷入了十年的浩劫之中。科学管理也就很难保持，几乎荡然无存了。

三、一些具有中国特色的管理模式和经验

从上面的论述可以看到，虽然在1949—1966年中国的企业管理经历了起起伏伏，但总体上讲还是取得了实质性的进步。这是中国共产党和中国人民在一个半殖民地半封建的国土上建设社会主义国家探索自己发展道路的伟大历程，是一个“摸着石头过河”的发展过程。一位领导者在清理自己的思想，回顾共和国的发展历史时曾这样讲过：“对历史实践，对党和人民过去的奋斗，任何时候都不能求全责备；求全责备，‘指点’前贤，那不是历史唯物主义的态度。”① 这段话是十分正确的，也是评价这一个时期我国企业管理工作应该持有的基本态度。

1. 鞍钢宪法

鞍钢（鞍山钢铁公司的简称）是一个建立于1916年的老企业，也是新中国成立后最早恢复和建立起来的特大型钢铁联合企业。1948年2月，鞍山解放，12月26日，鞍山钢铁公司正式成立。鞍钢是我国“一五”计划的“重中之重”。鞍钢的广大工人和干部继承和发扬了鞍钢的光荣传统，不仅担起了共和国钢铁工业的半壁江山，生产了急需的大量钢铁，支援了解放战争的胜利和社会主义建设，而且还建立了在当时的国营企业中最为健全的管理规章制度。1950年2月，东北人民政府工业部下发了《关于国营企业全面建立生产责任制的决定》，鞍钢随之陆续建立了保障生产经营顺利运行的规章制度，如生产调度、人事考勤、经济核算、班组管理、产品标准、质量检验等，使企业开始走上了专业化管理的轨道。1960年3月11日，中共鞍山市委经辽宁省委向党中央递交了一份《关于工业战线上的技术革新和技术革命运动开展情况的报告》。在报告中，汇报了鞍山地区的技术革新和技术革命的情况。当时工作的主要特点是：广大职工干劲很大，广大职工的首创精神

① 薄一波：《若干重大决策与事件的回顾》（修订本，下册），人民出版社1997年版，第237页。

大大发扬，参加技术革新、技术革命的人很广泛，运动进展很快，促进了生产迅速发展。工作取得的主要经验是：不断地进行思想革命，坚持政治挂帅；破除迷信，解放思想；放手发动群众，一切经过试验；全面规划，狠抓生产关键；自力更生和大协作相结合；开展技术革命和大搞技术表演相结合。①

1960年3月22日，毛泽东同志以中共中央的名义在中共鞍山市委《关于工业战线上的技术革新和技术革命运动开展情况的报告》作了批示。批示的全文是："鞍山市委这个报告很好，使人越看越高兴，不觉得文字长，再长一点也愿意看，因为这个报告所提出来的问题有事实，有道理，很吸引人。鞍钢是全国第一个最大的企业，职工十多万，过去他们认为这个企业是现代化的了，用不着再有所谓的技术革命，更反对大搞群众运动，反对两参一改三结合的方针，反对政治挂帅，只信任少数人冷冷清清地去干，许多人主张一长制，反对党委领导下的厂长负责制。他们认为'马钢宪法'（苏联一个大钢厂的一套权威性的办法）是神圣不可侵犯的。这是一九五八年大跃进以前的情形，这是第一阶段。一九五九年为第二阶段，人们开始想问题，开始相信群众运动，开始怀疑一长制，开始怀疑马钢宪法。一九五九年七月庐山会议时期，中央收到他们的一个好报告，主张大跃进，主张反右倾，鼓干劲，并且提出了一个可以实行的高指标。中央看了这个报告极为高兴，曾经将此报告批发各同志看，各同志立即用电话发给各省、市、区，帮助了当时批判右倾机会主义的斗争。现在（一九六零年三月）的这个报告，更加进步，不是马钢宪法那一套，而是创造了一个鞍钢宪法，鞍钢宪法在远东，在中国出现了。这是第三个阶段。现在把这个报告转发给你们，并请你们转发所属大企业和中等企业，转发一切大中城市的市委，当然也可以转发地委和城市，并且当作一个学习文件，让干部学习一遍，启发他们的脑筋，想一想自己的事情，在一九六零年一个整年内，有领导地，一环接一环、一浪接一浪地实行伟大

① 《中国企业管理百科全书》(上册)，企业管理出版社1984年版，第90页。

的马克思列宁主义城乡经济技术革命运动。”在批示中，对应前苏联的“马钢宪法”（马钢是前苏联马格尼托哥尔斯克钢铁联合企业，鞍钢曾从这个大型钢厂学到了一整套生产技术和管理方法），毛泽东同志将鞍钢在加强企业管理工作方面的一系列做法称之为“鞍钢宪法”。

在很长一段时间，人们普遍认为，毛泽东同志在批示中提出的开展技术革命、大搞群众运动、实行两参一改三结合、坚持政治挂帅、实行党委领导下的厂长负责制这样五项原则就是“管理社会主义企业原则”①，企业管理的根本大法。在这里，“两参一改三结合”指的是，干部参加生产劳动，工人参加企业管理；改革企业中不合理的规章制度；在技术改革中实行企业领导干部、技术人员、工人三结合的原则。从批示的背景不难看出，毛泽东同志对鞍钢工作实践的总结体现了当时的中国共产党的领导人对社会主义建设发展问题的基本看法，对学习前苏联社会主义建设经验中出现的一些问题的反思，也体现了毛泽东同志开展社会主义建设一贯的哲学理念与战略思维。

在当时的历史背景下，鞍钢的经验在全国迅速地推广。鞍钢的经验体现了科学管理的一些思想，比如管理干部到现场发现和解决问题，在现场的管理工作中积极地依靠广大个人群众，结合中国企业的实际情况修正和修改前苏联的管理规章制度等做法，都是有助于提高管理效率和效果的做法，对于恢复因 1958 年“大跃进”破坏的企业管理制度、方法是十分有益的，也对中国式企业管理模式的建设提供了可供参考的方法。所以有人认为，“鞍钢宪法体现了中国共产党的优良传统同现代化大生产相结合的要求，对促进企业管理水平的提高，推动中国社会主义经济建设的发展，曾起过一定的作用”。②

① 《中国企业管理百科全书》（上册），企业管理出版社 1984 年版，第 90 页。

② 《中国企业管理百科全书》（上册），企业管理出版社 1984 年版，第 90 页。

2. 工业学大庆

20 世纪 50 年代末至 60 年代初，随着社会主义建设发展，对石油的需要日益增加。由于中苏关系的全面破裂，前苏联政府中断了对我国的石油供应，使我国的社会主义建设遇到了空前的困难。

1958 年，地质部和石油部在李四光的地质理论指导下，把石油勘探重点转移到被外国专家判定为“无原油”的东部地区，在东北、华北等几个大盆地展开了区域勘探。1959 年 9 月 6 日，在东北松辽盆地陆相沉积岩中发现工业性油流。这是中国石油地质工作取得的一个重大成就，时值国庆 10 周年，这块油田因此命名为“大庆”。1960 年 2 月 13 日，石油部根据松辽盆地探井接连出油的新发现，在《石油工业部党组关于东北松辽地区石油勘探情况和今后工作部署问题的报告》中，向中央提出集中石油系统一切可以集中的力量，用打歼灭战的办法，来一个声势浩大的大会战，一鼓作气，以最快的速度拿下大庆油田。党中央、毛主席热情地支持社会主义建设中的这一创举。1960 年 2 月 20 日，中央下发文件，迅速批准关于大庆油田勘探开发大会战的报告，指出这次大会战“对于迅速改变我国石油工业的落后状况，有着重大的作用”，要求各地区有关部门给予大力支持。大庆石油会战的进行，是中国石油发展史上一次伟大的转折。

大庆油田在极其困难的条件下，仅仅用了 3 年的时间就取得了伟大的胜利，彻底结束了中国人民使用“洋油”的时代。大庆油田在开发、建设期间发扬了自力更生、奋发图强的优良传统，创造了“三老四严”的管理方法，受到了中共中央的高度关注。毛泽东对石油部学习解放军的经验和作风，在极其困难的条件下把全国石油厂矿力量组织起来打歼灭战，多次给予赞扬。当石油会战取得初步成果，一个特大油田（大庆油田）已经胜利在握的时候，毛泽东又热情给予鼓励。1964 年 1 月 7 日，毛泽东在听取全国工业交通情况汇报时，指示报纸要写点新鲜事物，报道学习解放军、学习石油部，并在会上表扬了石油部经验和大庆铁人王进喜。2 月 9 日，毛泽东在接见外宾讲到大庆石油会战取得的进展时，自豪感溢于言表：“他们用比较少的投资、比较短的时间，全部自己制造的设备，在三年中找到了一个大油田，建成了年产 600 万吨的油田和建设了一个大的炼油厂，而且比苏联先进。”同日，中共中央发出《关于传达石油工业部关于大庆石油会战情况的报告的通知》，通知指出：“它是一个多快好省的典型。它的一些主要经验不仅在工业部门中适用，在交通、财贸、文教各部门，在党、政、军、群众团体的各级机关中也都适用，或者可做参考。”通知要求把文件一直传达到基层，同时布置要播放石油部报告的录音。2 月 13 日，在人民大会堂的春节座谈会上，毛泽东发出号召：“要鼓起劲来，所以，要学解放军、学大庆。”“要学习解放军、学习石油部大庆油田的经验，学习城市、乡村、工厂、学校、机关的好典型。”随后，在全国工业交通战线掀起了学习大庆经验的运动。大庆的主要经验是什么呢？根据石油工业部当时关于大庆石油会战情况的报告，可以概括为以下几条：

（1）把毛泽东思想与具体实践相结合。大庆人通过学习毛泽东的《实践论》和《矛盾论》，靠“两论”起家，用辩证唯物主义的观点去分析、研究、解决工作中的一系列问题。技术干部搞不清油田的情况，在科技上遇到难题就深入实际，大搞调查研究，狠抓第一手材料，反复实践，勇于创造。生产管理千头万绪、问题繁多，大庆人懂得通过分析矛盾去抓住主要矛盾，狠抓岗位责任制，把生产上千千万万件具体工作落实到成千上万的人身上，建立正常的生产秩序。

（2）自始至终地坚持集中领导同群众运动相结合的原则，坚持高度革命精神和严格科学态度相结合的原则，坚持技术革命和勤俭建国的原则。大庆油田任务重、时间紧，人力、物力、财力不足，集中领导、集中优势兵力打歼灭战是胜利完成一次又一次任务的主要经验之一。在集中领导的同时大搞群众运动，使先进的更先进，后进的赶先进。大庆人天不怕、地不怕，不信鬼、不信邪，真正是革命加拼命。在吸取经验和教训的基础上，大庆人也深刻认识到光有干劲不讲科学就会好心办坏事，产生严重的后果。大庆人在生产建设中创造的种种奇迹正是高度革命精神和严格科学态度相结合的结果。大庆油田进行技术攻关，创造了许多科学、简单、经济、安全的办法，比国外通常采用的一些技术方法节省很多物资和资金。整个油田建设真正做到了又多、又快、又好、又省。

（3）认真学习解放军的政治工作经验，培养“三老”、“四严”、“四个一样”的良好作风。这就是：当老实人、说老实话、做老实事；严格的要求、严密的组织、严肃的态度、严明的纪律；黑夜和白天干工作一个样、坏天气和好天气干工作一个样、领导不在场和领导在场干工作一个样、没有人检查和有人检查干工作一个样。所以，大庆石油队伍一呼百应，指向哪里打向哪里，干的事情靠得住，遇到困难顶得住。

（4）大搞技术练兵，大搞增产节约，充分发扬政治、生产技术和经济民主，领导干部亲临生产前线，积极培养和大胆提拔年轻干部，等等。①

以上这些既极具当时历史时代特点，又极具中国共产党核心理念和传统精神，同时也充分体现了一定科学管理思想的经验和做法是值得我们研究中国管理思想的人们，包括从事管理实践工作的人们关注的。

四、简要的评论

从上面的介绍中可以看出，在 1949—1966 年短短的 17 年间，中国企业管理的发展充满着学习、探索、前进、起伏的特点。受这个时期鲜明历史特点的影响，在微观的企业管理层面也就充分体现出了那个时代计划经济的特点，学习前苏联管理模式的特点，探索适应中国国情管理方法构建的特点，在不断前进的过程中起伏跌宕的特点。总的看来，在这一阶段中，中国企业管理最大的进步就是较为全面地学习、接受了前苏联的企业管理模式，强化了大生产条件下科学管理的理念；培养了一大批熟悉前苏联计划经济条件下的企业管理人员和教师队伍；在探索自我企业管理模式与方法上进行了有益的探索，为后来中国企业管理工作的提升与发展打下了基

① 见 http：//www. njdj. longhoo. net. 网站。

础，创造了条件。但后来的实践证明，这一阶段的宏微观管理模式对企业生产效率的提高，企业这个国民经济“细胞”的自我完善与发展有着很大限制作用，最终这种经济管理模式在企业中直接导致了制约企业发展和提高企业管理水平的“大锅饭，铁饭碗，铁交椅”现象，不仅阻碍了中国企业管理水平的提高，而且还妨碍了中国经济的发展。在这 17 年中，中国企业管理的思想、理念和理论有所进步，但与现代科学管理尚有很大的距离。

第九部分　改革开放后中国企业管理思想的变革

我们的共和国在经历了十年“文革”的剧烈动荡后，又经历了30年改革开放的曲折变化，而这30年时间也是中国历史上最为华美的乐章之一。其中，企业管理工作也得到了激动人心的迅猛发展，具有新时代特点的企业管理思想也发生了巨大的变化。

“文革”结束时，中国工农业生产停滞不前，甚至有所倒退，中国经济几乎到了崩溃的边缘。中共中央在十一届三中全会上及时将工作中心转移到经济建设上，并决定了改革开放的基本国策。此后，随着经济体制改革的不断深入，我国的经济体制逐步从计划经济转变为有计划的商品经济、转变为社会主义市场经济体制，中国社会环境也发生了天翻地覆的变化。与宏观环境的渐进变化相适应，企业的基本制度和运行方式也随之发生变化，企业管理的范围、内容和特性也在随之变化。对于中国企业的经营管理来说，这30年是一个持续变化的过程，是一个学习、奋斗、追赶的过程，是一个逐步走向本土化、走向自主创新的过程。

一、科学化管理的启蒙：1978年至1984年

“文革”给中华民族带来的惨重灾难罄竹难书。粉碎“四人帮”后，针对全国百废待兴的局面，党中央很快开始进行恢复性整顿，企业管理也是其中一项重要内容。随着改革开放政策的确立，国门打开了。当我国的企业管理者重新睁开眼睛看世界时，才发现在过去的几十年中，西方发达资本主义国家企业的科学化管理

发生了巨大的变化，与西方发达国家企业的管理水平形成了巨大的差距。于是在全国开始了一场如饥似渴式的学习，中国的企业管理者又进入了一个新的学习时期。

（一）伟大的转变：工作重心的转移

随着“文革”的结束，国家的领导人也都开始把经济建设放到重要的位置，重视恢复和发展生产力。党中央国务院从1976年底到1977年上半年先后召开了第二次全国农业学大寨会议、全国工业学大庆会议以及铁路、煤炭、计划、农田基本建设、冶金、交通、林业、水产等一系列生产建设工作会议，强调搞好企业整顿，恢复合理的规章制度，搞好生产。1978年4月，中央批准了《关于加快工业发展的若干决定（草案）》。5月，国务院批准了《关于实行奖励和计件工资制度的通知》。11月，国务院规定在国营企业试行企业基金制度，同时积极引进外资和技术。

经过努力，1977年至1978年的经济情况有所恢复和发展，国民经济的基础还是相当脆弱。在1978年2月召开的全国人大五届一次会议上，当时国务院的主要领导作了题为《团结起来，为建设社会主义现代化强国而奋斗》的报告，会议通过了《1976年到1985年发展国民经济十年规划纲要》，但是对经济发展的要求过急、指标过高，超过了实际可能，也违背了经济发展规律。这种现象不仅仅被讥讽为新的“大跃进”，而且也被称为“洋跃进”，因为当时大规模引进外国先进技术设备，与我国当时的外汇支付能力和配套能力不相适应。对于这一失误，“邓小平后来也说，不要再提‘洋跃进’了，与1958年的‘大跃进’不是一码事。这实际上为‘洋跃进’的错误平了反”。①

1978年5月10日，中央党校主办的《理论动态》第60期发表了《实践是检验真理的唯一标准》一文，接着，《光明日报》、

---

① 叶选基：《叶帅在十一届三中全会前后——读于光远著〈1978：我亲历的那次历史大转折〉有感》，《南方周末》2008年10月2日，http://www.infzm.com/content/19143/1。

《人民日报》、《解放军报》等全文转载了这篇文章。文章的发表引起了一场关于真理检验标准的大讨论，在当时“左”倾路线下掀起了一场思想解放的风暴，影响了中国改革的整个进程。在当年12月13日中央工作会议闭幕会上，邓小平同志作了《解放思想，实事求是，团结一致向前看》的重要讲话，成为几天后召开的中共十一届三中全会的主题报告。

中共十一届三中全会的召开标志着党在政治路线上最根本的拨乱反正，实现了伟大的转折。全会公报宣布全党工作的重点应该转移到社会主义现代化建设上来。全会提出：对经济管理体制和经营管理方法着手认真的改革，在自力更生的基础上积极发展同世界各国平等的经济合作，努力采用世界先进技术和先进设备，并大力加强实现现代化所必需的科学和教育工作。

十一届三中全会后，国有企业改革与农村的改革同时起步，开始了第一个改革的阶段：围绕着以权力换效益这个中心展开的，即向企业“放权让利”。在此背景下，整顿企业管理秩序、提高企业管理水平也就成为国有企业改革的主要内容之一，改善企业经营管理，提高经济效益，成为当务之急。邓小平同志也多次指出：一个拖后腿的问题是普遍存在的不会管理。技术落后，管理技术水平低，在工业上是个很突出的问题。你讲社会主义比资本主义优越，就是要比人家管理得更好。提高科学技术水平、管理水平很重要。① 从一个有名的例子可看出中国企业当时的管理水平状况：1984 年，张瑞敏出任现在已成为中国著名企业的海尔集团前身——青岛电冰箱厂的领导人，他在上任伊始制定的十多条厂规中甚至包括在厂区内不准随地大小便的规定。

（二）整顿和加强企业基础管理工作

“文革”后，全国统一部署对企业进行整顿。1982 年 1 月，中共中央、国务院作出《关于国营企业进行全面整顿的决定》，要求

① 转引自黄速建等：《管理科学化与管理学方法论》，经济管理出版社 2005 年版，第 224 页。

通过全面整顿把企业整顿工作的重点转移到现代化建设上来，以生产为中心，以提高经济效益为重点，大力提高企业的生产水平、技术水平和管理水平。

根据企业当时的状况，整顿和加强企业基础管理工作选择了四个切入点，即质量管理工作、企业标准化工作、编制定员和劳动定额工作以及会计和成本管理工作。

1. 开展全面质量管理活动

针对当时我国企业生产秩序混乱、产品质量不高的现状，开展全面质量管理活动就成为整顿和加强企业基础管理工作的切入点。1978年7月，原国家经济委员会决定从1978年起，每年9月为我国的“质量月”，开始把日、美等国家（主要是日本）全面质量管理的思想、理论和方法引入中国；1979年8月31日，中国质量管理协会成立，自此，每年的“质量月活动”由中国质量管理协会举办。1980年3月18日，原国家经济委员会颁布了《工业企业全面质量管理暂行办法》，中央电视台举办了全面质量管理电视讲座，全国几百万职工收看了讲座，参加了考试。同时，在企业中开展了国家质量奖及金牌、银牌产品的评比、先进质量管理小组评比等活动，推动了全面质量管理活动的开展。

2. 恢复企业标准化工作

中华人民共和国成立后，党和政府非常重视标准化工作。然而，“文革”期间，标准化工作被视为“条条框框”，机构被精简，人员被下放，标准化工作受到严重破坏。

“文革”后，企业标准化工作开始复苏。1978年5月国家成立了标准总局以加强标准化管理工作，1979年国家标准总局召开第二次全国标准化工作会议，提出了“加强管理，切实整顿，打好基础，积极发展”的方针。同年7月国务院批准颁发了《中华人民共和国标准化管理条例》，明确了以经济建设为中心，从而使标准化在我国经济建设中发挥越来越重要的作用。原国家标准局制定的《工业企业标准化工作管理办法（试行）》对指导企业标准化工作的发展，逐步将企业标准化纳入有组织、有计划、统一管理的轨道起到了重要作用。对企业标准化工作的认识逐步统一到是企业管理的一项重要基础工作上，不可或缺，是进行企业现代化管理的重要手段，必须使标准化与质量管理相结合，与企业经营管理相结合，与经济责任制相结合。1986 年国务院发布 71 号文件《关于加强工业企业管理若干问题的决定》中，要求企业“逐步建立起以技术标准为主体，包括工作标准、管理标准在内的企业标准化系统（体系）”。

3. 开展编制定员定额工作

“文革”前，正常劳动秩序被打乱，劳动定额管理工作就已经无法展开。“文革”中，劳动定额管理被全盘否定，中止推行。

1977 年，部分企业主管部门在恢复编制定员工作中，同时恢复劳动定额管理。1979 年，各地在贯彻国家经委、国家计委《关于做好企业编制定员和劳动定额工作的通知》中，要求企业把劳动定额制度恢复、建立和健全起来。凡是能够计算和考核工作量的人员和班组，都要实行劳动定额。劳动定额水平保持先进合理，一年审查修改一次。在产品、原材料规格、设备、工艺有重大变化或工作场地、地质条件有显著改变以及采用发明创造、技术革新、合理化建议等而对劳动定额水平产生重大影响的，则适时进行修改。并把工人完成劳动定额的情况，作为考核生产成绩、奖励、实行计件工资、提高工资待遇的主要依据。1982 年 6 月，国家经委、劳动人事部《关于在企业整顿中加强定额定员工作的通知》中，强调将劳动定额工作作为企业整顿检查验收的一项重要内容，并配备专职干部负责劳动定额工作。

4. 恢复会计工作，加强成本管理

“文革”开始后，会计制度被当作资产阶级的“管、卡、压”遭到彻底摧毁，会计工作一度瘫痪，直到 1973 年才开始逐渐恢复。改革开放以后，基于国家财经政策的变化，财政部于 1980 年 9 月 18 日颁布，1981 年 1 月 1 日实施《国营工业企业会计制度——会计科目和会计报表》，加强了企业成本管理工作。

经过全面整顿，企业普遍建立了以提高经济效益为目标，以责权利三者相结合为特征的企业内部经济责任制，较普遍地建立了各项基础管理制度和各种定额管理。企业管理思想和管理水平都有不同程度的提高，为企业改革奠定了较好的基础。

（三）扩大企业自主权，推行经济责任制

1. 扩大企业自主权

高度集中的计划经济体制的主要弊端之一就是企业的生机和活力受到压抑。因此，对国有企业的改革是从扩大企业自主权，增强企业活力开始的。1978 年 10 月，国家先后在四川重庆钢铁公司、成都无缝钢管厂、宁江机械厂、四川化工厂等国有企业开展改革试点工作。到 1979 年初，四川省的改革试点企业扩大到 100 家。在此基础上，四川省还制订了扩大国企经营自主权的 14 条政策措施。

在以上试点工作取得一定效果的基础上，1979 年 5 月，国家经委、财政部等六个单位，在北京、天津、上海选择首都钢铁公司、天津自行车厂、上海柴油机厂等八个单位，进行扩大企业自主权的试点。试点得到许多企业和广大职工的拥护，许多地方和部门仿照八个试点企业自行制定办法进行试点。1979 年 7 月，国务院发布了有关扩大国营工业企业经营管理自主权、实行利润留成、开征固定资产税、提高折旧率和改进折旧费使用办法、实行流动资金全额信贷等五个文件，要求地方部门按照统一规定的办法选择少数企业试点。1979 年底，试点企业扩大到 4200 个，1980 年又发展到 6000 个，约占全国预算内工业企业数的 16%，产值的 60%，利润的 70%。① 之后，首钢等企业的改革措施备受国人关注。首钢时任负责人周冠五迅速提出了一个让人耳目一新的管理法——“三个百分百”：每个职工都必须百分之百地执行规章制度；出现违规违制，都要百分之百地登记上报；不管是否造成损失，对违制者要百分之百地扣除当月全部奖金。这个管理法在当时纪律涣散、动力全无的企业界确乎让人眼前一亮，也很有震撼力。首钢的生产秩序

① 参见董辅礽：《中华人民共和国经济史》（下卷），经济科学出版社 1999 年版，第 67 页。

迅速恢复，工人的积极性也被激发出来，产能年年上涨。①

为了加强对扩权试点工作的指导，1979 年 7 月国务院发出了《关于按照五个改革管理体制文件组织试点的通知》。这五个文件包括：《关于扩大国营工业企业经营管理自主权的若干规定》、《关于国营工业实行利润留成的规定》、《关于提高国营工业企业固定资产折旧率和改进折旧费使用办法的暂行规定》、《关于开征国营工业企业固定资产税的暂行规定》、《关于国营工业企业实行流动资金全额信贷的暂行规定》等。1982 年 1 月 2 日，中共中央、国务院颁发《国营工厂厂长工作暂行条例》，提出企业管理的基本原则是党委集体领导、职工民主管理、厂长行政指挥。1984 年 5 月发布了《关于进一步扩大国营企业工业自主权的暂行规定》。企业自主权的扩大，初步改变了企业只按照国家计划生产，不关心产品销路，不关心盈利亏损的状况，开始树立起经营观念和市场竞争意识，使企业活力得到初步增加。

2. 推行经济责任制

经济责任制是在国家计划指导下，以提高社会经济效益为目的，把责（经济责任）、权（经济权力）、利（经济利益）紧密结合起来的生产经营管理制度。这种管理制度的实行，可以把国家、企业和劳动者个人三者的责、权、利紧密结合起来，提高生产者的生产积极性，有力地促进企业生产的发展和职工收入的增加。经济责任制要求企业的主管部门、企业、车间、班组和职工，必须层层明确在经济上对国家应负的责任，建立和健全企业的生产、技术经营管理各项专责制和岗位责任制，并采取一定的考核和奖惩办法。它要求正确处理国家、企业和劳动者个人三者的关系，把企业、职工的经济责任、经济效果同经济利益联系起来，贯彻按劳分配原则，多劳多得，有奖有罚，克服平均主义。

1981 年和 1982 年，工业企业普遍推行了经济责任制。企业内部实行经济责任制，把每个岗位的责任、考核标准、经济效果同职

① 参见吴晓波：《激荡三十年——中国企业 1978—2008》(上)，中信出版社 2007 年版，第 35—36 页。

工的收入挂起钩来，取得了很好的效果：（1）调动了企业和广大职工的积极性，促进了增产增收；（2）促进了企业的整顿，企业的经营管理得到了改善和加强；（3）比较有效地解决了长期存在的吃“大锅饭”、平均主义问题，使按劳分配原则得到进一步的贯彻；（4）进一步改变了对企业统收统支，捆得过死的状况，使企业有一定的机动财力，可用于技术改造、设备更新和兴办集体福利设施，改善生活条件；（5）不仅对一线生产工人落实了经济责任，而且对领导干部、技术人员、业务人员和辅助人员等都有明确的责任，在这个基础上，逐步建立起考核标准和考核办法；（6）促进了工业的调整。

总之，经济责任制的推行，为工业企业在管理体制改革上探索出了一条新的道路。

（四）学习国外经验，普及管理知识

新中国成立后，在学习苏联、创新自己的企业管理中，对于企业管理这门科学，长期偏重于意识形态范畴的认识。因此，恢复生产面临一个重大的问题是如何进行企业管理。从企业到政府，从工人到干部，人人感到茫然、困惑，感到心有余悸。多年以来行之有效的东西，因受过无情的批判，而不敢用。何去何从，只有寻找新的出路，新的起点。

现代企业始于西方国家，现代企业管理科学，大部分是西方学者在实践中总结出的经验，并上升到理论而得到推广，为世界许多国家所认同，在实施中取得了良好的效果。日本是最好的试验场，日本人运用本民族的土地和养料，精心培植，结出了丰硕成果，给世人以极大的启发。我国工业企业，1976 年至 1979 年所面临的情形，与日本企业 1945 年至 1950 年所面临的形势非常相似，同样是面临恢复生产和经济高速发展的起步阶段。我们迫切需要可供借鉴的经验。日本的文化传统和我国有许多相同之处，成为我们优先同日本开展交流的必然选择。中日关系实现正常化后，日本要求与中国发展友好合作的呼声进一步高涨起来，为我们学习日本一些好的企业管理理念和经验，提供了客观上的条件。同时，伴随着中美关

系的正常化，两国间经贸往来迅速升温。交流的增加客观而适时地适应了中国希望了解和学习美国的经济发展与经济管理和企业管理情况与经验的需要。

1979 年 3 月 3 日，经国务院领导同志的批准，中国企业管理协会成立，协助国家经委推动改善和加强企业管理工作。中国企业管理协会成立后面向企业，承担起企业管理的研究工作，收集整理国内外有关企业管理制度、方法、经验的宣传出版工作，开展企业管理方面的各种讲座及企业管理干部培训和企业改革等工作，进行企业管理的国际交流等项活动，为把我国的企业管理提高到一个新水平做出了卓越的贡献。

1979 年 3 月，国家经委举办企业管理培训干部研究班，这是新时期企业管理培训史上首次以最高层次命名的企业管理培训班，标志着真正意义上的企业管理培训的开始。1979 年全国职工教育和培训人数达 1000 多万，其中进入各种短期培训班的人数有 500 多万。

1979 年，邓小平访美，与美方达成了一项协议——中美两国共建一所管理培训中心，引进美国管理理论、技术和教学方法，由美国选派人员给中国企业的厂长经理们讲述现代管理理论和实践。当时，美国企业急切地想进入中国市场，但对中国的经营环境一无所知，所以他们的目的是想通过这个培训班，了解中国的经营环境，为美国企业到中国发展探路。1980 年，已经准备好的美国人强烈要求中方尽快开办，但在选择培训地点的时候，遇到了一些麻烦。当时的大连工学院（现在的大连理工大学）院长屈伯川在知道这件事后，表现出了浓厚的兴趣。在他的争取下，这个被列为技术交流的项目就放在了大连工学院，成立了中国工业科技管理大连培训中心。同年，第一期培训班顺利开班，美国从全国选了 30 多位管理学教授组成教学团，中国也从全国各大中型企业、国家相关部委筛选了 150 多名学员。教育模式是美国的 MBA 课程教育的浓缩，采用案例教学和模拟决策教学，内容包括组织行为学、高级财务、市场营销等 10 多门课程。自 1984 年起，由原国家经委与美国、欧共体、英国等陆续联合举办国际合作工商管理培训和 MBA

教育项目。它们包括大连理工大学管理学院与美国纽约州立大学布法罗分校管理学院联合在中国首次开办的 MBA 教育、中国企业管理培训中心和欧洲管理发展基金会合办的中欧管理中心、1994 年更名为中欧国际工商学院以及西安中国设备管理培训中心与英国兰卡斯特大学合办的中英合作项目。

为了争取引导企业学习和借鉴外国管理经验，中国企业管理协会于 1983 年 1 月召开了“借鉴外国管理经验座谈会”，后被称为“全国第一次管理现代化座谈会”，对学习借鉴外国管理经验和方法进行了总结。

从 1981 年开始，中国社会科学出版社组织编译出版了《国外经济管理名著丛书》，涵盖了东西方各个时代的管理学名著，为改革开放之初借鉴国外的先进经验做出了重要贡献。至 1989 年出版了包括泰罗的《科学管理原理》、西蒙的《管理决策新科学》、布莱克和穆顿的《新管理方格》在内的大约 26 种经济管理经典名著。著名经济学家蒋一苇在 1979 年依据西方经济学的思想，提出“企业本位论”。蒋一苇认为：“社会主义的统一经济，是否就意味着应当取消企业的独立性，而把整个国民经济变成一个庞大无比的经济整体，把整个国家变成一个大‘企业’呢？显然，这只能是一种‘乌托邦’式的幻想。而我们现行的经济体制，事实上正是按照这种‘乌托邦’式的幻想行事的。”“国民经济的力量既然是企业生产力的总和，国民经济力量的强弱就不仅仅取决于它所拥有的企业数量，更重要的还取决于每个细胞的活力大小，就好像一个人的强弱、盛衰，归根结底取决于他体内细胞的活力大小一样。”①国外先进管理思想的引进，特别是一批敢为天下先的学者的探索，促进了中国企业管理思想、工作的变革。

1984 年，上海市市长汪道涵到美国西北大学访问时发现了菲利普·科特勒的著名著作《营销管理》一书，敏锐的感觉告诉他这是一本难得的好书，应该把它引入到中国来。回国后，他立即让

① 蒋一苇：《我的经济改革观》，经济管理出版社 1993 年版，第 259、261 页。

梅汝和先生成立专项工作组展开翻译工作。在当时，像这样比较系统的营销书籍在国内还没有见过，其中的一些学术概念对于那个时代的人来说，简直就像天方夜谭中的神话故事。

（五）采用先进管理技术

改革开放之初，一些先进的管理技术也涌入中国，被企业大量采用并逐步普及。1981 年沈阳第一机床厂从德国工程师协会引进了第一套 MRPⅡ（Manufacturing Resource Planning，MRPⅡ，制造资源计划）软件。1990 年前后，ERP（Enterprise Resources Planning，ERP，企业资源计划）逐渐取代了 MRPⅡ，成为主流的企业管理软件系统。

1984 年初，国务院召开的全国经济工作会议上提出，整顿好的企业要把重点转移到企业技术进步和管理现代化上来，逐步实现技术现代化、管理现代化、人才现代化。国家经委紧接着在 1 月份召开了全国第二次企业管理现代化座谈会，总结并提出了企业管理现代化的“五化”内容，即管理思想现代化、管理组织现代化、管理方法现代化、管理手段现代化、管理人才现代化，并推荐了 18 种在实践中应用效果好、具有普遍推广价值的现代化管理方法，即价值工程、网络计划技术、目标管理等，并确定了北京内燃机总厂、北京清河毛纺织厂、天津自行车厂、上海汽轮机厂等 20 家企业为第一批管理现代化试点企业。

1984 年，我国第一个聘用外国专家采用国际标准应用项目管理进行建设的水电工程项目——云南鲁布革水电站取得了巨大的成功。

二、从生产型向生产经营型转化阶段：1985 年至 1992 年

改革开放后，企业管理的改革大多围绕着生产环节进行，这是与在传统计划经济体制下企业主要任务是生产这一主要特征相一致的。但是在 1979 年 11 月，邓小平同志在会见外宾时就曾经指出，

社会主义也可以搞市场经济。因此，在前一阶段对国有企业全面整顿的基础上，企业管理模式也开始从生产型向生产经营型转变。

（一）以城市为重点的经济体制改革的开始

以农村为主的经济改革取得的巨大成就，向城市改革提出了要求，提供了经验；同时城市改革取得了一些经验并基本完成了经济调整工作；世界上正在兴起的新技术革命也使得改革的需要更为迫切。在这样的背景下，1984年10月召开了党的十二届三中全会。会议通过了《关于经济体制改革的决定》的文件，决定加快以城市为重点的整个经济体制改革的步伐。该决定提出了社会主义有计划的商品经济的观念，指出了继续增强企业活力，建立合理的价格体系，按照政企分开的原则改革政府机构，建立多种形式的经济责任制，坚持多种经济形式和经营方式共同发展等改革的方针。该决定标志着我国经济体制改革的重心从农村转向了城市。

这一阶段国有企业改革的思路是围绕着国家有所有权和企业有经营权的关系进行探索的，所谓两权分离主要就是这个内容。1984年10月召开的党的十二届三中全会提出要建立自觉运用价值规律的计划体制，发展社会主义商品经济。按照发展社会主义有计划商品经济的需要，决定全面推进以增强企业活力，特别是增强国有大中型企业活力为中心的、以城市为重点的经济体制改革。重新确立了国有企业改革的目标，这就是要使企业真正成为相对独立的经济实体，成为自主经营、自负盈亏的社会主义商品生产者和经营者，具有自我改造和自我发展能力，成为具有一定权利和义务的法人。围绕着这一改革目标，从1984年底开始，我国国有企业改革进入到了一个新的发展阶段。改革的指导思想就是实现两权分离，试图以此促进实现政企职责分开和国有企业向市场主体的转变。

（二）转换经营机制，进一步增强国有企业的活力

1984年3月23日，福建省的55位国有骨干企业厂长经理齐聚福州，参加“福建省厂长经理研究会”的成立大会。与会的厂长经理们深感“现行体制的条条框框捆住了我们的手脚，企业只有

压力，没有动力，更谈不上活力”，于是集体以“请给我们松绑”为题上书福建省委，要求获得企业的人事权、财权和企业经营自主权。次日《福建日报》在头版头条的位置发表了这封对中国企业有着划时代意义的公开信，之后，《人民日报》、《光明日报》、《红旗》杂志等全国权威媒体全文转发，从而引起了国内一场国企全面的放权运动。5 月 10 日，国务院顺势颁发了《关于进一步扩大国营工业企业自主权的暂行规定》。

为了保持国有企业活力的势头，1985 年 9 月，国务院颁发了《关于增强大中型国营企业活力若干问题的暂行规定》。这个《规定》提出搞活国营企业、发挥企业自主功能的 14 条措施，更为具体地贯彻了十二届三中全会关于搞活企业、扩大企业自主权的要求。1986 年 12 月，国务院发出《关于深化企业改革增强企业活力的若干规定》。《规定》指出，企业可以自主决定内部职工工资、奖金分配的具体形式和办法，以奖勤罚懒，更为实际地体现按劳分配、多劳多得的原则。这对于克服“职工吃企业的大锅饭”、“企业吃国家的大锅饭”的弊端起了积极作用。

在改革分配制度上，从 1985 年起，通过落实企业内部的经济责任制，实行了多种形式的工资、奖金分配制度的改革试验。其中包括企业工资总额同上缴利税挂钩，按比例浮动，国家对企业工资进行分级管理，对工资、奖金突破限额的企业，开征工资调节税和奖金税，等等。

在劳动制度上，1986 年 4 月，中共中央、国务院发出《关于认真执行改革劳动制度几个规定的通知》，而后又陆续颁布了《国营企业实行劳动合同制暂行规定》、《国营企业辞退职工暂行规定》和《国营企业职工待业保险暂行规定》。实施上述各项规定，是新中国成立以来劳动制度的重大改革。从 1986 年 10 月起，全民所有制工业企业招收新工人全部实行合同制，迈出了劳动制度改革的重要一步。与此同时，对职工实行待业保险制度，以便为企业启动辞退职工的机制作好准备。

在广泛试点的基础上，1986 年 9 月，中共中央、国务院又颁发了全民所有制工业企业三个条例，即《全民所有制企业厂长工作条例》、《中国共产党全民所有制工业企业基层组织工作条例》、《全民所有制工业企业职工代表大会条例》。在颁发三个条例的通知中明确指出，实行厂长负责制，必须保证厂长在企业生产经营重大问题上的决策权，突出厂长在行政指挥中的作用。

（三）两权分离与承包经营①

对于深化改革中如何实现两权分离，使国有企业成为商品生产者和经营者，当时主要做法是：对国营大中型企业实行承包经营责任制；对国营小型企业实行租赁经营责任制；对少数有条件的大中型企业实行股份制试点；组建企业集团。其中承包制是改革的主要内容，构成了第二阶段经济体制改革的特征。

1. 通过经营承包责任制实现两权分离

实行国营企业的承包经营责任制，思想上受着农村家庭联产承包责任制的启发，直接的原因则是出于搞活企业和防止当时出现的全国性经济滑坡（1987 年第一季度预算内工业企业成本比上年同期上升 5%，亏损面增加 40%，财政收入下降 2.3%）的考虑。

1986 年 12 月，国务院《关于深化企业改革增强企业活力的若干规定》中提出，要推行多种形式的经营承包责任制，给经营者以充分的经营自主权。1987 年大中型企业普遍推行企业承包经营责任制。主要形式有：①“双保一挂”。双保，即保上交税利，保批准的技术改造项目。一挂，即工资总额和实现税利挂钩。②上交利润递增包干。在核定上交利润基数的基础上，逐年按规定递增率向财政上交利润。③上交利润基数包干，超收分成。即确定企业上缴利润基数，超收部分按规定进行比例分成或分档分成。④微利亏损企业的利润包干或亏损包干。⑤行业投入产出包干，实行的有石油、煤炭、石化、冶金、铁路、邮电、民航等部门。企业承包经营责任制的基本特征是：包死基数，确保上交，超收多留，欠收自补。

① 周叔莲：《20 年中国国有企业改革经验的理论分析》，《中国社会科学院研究生院学报》2000 年第 3 期。

1988 年 2 月，国务院发布了《全民所有制工业企业承包经营责任制暂行条例》，对前一年各地展开的企业承包制进行了总结，对一系列问题做出了明确规定。1988 年 4 月，七届全国人大一次会议通过的《中华人民共和国全民所有制工业企业法》在保证和促进承包经营责任制方面，起到了重要作用。在上述暂行条例和企业法的规范和指导下，企业承包制在全国普遍展开。到 1990 年年底，大多数实行承包制的企业完成了第一轮承包，开始了第二轮承包。

90 年代初，国有企业改革强调转换企业经营机制贯彻的也是两权分离的思路。当时人们认识到了过去的企业改革偏重于单纯的扩权让利，而未能以转换企业经营机制为目标。1991 年 9 月，中央工作会议因而强调要转换企业经营机制。根据中央工作会议的精神，经过近一年的调查研究，1992 年 7 月，国务院公布了《全民所有制工业企业转换经营机制条例》。《条例》根据两权分离的思路明确了企业经营权、企业自负盈亏责任、企业和政府的关系、企业和政府的法律责任等问题。

2. 弊端初现

理论界对于承包制的看法始终存在着尖锐的意见分歧。但是实事求是地分析，完全肯定和完全否定的意见都有片面性。承包制曾经起过的积极作用是不可否定的。例如它可以使《企业法》中规定的企业自主权得到落实，可以增强企业的动力机制，可以加强企业的财务责任，可以明确主管部门的责任，特别是使政府和企业的关系发生了变化，企业不再完全听命于政府，可以促进政企分离，等等。不过承包制也有其固有的缺陷，例如，实行承包制的企业仍然在相当程度上隶属于政府机关，经营自主权仍受到限制，甚至受到很大地限制，没有也不可能实行自负盈亏，会使产业结构固定化，因此与产业结构调整和合理化的要求相矛盾，等等。

这一阶段对国有企业改革除了提出自主经营、自负盈亏的要求，还提出自我发展、自我制约的要求。作为真正的企业，是必须做到自主经营、自负盈亏、自我发展、自我制约的。但当时实行承包制的企业既不能做到完全自主经营，更说不上能够自负盈亏，也就难以做到自我发展和自我约束。企业的短期行为如滥发工资奖金、投资不计效益相当普遍地存在着。后来大家关注的内部人控制失控现象，在扩大企业自主权阶段就埋藏了问题的种子，而这一阶段为问题的迅速滋长创造了条件。

承包制的种种缺陷，是同“两权分离”改革思路的局限性有着内在联系的。两权分离的改革思路和以往扩大企业自主权的改革思路相比，是一次重大的飞跃。这是承包制所以产生积极作用的原因。但是两权分离理论只承认国有企业有经营权，而不承认企业作为法人有财产权，认为所有权全部属于国家，这就决定了国有企业不可能真正实现自主经营、自负盈亏、自我发展、自我制约，即不可能成为真正的企业。为了使国有企业成为真正的企业，改革的战略指导思想还需要进一步发展和转变。

3. 周冠五和首钢承包制

周冠五生于 1918 年，出身军人，参加过抗日战争、解放战争。新中国成立以来，周冠五同志先后担任石景山钢铁厂人事室主任、副厂长、厂长，石景山钢铁公司经理，首钢革委会副主任，首钢党委副书记、书记兼革委会主任，冶金工业部副部长、党组副书记、常务副部长兼首钢总公司党委书记、革委会主任，国家体改委委员，首钢总公司党委书记、董事长、工厂委员会主任；先后当选中共八大、十大、十二大代表和第六、七、八届全国人大代表及第七届全国人大常委会外事委员会委员。周冠五同志曾获全国优秀企业家称号，被评选为全国劳动模范、全国优秀党务工作者。1995 年 2 月离职休养。① 周冠五以推行“承包制”成为中国企业改革的先锋，在 77 岁高龄时把一个特大型国企带上巅峰。

改革开放前，长期低工资、没有奖金激励的制度最终限制了人们的创造力，尤其是“文革”后，员工的生产积极性较之以前很难激发。周冠五意识到了管理中分配问题的重要性。因此，在周冠五的争取下，1979 年 5 月，国家经委等部门选择首钢等 8 家企业进行扩大自主权试点，由此拉开了承包制的序幕。首钢提出一个利

① 见 http：//www. shougang. com. cn 网站。

润递增包干以及一系列提成分配比例的办法。首钢的承包制可总结为十六个字：包死基数，确保上缴，超包全留，欠收自负。首钢一方面确定上缴利润的基数，并确定每年上浮的百分比，明确对政府的责任；另一方面通过利润目标分解，将生产任务和生产指标层层承包，级级承包，明确每个职工和单位对公司的责任。其中主要的做法是：利润按 2.7 亿元为基数，每年递增 7.5% 上缴国家；超额归首钢按 6:2:2 用于生产、职工集体福利和增加职工收入。① 这一改革，首钢成了中国最早实行承包制的企业，自承包后连续 12 年实现利润平均每年递增 19.1%。用这种新的激励机制调动了首钢人的积极性，并被众多国企纷纷效仿，正式启动了近 20 年来以“放权让利”和“打破工人铁饭碗”为主旋律的国有企业改革，首钢自此大红大紫。之后几年，在“承包制”的基础上，周冠五又推出了岗位责任制，实行利润递增包干，把首钢制度上的领先地位延续了下来。

然而，承包制虽然使企业落实了经营自主权，却也是在国家计划经济体制这个“鸟笼子”之内获得了自由。在利润上缴数量的问题上，首钢与一些政府主管部门出现了矛盾，并有日趋尖锐的趋势。②

有了稳定的基础，事业扩张顺理成章。但不幸的是，对外扩张既是首钢改革开放灿烂的高潮，同时又为首钢的衰落埋下了隐患。早在 1985 年，初有成就的首钢就提出“一业为主，多种经营”的发展方针，试图开展资本运营，努力实现企业资本效益的最大化。20 世纪 80 年代后期和 90 年代初期，在周冠五倡导下，首钢先后兼并了中国北方工业集团所属的 13 家军工厂、原冶金部所属的两家地质勘察设计院、原中国有色金属总公司所属的 3 家建筑企业。一时间，全国上下、大江南北，到处都有首钢收购的痕迹。1992 年 11 月 5 日，首钢 1.2 亿美元购买秘鲁铁矿公司，把周冠五的扩

---

① 见 http://www.p5w.net 网站。

② 吴晓波：《激荡三十年——中国企业 1978—2008》（上），中信出版社 2007 年版，第 36 页。

张计划发展到极致。近到香港的上市公司，远到秘鲁、津巴布韦的专案，首钢介入了全球的钢铁、建筑、运输业务。首钢已经从一个单一的钢铁企业，发展成为以钢铁业为主，兼营矿业、机械、电子、建筑、航运、金融和海外贸易，跨地区、跨行业、跨所有制和跨国经营的大型企业集团。但是，大规模兼并虽然扩大了首钢的资本规模，也给首钢增加了很大压力，陷入了盲目扩张兼并的误区。周冠五领导下的首钢突然从红红火火的局面跌到捉襟见肘的窘境，漫长的战线让周冠五心有余而力不足。在首钢员工的心中，盛景后的首钢除了还不完的外债，仿佛就剩下对昔日的回忆了。①

1994 年，周冠五把首钢带到了巅峰状态。这一年，首钢以 823.7 万吨的粗钢产量一跃而成国内钢铁业群雄之首。11 月，周冠五被评为“中国改革风云人物”，然而让人猝不及防的是，仅仅过了 3 个月，周冠五受到其子周北方的经济犯罪牵连而黯然下台。1995 年，首钢实行利改税，承包制结束。

2007 年 4 月 20 日，周冠五逝世。周冠五逝世后，首钢集团给予了很高的评价。在首钢集团的网站上可以看到这样的悼词：“周冠五同志的一生是革命的一生，是为党的事业奋斗的一生，是为首钢的改革发展殚精竭虑、为冶金工业的发展无私奉献的一生。”②

4. 中国企业承包第一人——马胜利的成与败

马胜利是承包制推行时期的著名人物。1984 年，河北石家庄造纸厂也与大多数国企一样步入困境。危难之时，马胜利毛遂自荐，以实现年利润 70 万元的豪气承包该厂。结果他一上任，当年就实现利润 140 万元，三年之后居然实现年利润 320 万元，累计上缴利税 860 万元。1987 年，马胜利合并了全国 100 多家企业，组建了中国马胜利造纸企业集团，集团年产值达到 4 亿元，月利税达到 1000 多万元。马胜利由此成为闻名全国的“马承包”，一时名震神州。他曾先后 4 次受到邓小平接见，当选为中共十三大代表，

① 张军：《周冠五：承载一代改革人的命运》，《中国企业家》2001 年第 12 期。

② 见 http：//www.shougang.com.cn 网站。

荣获全国轻工行业劳动模范、中国优秀企业家、中青年有突出贡献专家等荣誉称号和全国五一劳动奖章等。

然而，没有人去思考这种旋风式承包经营的可行性以及所蕴含的经营风险。没有严谨地实的调研，充满随意性的承包基数，没有资源整合，缺乏严格的管理、人才培养和技术输出，没有集团化经营的战略构想，马胜利的承包是一种“归大堆”式的简单归并。在一些时候，他的承包甚至带有一种莫名的理想主义色彩①。由于摊子铺得太大，马胜利合并的100多个亏损厂终于累及与他息息相关的大本营——石家庄造纸厂。1991年5月，马胜利造纸企业集团宣布解散。4年之后，马胜利被上级主管部门免职，每月只拿一百多元的生活费……从此，马胜利这个中国著名的改革人物，失去了罩在他身上的一切光环。

在后来人们的评论中认为，马胜利的失败，是对那种“一改就灵”、“一包就活”的改革理念一次意外而沉重的打击。

（四）本土企业的探索与创新

我国的企业管理在恶补西方发达国家企业管理近一百年课程的同时，也在不断地结合中国的本土文化进行革新与创造。

1. “三分天下”

伴随着改革开放的进程，民营企业也得到了极大的发展。在经历了1978年至1982年的萌芽时期后，从20世纪80年代初到90年代末，民营企业在发展中主要形成了四种典型的发展模式——“苏南模式”、“温州模式”、“珠江三角洲模式”和“中关村模式”。1984年，中国科学院计算所的研究人员柳传志创立了联想公司；1989年，牟其中用国内大量轻工产品，从前苏联换回4架图-154民航机，成了时代英雄；“中原之行哪里去，郑州亚细亚”，在这一年成为河南乃至全国风靡一时的口头禅，开业不到一年的河南省第一家股份制企业郑州亚细亚商场闹出让众人眼花缭乱的

① 吴晓波：《激荡三十年——中国企业1978—2008》(上)，中信出版社2007年版，第183页。

“动静”……民营企业开始参与逐鹿中原的角逐。

同时，随着国门被打开，外资企业也开始进入中国市场。与国内企业相比，不可否认，外资企业在产品、服务以及管理方面占据着优势，为中国本土企业带来先进的服务，带来先进的管理经验，带来先进的理念。1982年冬天的一个周末，可口可乐公司在北京的各大商场推销可口可乐，买一瓶可乐，送一个气球或一双带包装的筷子。一时间人潮如涌。据考证，这是中国现代市场上第一次卖场促销活动。北京各大报纸对此反应强烈。1987年11月12日，肯德基在北京前门繁华地带设立了在中国的第一家餐厅，北京肯德基有限公司也成了北京第一家经营快餐的中外合资企业。被中国人一向自诩的餐饮业受到了前所未有的冲击，统一味道、统一操作的背后是让中国企业更要学习的管理思路。1987年摩托罗拉公司进入中国，先在北京设立办事处，1992年在天津注册成立摩托罗拉（中国）电子有限公司。也就是在1987年，摩托罗拉公司首创了六西格玛质量策略。作为全面满足客户需求的关键经营战略，经过十多年的发展，这种建立在测量、试验和统计学基础上的现代质量管理方法逐渐被众多一流公司采用。1988年，一家拥有166年历史的美国公司P&G进入中国，并取了个中文名字叫“宝洁”。1990年，麦当劳进入中国，其工业化的快餐制作为中国企业上了生动的一课……自此，国有企业和集体企业、民营企业与外资企业演绎了“三分天下”的局面，在竞争的同时也促进了企业管理水平的提高。

2. 制度创新的探索

我国企业在发展中深刻认识到，我国本土企业与西方企业管理的差距不仅仅体现在管理理念、管理方法上，这些是相对容易学习和赶超的，根本的差距是制度性的差距，这是根本，是深层次的差距。

现代企业制度是现代企业产权制度、现代企业组织制度、现代企业管理制度的有机统一，产权制度是现代企业制度建立的前提，组织制度是现代企业制度建立的保证，管理制度是现代企业制度的基础，三者密不可分。我国企业也开始进行制度创新，逐步建立现代企业制度。

1984 年 5 月，在距广东深圳市区 50 公里的沙井镇万丰村，召开了一次具有特别意义的中共村支部委员会。当时的支部书记潘强恩提出了一个大胆的设想：发动村民参股兴建工业村。随后它有了一个特定名词“万丰模式”。

1985 年 8 月 3 日，沈阳市政府举行了一个盛大的记者招待会，选择了防爆器械厂等三家企业为破产试点，并特意做了三个黄色封皮的《破产警戒通告》，交到了三个厂长颤巍巍的手里面。这是新中国成立后的第一个破产案例。一年后的同一天，防爆器械厂宣告破产倒闭。国外媒体评论道：沈阳发生了超过 8 级的改革地震，中国的“铁饭碗”真的要打碎了。四个月后，《企业破产法》草案在北京人大会议上正式通过试行。

1985 年浙江温州瓯海登山鞋厂最先使用“股份合作企业”名称，温州也被视为中国股份合作制企业的发祥地。1987 年国务院决定在温州建立改革试验区，实行股份革命，解决企业生产要素的问题。比如说技术、人员、资本，通过股份合作形式来扩大规模，后来农业部搞股份合作制的文件中有许多方面都是参照浙江温州的经验。1992 年股份制企业试点全面开展，意味着真正意义上的公司成型，这是我国经济体制上的重大突破。

20 世纪 90 年代，金牌、银牌产品和质量管理奖企业评选停止了，企业又把兴趣和注意力转向了贯彻实施 ISO9000 族标准和质量体系认证，掀起了认证的热潮。

3. 管理方法的探索

（1）张兴让的“满负荷工作法”

1984 年 1 月，张兴让被调到河北省石家庄第一塑料厂任厂长。在承包经营的大环境下，他也承包了第一塑料厂，为期三年。尽管实行承包对厂长本人的利益影响不大，却可以使职工的利益得到更好的保障，一定程度上，“多劳多得，奖惩兑现”的企业制度让职工发展生产的积极性被调动了起来。但张兴让很快就发现大多数职工在满足于“出满勤，干满点”的工作后，塑料厂的进一步发展遇到了瓶颈。在深入车间调研后，张兴让发现问题的根源在于尽管工人们天天按时上下班，但每天真正的劳动时间却很少，有些工作是一台设备几班人马，你干一会儿我再干一会儿，而且无效劳动很多。再扣除吃喝拉撒、聊天等时间，每人每天只有 2 小时 40 分钟在工作。有些部门效率很高，却因为其他部门的低效率而不得不放慢速度。于是，张兴让想出了一套改革方案。本着“人尽其力，物尽其用，财尽其效”的原则，他对企业内部人、财、物等要素进行了重新组合，把原来的粗放经营变成了集约经营，这种办法首先对企业各项工作提出奋斗目标，然后由低到高分步实施，层层落实，与个人报酬挂钩，形成体系。总的考核指标是人均效率、人均效益和企业资金利税率。具体实施上，他把质量、供销经营、设备运转、物资使用、能源利用、资金周转、费用降低，每人工作量和工时利用等 9 项要素综合考虑。因是借用设备运转满负荷的概念，故称为“满负荷工作法”。

张兴让从企业管理机制和分配机制上进行一次变革，一扫企业机构臃肿、人浮于事的弊端，取得了较好的效果。之前，厂里有 3 台大锅炉，锅炉师傅，加上替班、拉煤、出渣、维修、置水等工作的职工，总共竟有 70 多人，占了全厂职工的六分之一。而按照张兴让“满负荷”的标准，这 3 台锅炉只要 18 个人就够了。

1986 年，石家庄第一塑料厂基本完成了“满负荷工作法”的推广。1987 年，张兴让的事迹被《人民日报》等媒体报道后，立即引起了中央领导和省领导的高度重视，认为这是一大发明，并在全国大力推广。有人评价，张兴让的走红在于其改革举措迎合了改革初期的需要，紧扣了大力发展生产力的时代脉搏。虽然在当时积重难返的国营企业中，这已经是最先进和最有效率意识的改革了，但严格说来这都是一些“围墙内的变革”。显然，企业的成功并不仅仅取决于“围墙内的变革”，在市场经济大潮中，张兴让和他的第一塑料厂最终走向了下坡路。1992 年之后，张兴让的企业重新陷入困境；2000 年元旦，精疲力竭的张兴让和 1090 名工人一起被宣布集体下岗。

（2）“新时代的白求恩”

1984 年 11 月，64 岁的德国人威尔纳·格里希被聘用为武汉柴油机厂的厂长，这一大胆举措是武汉改革开放创造的一个“全国第一”。当时海外舆论普遍认为这是中国对外开放和改革进程中“一件令人吃惊的新闻和成功的典范”，一时间成了轰动全国的改革新闻。他被看成是“新时代的白求恩”。

格里希是一位退休的发动机工程师，当时中国和联邦德国之间的企业交流比较频繁，格里希被联邦德国退休专家组织（SES）派到武汉柴油机厂做指导。他是很典型的德国老人，身材高大，技艺精湛而沉默寡言，做事严谨认真，指导工人做事一板一眼，从来不知道投机取巧，因此，他被车间里的工人昵称为“德国老格”，然后又成了“老哥”。

格里希上任后，面对的是一个纪律涣散、企业管理无序，浪费严重、产品质量差、返修率奇高，领导层毫无责任感的国有老企业。他要求工人遵守 8 小时工作制，长期迟到和旷工的可能被开除。他每天带着放大镜、小锤子和吸铁笔下到车间里，现场处理管理上的难题。此外，他还把一个从来不到生产一线的总工程师调离到其他的岗位。他的这些做法被新闻记者总结为“洋厂长的三斧头”。时任中共中央总书记的胡耀邦在看到这篇新闻后批示说，“我们自己的厂长大概大多数还没有这么做。有的不是没有条件这么做，而是抓不住要领，有的是不愿和不敢这样做，当然也有因为身体、技能等条件实在不行，这样做不了。”格里希的做法被当成是最先进和新奇的管理奇招在媒体上迅速地走红，企业的面貌也焕然一新。其间，格里希受到国务院领导五次接见，并被联邦德国政府授予了“十字勋章”。

在离开中国的时候，他写了一封信给中国政府，其中归纳了十多条国营企业的弊病，提出了“政府不应该像慈父扶持爱子那样对待企业；治理生产过程中的惊人浪费，提倡过节俭日子；加强对青年的就业前培训；中央成立设备调剂中心，把某些企业闲置的设备有偿调拨给缺少设备的企业”等建议。

格里希此后多次到中国，每次都受到政府官员热烈的款待，不过他对自己曾倾注全部心血的武汉柴油机厂的日后命运并不真正了解。1993 年，企业出现亏损，1998 年全面停产。原党委书记谢长钦认为，格里希确实非常想把武柴搞好，“但他不可能让武柴有脱胎换骨的变化，因为这是当时体制所决定的”。他的中国朋友们始终不敢告诉他真相，怕他在心理上接受不了这一现实。2003年4月17日，格里希在德国的家中逝世。两年后的这一天，武汉市政府在闹市中心的汉正街工业区广场中央，竖起了一座2.78米高的铜像——上面刻写着“威尔纳·格里希”。

(3) 海尔的“OEC管理”①

海尔集团“OEC管理”经验是海尔人经过多年不断实践和探索，高度概括总结出来的一套以追求企业长期利益最大化为原则，以争雄国际市场为目标，以紧扣市场脉搏，不断优化企业管理体系和激励机制为框架，以充分发挥全体员工创造力为根本，以企业每天、每人、每项工作的日事日清为方法的科学合理的管理经验。这种管理方法是海尔人的独创，是海尔人多年实践的结晶。

“OEC”是英文 Overall Every Control and Clear 的缩写，即全方位地对每天、每人、每件事进行清理、控制。具体地说就是企业每天所有的事都有人管，做到控制不漏项；所有的人均有管理、控制的内容，并依据工作标准对各自控制的事项按预定的计划执行，每日把实施结果与计划指标对照、总结、纠偏，达到对事物发展过程的实时控制，确保事物的发展向预定目标前进。简要地说，“OEC”管理法可表示为：日事日毕，日清日高。即每人的工作每人完成，每人工作要清理并要每人有所提高。它包含着三个基本原则:一是闭环原则，即凡事都要讲究善始善终，都必须有一个PDCA循环（即：计划、实施、检查、总结）的过程，达到螺旋式上升的目的；二是比较分析原则，纵向与自己的过去比，横向与同行业比、与同类企业比、与相关部门比、与其他员工比，认识到没有比较就没有发展的道理；三是不断优化的原则，根据木桶理论，找出薄弱项，并及时整改，以期提高全系统的水平。

“OEC”管理法由三个体系构成：目标体系、日清体系、激励

① 参考秦智勇：《学习海尔“OEC”管理法》，《经理日报》2002年10月12日，第C02版。

机制。即首先确定目标；日清是完成目标的基础工作；日清的结果必须与正负激励挂钩才有效。这种管理方法可以用五句话来概括：总账不漏项，事事有人管，人人都管事，管事凭效果，管人凭考核。

“OEC”管理法的实质是借鉴被西方管理界誉为“科学管理之父”——泰罗的思想。泰罗的科学管理的根本目的是谋求最高效率，而要达到最高的工作效率的重要手段是用科学化的、标准化的管理方法代替旧的经验管理。“OEC”管理方法是张瑞敏研究泰罗思想，结合中国人性特点和海尔实际情况而创新的一种管理方法。“OEC”管理法中随处可见泰罗的影响，是泰罗的部分思想在中国企业制度化的表现。

海尔运用“OEC”管理法创造了销售与管理上的奇迹。国内企业纷纷学习、借鉴。这不仅对提高国内企业管理水平有很大贡献，而且对国内基础管理的冲击或意义非常大，表现在：

①实现了基础管理的精细化。将人和事进行分解，强调“三个一”，即分解量化到每一个人、每一天、每一项工作，形成大到每台机器，小到每块玻璃，都清楚地标明责任人和监督人，并有详细的考核内容、奖惩等。

②实现基础管理的规范化和标准化。

③实现基础管理的目标化、效率化和经济化。

④提高流程的自我控制能力。

⑤培育了高素质的员工队伍。

如果没有管理基础作保证，今天的海尔这个现代企业的大厦是盖不起来的。正是由于不断地向新的高度攀登，永无止境地、一步一个台阶向前发展，巩固，再发展，再巩固，如此循环往复，才能使海尔公司一直处于不断良性循环发展的状态。

纵观世界上企业的成功一定是管理上的成功。不断创新，推进管理现代化是我国本土企业发展的必然选择。这条路决不是坦途，也不是短途。赶超世界先进企业管理水平是历史赋予当代中国企业家的历史使命。

三、中西融合阶段：1993 年至 2001 年

1993 年 11 月，党的十四届三中全会指出社会主义市场经济是同社会主义基本制度结合在一起的，正式提出要进一步转换国有企业经营机制，建立现代企业制度。在此背景下，国有企业的管理体制和经营机制都为了适应市场经济而发生了深刻的变化。

（一）历史选择了市场经济①

1992 年 1 月至 2 月，邓小平视察南方的重要讲话在很短的时间内就传遍大江南北，正如舆论所形容的那样，“东方风来满眼春”，中国的经济体制改革进入到了一个新的阶段。

但是熟悉中国国情的人都知道，确立市场经济目标模式，经过了艰苦曲折的过程。

新中国成立后，即确定了高度集中的计划经济体制。到 1958 年，这一体制基本建立起来，以后又不断强化定型，长期实施并且越来越“纯”，直到 20 世纪 70 年代末。

改革开放之初，邓小平虽然也开始对市场经济进行了探索，并有相应的谈话，但是由于未在全党形成共识，所以在较长的时间内未公开发表和形成党内文件。

直到 1982 年 9 月，党的十二大才在报告中明确了“计划经济为主、市场经济为辅”的原则，但是还没有承认商品经济。

1984 年 10 月召开的十二届三中全会通过了《中共中央关于经济体制改革的决定》，提出：“社会主义计划经济必须自觉依据和运用价值规律，是在公有制基础上的有计划的商品经济。商品经济的充分发展，是社会经济发展的不可逾越的阶段，是实现我国经济现代化的必要条件。”这就更进一步地突破了把计划经济和商品经济对立起来的观念。

---

① 以下内容参考了马立诚等：《交锋——当代中国三次思想解放实录》，今日中国出版社 1998 年版，第 213—216 页。

1987 年，党的十三大提出，社会主义有计划商品经济的体制，应该是市场与计划内在的统一体制。计划与市场都是覆盖全社会的。新的经济运行机制应当是国家调节市场，市场引导企业。

但是到 20 世纪 90 年代初，“左”的思潮重新泛滥，市场经济也被视为洪水猛兽。此时，邓小平在南方谈话中明确提出要搞市场经济，破除了“左”的障碍。1992 年 10 月召开的党的十四大明确提出，我国经济体制改革的目标是建立社会主义市场经济体制，即要使市场在社会主义国家宏观调控下，对资源配置起基础性作用，使经济活动遵循价值规律的要求，适应供求关系的变化，通过价格杠杆和竞争机制的功能，把资源配置到效益好的环节中去，并给企业压力和动力，实现优胜劣汰。

中国的历史最终选择了市场经济。

（二）国企改革的深化

1993 年 11 月，党的十四届三中全会通过了《关于建立社会主义市场经济体制若干问题的决定》，人们又把它称为“五十条”。《决定》指出我国国有企业改革的方向是建立现代企业制度，并把现代企业制度概括为适应市场经济和社会化大生产要求的、产权清晰、权责明确、政企分开、管理科学的企业制度，要求通过建立现代企业制度，使企业成为自主经营、自负盈亏、自我发展、自我约束的法人实体和市场竞争主体。我国国有企业改革的思路又经历了一次飞跃。1994 年 1 月 1 日，《中华人民共和国公司法》实施，为建立现代企业制度、规范公司组织和行为、保护公司和其利益相关者、规范政府对公司的管理提供了法律依据。

为了使建立现代企业制度的进程积极稳妥地发展，1994 年国家经贸委组织实施了“万千百十，转机建制”规划。所谓“万”，就是在一万户国有大中型企业中落实国家赋予的 14 项经营自主权，为企业转机建制打好基础；所谓“千”，就是国家通过委派监事会的形式，分期分批对 1000 户关系国计民生的重点骨干企业的国有资产实行监管；所谓“百”，就是选择 100 户不同类型的国有大中型企业，进行建立现代企业制度的试点；所谓“十”，就是在十个城市或地区进行减轻企业不合理负担和提高企业自有流动资金比重的试点，进行配套改革。

从 1995 年开始，集中精力抓好四项试点：一是百户国有企业建立现代企业制度的试点；二是 18 个城市优化资本结构的试点，这项试点后来增加到 58 个城市，1997 年又扩大到 111 个城市；三是 56 家企业集团和 3 家国家控股公司的试点，1997 年企业集团试点扩大到 120 家；四是在重点抓好试点的同时，积极推动面上的改革。1995 年还提出了“抓住管好大的、放开放活小的”的方针。尽管国有企业改革困难重重，但包括各项试点在内的建立现代企业制度的工作还是取得了明显的效果。

在积极推进现代企业制度试点的同时，全国各大中城市加大了国有企业存量资产流动和重组的力度，增加了国有企业适应市场竞争的能力。在 1995 年提出“抓大放小”的方针后，各地结合行业的改组与企业结构的调整，组建了一批有规模、有实力的企业集团，同时不拘一格采取各种形式放开放活国有小企业。另外，各地也积极通过改革方式，解决国有企业负债率过高、富余人员过多、社会负担过重等问题。到 1996 年底，5000 多家国有工业企业完成了公司化改造，少数国有企业发行股票上市交易。

1999 年 9 月，党的十五届四中全会做出了《关于国有企业改革和发展若干重大问题的决定》。为贯彻全会决定精神，国务院办公厅转发了国家经贸委会同有关部门起草的《国有大中型企业建立现代企业制度和加强管理的基本规范（试行）》，为此，国家经贸委组织了大规模的国有大中型企业领导人“双基”培训，即上述基本规范和 WTO 基本规则的培训。

到 2000 年，国有企业与市场经济相结合的总体思路、途径和方式都取得了重大的突破，按照建立现代企业制度的方向，国有大型企业的规范性公司改造和国有经济布局的战略性调整都取得了显著的成效。①

---

① 王询等:《中国近现代经济史》，东北财经大学出版社 2004 年版，第 304 页。

（三）中西融合的开始

1. 麦肯锡的争议

作为世界管理咨询领域的一个尊神，全球最大的管理咨询公司——麦肯锡的成就举世瞩目，在全世界的企业中享有盛誉。但是就是这个麦肯锡，在中国市场的表现却显得有些令人大跌眼镜。

被誉为“新中国第一店的”北京市百货大楼于1993年改组建立北京王府井百货（集团）股份有限公司。面对超市、折扣店、专卖店等各种业态崛起的挑战，该集团抓住了国内连锁百货尚未起步、外资在国内百货业态上投资不多的机遇，走现代百货和连锁扩张之路，取得了成功。但是在转型之处，该集团缺乏以信息技术为支撑的现代百货管理模式的知识，于是在1997年初，花费约500万元请世界著名咨询公司麦肯锡设计“百货业大连锁经营方案”。麦肯锡建议王府井百货在全国各地大中城市开设“王府井”品牌的商场、商厦，进行统一的经营、管理、采购、核算。在具体的实施和经营管理上，麦肯锡建议王府井百货大楼引进“国际先进的管理经验和体制”，吸引外籍管理人员进入王府井任职，并与安达信公司一起，将美国JDA软件系统引入王府井。这套系统采用后，王府井百货可以通过卫星通信对全国范围内的商品采购、配送、销售、实时监控、清算等进行全方位统一管理。通过计算机数据处理，可以对各类商品进行销售分析并实施有效监控，还可对企业各项投资行为进行财务分析。但是在JDA软件系统引入后，意想不到的情况发生了，王府井方面发现麦肯锡与安达信引进的JDA软件与王府井当时的经营现状格格不入，集团的整体运营状况并没有得到根本性的改变，于是逐渐在运用中“改造”这套系统，并最终终止了与麦肯锡的合作。

其后，康佳、实达、乐百氏等相继成为麦肯锡的折戟地，双方也都付出了高昂的代价。这反映了中国企业认识到自身管理的薄弱，希望引进先进管理理念。同时，麦肯锡等西方的管理思想在中国的管理思想领域中占据着统治地位，而如何将西方先进的管理思想进行本土化也是一个重要而紧迫的问题。以上事例正是探索中西企业管理模式融合的尝试。

2. 华为的中西融合模式

1997 年，华为在引进 IPD（集成产品开发）技术时，为了保证能够将国际先进的管理体系不走样地移植过来，华为集团总裁任正非下了死令："5 年之内不许任何改良，不允许适应中国特色，即使不合理也不许动。5 年之后把人家的系统用惯了，我可以授权进行局部的改动。至于结构性改动，那是 10 年之后的事情。"

这便是任正非著名的"三化"理论："先僵化"接受，"再固化"运用，"后优化"改良。这种办法看起来很笨拙，但是促进了流程改善和制度建立，保证了华为在超常规持续发展中不出现大的管理失误。

3. KPI（关键业绩指标）管理模式的引进

在中国国有企业管理发展史上，经济责任制作为改革开放的第一项重大举措在全国范围内逐步推行。然而，随着此后我国经济的继续发展和改革步伐的不断加快，市场经济体制得到确立并逐步走向完善，国内经济环境和人文环境日新月异，客观形势对国有企业管理水平的要求不断提升，经济责任制的管理思想和管理方法逐渐暴露出诸多缺陷和不足。

KPI（关键业绩指标）管理模式是目标管理和绩效管理理论的延伸，它以企业年度目标为依据，主张确定企业、部门和员工个人的关键成果区域（KRA），并据此确定反映企业、部门和员工个人一定期限内综合业绩的关键性量化指标。KPI 管理模式通过对关键业绩指标的考核和管理来评定和改进员工个人、所在部门及企业整体的综合绩效。KPI 管理模式是国际上广泛采用的先进管理模式，自 1999 年正式引入我国后，受到国内企业界普遍的关注和欢迎，一些国有企业已率先在 KPI 管理模式方面实行了不同程度的改革。

与经济责任制相比，KPI 管理模式具有极大的优越性。表现在：

第一，相对于经济责任制关注的中心是企业和员工个人的经济、技术指标以及这些指标与企业领导、职能科室、车间、班组和员工个人的收入挂钩情况，KPI 管理模式关注的中心则是企业的整体业绩和表现，企业管理的关注点就被大大拓宽了。

第二，相对于经济责任制以人天生懒惰的 X 理论为信念基础，KPI 管理模式的理念基础是 Y 理论，更能关注人的积极性和创造性。

第三，相对于经济责任制缺乏价值观导向，对企业战略和企业文化在实现企业经营管理指标方面的重大意义缺乏认识，KPI 管理模式主张建立富有生命力的企业愿景、核心价值观及职业化行为准则并通过系统的教育和传播在全体员工中充分共享。这样，工作富于使命感、方向感和成就感的企业各级组织就能始终保持高度的战斗力，企业的共同意志和企业领导的权威也就能得到空前的强化。

第四，相对于经济责任制指标在企业、部门和员工个人之间的层层落实缺乏科学依据，协商性、支持性和过程管理明显不足，而 KPI 管理模式则能弥补这些缺陷，业绩指标管理的科学性得到大大加强，业绩指标管理促进企业、部门和员工个人绩效提升的功能也就大大加强。

第五，相对于经济责任制基础上的德、能、勤、绩考核体系对经济、技术指标以外其他指标的客观考核和有效管理几乎无能为力，不同的绩效管理者对考核指标的理解和认识往往也存在着重大差异。而 KPI 管理模式推崇全方位的量化管理，关注业绩指标的具体性、可测评性、挑战性、可实现性、时间要求性及与上级业绩指标的协同性，强调对绩效管理者的全程培训和督导，以维持绩效管理和绩效考核的统一标准。这样，在绩效管理和绩效考核操作大大简化的同时，管理和考核的客观性及有效性反而明显改观。

第六，相对于经济责任制基础上的员工薪酬管理体系缺乏公平性和竞争力，KPI 管理模式能充分发挥薪酬体系在员工选拔、任用、激励和保留方面的重要作用，有力支持企业的核心价值导向，促进各级人员积极改善自我绩效。①

① 孙有勇：《经济责任制与 KPI 管理模式分析比较》，《安徽建筑》2004 年第 3 期，第 109 页。

4. MBA、EMBA 教育的试点与推广

1990 年，在美国盛行了 100 多年的 MBA（工商管理硕士）在我国清华大学、复旦大学、南开大学、西安交通大学等 9 所大学获批试验设立学位点，并于 1991 年开始面对全国招生。1993 年，MBA 专业学位的试点工作扩大到南京大学、武汉大学等 17 所院校，全国招收 MBA 专业学位的高校扩大至 26 所。2000 年，国务院学位办组织对 26 所试点 MBA 专业学位教育的学校进行了合格评估，评估全部合格，MBA 教育工作结束了试点工作，转为正式的学位教育工作。迄今为止，全国共有 127 所院校开设 MBA 教育项目，累计已招收 MBA 学生 21.2 万人，其中 10 万余人获得 MBA 学位。①

1998 年，经过全国管理学界诸多人士的努力（这里应该特别提到的是清华大学赵纯均、复旦大学郑绍廉、南京大学周三多等教授），在教育部、国务院学位办组织的专业调整工作中，管理学实现了从经济学、工学中的分离，成为第十二个可以授予学位的学科门类。这是中国社会主义市场经济推行的必然结果，也是中国管理学界的一件值得纪念的大事。

2002 年 8 月，经国务院学位办批准，在中国首批与第二批开办 MBA 教育的 26 所高校中设立了 EMBA 专业学位。

（四）企业信息化进程的加速

发轫于 20 世纪中期的信息技术革命是迄今为止人类历史上最为壮观的科学技术革命。它以无比强劲的冲击力、扩散力和渗透力在短短几十年里迅速改变了世界。随着信息采集、存储、处理、加工、传输等信息技术手段的更新换代，人类文明由工业时代进入了以“信息”为显著特征的信息时代。但是由于众所周知的历史原因，信息技术革命对中国的影响比较滞后，企业信息化进程的起步也因此延迟了许多。

实际上，早在 1973 年 9 月 1 日，“中国电子计算机辅助企业管

① http：//www.mbahome.com。

理联合设计组”就已经成立了。从这一天开始，用计算机技术提高企业生产管理有了真正的实践活动，但是由于与当时的大环境的不够配套，而未受到企业的重视。1978 年，沈阳作为中国的工业重镇，有七八家企业先后上马了计算机管理系统。1981 年沈阳第一机床厂从德国工程师协会引进了第一套 MRPⅡ软件。1987 年，国家 863 计划 CIMS 中心成立。但是直到 1991 年之前，人们把这一轮的企业管理信息化试点当作一个失败的案例，因为这些系统并没有被充分地利用到企业的日常管理当中，没有发挥当初的理想的作用。但就是这些当时的星星之火成就了后来的燎原之势。

1989 年美国软件供应商 SSA 公司登陆中国。1991 年，SSA 公司在中国的大规模铺点销售可以称为一个转折点，在制造业给企业一个从自我开发到直接选购商品化软件的新选择。除了 SSA 以外，有很多海外厂商业开始登陆中国了。

1998 年，以用友、金蝶为代表的国内财务软件商集体“迎接 ERP 时代的到来”。企业整体解决方案的巨大需求让这些完成了一定资本积累的公司开始向这个领域发起了进攻，打破了国外软件几乎一统天下的格局。

1999 年，电子商务发展迅猛，还没有从 ERP 的神话中明白过来的大多数企业，又被卷入了令人兴奋的电子商务之中，企业信息化工作最为重要的数据基础工作有些被人忽视，ERP 也被一些企业放弃。但随着网络泡沫破灭，又让人重新认识 ERP 的作用，ERP 又变成了电子商务时代的基础工程。

2000 年左右，SCM（供应链管理）、CRM（客户关系管理）概念开始盛行，管理应用类软件市场的确得到了“放量增长”。SCM 思想的发展拓展了基于企业内部管理的 ERP 的思路，CRM 的发展更把市场、营销管理提高到了一个新的水平，覆盖整个上下供应链的社区管理系统被 Gartner 公司称为新一代的 ERPⅡ系统。与此同时，对行业差异的再认识使得行业解决方案和平台化策略大行其道。

我国政府也高度重视企业管理信息化工作，积极倡导和部署推行信息化建设。1999 年，国家经贸委经济信息中心实施“企业信息化工程”；2000年，党的十五届五中全会提出了“以信息化带动工业化”的战略方针，进一步明确了企业信息化的方向，2001年11月，国家经贸委、信息产业部在联想集团召开推进企业管理信息化工作现场会，进一步贯彻落实党中央、国务院关于加快国民经济和社会信息化战略部署，加快推进我国企业管理信息化建设，联想、海尔、斯达三家企业在会上进行了经验介绍。国务院向百强企业发布了一份《关于加快推进企业管理信息化建设的指导意见》。其中首次提出了国家的具体目标：到“十五”末期，大多数国家重点企业基本建立企业管理信息系统；大多数大中型企业至少实现比较完善的财务管理信息化；力争绝大多数企业在“十五”期间建立企业网站及主页，有条件的企业要积极开展网上营销。

自此，以信息技术推动企业管理科学化成为了一种时尚。

（五）本土企业新的探索

1. 邯郸钢铁集团的探索

在此期间，许多企业坚持“三改一加强”①，面向市场、转变观念、抓企业管理、苦练内功，积极探索企业管理新模式。其中典型代表是邯郸钢铁公司的“模拟市场核算，实行成本否决”的目标成本管理经验，国务院为此专门发出通知，在全国推广，产生了强烈的反响。

20世纪80年代末，受宏观调控的影响，钢材市场疲软，售价

---

① 所谓的“三改一加强”是指要把国有企业改革同改组、改造、加强管理结合起来。要坚持建立现代企业制度的改革方向，着眼于搞好整个国有经济，抓好大的，放活小的，对国有企业实施战略性改组。要以资本为纽带，通过市场形成具有较强竞争力的大企业集团。采取改组、联合、兼并、租赁、承包经营和股份合作制、出售等形式，加快放开搞活国有小企业的步伐。要推进企业技术进步，鼓励、引导企业和社会资金投向技术改造，形成面向市场的新产品开发和技术创新机制。要加强科学管理，探索符合市场经济规律和我国国情的企业领导体制和组织管理制度，建立决策、执行和监督体系，形成有效的激励和制约机制。要建设好企业领导班子，发挥企业党组织的政治核心作用，坚持全心全意依靠工人阶级的方针。

一跌再跌。邯郸钢铁公司在此严峻形势下，大胆冲破计划经济制的束缚，主动地走向市场，在企业内部建立起“模拟市场核算，实行成本否决”经营机制，即用模拟的办法，把市场机制引入企业内部管理，在保持现代工业企业专业化、科学分工协作、高度集中统一管理（即企业内部统一计划，统一采购，统一销售，银行只设一个账号，二级厂不独立对外，不具备法人资格）优势的前提下，抓准成本这个关键，依据客观价值规律，用“倒推”的办法，即从产品在市场上被消费者接受的价格开始，从后向前，通过和先进对比挖掘潜力，测算出逐道工序的目标成本，然后层层分解落实，直到每一个职工，通过成本这个市场信息的传递，把市场价格信息向内深化，把市场对企业的压力变成对内部各个环节和每个职工的压力，促使他们按市场导向决定厂内生产的资源配置，使职工直接感受到市场经济的潮涨潮落，从而增强市场观念，关心市场，主动参与市场竞争。

这个机制的核心是企业真正把提高经济效益放在第一位，通过成本指标的层层分解，将国有资产的管理、使用落实到每一个职工身上，让广大职工人人有家可当，有财可理，有责可负，有利可得，贡献大的可以先富起来。

这一机制可概括为 8 个字：市场、倒推、否决、全员。第一，市场。企业主动走向市场，将内部成本核算的原料、能源、备品备件、半成品等的价格一律改为市场价，生产出的产品也以当时市场能接受的价格为依据，以产品成本降低多少作为衡量各生产单位生产经营成果的标准。第二，倒推。对长期计划经济体制下从前到后逐道工序核定成本的顺序结转法，改为倒推法，按照“亏损产品不亏损，盈利产品多盈利”的原则，从产品在市场上被承认能接受的价格开始，逐个工序，从后往前，直到原材料采购，通过与先进单位对比，找出差距，挖掘潜力，重新核定其目标成本。第三，否决。将目标成本指标列入二级厂（单位）承包，按月考核，完不成成本指标，百分之百否决全部奖金。第四，全员。上自厂长下至每一位职工都得承担成本或费用指标，形成全员全过程的成本管理。公司将 1000 多个综合指标分解到二级厂和处室，然后他们再细化成 10 万个小指标，层层分解落实到每一个职工。让职工参与市场竞争，不是让每个人都去买卖，而是以完成分解给自己市场机制下的目标成本为依据。

后来，他们不断深化和完善这一机制。一是将模拟市场核算机制由主要生产厂拓宽到辅助厂、生活后勤等所有单位。二是模拟市场核算机制由生产领域引入到基建工程管理。他们精确计算投入产出，使投入的资源、奖金得到充分利用。三是加强企业管理、挖掘现有装备潜力的同时，以提高经济效益，降低成本为主线，进行技术创新，在生产各个环节推进技术进步。四是改革分配制度，建立“按效分配”激励机制，在保证职工基本收入的前提下，拉开奖金分配差距，将奖金占工资总额的比例调整到 40%—50%。五是在全公司开展“邯钢学全国，指标上台阶，创一流”活动，努力克服指标到顶、潜力挖尽的畏难情绪，找差距、挖潜力，使邯钢 70% 的指标进入冶金行业前 3 名。六是把提高产品实物质量作为企业求生存求发展的重要措施来抓。

2. 海尔进入哈佛大学教材

青岛海尔集团在发展中融合日本、欧美的先进管理经验，结合中国国情，创立了一套行之有效的兼并企业的管理模式——“海尔文化激活休克鱼”。

过去人们把竞争看作是“大鱼吃小鱼，小鱼吃虾米”。但后来竞争格局已不在于鱼的大小，而在于鱼的死活，所以活的小鱼照样可以吃掉死的大鱼，这叫活鱼吃死鱼。在强强兼并的形势下，又被誉为鲨鱼吃鲨鱼。随着环境变化越来越快，企业如跟不上变化步伐，就会被处于前列的竞争对手击败，这叫快鱼吃慢鱼。鱼的各种吃法不同，到了海尔那儿，又发展为“休克鱼”。这种鱼不缺头少尾，鱼体（即硬件，也就是企业的生产设备）是完整的，只是处于休克状态，即由于管理不善而处于濒危状态。海尔收购或兼并的企业正是这些“休克鱼”。厂房、设备都可以加以利用，通过海尔的一套成熟的管理经验、管理模式，便可使之“激活”，使休克鱼苏醒过来，扭亏为盈。

“激活休克鱼”的效力表现在，在实施兼并时，海尔并不是通常的注入资金，而是以无形资产来盘活有形资产，以改变人的观念与精神面貌来带动企业面貌的改变，从而使这十几家企业被兼并后都不同程度地扭亏为盈。

把“吃‘休克鱼’”理论运用于实践，1995 年 7 月 4 日，海尔将面临破产边缘的青岛红星电器股份有限公司整体接收，第三个月就实现扭亏为盈；1997 年 3 月，海尔盘活了中国家电之乡广东顺德的爱德洗衣厂，只用了 30 多万元就使停产一年之久的生产线重新运转起来。前几年，海尔共兼并盘活亏损总额 5.5 亿元的 18 个企业，以无形资产盘活有形资产 15.2 亿元。这些亏损或濒临破产的企业加盟海尔后，迅速脱离“休克”状态，很快“活”起来。

1998 年初，“海尔文化激活休克鱼”的案例正式进入美国哈佛大学课堂，张瑞敏成为第一个登上哈佛讲坛的中国企业家。

（六）学术界关于“鞍钢宪法”的激烈争论

在 20 世纪 90 年代中期，中国理论界对中国企业的管理模式问题发生过一场激烈的争论。这场争论表面上是围绕着 20 世纪 50 年代“大跃进”期间在鞍钢实行的以政治挂帅和群众运动为核心内容的、被称之为“鞍钢宪法”的一套企业管理做法展开的，但在其背后却反映了 20 世纪 90 年代中国思想界关于“大跃进”、“文化大革命”等的不同看法和争议，反映了中国知识界关于中国企业管理模式，甚至是中国未来发展的争论。

1. 争论的缘起

1994 年，学者崔之元在《二十一世纪》八月号发表文章讨论了改革开放的理论创新和制度创新问题，认为中国人没有必要走西方人工业化的老路，应当思想解放一些，大胆创新。他在文中以生产组织方式为例说明其观点。他认为，在 20 世纪占主导地位的生产组织方式——福特主义意味着“不断降低单位成本的大批量地生产单一产品”。但是，“福特主义”却有着不便灵活转产的特点：它虽实现了“规模经济”，却牺牲了“范围经济”，因此我国企业的升级换代不见得需要建立福特主义的大工厂。因为一旦我们摆脱了技术决定论，就会认识到，“规模经济”并非只有一种实现的路途，进而他认为，中国提出的“两参一改三结合”的“鞍钢宪法”就是经济民主的重要的体现。日本企业的工人参与质量管理，联邦德国公司董事会的1/3成员要由工人担任，均是受到“鞍钢宪法”的启发。

学者甘阳在《读书》杂志1994年第10期上发表《〈江村经济〉再认识》一文，提出了和崔之元相同的观点，认为现代工业的发展不应该只有一种高度集中化的大生产方式，或今日所谓“福特生产方式”，应该同时存在着一条分散化工业发展的道路。

针对二人的观点，学者汪丁丁提出了不同的看法。在1995年第4期《读书》杂志上，汪丁丁发表《怀着乡愁，寻找家园》一文，认为：崔之元先生的文章提出制度创新的“无限可能性”。甘阳先生的文章，在“社会科学中国化或本土化”的口号下，提出一个核心问题：“社会政治的现代转型是否只能采取这种或那种自下而上的方式，还是同时存在着一条从社会最低基自上而下的社会重组道路?”这些提法的背景，是中国乡镇企业的成功。就好像当年东亚工业的成功激发了杜维明先生关于新儒家的思想一样，这些提法的弱点，与新儒家遇到的困难也相似，在于对当前成功的例子还没有充分的了解和深入地去发现问题。汪丁丁进而论证了：东亚工业化的道路仍是福特主义生产方式，与甘阳和崔之元先生想象的乡土经济重建相去甚远；必须先搞福特主义，然后才能谈得上搞“后福特主义”。

2. 争论的深入

由以上的简要介绍可见，争论之初并非讨论企业管理方式问题，但是崔之元在《读书》杂志1996年第3期发表了《鞍钢宪法与后福特主义》一文，认为汪丁丁立论的理论基础——亚当·斯密的分工理论有着致命的缺陷，因此汪丁丁的论点不攻自破。同时，他认为鞍钢宪法仍是中国宝贵的精神财富。

他认为，与许多事物一样，“鞍钢宪法”也经历了“墙里开花墙外香”的过程。先是日本，随后是欧洲和美国，许多工业管理学家认识到，“鞍钢宪法”的精神实质是“后福特主义”，即对福特式的僵化的、以垂直命令为核心的企业内分工理论的挑战。“两参一改三结合”，用今日流行的术语来说，就是“团队合作”。日本的所谓“丰田生产方式”，就是工人、技术人员和管理者的“团队合作”，每人不固守僵化的技术分工，随时随地解决“无库存生产方式”中出现的问题。

他还认为，在“鞍钢宪法”的发源地，人们今天却很少再提起它了。这其中的原因是复杂的，但一条明显的原因是“大跃进”和“文化大革命”中出现的混乱使“鞍钢宪法”在执行中与原意出入极大。崔之元进而提出，现在的问题是我们是否应该把“婴儿与洗澡水一起倒掉”。在改革开放的今日，在世界性的“后福特主义”潮流中，“鞍钢宪法”能否成为我们民族工业振兴的精神与组织资源之一？当然他的回答是肯定的，他认为，无论“鞍钢宪法”在执行中出现过多少失误，其“经济民主”的精神实质仍是中国迎接21世纪的宝贵精神资源。

针对崔之元对鞍钢宪法的高度评价，有学者表达了不同意见，并对他对“文革”的一些看法提出了批评。

马立诚和凌志军在1998年出版的《交锋——当代中国三次思想解放实录》一书中认为，崔之元的《鞍钢宪法与后福特主义》一文是当今“新左派”的代表作之一，认为他们的理论自有其独特的视角，但是他们对于“文革”以及旧体制的称赞，仍然令国内几乎所有的人不以为然。

高华在《二十一世纪》杂志2000年第4期发表了《鞍钢宪法的历史真实与“政治正确性”》一文，对“鞍钢宪法”形成的历史背景和形成过程进行了回顾，认为与“马钢宪法”相比，“鞍钢宪法”也是社会主义计划经济条件下向重工业倾斜的生产管理方式，只是鞍钢宪法已用“政治中心主义”代替了“技术中心主义”而更具主观性。他指出，对“大跃进”等的赞扬与提倡，基于对过去历史真实的不了解。“大跃进”期间的鞍钢工人没有争取“经济民主”的思想意识，“两参一改三结合”与“经济民主”不搭界，所谓“经济民主”只是当今学人理念世界的产物，与当年鞍钢工人无涉。时下某些学人从预设的立场出发，将自己的想象附丽于历史，以某种理想化的态度来构筑过去。

而戴茂林在《中共党史研究》杂志 1999 年第 6 期发表了《鞍钢宪法研究》一文，也在回顾历史的基础上对鞍钢宪法的作用进行了一分为二的评价。他认为，鞍钢宪法既集中了当时我国企业管理的合理经验，又不可避免地带有“大跃进”年代的局限。那些合理的管理思想是以鞍钢为代表的我国社会主义工业企业在实践中的创造，也是毛泽东探索我国工业企业发展模式的重要成果。

3. 简要总结

对作为在特定历史条件下发展起来的企业管理模式“鞍钢宪法”的历史地位和作用至今仍存在激烈的争论。同时，这种评价的不同也反映了近年来不同思潮的争论，反映了近几年中国知识界关于中国未来的政治、经济、文化、思想发展方向的争论，也说明了特定历史条件下的企业管理方法受当时社会思想发展的影响，企业管理模式的变化也反映了社会思想的变化。

四、与国际接轨阶段：2002 年至今

2001 年 12 月 11 日，中国正式成为世界贸易组织的一员，这标志着中国对外经济发展战略的重大调整，中国经济成为全球经济的一部分，企业也开始面对全球竞争，开始自觉融入国际经济分工中，自觉与国际惯例接轨。

（一）对外开放的新阶段

经过 15 年“黑发人变白发人”的艰辛谈判，中国在 2001 年正式成为世界贸易组织成员，这是进一步推进我国全方位、多层次、宽领域对外开放的重要契机，是中国对外开放进入新阶段的标志。加入世界贸易组织，从整体上讲，既是深化改革、扩大开放、提高我国国际地位的需要，也是加速我国经济全方位参与国际竞争、走向国际市场的必由之路。加入世贸组织将带给我国巨大的利益，但随着外国有竞争力的商品和服务业的进入，也势必会给国内的企业带来挑战和冲击。

加入世界贸易组织后，中国企业所要抓住的机遇既存在于国内

市场也产生于国际市场，同样，中国企业所面临的挑战也同时来自于国内外市场。中国大陆作为一个近 13 亿人口、经济增长速度比较快的大市场，西方跨国公司早已垂涎欲滴。中国加入世界贸易组织后，他们必将通过产品输出和资本输出的方式大举进入，一场恶战是不可避免的。

“入世”后，中国企业的主要机遇在国际市场。加入 WTO 会给中国企业提供一个契机，使中国企业有更多的机会接触国际市场，接触国外企业，在竞争中生存，在竞争中求发展。当然，与国外企业打交道不一定就是单纯的竞争，同时还有合作，加入 WTO 同时意味着企业有了更多的市场机会。

中国企业要抓住“入世”机遇，尽快转变战略观念，从立足于国内市场的对外开放转向立足于国际市场的对外开放，与西方跨国公司打运动战。既要在国内市场与他们兜圈子，更要突出重围避免被他们合围于国内市场逐个击破。企业家既要熟悉国内市场又要了解国际市场，既熟悉国内产业运行规律又能够对世界贸易组织规则运用自如，要加快中国企业的国际化速度，以最大限度地抓住“入世”机遇，从而最大限度地降低迎接挑战的成本。尽最大的努力战胜挑战和化解风险，才能使机遇具有现实意义。

世贸组织对我国企业经营机制的转换将起到“助推器”和“催化剂”的作用，有利于更多的企业逐步建立起适应国际市场竞争的内部运行机制。事实上，加入世界贸易组织，就意味着国内市场进一步对外开放，在一定意义上说，中国将成为整个国际市场的一个有机组成部分，企业将面临未来世界各个方面的竞争，这就会迫使企业尽早按国际标准、市场需求、价格标准和营销惯例来组织生产经营活动、推动技术进步，并促使企业运行机制逐步向国际规范的方向转变，最终建交起适应国内外两个市场的体制。

（二）“走出去”战略与企业国际化

当今世界经济的发展，要求我们必须勇于和善于参与经济全球化的竞争，充分利用好国外和国内两种资源、两个市场。随着我国经济水平的提高和现代化建设的推进，我们企业加快实施了“走出去”的战略。我国加入世贸组织也为我国企业实施这一战略带来更多的机遇。

2001年《国民经济和社会发展第十个五年计划纲要》明确提出实施“走出去”战略后，越来越多的中国企业走出国门。“十五”期间，在越来越多的国家可以见到由中国人建成的大型工程项目：伊朗德黑兰的地铁、尼日利亚的铁路、马来西亚的电厂……这些项目的规模越来越大，档次越来越高。2002年，我国单个对外投资项目的平均投资额为281万美元，2004年增至448万美元。2005年，我国在近200个国家和地区开展了对外经济合作。其中，境外并购类投资占同期对外直接投资总额的54.7%，主要集中在电讯、汽车、资源开发等领域。投资重点逐渐从港澳、北美转移到亚太、非洲和拉丁美洲等广大发展中国家和地区，投资领域涉及生产加工、贸易、资源开发、交通、建筑、农业及农产品综合开发、旅游餐饮及设计咨询等。海尔在海外设立区域中心，TCL收购法国汤姆逊彩电业务和德国施耐德电子公司，中海油购入印尼和澳大利亚油气田部分股份，联想收购IBM的PC业务，华为在硅谷、达拉斯、班加罗尔、斯德哥尔摩和莫斯科设立研发中心。一批中国企业在“走出去”战略引领下，迅速成长，跻身全球化竞争。2005年10月26日，加拿大阿尔伯塔省卡尔加里地方法院批准中国石油天然气集团公司收购哈萨克斯坦石油（PK）公司。这标志着中石油最终完成了收购PK的全部法律程序。这一事件在国际社会引人瞩目。

但是，“走出去”也并非一帆风顺，其中也是暗礁密布。2004年底，中国航油（新加坡）股份有限公司在石油期权和期货投机中判断失误，累积超过5.5亿美元的亏损，向新加坡高等法院申请破产保护。四川长虹与美国APEX公司的合作最终形成4.63亿美元的应收账款，造成四川长虹在2004年亏损36.81亿元人民币。2004年TCL并购法国汤姆逊彩电业务和阿尔卡特移动电话业务，但到了2006年底，TCL的欧洲业务出现亏损总计近40亿元，TCL自此被迫进行欧洲业务的收缩和重组。跨国投资失败的原因多种多样，其中有缺乏国际经营经验的问题，但更多的问题还是与产权问题相关的约束机制不完善，中国企业家个人的盲目冲动与无知有关。

（三）企业自主创新之路

在经济全球化背景下，国际竞争不断加剧，自主创新能力的不足不仅严重影响中国企业的生存和发展，而且成为当前影响我国产业竞争力的突出问题。中央高度重视企业的自主创新工作，提出要把完善以企业为主体的创新作为工作重中之重，要加快以企业为主体的技术创新体系建设，真正发挥企业作为科技进步与自主创新的重要支柱和中坚力量的作用。坚持自主创新是全面提升企业核心竞争力之本，该问题已经刻不容缓地摆在每个企业的面前。

近年来我国出台了大量政策法规来扶持企业自主创新。2006年1月中共中央、国务院决定实施《国家中长期科学和技术发展规划纲要（2006—2020年）》，提出要增强自主创新能力，经过15年努力，到2020年使我国进入创新型国家行列；要求增强自主创新能力，关键是强化企业在技术创新中的主体地位，建立以企业为主体、市场为导向、产学研相结合的技术创新体系。2月26日，国务院全文发布的《实施〈国家中长期科学和技术发展规划纲要（2006—2020年）〉若干配套政策》，明确规定对企业消化吸收再创新给予政策支持。

2005年7月，经济日报社主办的首届中国企业自主创新发展高峰会在北京举行，海尔、潍柴等国内60家在自主创新和自主品牌建设方面卓有成效的企业被授予“中国制造·行业内最具成长力的自主品牌企业”称号。

2005年10月，在第七届中国国际高新技术产业成果交易会的国际科技与经济合作论坛的部长论坛上，商务部副部长魏建国、国家发展和改革委员会副主任张晓强、信息产业部副部长娄勤俭和科技部副部长马颂德先后提出了各部委对于提高产业企业自主创新能力的举措。

2005年11月，国家统计局国家经济景气监测中心发布《中国企业自主创新能力分析报告》，从技术创新能力的角度提出了一个企业自主创新能力的评价指标体系，共包括4个一级指标：一是潜在技术创新资源指标，包括企业工程技术人员数、企业工业增加值、企业产品销售收入等项；二是技术创新活动评价指标，包括科技活动经费占产品销售收入比重、研究和试验发展（R&D）活动经费投入占产品销售收入比重等项；三是技术创新产出能力指标，包括申请专利数量占全国专利申请量比例、拥有发明专利数量占全国拥有发明专利量比重、新产品销售收入占产品销售收入比重等项；四是技术创新环境指标，包括财政资金在科技活动经费筹集额中的比重、金融机构贷款在科技活动经费筹集额中的比重等项。

2006年7月，科技部和国务院国有资产监督管理委员会、中华全国总工会近日已联合确定中石化、深圳华为、联想、奇瑞汽车等103家企业，首批开展创新型企业的试点工作，旨在推动中国企业增强自主创新能力，建立和完善有利于自主创新的内在机制，探索不同类型企业创新发展的有效模式，形成一批创新型企业，引导和带动广大企业走自主创新之路，促进企业真正成为技术创新的主体。

同时，企业也掀起了自主创新的热潮。"四流企业卖劳力，三流企业卖产品，二流企业卖技术，一流企业卖专利，超级企业卖标准。"这是在中国企业中流行的一句顺口溜。它生动地说明国内企业出现了自主创新的热潮，而且使得普通百姓也很容易理解：只有进行自主创新，我国企业才能享有应有的国际地位和尊严。

以海尔、海信、中兴、华为等为代表的一批较成功的创新型企业的经验也受到了广泛的关注。这些企业都具备以下五个方面的基本条件：具有自主知识产权的核心技术；具有持续创新能力；具有行业带动性和自主品牌；具有较强的盈利能力和较高的管理水平；具有创新发展战略和文化。

（四）MBO与国企改革

MBO，即Management Buy-Outs，中文意思是管理层收购，实际上是杠杆收购的一种，是20世纪70年代在传统并购理论基础上发展起来的一种新型的并购方式。管理者收购是目标公司的管理者或经理层利用借贷所融资本购买本公司的股份（股票），从而改变本公司所有者结构、控制权结构和资产结构，进而达到重组本公司的目的并获得预期收益的一种收购行为。

2002 年 3 月，国家有关部门透露了青岛国有企业批量试水 MBO 一事；4 月下旬，TCL 集团完成股份制改造，惠州市政府持股比例从 58% 下降到 40.97%，TCL 管理层获得 25% 的股权，从而完成了非完整意义的 MBO；6 月，长虹传出意欲实施 MBO 的计划，但在媒体炒作了不长的一段时间后，这一计划搁浅。9 月，中国康辉旅行社有限责任公司在其分支机构已经实行 MBO 的基础上酝酿总社 MBO 事宜。10 月 16 日，鄂尔多斯股份发布公告，内蒙古鄂尔多斯市国有资产管理局与东民公司签订了股权转让协议，将鄂尔多斯集团国有股全部转让给东民公司。按此协议，鄂尔多斯管理层则全面实现对集团的 MBO。其资产之大，收购之彻底，可谓国内之最。11 月，黑龙江乳业集团公司 MBO 改制行动拉开序幕，黑龙江省投资公司对集团的资产评估已基本完成，但更具体的改制方案还在研究。11 月，胜利股份发表公告说，公司的 MBO 方案已获财政部批复同意。这是中国证监会颁布《上市公司收购管理办法》后首例管理层收购。11 月中旬，利宝资本俱乐部正式挂牌，这是国内第一家开放式 MBO 基金俱乐部。

12 月 1 日，由中国证监会公布的《上市公司收购管理办法》正式实施，这是我国公布的第一个关于 MBO 的政策规定，自此 MBO 将进入强制信息披露阶段。时任国资委副主任兼党委书记的李毅中在 2002 年 11 月份的一次讲话中透露，国资委结束对全国 23 个省、包括 16 个中心城市的调查，结果显示：改制成功的国企达 85%。

可以说，MBO 的确空前刺激了国企的领导层，以前的每一轮改革他们都是敷衍了事。因为他们心里都明白，不碰产权，什么改革，什么名词都是空谈，只要应付过了“上头”检查，做点儿官样文章就行了。而这次不同，国企老板们此次的改革兴趣超过了国资委。可以说，老总们的“兴奋点”被空前地激发起来，以至于后来国资委拼命叫停，也无法抑制住这种冲动。

正当MBO在国企改革中有风起云涌之势之时，香港中文大学财务学教授郎咸平成为该年度的风云人物，他将枪口对准了MBO：三叩TCL、四问海尔、七敲格林柯尔。“民企杀手”所过之处，老板心惊肉跳，股市因“郎旋风”再掀波澜。对此，国资委研究室2004年9月29日在《人民日报》撰文指出，推进国有大企业的改革，必须坚持所有权与经营权分离的改革方向，重要的企业由国有资本控股。实施管理层收购并控股，是将所有权与经营权合一，这不利于形成有效的公司治理结构，不利于建立市场化配置经营管理者的机制，不利于维护国有经济的控制力，与我国国有企业建立现代企业制度、推进股份制改革的方向不相符合。

2005年4月14日，国资委在继2003年发布《企业国有产权转让管理暂行办法》之后，又出台了《企业国有产权向管理层转让暂行规定》。这个被媒体称为“MBO细则”的行政规章明确地对大型国企和上市公司的MBO说“不”！它标志着我国的国企改革走到了又一个有着关键意义的转折点上。

“MBO细则”的出台从总体上来说是一件好事，完善了立法，使产权转让式的国企改革更加趋于规范。然而，新《规定》是否能起到为MBO定纷止争的效果，还需要实践加以检验。

（五）新观念深入人心

2001年似乎注定要成为中国信用制度建设的里程碑。有人称这一年算得上是我国的信用年，因为我国市场经济经过多年的发展之后，不论是金融界、企业界，还是一些研究机构和政府部门，抑或是普通老百姓，在这一年里，“信用”这个话题终于又一次重归人们的视野，得到了人们的广泛关注。

同时，作为国内较早推行六西格玛的企业，中兴通讯从2001年下半年开始引入六西格玛，2002年作为公司长期发展战略全面实施，在中国的六西格玛之路上，中兴通讯无疑是第一个吃螃蟹者。随后，正泰集团、德力西集团等企业也于2002年先后引进六西格玛管理方法。此后六西格玛管理方法很快在国内机电制造行业中得到普及应用。

2004年6月，美国首任华裔劳工部长赵小兰飞抵北京，她要求中国外资企业按国际惯例提高员工待遇，许多中国人从她那里第一次听说SA8000——国际劳工组织制订的劳工权益保障体系。到2005年2月，有54家中国企业获得了SA8000认证。

随着对外交流的频繁和中国经济地位的上升，国际著名企业家和管理大师频繁访问中国，有“世界第一CEO”之称的GE前CEO杰克·韦尔奇、战略大师迈克尔·波特等先后访问中国。通过与他们的对话，中国企业家更直接地获得了新的思想。

2005年3月26日至27日，“2005全国企业管理创新大会”在北京隆重召开，明确提出“以科学发展观引领管理创新”并以此作为大会主题。而2006年3月召开的“2006全国企业管理创新大会”的主题则是“依靠科学管理推动创新型企业建设”。

另外，值得提及的是，在香港科技大学工作的徐淑英教授，从20世纪90年代后期，就利用她在美国学习的知识和担任《管理学会学报》主编的机会在华人圈（主要在大陆）宣传她的“真正的管理知识源于建立在坚实的理论和系统的实证数据基础上的高质量”研究思想，通过研修班、会议推进大陆学者对管理科学研究基本方法的关注与学习。经过她十来年的努力，管理研究的科学方法已经在大陆学术界扎根，引起了中国学者管理研究方法的重大变化。

（六）激辩中国式管理

在世界经济发展的浪潮当中，因为有了美国经济的发展，使得美国管理模式得以在全球范围内传播；因为有了日本经济崛起，有了日本管理模式一度盛行。在中国经济高速发展的今天，人们可能会问中国式管理的时代到来了吗？

1. 中国式管理的主要观点

为探索和研究适合中国企业的管理思想、方法和工具，以期帮助中国企业健康、可持续发展，《科技智囊》杂志社于2004年11月9日精心举办了“中国式管理”智囊沙龙，来自咨询界、企业界、研究机构的专家、学者参与了热烈、深入的讨论，引发了一场有关中国式管理的争鸣。2004 年 12 月，《科技智囊》出版了中国式管理专辑，从时间和空间的维度，对中国式管理进行了全景式的扫描。在推出专辑之后，《科技智囊》在 2005 年推出专题，连续报道了有关中国式管理的相关内容。其中，引起反响最大的可能就是曾仕强教授出版的《中国式管理》一书。

曾仕强教授自 20 世纪 80 年代开始推广中国式管理。他认为，所谓的中国式管理，是指以中国管理哲学来妥善运用西方现代管理科学，并充分考虑中国人的文化传统以及心理行为特性，以达成更为良好的管理效果。中国式管理其实就是合理化管理，它强调管理就是修己安人的历程。中国式管理以“安人”为最终目的，因而更具有包容性；以《易经》为理论基础，合理地因应“同中有异、异中有同”的人事现象；主张从个人的修身做起，然后才有资格来从事管理，而事业只是修身、齐家、治国的实际演练。

曾教授认为，在“中国式管理”主要观念中，第一招是“耍太极”——“安人修身”。在他看来，“中国式管理”最大的价值在于对人的尊重——“安人”是“中国式管理”的最终目的。曾教授总结“中国式管理”的三大主轴是“以人为主、因道结合、依理而变”。这三者的关键都是人，他主张有人才有事，事在人为，以理念结合志同道合的人，合理地解决问题，而不是凡事“依法办理”。安人先修己。曾教授甚至以中国传统的“修身、齐家、治国、平天下”说法强调“修己”。他说：“中国式管理很简单。就是你先把人做好然后才能谈管理。”美国式管理强调“我要—我成”。订立目标拿出成果；日本式管理则重视“同生—共荣”，合力追求团体的荣誉，不计较个人的荣辱；而中国式管理却是“修己—安人”，以“怎么样都好”的心情，以自然的方式自得其乐地顺势行事。曾教授在著作中这样分析中国人的做事方式：“中国人做事看起来好像不十分认真，实际上是用心而不紧张。用心去做就好了，那么紧张兮兮地做什么？”

崇尚弹性管理是“中国式管理”的第二个主要观念。与西方的组织相比，中国人的组织大多是“很实际地寓人治于法治”，人治的色彩更浓厚一些，而人治往往带来弹性管理。曾教授认为“中国式管理”的弹性是由于不确定性和内外部环境的快速变化而产生的。

“中国式管理”贡献的第三个主要管理观念是“中庸”合理。曾教授引朱子的话说，“无一事不合理，才是中庸”。他认为中庸之道应正名为“合理主义”，这样它的真正用意才更清晰。合理化贯穿于管理的发展历程，西方的管理发展如果以最简单的方式描述，就是合理化然后制度化。但在过分制度化甚至僵化之后回归根本，重思合理不合理是可能的解决之道。“中国式管理”的关键是“管理即合理”。受西方的影响现代人思维喜欢“二分法”，把事情分成两个部分，认为对错是泾渭分明的。但这是理想状态，正如在纯黑和纯白之间总有着无数种灰。西方学术界有“二分法是必要的罪恶”的说法，“中国式管理”却要在对错之间找出另一条路。

从管理科学来说，没有各国管理之分，各国应该应用相同的管理科学。譬如战略工具、生产管理、营销方法等，但因文化的差异，管理哲学有很大的差异。曾教授说：“从管理科学看，没有中国式管理；从管理哲学来看，又有中国式管理。”因此，中国式管理的贡献主要在管理思想、管理观念。①

2005 年 3 月 26 日，在“2005 全国企业管理创新大会”上，全国人大法律委员会副主任委员，中国企业联合会、中国企业家协会执行副会长蒋黔贵作了题为《以科学发展观引领企业管理创新》的工作报告。她在工作报告中指出，“以群众性的管理创新活动为基础，为创建中国式企业管理科学而努力”。由此，中国企业联合会、国务院发展研究中心、清华大学三家共同提出了“系统总结提升改革开放以来我国企业管理的成功经验，促进创建中国式企业管理科学”的建议。

2. 质疑的声音

“中国式管理”提出后喝彩声不断，但是质疑的声音也没有停

① 参见杨育谋：《激辩“中国式管理”》，《企业文化》2006 年第 2 期，第 4—7 页。

止过。有人认为“中国式管理”是一种伪科学，是过时的管理概念①。他们认为，企业是适应顾客不断变化的需要而存在的，而所谓的“中国式管理”，鼓吹“安人”为第一要素，那么内部人“安”了，自己企业的员工喜欢了，如果顾客不喜欢，那么，企业的存在有什么意义？从管理者个体的角度而言，“中国式的管理大道”可以让他们成为最精明的管理者，但如果放大到企业群体，那就贻害无穷。因为精明个体结合的企业将是一个市场反应最迟钝和最没有创新力的企业。

他们认为，企业发展中充满了变数，企业内部的人员要适应变化，善于自我更新，但实际上，这是很难做到全体协调一致的。这时，组织的领导者就需要明确目标，订出标准，而后摇旗呐喊。这还不够，还要论功行赏，必要时还需要淘汰跟不上企业发展的人员。若只求“安人”，企业事实上是做不到也不可能做到的。过度注重人的感受，将会使企业付出极大的成本，牺牲企业的发展速度，甚至导致企业的死亡。

另外，他们坚持“管理无国界”的观点。他们说，世界经济一体化了，还能区分中国式或西方式的管理吗？美国IBM公司的全球售后服务中心设在印度，中国华为公司有900多位外籍员工，如果按照“中国式管理”的观点，对他们又要采取什么样的管理模式？

另外，还有人认为“中国式管理”所倡导的“弹性管理”和日益受到重视的“制度化”相距甚远。利用“能人”管理企业是国外发达国家成功企业的重要经验。但是，这些企业并不是让“能人”在管理企业过程中放任自流地发挥，而是对经营管理人才创立出来的经营管理思想、方式等进行完善提升，使之制度化、规范化，转化成为有章可循的、规范的、可操作的经营管理方法和模式。他们也对中庸的观点提出了质疑，认为没有一个合理的判断标准。因此，他们认为，在“中国式管理”中过分看重了人所发挥

① 史永翔：《“中国式”管理有利还是有弊？》，《经理人》2005年第5期，第41页。

的主观能动性。另外，由于“中国式管理”的实际例子的匮乏，不少学者认为“中国式管理”理论近乎“空想”。①

关于“中国式管理”的激辩还在进行中，但是无论我们持哪一种观点，我们都不得不承认，各个国家、地区有不同的风土人情，传统文化也不尽相同。无数事实证明管理科学只有与当地的风土人情结合在一起，其效力才能够增强。

五、简要评论

迄今为止（为研究的完整，在这一部分我们适当地延伸了研究的时间范围，将一些问题的研究延伸至 21 世纪初期），伴随着改革和对外开放的深入，中国企业管理理论和实践的演变也经历了四个阶段，这四个阶段是在从计划经济到市场经济、从封闭到开放的过渡中，我国企业不断进行制度创新、技术创新和管理创新，并且交替进行、互促互进的探索过程，也是我国企业不断引进、消化、吸收、创新的过程。回顾这一过程，有以下几点需要引起我们关注和思考：

第一，我国企业管理理论和实践的演变是在改革开发的大背景下进行的，深受经济、社会环境变化的影响，同时也反映了我国经济制度和社会制度的变迁。从总体上看，在时间序列上，我国国有企业的改革是循着“调整国家和企业的利益关系”、“赋予企业更大的经营自主权”、“构造适应社会主义市场经济体制的企业制度”这样一条线索展开的。② 这个过程放映了国企改革的市场化、国际化价值导向，而在过去的 30 多年，我国企业管理的发展进程也与国有企业的市场化、国家政治经济体制改革一直相伴相随。

第二，过去 30 多年的演变过程反映了管理创新与体制创新、

① 参见杨育谋：《激辩“中国式管理”》，《企业文化》2006 年第 2 期，第 4—7 页。

② 林毅夫等：《中国的奇迹：发展战略与经济改革》(增订版)，上海三联书店 1999 年版，第 155 页。

技术创新交替进行、互动互助的历史性特色。我们可以看到我国国有企业机制、体制的变化对管理创新的重要影响，有些学者甚至有的时候把机制、体制的创新放在优先的位置。另外，管理创新与技术创新也是互为支撑、交替进步。技术创新的每一个环节都离不开管理；管理和技术的创新活动在企业的发展历程中，是一个交替进行、循环提升的过程。

第三，在这一过程中，政府扮演了重要角色，起主导作用，但是企业自主变革的趋势已越来越明显。在计划经济体制下，中国是政府主导的时代。改革开放后，政府仍起到了主导作用，企业管理的变迁体现出强制性或者准强制性的特点，政府通过发布有关文件，统一规范，全面推广。先进经验的引入也是通过政府确定试点、总结经验、确定标杆、推广普及的方式进行。在改革开放的初期，政府主导对提高我国企业管理水平起到了很大作用，但是削弱了企业的主动性和创新性。但是在加入世界贸易组织后，政府的角色需要重新定位，其在促进企业管理水平提升上的作用和方式也需要重新讨论。政府应该定位于服务的角色，为企业管理提供帮助。首先政府不能认为在市场经济条件下，生生死死是企业自己的事，管理创新也是企业自己的事，因此就彻底地不作为；同时政府也不能用传统的行政办法，自上而下地开展“系统内”的管理升级活动，做那些自己不该做、也做不好的事。政府可以制定管理现代化的目标和基本规范，倡导、激发、鼓励全社会特别是广大企业的管理创新活动。同时，扶持中介机构、聚集专家建立服务平台，为企业提供咨询服务。这样做，则角色定位清晰，各施其长，各负其责，各得其利。

第四，改革开放 30 年来，尽管我国企业管理水平有很大提高，但是与国际先进水平相比，差距还是明显的，表现在：中国企业管理国际竞争力主要来源于比较优势，而非竞争优势；企业绩效也存在着明显的差距；企业管理的科学化水平仍处于较低的层次上①。

① 参见黄速建等：《管理科学化与管理学方法论》，经济管理出版社 2005 年版，第 242—244 页。

因此，过去我国企业管理发展的主旋律是追踪、学习、模仿国外先进的管理理论和经验，今后也仍将是主流。但是需要注意的是，应把引进外部经验与自主变革相结合。“先发”国家得引领潮流之利，“后发”国家学习、借鉴它们的经验和技术，可减少失误，缩短差距，甚至后来居上。但是也容易亦步亦趋，流于表面，丧失自我创新能力，这是我们应该警觉的。因此，在引进外来经验的过程中如何实现“本土化”，这本身也是一个创新的过程，也是一个十分复杂的过程。要把引进与创新这二者有机结合起来，要虚心学习、大胆创新。

第五，从过去 30 年中也可以看到我国企业管理的强烈的问题导向性。在不同的历史时期，问题不同，关注的焦点、解决的方法也各不相同。因此，我国企业管理理论和实践的发展是只有起点，没有终点，永续提升、发展的过程。

我国企业管理理论和实践的发展是历史必然与自主努力相结合的过程。我国改革开放的大环境，我国经济现代化的不可逆转的历史潮流，为企业管理的发展提供了宏观环境；而国外管理科学百年的积累，以及“先进”国家在管理创新方面所提供的丰富实践，为我们提供了可资借鉴的国际经验。这一切都是机遇。我国企业只要抓住机遇，把外部的有利条件和本企业创新管理的内在动力结合起来，就一定可以找到有效提高管理水平的现实途径。而企业的大胆创新也将为管理理论的发展提供肥沃的土壤，进而为我国企业的发展提供坚实的理论支持。

下篇的结语

也是在回顾、分析、结论的过程中，在回顾充满着跌宕起伏的中国巨变的过程中，横跨了一百年来的中国企业管理的发展历史与过程，结束了下篇的写作任务。这正像我们在前言中所说的，这一部分，“仅从历史变迁的角度概括了涉及企业管理过程的变化，甚至就是事实的列举，我们仅希望提供一些线索，给有兴趣者一些思索的路径，希望他们在今后的研究探讨中逐步将其完善并让其科学化”。我们知道，20 世纪是中华民族所经历的变化最大的一个世纪。在这一百年中，中国经历了从屈辱的半封建半殖民地向独立自主、自立于世界之林世界大国的变化。中国是在侵略、占领、奋斗、抗击、寻求、摸索交织之中走过这一百年的。因而，我们还很难说，我们已经在社会主义市场经济条件下探索出了适合社会主义初级阶段，特别是适应现代大生产体系的企业管理思想、理论体系。客观地讲，我们依然处在学习、探索的阶段。

我们在回顾 20 世纪 100 年的历史（为更好地说明某些问题，我们稍稍地将研究的目光前移到了 21 世纪初期）过程中，特别是在总结引起中国发生翻天覆地变化的改革开放历程中，我们可以得出的初步结论是：

1. 生产力决定生产关系，经济基础决定上层建筑，中国企业管理的水平和发展也符合这一真理。在一百年历史的回顾中，我们可以清楚地看到，中国社会的进步是中国企业管理状况和发展的决定性因素。中国企业管理水平的提高与发展必然会由现代工业发展的水平所决定，与人们对客观规律的认识、尊重与认同，社会文明程度的整体状况相适应。

2. 在 100 年历史，特别是中华人民共和国成立后历史的回顾中，我们清楚地发现和看到，中国企业管理的状况和水平的提高，企业管理思想、理论的状况和水平的发展在很长一个时期将依然决定于宏观政治、经济管理模式的状况，决定于宏观政治、经济管理模式改革进步的速度和拓展的深度。

3. 近来全球金融危机再一次证明，中国企业现行的，长期所熟悉、所依赖的依靠廉价资源、走外延扩张的传统经营管理模式正遇到强大的挑战，已经遇到严重的瓶颈制约。全球金融危机使中国企业乃至中国经济发展所依赖的传统优势的失去大大超逾了人们的预期。严酷的现实要求中国的企业迅速转变几十年形成的经营管理模式。可以这样认为，中国企业的经营管理模式转变的速度与转变的质量将决定中国企业 21 世纪的竞争力和生存力。

4. 受历史进程的制约，管理基础薄弱一直是制约中国企业健康发展和快速提高的重要因素。中国的企业界一定要认识到，加强和夯实企业管理基础，是培育中国企业核心竞争力，应对各种复杂局面的重要举措。因为这既是竞争的需要，也是应对当前经济新形势的需要，更是企业自我发展的需要。

5. 回顾 100 年中国的发展历史，我们还可以清楚地看到，自然科学技术和社会科学的引进与传播一直是近代、现代中国社会发展、进步重要的推动力量。当前，中国企业管理学术界需要注意的问题是：在引进西方先进管理思想、理论和方法的同时，更需要高度关注中国企业管理的现实问题。中国近一个世纪发展道路的选择早已证明，谁能够将外国的先进思想、理论与中国的现实相结合，而且结合得好，解决得好，谁就能够取得革命、改革的重大成功。简单的借鉴、模仿甚至照搬，只会产生更多的问题和误区，妨碍中国社会的进步与发展。在我们回顾中国、中华民族 100 年的历史时，这个结论一定更具有现实意义，更值得回味。作为研究管理问题的人士，我们要记住孔茨的话："理论应该有助于实践的改进，不能忽视工作中的人们和实践者的人群。"我们也要记住在全面推进我国企业质量管理工作中作出巨大贡献的刘源张院士的话："我国的管理科学学者仅仅引用国际经验和文献是无法真正解决中国的管理问题的。”①

① 《2007年度管理科学学部专家咨询委员会（扩大）会议纪要》，《管理学报》2008年第2期，第157页。

参考文献

（一）著作部分

1. 《荣家企业史料》(上册)，上海人民出版社 1980 年版。

2. 《中国民族火柴工业》，中华书局 1963 年版。

3. 《中国企业管理百科全书》，企业管理出版社 1984 年版。

4. 艾莉：《知识的进化》，珠海出版社 1998 年版。

5. 安德泽杰·胡克金斯基：《管理宗师——世界一流的管理思想》，东北财经大学出版社 1998 年版。

6. 巴纳德：《经理人员的职能》，中国社会科学出版社 1997 年版。

7. 鲍勃·汉姆林等：《组织的变革与发展——管理、培训和开发人士必读》，江苏人民出版社 2004 年版。

8. 彼得·圣吉：《第五项修炼》，三联书店 1994 年版。

9. 薄一波：《若干重大决策与事件的回顾》（修订本，上、下册），人民出版社 1997 年版。

10. 查尔斯·萨维奇：《第五代管理》，珠海出版社 1998 年版。

11. 达尔·尼夫：《知识经济》，珠海出版社 1998 年版。

12. 大野耐一：《丰田生产方式》，中国铁道出版社 2006 版。

13. 彼得·德鲁克：《公司的概念》，上海人民出版社 2002 年版。

14. 彼得·德鲁克：《管理的实践》，机械工业出版社 2006 年版。

15. 彼得·德鲁克：《管理：使命、责任、实务（使命篇）》，机械工业出版社 2006 年版。

16. 彼得·德鲁克：《卓有成效的管理者》，机械工业出版社2006年版。

17. 彼得·德鲁克：《21世纪的管理挑战》，机械工业出版社2006年版。

18. 董辅礽：《中华人民共和国经济史》，经济科学出版社1999年版。

19. 法约尔：《工业管理与一般管理》，中国社会科学出版社1982年版。

20. 高桥龟吉：《战后日本经济跃进的根本原因》，辽宁人民出版社1984年版。

21. 郭咸刚：《西方管理思想史》，经济管理出版社1999年版。

22. 何炼成、王一成：《中国经济管理思想史》，西北工业大学出版社1988年版。

23. 胡寄窗：《中国近代经济思想史大纲》，中国社会科学出版社1984年版。

24. 黄速建等：《管理科学化与管理学方法论》，经济管理出版社2005年版。

25. 加护野忠男等：《日美企业管理比较》，三联书店2005年版。

26. 蒋一苇：《我的经济改革观》，经济管理出版社1993年版。

27. 凯罗·肯尼迪：《管理思想精粹——世界顶级管理大师告诉你》，上海财经大学出版社2005年版。

28. 斯图尔特·克雷纳：《管理百年：20世纪管理思想与实践的批判性回顾》，海南出版社2003年版。

29. 孔茨、奥唐奈、韦里克：《管理学》，中国社会科学出版社1987年版。

30. 雷恩：《管理思想的演变》，中国社会科学出版社1986年版、2000年版。

31. 黎红雷：《人类管理之道》，商务印书馆2000年版。

32. 林毅夫等：《中国的奇迹：发展战略与经济改革（增订版）》，上海三联书店1999年版。

33. 刘永中等：《管理的故事》，南方日报出版社 2005 年版。

34. 斯蒂芬·P. 罗宾斯：《管理学》，中国人民大学出版社 1997 年版。

35. 罗珉：《管理理论的新发展》，西南财经大学出版社 2003 年版。

36. 马立诚等：《交锋——当代中国三次思想解放实录》，今日中国出版社 1998 年版。

37. 马斯洛：《动机与人格》，华夏出版社 1987 年版。

38. 毛泽东：《毛泽东著作选读》，人民出版社 1986 年版。

39. 钱德勒：《看得见的手》，商务印书馆 1987 年版。

40. 沙因：《组织心理学》，经济管理出版社 1987 年版。

41. 孙耀君：《西方管理学名著提要》，江西人民出版社 1995 年版。

42. 泰罗：《科学管理原理》，中国社会科学出版社 1984 年版。

43. 谭力文等：《管理学》，武汉大学出版社 2004 年版。

44. 托马斯·K. 麦克劳：《现代资本主义——三次工业革命中的成功者》，江苏人民出版社 2006 年版。

45. 托马斯·彼德斯、罗伯特·沃特曼：《追求卓越——美国优秀企业的管理圣经》，中央编译出版社 2000 年版。

46. 王询等：《中国近现代经济史》，东北财经大学出版社 2004 年版。

47. 威廉·大内：《Z 理论》，中国社会科学出版社 1984 年版。

48. 吴承明等主编：《中华人民共和国经济史》，中国财政经济出版社 2001 年版。

49. 吴晓波：《激荡三十年——中国企业 1978—2008》（上），中信出版社 2007 年版。

50. 吴晓波：《激荡三十年——中国企业 1978—2008》（下），中信出版社 2008 年版。

51. 西蒙：《西蒙选集》，首都经济贸易大学出版社 2002 年版。

52. 西蒙：《管理行为》，机械工业出版社 2004 年版。

53. 西蒙：《管理决策新科学》，中国社会科学出版社 1982 年版。

54. 肖卫：《最伟大的管理典范》，九州出版社 2002 年版。

55. 封新建、肖云：《世界管理学名著速读手册》，企业管理出版社 2001 年版。

56. 亚当·斯密：《国民财富的性质和原因的研究》，商务印书馆 1972 年版、1974 年版。

57. 占部都美：《现代管理论》，新华出版社 1984 年版。

58. 詹姆斯·P. 沃麦克等：《改变世纪的机器》，商务印书馆 2000 年版。

59. 赵靖：《中国经济思想史续集：中国近代思想史》，北京大学出版社 2004 年版。

60. 中国企业管理研究会等编：《管理学发展及其方法论研究》，中国财政经济出版社 2005 年版。

（二）论文部分

61. 包玉泽、谭力文：《管理时尚研究述评》，《外国经济与管理》2008 年第 2 期。

62. 曹敏华：《抗日战争时期晋冀豫根据地的兵器工业》，《党史研究与教学》2004 年第 6 期。

63. 陈群哲：《抗日战争时期陕甘宁边区的公营工业》，《江西社会科学》1994 年第 7 期。

64. 崔之元：《鞍钢宪法与后福特主义》，《读书》1996 年第 3 期。

65. 范胜丽：《解放战争与东北老工业基地的初创》，《吉林工程技术师范学院学报（教育研究版）》2004 年第 10 期。

66. 福录：《决战胜利的经济基础——东北解放区 1948 年工农业生产发展概述》，《党史纵横》1996 年第 8 期。

67. 甘阳：《〈江村经济〉再认识》，《读书》1994 年第 10 期。

68. 贵言：《兵器工业的创建与发展》，《国防科技工业》2001 年第 10 期。

69. 孔茨：《管理理论的丛林》，《管理学术月刊》1961 年第 12 期。

70. 孔茨:《再论管理理论的丛林》,《管理学术月刊》1980 年第 4 期。

71. 李明武:《从企业管理文化看美日经济的潮起潮落》,《学术论坛》2002 年第 2 期。

72. 李鹏军、吴建华:《战后日本经济崛起的文化探源》,《西南师范大学学报(人文社会科学版)》2002 年第 1 期。

73. 李玉辉:《怎样看待管理时尚》,《企业管理》2004 年第 8 期。

74. 李志军:《中国管理 26 年》,《科技智囊》2004 年第 12 期。

75. 刘一民:《论抗战时期陕甘宁边区公营工厂的经营管理》,《毛泽东思想研究》2001 年第 5 期。

76. 毛蕴诗等:《美国企业竞争力超过日本企业之探究》,《南开管理评论》2002 年第 1 期。

77. 秦仪:《波特论日本企业战略》,《现代日本经济》2004 年第 4 期。

78. 史永翔:《“中国式”管理有利还是有弊?》,《经理人》2005 年第 5 期。

79. 汪丁丁:《怀着乡愁,寻找家园》,《读书》1995 年第 4 期。

80. 王玉芹:《解放战争时期东北解放区工业生产发展概述——兼谈工业生产发展对解放战争的支援》,《长春师范学院学报》2004 年第 11 期。

81. 王圆圆等:《管理时尚传播过程研究》,《中国工业经济》2005 年第 9 期。

82. 吴东才:《“驮在驴背上的兵工厂”——记八路军流动工作团》,《湖北档案》2006 年第 4 期。

83. 杨洪、吴燕:《抗日战争时期陕甘宁边区公营工业改革探析》,《西北大学学报(哲学社会科学版)》2005 年第 9 期。

84. 杨洪跃:《日本经济衰退的文化探源》,《日本研究》2003 年第 3 期。

85. 杨育谋:《激辩“中国式管理”》,《企业文化》2006 年第 2 期。

86. 约翰·亨特:《管理流行方式日趋短命》,《国外社会科学文摘》2001 年第 5 期。

87. 郑晓明:《领导权变论:西方领导理论的主流》,《中国人才》1999 年第 11 期。

88. 周叔莲:《20 年中国国有企业改革经验的理论分析》,《中国社会科学院研究生院学报》2000 年第 3 期。

(三) 网络部分

89. http://www.njdj.longhoo.net.

90. http://www.chinalnet.com/main.asp.

91. http://www.glr163.com/Index.asp.

92. http://www.cccif.com/cn/message.asp? id =301.

93. http://www.ca800.com/leader/detail.asp? id =24.

后 记

经过持续的努力，《20 世纪的管理科学》终于脱稿、完成了。我们的初衷和感受在前言中已经做了介绍，在完稿之时，更是感到诚惶诚恐。因为在繁密交错的丛林之中觅出一条明快的“捷径”谈何容易，在纷繁复杂的中国近现代企业管理历史之中理出清晰的“方向”更是困难重重。奉献给各位读者的仅为我们的一些研究，是对一些问题探索性的尝试，其中必然存在着尝试中的不足，甚至错误。我们唯一的希望是与管理学界的同仁，与各位读者在探索、研究中，为管理学理论的发展，为中国管理水平的提高作出我们微薄的奉献。

本书是由我们共同完成的。我们一起编写了写作大纲，然后分头写作。谭力文负责撰写了本书的第一、第三、第六和第八部分；包玉泽负责撰写了本书第二、第四、第五、第七与第九部分。谭力文进行了总纂的工作。

在本书出版之际，我们要感谢武汉大学出版社刘爱松副社长，没有他的创意和委托，这本书是不可能出版的。要感谢本书的责任编辑陶佳珞、杨春艳，她们的努力工作和认真校阅对本书质量的提高起到了重要作用。

在本书的撰写过程中，我们参阅了许多前辈和同行们的研究成果，我们均作了严格的注释。此时，我们对前辈和国内外的同行们表示深深的谢意。

谭力文　包玉泽

2009 年春于武汉大学